历史学研究入门丛书

陈 恒 主编

历史学研究入门丛书

犹太史研究入门
AN INTRODUCTION TO JEWISH HISTORY

张倩红　艾仁贵　著

图书在版编目（CIP）数据

犹太史研究入门/张倩红，艾仁贵著. —北京：北京大学出版社，2017.6
（历史学研究入门丛书）
ISBN 978-7-301-28351-6

Ⅰ.①犹… Ⅱ.①张…②艾… Ⅲ.①犹太人—民族历史—基本知识 Ⅳ.①K18

中国版本图书馆 CIP 数据核字（2017）第 115086 号

书　　　　名	犹太史研究入门 YOUTAISHI YANJIU RUMEN
著作责任者	张倩红　艾仁贵　著
责任编辑	陈甜　李学宜
标准书号	ISBN 978-7-301-28351-6
出版发行	北京大学出版社
地　　　　址	北京市海淀区成府路 205 号　100871
网　　　　址	http://www.pup.cn　新浪微博：@北京大学出版社
电子信箱	pkuwsz@126.com
电　　　　话	邮购部 62752015　发行部 62750672　编辑部 62752025
印　刷　者	三河市北燕印装有限公司
经　销　者	新华书店
	965 毫米×1300 毫米　16 开本　19.75 印张　275 千字 2017 年 6 月第 1 版　2017 年 6 月第 1 次印刷
定　　　　价	46.00 元

未经许可，不得以任何方式复制或抄袭本书之部分或全部内容。
版权所有，侵权必究
举报电话：010-62752024　电子信箱：fd@pup.pku.edu.cn
图书如有印装质量问题，请与出版部联系，电话：010-62756370

"历史学研究入门丛书"弁言

一、自上世纪六七十年代以来,历史学的面貌发生了很大变化,继积极接受社会科学的影响之后,又将其触角伸向了文化生活的方方面面。其表现之一,就是相对于以政治活动为中心的史学传统,诸多新的对象、新的领域进入了历史学家的视野,举凡妇女、儿童、市民生活、民间信仰,甚至城市卫生、声音与气味,都可以作为历史书写的中心问题。随着历史学家们领地的扩展,在断代史、国别区域史、事件史等传统专门领域之外,渐次形成思想史、文化史、城市史、妇女史、文明史、书籍史等众多的新兴史学分支。历史学的这一变化,既得益于相关学科理论或方法的启迪,同时,其进展反过来也为其他学科提供了有益的借鉴。因此,将历史学各个专门领域的知识框架、研究传统、核心文献等基本内容精编为一册,随时浏览,便于入门,无论对历史学专业还是其他相关学科的读者来说,均有必要。

二、"历史学研究入门丛书"旨在为历史学学科内外的读者群提供基本的专业指南。因此,丛书着重于基本知识、历史脉络、基础理论及经典成果的缕述。一般来说,每种图书介绍某一专门领域,其内容至少包括如下几方面:(一)历史概述,让读者的历史想象有所凭借,把握基本的发展脉络;(二)原始文献介绍,史料是历史学的根基,是历史解释的基本依据,应特别重视;(三)学术史概述,通过国内外研究成果的梳理,给予读者一幅知识树生长、延展的图景;(四)经典研究的重点研讨;(五)工具书、资料库、学术期刊等必备的学术资源,给初入门的研究者提供指引;(六)关键词,亦即最基本的核心概念和术语。当然,最后还要为读者准备一份进一步扩展阅读的书目。这样的构想看似简单,实则是艰巨的写作任务。

三、丛书遵循短小精悍、简明扼要的编写原则。"入门"不是"手册",我们这套丛书面对的是学科内外的广大读者,功用在于读而非在于查。列入丛书书目中的各个历史分支都有一定的历史积累,知识含量丰富,"入门"目的是让读者了解该领域的重心和走向,不求面面俱到,亦难免挂一漏万。还需要说明的是,各个史学分支虽然同属于历史学领域,但各有自身的特点,内部知识生长的具体情形差异颇大,因此,我们一方面力图遵循一定的撰写体例,另一方面亦不拘泥于此,以在写作中尽量体现各领域的知识重点为要务,而无须削足适履,追求形式上的整齐划一。

四、根据历史学目前的学科特点,丛书大概分为专题系列、国别系列和人物系列等若干类别,其中专题和国别区域两个系列为目前编写出版的重点。为了给广大读者奉献一套国内一流的史学入门丛书,我们力求以"成熟的选题、最佳的作者"为出版方针,在力所能及的前提下,将丛书规模渐次扩充。在此,我们要恳请国内史学界的专家学者们鼎力襄助。希望本丛书的刊行,能为学术薪火的绵延传承略尽微薄之力。

陈　恒

2009 年 8 月

目录

序　言　1
导　言　1

第一章　犹太史概述　7
　一、圣经时代(约公元前2000—
　　　公元135年)　7
　二、大流散时代(公元135—18世纪中叶)　22
　三、启蒙与解放时代(18世纪中叶—
　　　19世纪末)　28
　四、犹太复国主义时代(19世纪末—
　　　1948年)　33

第二章　史料概述　43
　一、宗教文化典籍　44
　二、考古文物资料　54
　三、主要文献史料　73

第三章　研究史概述　84
　一、近代早期犹太史学的萌芽　85
　二、犹太教科学运动与现代犹太学术的
　　　兴起　90
　三、19世纪末至20世纪中叶的
　　　西方犹太史研究　109
　四、1945年以来的国际犹太史研究　130

目录

五、近百年来中国学者的相关探索　146

第四章　重点问题　166
　一、族群认同、历史记忆与性别研究　167
　二、《希伯来圣经》与以色列古史重构　181
　三、希伯来早期国家形态及其政治传统　187
　四、犹太文化与异质文化的交流碰撞　193
　五、犹太人与全球经济网络的扩张　205
　六、现代犹太史的开端与犹太社会转型　210
　七、恐犹症、反犹主义与纳粹大屠杀　219
　八、美国犹太人的崛起及其社会影响　227
　九、犹太复国主义与以色列国家建构　234
　十、古代开封犹太社团及其相关问题　240

附录一　学术资源　250
　一、工具书　250
　二、原始资料　252
　三、主要期刊　258
　四、网络资源　262

附录二　关键词　265

推荐阅读文献　276

序　言

20世纪80年代,犹太研究在中国大地悄然兴起,中国学者不仅翻译、介绍了大量的国外名著,也出版、发表了一系列具有中国视角的学术成果。特别是进入新世纪以来,越来越多的青年学人投身于犹太研究,新人新作不断出现,学术研究呈现繁荣景象。但是,有些遗憾的是,国内学者对犹太学术的发展史一直鲜有涉猎,作为专业指南与导引入门的成果基本上没有,甚至连学术回顾与述评之类的论文也非常有限,基于此,笔者三年前欣然接受了"历史学研究入门"丛书策划者陈恒先生的约稿。记得当时陈恒先生在电话中说:"这是一种你见到就会喜欢上的书。"果然如其所言,当看到丛书第一辑的成果之后,确有不忍释手、相见恨晚的感觉。

可是,笔者后来才真正体会到这本书的写作难度远远超过了预期,"史料概述""研究史概述"要求对犹太史料与史学的全貌有系统的了解,"重点问题""学术资源"更需把握该领域的前沿动态与关键信息。因此,特别需要静下心来抽丝剥茧地去斟酌、去梳理、去总结,再加上自己日积月累欠下了许多"文字债",还有其他诸多琐事,完稿日期一再拖延,多亏了我的博士生艾仁贵同学勇于承担、迎难而上,最终才合作完成了这部书稿。他虽然尚且在读,但学术上已比较成熟,而且我们已合作出版了《犹太文化》等书,熟悉对方的思维方式与表达习惯,能够深度地交流、探讨,相互碰撞与启迪。在写作与修改过程中,经过多次琢磨、讨论、争议,许多地方几易其稿。此外,南京大学犹太和以色列研究所的宋立宏教授阅读了部分初稿,提出了宝贵的修改意见;责任编辑陈甜、李学宜两位老师为本书的出版付出了大量劳动,在此一并致谢。

本书为国家社科基金重大项目"犹太通史"（批准号：15ZDB060）的阶段性成果。本书的主要目的是为犹太史爱好者和研究者提供入门指导，在体例与框架上按照丛书的基本要求进行设计，但有几个具体问题需要特别说明：

一、关于下限问题。本书把犹太史的下限截止到 1948 年以色列建国是基于以下考虑：首先，以色列国的历史毫无疑问是犹太史的延续，对传统的犹太史学有很大的继承性，但是在学术思想、学术流派、学术语境等诸多方面，以色列建国后的史学发展又存在很大的差异，也就是说虽然学术的根脉仍是"犹太的"，但是学术理念经历了"熔炉式"的再生过程。没有足够的篇幅，确实难以勾画。其次，犹太史与以色列史既有重合，更有区别。以色列不仅仅是犹太人的国家，而且也包括境内的阿拉伯人、德鲁兹人等其他民族。自建国以来，历史学在以色列国一直处于意识形态论争的漩涡之中，特别是后犹太复国主义思潮兴起后，关于史学与政治的关系、对于主流政治叙述的质疑与非议，无不增加了梳理犹太学术的难度与敏感度。此外，本书把 1948 年以色列建国作为下限也符合一些犹太史著作的叙事框架。

二、关于"重点问题"。丛书设计者的本意是想通过"重点问题"来突出该领域的"重心和走向"，体现学术前沿与最新成果。但在实际写作过程中，因学识与精力所限，还是更多地展现了作者的学术关注与前期成果。关于国内外研究成果的述评，受掌握的信息量所限，避重就轻、挂一漏万的情形难以避免，万望学人谅解并斧正。

三、关于语言问题。就犹太史的研究成果来看，希伯来语与英语无疑是最重要的写作语言，但由于犹太人散居于不同国家，许多相关的学术文献也以当地语言（例如意第绪语、德语、法语、西班牙语等）写成。本书的资料依据以及学术资讯主要局限于英文，无法对其他多种语言予以充分的采纳与运用，这确实是一大不足。真诚希望后来的中国犹太研究者在语言方面有更好的积累，从而取得更大的学术突破。

犹太史研究是一个涉猎广泛的领域，不仅以犹太人作为主要研究对象，而且要考察大流散过程中与犹太人有关的其他民族和国家的历史;不仅要立足于历史学的基本理论与主要方法,而且还涉及宗教学、民族学、政治学、人类学等诸多学科。因此,要把犹太史的主要资料、学术沿革、重点问题囊括在一本小书中并非易事,虽然我们竭尽心力,但学养所限,论述未必精当全面,疏漏与不足之处恳请专家和学人批评指正。

张倩红
2014 年 6 月 10 日

导　言

从学科归属来看，犹太史是"犹太学"（Jewish Studies/Judaic Studies，也称犹太研究）的一个重要分支。所谓"犹太学"，是指专门研究犹太文明的一门学问，具体包括犹太宗教、历史、哲学、文化、语言、文学等方方面面的内容，其时间跨度始自公元前 2000 年左右希伯来人的出现，历经漫长的大流散时期，一直到当今世界的犹太人。从广义上说，犹太学以犹太人的所有活动以及与犹太人有关的一切内容作为考察对象，例如《希伯来圣经》研究、希伯来语言学、拉比文献与评注、犹太哲学与神学、犹太艺术等都是其下属的研究门类。

与古典文明研究的其他分支一样，犹太学也是西方传统最悠久的一门学问。犹太学的源头可以追溯至"巴比伦之囚"后开始正典的《希伯来圣经》及其诠释活动，在随后的发展中逐渐形成两大支脉。①其一，对《圣经》希腊文译本的考订与评注。它发端于希腊化时期的埃及，托勒密二世组织贤士把《希伯来圣经》翻译成希腊文，史称"七十士译本"，对此进行相关的考订与评注成为流散地犹太人的重要活动，后来这一活动逐渐越出了犹太世界，被基督教徒所继承。基督教兴起后把《希伯来圣经》改称《旧约全书》，从此经典研究一直是基督教学术的重要领域。其二，对拉比文献的整理与诠释。《希伯来圣经》正典后，拉比贤哲们开始对其进行诠释与评注，从而形成《塔木德》（包括《密释纳》与《革马拉》）、《米德拉西》及其他拉比文献，对这些经典的诠释与

---

① Martin Goodman, "The Nature of Jewish Studies", in idem, ed., *The Oxford Handbook of Jewish Studies*, Oxford: Oxford University Press, 2002, p. 3.

再诠释在犹太传统中被称为《托拉》学习（talmud torah），成为古代晚期直到中世纪犹太学术的主要内容。以现代的标准来看，无论是对《圣经》希腊文译本的考订与评注，还是对拉比文献的整理与诠释都属于宗教文献的成形过程，而非严格意义上的学术研究。

  文艺复兴与宗教改革时期，在人文主义者"回归本源"口号的影响下，早期的希伯来语文献获得了空前的重视。人文主义学者约翰内斯·罗伊希林（Johannes Reuchlin）热心于从事希伯来语的研究与《塔木德》文献的收集、整理，出版了一系列著作，如《论神秘语言》（*De Verbo Mirifico*，1494 年）、《希伯来语法入门》（*De Rudimentis Hebraicis*，1506 年）、《论喀巴拉的艺术》（*De Arte Cabbalistica*，1517 年）等，积极为希伯来语和《塔木德》辩护。他还与犹太改宗者约瑟夫·普弗夫科伦（Joseph Pfefferkorn）围绕希伯来书籍展开了一场历时近十年的激烈论争，是为希伯来"书籍之争"（Battle of the Books）。① 这场论争波及英国、荷兰等地，一批基督教学者也参与其中，形成了"基督教希伯来学"（Christian Hebraism），从而使犹太学识首次得到了外部世界的高度关注。1546 年，英王亨利八世在牛津大学与剑桥大学分别设立了五大钦定教席，希伯来语教席即为其中之一。

  在西文中，"犹太学"一词最早起源于 19 世纪初的德语世界，即 Wissenschaft des Judentums，直译过来就是"对犹太教的科学研究"（the scientific study of Judaism），意在强调走出神学意义上的《托拉》学习，而对犹太传统文献进行科学的、实证的研究。1819 年 11 月 7 日，在犹太教科学运动的推动下成立的"犹太文化与科学协会"（Verein für Cultur und Wissenschaft der Juden/Society for Culture and Science of the Jews）通常被认为是现代犹太学学科正式确立的标志。在科学精神的影响下，以伊曼纽尔·沃尔夫（Immanuel Wolf）、利奥波德·聪茨（Leopold Zunz）、亚伯拉罕·盖革（Abraham Geiger）等为代表的现代学

---

① David H. Price, *Johannes Reuchlin and the Campaign to Destroy Jewish Books*, Oxford: Oxford University Press, 2010.

者开启了对传统犹太文献进行批判性研究的先河。

犹太教科学运动的宗旨即是,以科学的精神、科学的观点、科学的方法来审视犹太传统文献,这使得曾经的神圣文本(sacred texts)如今转变为历史文献(historical documents),犹太教的历史化进程从此迈出了关键性的一步。19世纪中叶的犹太学者莫里茨·斯泰因施耐德(Moritz Steinschneider)曾指出,"犹太教已经死亡了,留给我们的唯一任务就是给予它的残余一份体面的葬礼"。[1]犹太教科学运动对犹太教及其遗产展开了批判性分析,对其中所蕴涵的历史价值与时代信息进行了挖掘与解读,正是在此基础上现代犹太学术得以破茧而出。

此后,经过两个世纪的发展,犹太学术不断繁衍壮大,不仅在犹太思想体系中占据了重要地位,而且成为欧洲学术谱系中不可或缺的组成部分。[2]与传统的犹太学术相比,现代犹太学术的特征不仅体现在被赋予了科学与批判的内在精神,而且从外在设置上开始走向专业化(professionalization),这也是学科化的发展趋势在犹太学中的反映,具体表现在接受现代学术训练的职业学者开始出现,一些专门进行犹太教学与研究的学术机构相继建立。19世纪下半叶,德国先后成立了几所现代犹太学术机构,如布雷斯劳犹太神学院、柏林犹太教科学高等研究所、柏林正统派犹太教拉比学院等,这些学院成为推进犹太学术的重要基地。

由于现代犹太思想经历"从文本到处境"(from text to context)的历史转向,史学占据了现代犹太学术的核心地位。难能可贵的是,犹太教科学运动之后的每一代历史学家都能紧扣时代主题,从不同角度去建构犹太民族的宏大历史叙事。19世纪中叶,德国的第一批现代犹太历史学家如以撒·约斯特(Isaac M. Jost)、海因里希·格雷兹(Heinrich

---

[1] Gershom Scholem, "The Science of Judaism-Then and Now", in idem, *The Messianic Idea in Judaism*, New York: Schocken Books, 1971, p. 307.

[2] 一般认为,近代的西方文化有两个源头(简称"两希"文化):一是希腊—罗马的理性文化传统;另一是希伯来—基督教的宗教文化传统。因此,犹太研究成为西方社会认识自身文化来源的重要途径。

Graetz)等人主张犹太人积极融入解放与现代化的大潮,以回应现代性的挑战。19世纪末20世纪初,随着同化梦的破灭与解放运动遭遇挫折,东欧犹太历史学家西蒙·杜布诺夫(Simon Dubnow)转而提倡流散地的民族主义,主张犹太人应当享有民族—文化自治地位;美国犹太历史学家萨洛·巴龙(Salo W. Baron)则强调如何激发流散犹太社团的创造力,推进"犹太历史的正常化"趋向。由于现代反犹主义的压力,民族主义史学也在犹太人中间兴起。20世纪上半叶,以伊扎克·贝尔(Itzhak Baer)与本锡安·迪努尔(Ben Zion Dinnur)等为代表的"耶路撒冷学派"提倡以巴勒斯坦为中心观察犹太史,把民族复兴作为犹太史研究的最高目标。经过一代代学者的传承与努力,现代犹太史学不断丰富其内涵,并焕发出新的生命力。

　　理解犹太历史的发展脉络、梳理犹太史学的知识谱系,并非一件容易的事情。漫长的流散生涯,使犹太人成为"边际性客民",其历史命运深受居住国大环境的制约以及主体民族思想认识的影响,不同国家、不同背景下的犹太社团其历史叙述的语境与现实诉求往往大不相同,散居各地的犹太人社会发展程度存在巨大差异,历史进程很难同步,这就给历史分期以及叙事框架的确立造成了困难,正如迈克尔·迈耶指出的:"犹太史的分期问题充满着有关世界历史分期遇到的所有方法论上的困难。由于分散在各个民族中间,犹太人不同程度地参与……到外部文明之中,而同时他们又携带着自身的遗产。他们流散经历非凡的多样性与独特性,对任何犹太历史分期上的一致性都产生着影响。尽管大多数犹太历史学家不得不借助某些分期系统来组织他们的材料,但他们在所使用的方式上极其不同。"在这样的前提下,"任何试图为所有犹太人划定有意义界限的这种尝试(即历史分期)……注定要遭到失败"。①本书把犹太史划分为"圣经时代""大流散时代""启蒙与解放时代"和"犹太复国主义时代"几个时期并非固定模式,而是根据

---

① Michael Meyer, "Where Does the Modern Period of Jewish History Begin?" *Judaism*, Vol. 24 (Summer, 1975), pp. 329, 336.

自身的理解，吸取了不同观点，来选择分期的节点，其目的是让中国读者能够把握犹太历史发展的脉络与主线。

不仅如此，犹太传统否定终极真理、张扬自由意志、承认个体潜能的价值取向造就了犹太民族酷爱争论、善于求异的群体特征，他们喜欢质疑约定俗成的结论，更反对想当然的猜测与武断，因此才有"十个犹太人有十二种观点"的说法。在许多重要的历史问题上，犹太史学家几乎总是观点纷呈、莫衷一是，一部犹太学术史就是一部充满对峙与异见的学术争辩史，因此我们观察、理解犹太历史必须从不同的维度、以动态的思维来体味历史的多重性，学会在分歧之中捕捉思想洞见与学理智慧。基于此，本书注重罗列学术争论，尽可能展现不同的观点，给读者更丰富的信息。

此外还需强调的是，中国学者在学习与研究犹太史的过程中，要尽可能地置身于犹太人的生存环境与客观氛围之中，应当抱有"了解之同情"。犹太研究进入中国人的视野是在两个大前提之下：一是"开眼看世界"的风潮，二是改革开放的大潮，在此情况下中国人对于犹太历史与文化的认识往往事先有了这样的问题预设：我们需要什么？我们要向犹太人学习什么？也就是说在很大程度上，中国人关注、研究犹太人是为中国的现代化、国际化发展寻求借鉴，是出于自身实现经济发展、科学创新、文化革新、思想超越的现实诉求，这种诉求无疑是中国犹太学发展的内在动力之一。但是，如果长期禁锢于这样的自我预设，学术研究会陷入实用主义、片面主义的约束之中，过度的"中国本位"势必将影响我们的学术视野、学问境界与学科建设。本书通过较为全面地介绍西方犹太研究的学术前沿与热点问题，意在提倡从"犹太的"具体处境出发认识犹太历史，以期深化我们对这个伟大文明与古老民族的理解。

本书主体部分共四章。第一章"犹太史概述"梳理了犹太历史的发展线索及其演变过程，大致勾勒出四个历史阶段的主要脉络，因篇幅所限，并未对具体问题展开阐释，许多次重要的问题也没能罗列进来。第二章"史料概述"从宗教文化典籍、考古文物资料和主要文献史料三个方面梳理了犹太史研究的基本史料,并对各种史料的内容及价值进行了简要的评析。第三章"研究史概述"梳理了西方近代以来犹太学术发展史的演变轨迹,介绍了国内外犹太史研究的主要进展与基本情况。第四章"重点问题"选取十个方面展现了犹太史研究中一些最主要的问题以及占主导地位的观点,使读者对该学科的发展水平以及学术前沿形成初步的认识,并在阅读之后有所启发。附录部分介绍了可供利用的学术资源,包括工具书、原始资料、主要期刊、网络资源等。犹太学作为一门传统学问,博大精深、浩如烟海,在有限的篇幅里无法对其发展脉络展开全景式的概述与研究,本书只是力图为读者打开通往犹太史研究的门径提供帮助与引导。总之,本书的定位是工具性指南,力求信息准确、便捷可用,真正对读者有所裨益才是作者最大的心愿。

第一章　犹太史概述

从人数上看,犹太人在世界民族之林中只是很小的一个分支,当今生活在世界各地的犹太人大约有1400多万,仅占全球总人口的0.2%。但就影响力而言,犹太人却是一个非凡而卓越的民族,与其人数极其不成比例。在圣经时代,犹太人的祖先所创造的"希伯来文明",被誉为哺育西方文明的两大源头之一;进入大流散时代,犹太人不仅没有为外部强加的迫害、驱逐、杀戮所屈服,反而获得了广阔的发展空间;到了启蒙时代,犹太启蒙思想家们力倡变革使犹太人投入到现代化的洪流之中,推动了犹太社会的成功转型;19世纪末以来,犹太人开始了民族复兴的伟大征程,终于在1948年奇迹般地实现了近两千余年的复国梦。

犹太人不仅贡献了辉煌灿烂的元典文化,而且创造出举世瞩目的现代奇迹。犹太民族中间涌现出的许多伟人,为人类进步作出不可磨灭的贡献。概述三千多年的犹太历史发展进程,不仅仅是为了勾画历史线索,也力图展示这个弱小民族在疆域缺失、民族离散的复杂环境中,如何建构历史、谱写历史、延续历史,如何在保持元典特色的同时不断调适自我、实现文化的传承与更新,如何频频迸发惊人的能量、屡屡创造惊世的奇迹。需要指出的是,本章把犹太史划分为"圣经时代""大流散时代""启蒙与解放时代"和"犹太复国主义时代"几个时期并非学术界的固定分期,而是为了方便把握犹太历史发展的脉络与线索。

一、圣经时代(约公元前2000—公元135年)

有关早期希伯来人的情况,很大程度上依赖于《希伯来圣经》的叙述。《圣经·创世记》的开篇前10章描述了上帝的创造、人类的犯罪与洪荒时代,后40章反映的是希伯来人的迁徙、繁衍、内政与纷争。由于《圣经》本身是一部史实与传说彼此交融、历史与文学相互夹杂的文献,因此,希伯来人的民族起源显得极为朦胧。直到20世纪中叶,许多历史学家、考古学家与人类学家都试图根据《圣经》提供的线索为希伯来族长时期断代,但一直分歧很大,用历史学家赫舍尔·尚克斯的话来说:确实无法为族长时期断定准确的日期,因为没有任何证据来佐证《创世记》,而且通过推理不难发现,《圣经》中的许多地方是相互矛盾、不合情理的。因此最多只能把族长时期笼统地断为公元前20世纪到前17世纪之间。①

(一) 族长时期(约公元前20世纪—约前17世纪)

大约在公元前2000年左右,希伯来人开始游牧于阿拉伯半岛西南部地区,过着逐水草而居的生活,他们与周围的其他一些部落被统称为"闪米特人"。为了寻找水源与牧草,希伯来人开始从阿拉伯半岛向北移动,迁徙到了土地肥沃、绿色遍野的两河流域,在幼发拉底河下游的名城吾珥(根据考证在今伊拉克南部巴士拉附近)居住下来。此后,希伯来人接受了美索不达米亚地区的文化,尤其是巴比伦人的生活习惯与思维模式。公元前1800年左右,由于不堪忍受古巴比伦国王的宗教压迫政策,他们在族长亚伯兰(后尊称亚伯拉罕,意为"多国之父")的带领下渡过幼发拉底河,进入广阔的巴比伦平原,沿着底格里斯河与幼发拉底河之间的商道继续向西北方向迁移。他们先来到了商业城市哈兰,这里是阿摩利人居住的中心,然后辗转于叙利亚地区,最后进入迦南地(即今天的巴勒斯坦地区),并定居下来,过着半农半牧的生活。他们被当地的迦南人称为"哈卑路人",意即"渡(幼发拉底河)河而来的人",后来逐渐转音为"希伯来人"。

---

① Hershel Shanks, ed., *Ancient Israel: From Abraham to the Roman Destruction of the Temple*, Washington, D. C.: Biblical Archaeology Society, 1999, p. 83.

在希伯来人的记忆中,先祖亚伯拉罕被视为完美精神与卓越品质的象征。传说亚伯拉罕年过半百才生了儿子,取名以撒。他死后,以撒担任族长。以撒生了两个儿子,取名以扫和雅各。以扫和雅各虽是孪生兄弟,但两人的性格迥异,雅各骗取了父亲的祝福,获得了长子继承权,成为希伯来人的族长。根据《创世记》第 32 章的记述,雅各威武勇敢,曾与天使在雅博渡口角力并获胜,天使祝福他,并赐名"以色列"(Israel,意为"与神摔跤者"),因而在随后的年代里,希伯来人也被称作"以色列人"。雅各共生子 12 人:流便、西缅、利未、犹大、以萨迦、西布伦、玛拿西、便雅悯、但、拿弗他利、迦得、亚设,这 12 人的后代后来发展成为以色列人的 12 个支派。①

(二) 散居埃及(约公元前 17 世纪—约前 1230 年)

公元前 17 世纪,处于第二中间期(公元前 1786—前 1567 年)的埃及王权衰落,国家分裂,来自西亚的闪族部落喜克索斯人乘机入侵,在三角洲东部地区建立了自己的国家。这时迦南发生了严重的饥荒,许多人开始逃亡埃及,其中就包括希伯来人。西迁埃及的希伯来人定居在尼罗河三角洲的歌珊地区,在这里平静地生活了一段时间。在喜克索斯人确立统治后不久,埃及第十七王朝建立,王子们不甘心向喜克索斯人称臣纳贡,经过多年的交锋,最后于公元前 16 世纪推翻了喜克索斯王朝,驱逐喜克索斯人,使埃及终于获得了独立。阿赫摩斯一世(前 1570—前 1546 年)建立第十八王朝,埃及进入新王国时期。统治埃及的新王国法老并不喜欢希伯来人,把他们贬为奴隶以满足埃及对劳动力的需求。公元前 13 世纪,埃及处在拉美西斯二世(前 1290—前 1224 年)的统治之下。拉美西斯二世是一位野心勃勃的法老,他为了征服亚洲,把包括歌珊在内的尼罗河三角洲作为东进的军事基地,并大兴土

---

① 以色列人的 12 支派并不完全与雅各 12 个儿子的名字相吻合,由于利未的后人成为祭司阶层,不参与土地分配,而约瑟的两个儿子玛拿西与以法莲独立出来成为两大支派,所以总数仍为 12 支派。

木,希伯来人完全失去自由。拉美西斯二世为了限制希伯来人的繁衍,甚至制定了一条极其残酷的法律:凡希伯来人的新生男婴必须溺死。在希伯来人面临生死存亡的非常时刻,出现了一位杰出的政治与宗教领袖人物——摩西。摩西(意为"从水中拉出来")出生于尼罗河畔,作为希伯来人的后裔,他对埃及的压迫与奴役政策十分不满,他秘密地组织希伯来人,使他们回想起在"上帝的应许之地"——迦南的那种独立自由的生活,动员他们以集体迁移的方式反抗法老的暴政。约公元前1230年(一说为前1250年),在摩西的带领下,希伯来人逃出埃及,开始了重返迦南的艰难历程。关于希伯来人出埃及的事件在埃及历史中并无记载,但《圣经》对此有许多传奇式的描述,并记载出埃及的人数有60万,这显然是非常夸大的数字。

据《圣经》记载,希伯来人从尼罗河三角洲的东北端启程,跨越红海,进入西奈旷野,在沙漠中颠沛流离近40年,历尽千辛万苦才来到西奈山下。这时有些人对前程失去信心,有的开始了偶像崇拜。为了借助神的力量威慑人心、团结民众,摩西以先知的身份向希伯来人展示了上帝赐予的两块法版,上面刻着著名的"摩西十诫",其中心内容是:

第一,不可叩拜别的神;

第二,不可雕刻偶像;

第三,不可妄称上帝的名①;

第四,当守安息日为圣日;

第五,当孝敬父母;

第六,不可杀人;

第七,不可奸淫;

---

① 犹太人以4个辅音字母יהוה/YHWH来表示上帝之名,读音为"雅卫",意为"我是"(I Am)。由于"不可妄称上帝之名",希伯来人遇到上帝之名不直接读出,而是读作"阿东乃"(Adonai,意为"吾主")。公元六七世纪以后,犹太学者创造出元音字母,开始在Y、H、W、H这四个辅音字母中标注元音字母 e、o、a,于是出现 Yahweh、Yahve 等新名词,该词若不避讳地读出,仍为"雅卫"。基督教继承《希伯来圣经》作为《旧约》后,将上帝之名误读为"耶和华"(Jehovah)。

第八，不可偷盗；

第九，不可作假见证陷害人；

第十，不可贪婪别人的妻子、房屋、田地、牛驴、仆婢及其他东西。

"摩西十诫"的前四条强调宗教信仰的唯一性，禁止以色列人对他神的崇拜；后六条属于社会伦理的范畴，目的在于协调人与人之间的社会关系。除"十诫"之外，传统犹太教认为，摩西接受的启示中还暗含了上帝晓谕的613条诫律。在这些诫律中，除了对圣殿、献祭及宗教礼仪做了规定之外，其内容还涉及犹太人生活的方方面面，比如神职人员的职责与权限、平民的法律地位、权利与义务、财产所有权、债务处理、婚姻与家庭、卫生风俗、起居饮食、犯罪与刑法、审判机构与诉讼等等。此外，还包括如何处理人与上帝的关系、人与人之间的关系等等，并以此为基础，制定了逾越节、五旬节和住棚节等主要宗教节日。

"摩西十诫"的创立不只是标志着犹太一神教的产生，表明希伯来人已开始摆脱宿命论的束缚，而且在很大程度上促成了希伯来民族统一体的形成。"出埃及"这一历史事件不仅在犹太民族史上留下了不可磨灭的印记，还成为人类摆脱奴役、走向光明的一种象征。后世的历史学家通常把它看作是民族和社会获得解放的标志。

据说摩西活了120岁，临终之际选中约书亚作他的继承人，继续进占迦南。在约书亚的率领下，以色列人成功征服了迦南，从《圣经》的记载来看，这场征服经历了一系列争战才得以完成。约书亚凭借着自己的机智与勇敢战胜了对手，完成了摩西未竟的事业，率领希伯来人重返故土迦南定居。

（三）士师时代与希伯来统一王国（约公元前1230年—前930年）

定居迦南的希伯来人分为12个支派，大约在公元前13世纪，这些部落出现了被称为"士师"的部落首领。"士师"一词的希伯来文含义为"审判者""拯救者"。士师负有双重责任：平时管理民事，战时率兵征战。《圣经·士师记》中记载了12位士师的事迹，其中最著名的是底波拉、耶弗他和参孙。他们被看作是上帝选定之人，集先知、统帅与救世主的角色于一身。从士师出现到王国建立的两个世纪,被称为"士师时代",士师统治实际上为君主制的出现奠定了基础。

公元前11世纪前后,被称为"海上民族"(因为他们来自爱琴海诸岛)的非利士人定居地中海沿岸地区,控制着从加沙到雅法的海岸线,并不断进攻希伯来人,夺走他们的土地。非利士人是西亚地区最先使用铁制武器的民族,具有很强的战斗力。希伯来人在与非利士人的战斗中屡战屡败,特别是公元前1050年的亚弗一战,甚至连神圣的约柜也被非利士人缴获。为了抵御非利士人的侵扰,希伯来人众支派必须联合起来,这一客观要求促进了统一王权的出现与早期国家的形成。士师时代末期,具有远见卓识的先知撒母耳从便雅悯支派中挑选俊美、勇敢的青年扫罗,为他行膏油浇头的仪式,立他为全以色列的领袖,扫罗(约前1030—前1009年在位)成为希伯来统一王国的第一代君王。

扫罗执政以后,选择了他的故乡——便雅悯支派的基比亚作为都城。他在与异族的征战中屡立战功,并把以色列的12支派统一起来,组成一支劲旅与非利士人交战,将非利士人赶出了便雅悯和以法莲地区。扫罗还向邻族摩押人、亚扪人以及亚玛力人发动了多次征服行动,取得了很大的胜利,大大提高了希伯来人的民族自信心。但扫罗并不擅长政治,在复杂的权力斗争以及神权与王权的冲突中,他显得无能为力。在一次与非利士人的交战中,扫罗带领他的三个儿子约拿单等顽强抗击,不幸战败,扫罗中箭受伤,而后拔剑自刎。严格说来,扫罗不过是士师时代到君主制的过渡性人物,他为大卫王的事业奠定了基础。

扫罗死后,犹大支派的首领大卫与扫罗之子伊施波设争夺王位,大卫勇猛强悍,在百姓中威望很高,他战胜伊施波设成为希伯来王国的第二代君王(约1009年—前973年在位)。大卫王是以色列历史上一位出类拔萃的人物,他抓住周边大国埃及与亚述走向衰落的国际机遇,充分发挥自己的才能,把以色列各支派真正统一起来,建立了一整套行政体制,并组织了一支强悍的部队,大卫作为国家的真正缔造者与出色的军事统帅而被载入史册。不仅如此,《圣经》中的大卫王还是一位杰出的诗人,他既能作诗、又能谱曲,那些署名大卫的诗篇不少出自他的笔下。但是,大卫王晚年,宫廷纷争四起,王子们争权夺利,勾心斗角。他的大儿子阿蒙被弟弟押沙龙所害,押沙龙勾结私党公开叛变,大卫王命令大将约押平定叛乱,并杀死了特别宠爱的儿子押沙龙。大卫王在位 40 余年,临终时立他最小的儿子所罗门为继承人。所罗门王(公元前 973—前 930 年在位)继承了大卫王创建的国家体制,对内加强中央集权,对外以政治联姻的方式与邻国修好。所罗门王建立了铜矿和金属冶炼等重要行业,扩展对外贸易,有力促进了以色列经济的发展。所罗门王还费时七载,在耶路撒冷修建了一座金碧辉煌、雄伟壮观的圣殿,史称"第一圣殿"。耶路撒冷由此成为犹太教最重要的圣地和犹太民族的精神核心。但所罗门晚年大兴土木、奢侈腐化,因而国势大衰。

公元前 1030 至前 930 年的统一王国时期,是希伯来民族发展史上的重要阶段,希伯来人不仅成功地入主迦南,而且建立起一个从两河流域到埃及边境的小型帝国,国内政治稳定,商贸繁荣,一度成为西亚北非地区最有实力的早期王国。有学者这样评价道:"统一王国时期也是犹太教历史上最为重要的时期,以色列首次以中央集权的、具有强烈团结意识的民族国家出现,尽管所罗门统治中曾滥用权力,但仍然被认为是'黄金时代'。在后来发生的王国分裂、放逐与流散过程中,统一王国时期一直是犹太教的理想之所在。"①

(四) 王国的分裂与衰亡(公元前 930—前 586 年)

希伯来统一王国一直孕育着内在的危机,分裂因素长期存在。公元前 930 年,所罗门王去世之后,其子罗波安继位(公元前 930—前 913 年在位)。北方 10 个支派请求新王减轻所罗门时期的赋税与徭役,使人民能够休养生息。罗波安王的强硬态度使困苦不堪的百姓们极为失望,他们决定推翻罗波安。北部 10 个支派宣布独立,建立以色列王国(前 930—前 722 年),定都撒玛利亚。南部犹大和便雅悯两个支派组

---

① Menahem Mansoor, *Jewish History and Thought*, New York: Ktav Publishing House, 1991, p. 7.

成南部联盟,建立犹大王国(前930—前586年),仍定都耶路撒冷。

以色列王国版图很大,经济比较发达,共延续了200余年,经历了19位君王,第一任君王是耶罗波安(前930—前908年在位),他在位期间与犹大王罗波安多次交战,企图把犹大国降为附庸地位。继耶罗波安之后,以色列王国在暗利王朝时期曾一度繁荣,在暗利执政的12年间(公元前885—前874年),贸易得以发展,与新亚述帝国及推罗保持了友好的关系。王国还通过联姻的方式与地中海沿岸繁华的商业城市保持经济往来,从而带来了财富。公元前722年,亚述攻灭北国以色列,将众多子民掳走,从而使其成为"失踪的十个支派"。

犹大王国版图较小,人口较少,但内部比较团结,并占有易于防守的地形,比以色列王国多存在了100多年。犹大王国艰难地生存于埃及人与亚述人的夹缝中,并要不时地应付来自北部以色列王国的压力。在约沙法(前870—前846年在位)执政时期,犹大王国相对稳定,势力范围扩大到了亚喀巴湾与以东的南部,并通过联姻发展与以色列王国的关系,此后,两个国家动辄兵戎相见的紧张局面大大改善。约沙法对王国的司法建设很有贡献,他在全国各地设立了地方法庭,在耶路撒冷设立了最高法庭,君王亲自在耶路撒冷审理各种案件,使耶路撒冷成为犹大国的司法中心。

然而,约西亚(前640—前609年在位)统治时期,西亚地区的国际势力重新组合,亚述衰落,新巴比伦崛起,犹大王国不得不周旋于新巴比伦与埃及之间。王国的命运并没有好转,期间遭遇埃及人的进攻,约西亚王战败身亡。公元前605年,巴比伦军队在卡尔美什战胜埃及军队之后,长驱直入,攻入犹大境内,尽管犹大居民顽强抵抗,但还是被新巴比伦征服。此后10年,犹大王西底家(前597—前586年在位)成了新巴比伦的傀儡,他发动的一次抵抗也被血腥镇压。公元前586年,新巴比伦王尼布甲尼撒二世在长达18个月的围困之后,攻陷了耶路撒冷,劫掠了圣殿财物,放火焚烧圣殿,拆毁城墙,耶路撒冷变成一片废墟。许多犹大居民被掳往巴比伦,是为"巴比伦之囚"。

在囚居巴比伦时期,统治者给予了犹大人较多的权力,如可以自由选择居住地与职业、可以保持其宗教信仰与生活习惯等。在相对自由宽松的气氛中,许多犹太人很快适应了巴比伦优裕舒适的城市生活,安居乐业,他们有的经商,有的务农,有的从事手工业,有的则潜心研究宗教,还有少数人得以跻身统治阶层。然而,流落巴比伦的犹太人始终坚信犹太教,顽强地保持着民族特性,期盼能够早日重返巴勒斯坦。

(五) 异族统治(公元前538—公元135年)

公元前538年,波斯帝国吞并了新巴比伦,居鲁士大帝宣布释放一切被掳之民,允许犹太人①回归故土,并把巴比伦人掠夺的许多物品归还犹太人,允许他们带回耶路撒冷,特别是支持犹太人重建圣殿,这一系列事件标志着"第二圣殿"时期的开始。第二圣殿时期,希腊、罗马等外邦统治者接踵而至,犹太人为反抗异族统治、争取民族自由进行了不屈不挠的斗争,弘扬了古典民族英雄主义,谱写出犹太民族史上辉煌壮丽的一页。

(1) 波斯时期(公元前538—前332年)

在犹太历史上,居鲁士大帝是一个值得纪念的人物,他是最善待犹太人的异族君主,19世纪在巴比伦发现的一个陶柱也证实了居鲁士释放犹太人回归故土的事件。根据希腊历史学家希罗多德的记载,波斯帝国把全国划分为20个行省,犹大就是其中之一。居鲁士占领耶路撒冷之后便立即颁发诏书,允许犹太人返回故土。在所罗巴伯的领导下,犹太人修复圣殿的工作很快就开始了,但进展并不顺利,再加上定居于此的非犹太人的反对,圣殿的修复一直延续了20年,到公元前516年才完成。尽管这座圣殿的规模与豪华程度都难以与第一圣殿相比,但它在犹太人的心中还是唤起了极大的宗教热情,他们相信"这殿后来

---

① "犹太人"(Jew)一词在希伯来文中为"耶胡迪"(Yehudi,最初指犹大部落的人)。"巴比伦之囚"后,返回耶路撒冷的犹大支派的人被称作"犹太人"。此后,犹太人一词被广泛运用。

的荣耀必大过先前的荣耀"。

公元前450年左右,波斯王亚塔薛西斯的酒政官尼希米听闻耶路撒冷荒凉破败的消息,遂向波斯王汇报并被委任为犹大行省长官,获得了重建耶路撒冷城墙的特权。然而这项工程遭到许多异族的极力阻拦,尼希米以其过人的勇敢和智慧带领犹太人克服一切困难,终于在52天之内重修了耶路撒冷城墙。与重修城墙同时,尼希米还开展了一系列社会与宗教改革,以促进犹地亚社会经济的恢复与发展。在此之后,大约公元前444年,文士以斯拉从巴比伦赶来对犹地亚的宗教生活进行了全面整顿,是为"以斯拉改革"。在取得了当地犹太社团领袖的支持后,以斯拉采取了两项措施:一是命令所有娶外族女子为妻的人必须休掉他们的妻子,并抛弃混血的孩子;二是向所有人宣读《律法书》,使他们回忆犹太先祖与上帝的契约,并遵守摩西的律法。后来,以斯拉死在耶路撒冷,百姓们举行了隆重的葬礼以怀念这位伟大的先知,以斯拉被犹太人尊称为"第二律法赠予者"或"第二摩西"。

(2) 希腊化时期(公元前332—前63年)

当犹太人还在波斯王朝过着平静生活的时候,年轻气盛的马其顿国王亚历山大大帝(前336—前323年在位)按照其父腓力二世所设想的蓝图,开始了闪电般的东征,建立起地跨欧亚非三大洲的亚历山大帝国。公元前323年,亚历山大死后,他的帝国被3位将军瓜分,从而分别形成安提柯王朝、塞琉古王朝和托勒密王朝。这样,在希腊本土文明趋于衰落之时,亚历山大东征给东方地区带来了新的繁荣,为近东与地中海地区埋下了希腊文明的因子,开启了所谓的"希腊化时期"。

托勒密王朝的统治从公元前301年延续到前198年,达百年之久,犹地亚被置于其管辖之下。托勒密王朝承袭了波斯帝国的宗教宽容政策,免除了与犹太人信仰相抵触的义务,给他们以很大的文化自主权,从而使犹太人获得了充分的自由,在这样的背景下,犹太世界与非犹太世界有了广泛的接触,相互之间产生了深刻的影响。尤其是希腊文化对犹太文化产生了巨大的冲击力;希腊的语言、哲学、宗教、文学及风俗习惯已渗透到犹太人的日常生活之中,巴勒斯坦的犹太社会明显地分裂为两大阵营——亲希腊派与反希腊派,前者多为受过教育的社会上层与知识分子,后者多为坚守古老传统的下层民众。

这一时期最值得注目的犹太文化成就是《圣经》七十士译本的翻译。据说托勒密二世(前285—前264年在位)曾派人拿着金子、宝石与信件,送给耶路撒冷的大祭司以利亚撒,希望他选派通晓律法、精通翻译的人到亚历山大里亚去,把犹太人的律法书翻译成希腊文,存放在图书馆里。于是,以利亚撒从各部落中精心挑选出72位贤人前往。据说,圣贤们被咨询了72个问题之后,在72天内完成了全部翻译工作。他们是两人一组进行翻译的,但所有译本却惊人相似。此后,亚历山大里亚的犹太人每年都要庆贺希腊文《托拉》的问世。① 《圣经》七十士译本虽然在今天看来并非完善的译本,但它却发挥了任何《圣经》版本都无法比拟的作用,它是希腊人了解犹太神学的桥梁与工具,是希伯来文化越出民族界限并影响西方世界的关键一步,后人常把希伯来文化与希腊文化作为现代西方文化的两大源头,而《圣经》七十士译本可以看作是"两希"文化的首次交汇。

犹太人在托勒密统治时期的安定生活,被叙利亚塞琉古王朝与托勒密王朝之间的战争所打断。公元前198年,塞琉古国王安提柯三世打败埃及军队,夺取觊觎已久的犹地亚。塞琉古历代国王均对推广希腊文化极为热心,特别是此后即位的安提柯四世伊皮法纽斯更是一位希腊文化的狂热推行者,他的激进做法改变了犹地亚的命运。针对犹地亚的希腊化进程远远落后于东方其他地区的情况,他决定通过干预加快这一进程。他首先任命亲希腊、"不敬神、离经叛道"的耶孙为大祭司,并在耶路撒冷圣殿附近筑起阿卡拉城堡作为希腊化的要塞。公元前168年,他又颁布强制希腊化的法令,规定:禁止犹太人行割

---

① Elias J. Beckerman, *The Jews in the Greek Age*, Cambridge, Mass.: Harvard University Press, 1988, p. 102.

礼、守安息日及各种节日，不许向耶路撒冷的圣殿进行献祭，不许传授律法，焚烧《托拉》经典，而且还在圣殿中竖起希腊神像，以猪肉向宙斯献祭。

公元前167年，在距离耶路撒冷40公里一个名叫莫迪因的小村庄里，当马塔提亚祭司被要求向宙斯雕像献祭时，他奋起反抗，杀死了向希腊神献祭的犹太人和主持这次活动的塞琉古军官，带着五个儿子逃入森林之中，揭开了伟大的反抗斗争。马塔提亚死后，他的儿子犹大（绰号"马卡比"，意为"挥锤者"）继续领导反抗斗争，随后吸引了许多虔诚的犹太人。起义者捣毁外邦祭坛，并对犹太儿童施行割礼，他们利用熟悉地形之便，开展游击战争，多次重创塞琉古军队。后人称之为"马卡比起义"。

公元前164年，起义者在控制了全部犹地亚之后，收复了耶路撒冷，清洁了圣殿，消除异教痕迹，重建犹太圣坛。马卡比起义是犹太人为反对强敌、维护传统而进行的一次英勇斗争。摩西·皮尔曼写道："为了给当时的犹太人夺回自由，英勇的马卡比战士们，树立起为维持犹太传统而斗争的永世不朽的楷模。他们处于逆境之中的那种精神力量和战胜强敌的英雄功绩，已经成为全民族的精神遗产与集体回忆。在后来的时期里，犹太人忍受了最残酷的经历，成为最骇人听闻的罪行的牺牲品，但是他们从未屈服。在流散时期那些最黑暗的岁月里，在以色列国得以重建的年代里，卓越的马卡比战士们为维护信仰与自由而斗争的历史，给了犹太人以希望，也坚定了他们的决心。"①直至今天，犹太人在每年冬至前后（犹太历3月25日—4月3日），都要举行为期8天的修殿节，即哈努卡灯节。他们以万盏灯火来表明对光明与自由的渴望和对马卡比战士英雄气概的怀念。

在马卡比人的艰苦努力下，犹太人重新获得了80年的独立，建立了以耶路撒冷为中心的哈斯蒙尼王朝（公元前142—前63年）。哈斯蒙尼王朝建立后，犹太人利用有利的国际环境进行领土扩张和对外征

---

① Moshe Pearlman, *The Maccabees*, New York: Macmillan Publishing Co., 1974, p. 259.

服,到公元前78年,他们已征服和兼并了撒玛利亚、以东、摩押、加利利、外约旦、加沙、加大拉、培拉等地,王国的疆土甚至超过大卫王朝时期。哈斯蒙尼王朝的统治者艰难周旋于大国势力之间,对外极力彰显其影响力,对内强化统治,并开始重修耶路撒冷城墙,建筑了坚固的瞭望塔。但后来由于王朝统治者扶持不同派别,法利赛派与撒都该派的矛盾进一步激化,导致了内战的爆发。萨洛梅·亚历山德拉死后,王子们为争夺王位互相仇杀,教派矛盾再度加剧,罗马人趁机入侵。

(3) 罗马统治与犹太战争(公元前63—公元135年)

在哈斯蒙尼王朝没落的同时,罗马迅速发展为一个世界帝国,几乎将地中海地区的所有国家纳入统治之下,从而使地中海变为它的内湖。公元前63年,罗马统帅庞培率军兵临耶路撒冷城下,迫使犹地亚成为罗马帝国的附庸。为了便于控制,罗马采取傀儡政策,实际权力操纵在罗马宠臣以东人安提帕特手中。公元前40年,安提帕特的儿子希律被任命为犹地亚的藩属王。希律虽与哈斯蒙尼王朝的公主联姻,成为王室成员与合法继承人,但他仍把哈斯蒙尼王朝视作敌人,因担心背叛,他在确立王位之后杀死了大祭司以及许多王室成员,包括他的岳母、妻子及两个亲生儿子。对希律甚为了解的罗马皇帝奥古斯都说得好:"宁当希律之猪,不做希律之子。"

希律王以残暴成性、独裁专横而著称,但却颇有政绩。希律扩大了犹大国家领土,占领了沿海的希腊城市、戈兰高地以及南叙利亚的一些乡村。他在北部地区还建立新的城市,模仿希腊人的风格,在城市中修建极其豪华的建筑。希律在耶路撒冷的市政建设方面立下了汗马功劳,他投入大量的人力与物力在城中进行了庞大的改造工程,增修了第二城墙。他还在耶路撒冷为自己建造了一座以金子与宝石装饰的宫殿,此外在全国许多地方建有行宫。值得指出的是,希律对圣殿进行了大规模的重修,其宏伟气势与豪华程度都是前所未有的。

公元前4年,希律死后,罗马废除了犹地亚的藩属王制,使之成为罗马的一个行省,由具有审判权的总督主持政务。为降低耶路撒冷的地位，罗马人把总督府设在地中海海滨的新建城市恺撒利亚。尽管罗马方面为了节制总督的权势与贪欲，从不让他们任期过长，但总督们还是极尽敲诈勒索之能事，他们一方面极力搜刮民财、中饱私囊，另一方面严格推广罗马帝国的宗教歧视与民族压迫政策。犹太人中的一些上层人物为了自己的利益，与罗马统治者狼狈为奸，犹太大众承受着罗马帝国和祭司贵族的双重压迫。在这样的背景下一场富于斗争精神的犹太爱国者和狂傲自负的罗马人之间的最后冲突已无法避免。

公元66年，一群激进分子西卡里（Scaril，也称短刀党）攻占罗马军队驻守的马萨达要塞，由此揭开了整个战争的序幕。虽然反抗者在初期取得了一些小规模的胜利，但随后罗马军队在赫赫有名的韦斯巴芗统领下，步步为营，节节推进，到公元68年春天，完成了对耶路撒冷的合围。后来由于尼禄皇帝自杀才暂时解围。公元69年，韦斯巴芗在东部军团的拥戴下正式登基，随后重新开始了对犹太人的战争。公元70年8月28日（犹太历为阿布月第九日）提图斯指挥罗马军队攻占耶路撒冷并焚毁第二圣殿。城破之时，耶路撒冷到处都是尸体，成千上万的犹太人被卖为奴隶，他们的财产与土地被虎狼般的罗马人没收，被钉死在十字架上的起义者不计其数，以致出现"无处不立十字架，也无十字架不钉人"的惨状。约瑟夫斯认为仅在耶路撒冷围城战中就有110万犹太人被杀，这个数目显然有所夸大；另据塔西佗的记载，犹太被处死者大约在60万以上。

罗马—犹太战争之后，犹太人在亚历山大里亚、塞浦路斯等地发动了几次反罗马斗争，均以失败告终，并付出了惨重的代价。在哈德良皇帝执政时期（公元117—138年在位），他一度想缓和犹太人的不满情绪，表示要修复耶路撒冷的圣殿，允许犹太人过自己的宗教生活。可是，他很快发现上述计划与罗马帝国长期以来推行的文化政策不一致，再加上罗马总督的残酷剥夺与无耻勒索，致使修复圣殿遥遥无期。哈德良很快改变了主意，他不仅放弃重修圣殿，还禁止犹太人行割礼。这一决定极大地损伤了犹太人的民族感情，成为公元132—135年大起义的导火索。

这场大起义因其领导者西蒙·巴尔·科赫巴而得名,他原名柯西巴,在阿吉巴拉比指点下改名"科赫巴",意为"星辰之子"。而由于《民数记》"有星要出于雅各"(24:17)的典故,他迅速被人们尊为弥赛亚,许多流散地犹太人纷纷从四面八方涌入犹地亚助战。由于起义十分突然且规模浩大,罗马毫无准备,初期派去的 2 个军团被打得大败,起义军乘胜占领耶路撒冷,建立了称为"以色列"的政权,并发行了大量铸有"拯救锡安""为了以色列的自由""以色列亲王西蒙""西蒙亲王"等字样的货币,这些都在 20 世纪的考古发现中得到印证。罗马随后派著名将军朱利斯·塞维鲁斯统领 20 个军团前去镇压,经验丰富的他采取韦斯巴芗当年步步为营、逐个击破的策略,用三年多时间将起义完全扑灭。根据犹太传统,公元 135 年(犹太历阿布月第九日)犹太守军的最后要塞贝塔尔不幸失陷,包括巴尔·科赫巴在内的无数起义者遇害。

对于哈德良而言,这是一场代价极为沉重的胜利,以至于他在给元老院的文告中省去了以前一直使用的"我和军团都完好无恙"的惯用语。而对于犹太人来说,这场失败更为惨痛,甚至比 70 年前反抗提图斯的战争更为悲惨。公元 3 世纪的罗马史家迪奥卡修斯认为,这场战争导致超过 50 个要塞和 1000 多座村庄被毁,犹太人死亡人数在 58 万以上。这几乎占当时犹地亚犹太人口总数的 1/2,犹地亚的许多村庄整个整个地被毁灭,另有成千上万的犹太人被卖为奴隶,以致当时的奴隶市场上到处充斥着犹太人。犹地亚在战后被罗马人强制改名为"巴勒斯坦"(Palestina,源自非利士人,意为"非利士人之地"),整座耶路撒冷城被夷为平地,并改名为"埃利亚·卡皮托琳那"的外邦城市,第二圣殿原址上建起一座朱庇特神庙,供奉着外邦的神灵及不洁的祭品。犹太人被禁止进入圣城,而只能在每年的阿布月第九日用贿赂罗马士兵的方法进入圣殿山遗址哀悼痛哭,这种行为被形象地称作"买眼泪",残存的西墙也据此得名"哭墙",并成为以后世世代代犹太人集体记忆中不可磨灭的精神创伤与民族苦难的具体象征。哈德良还颁发禁令,严禁犹太人守安息日、行割礼,禁止学习和传播犹太律法,违者处以死罪。许多信仰坚定的犹太人毅然赴死以"圣化上帝之名",从而涌现出许多殉道英雄,其中最为著名的就是"十殉道者"。所幸的是,这种情况并没有持续太久,公元138年罗马新皇帝安东尼上台后废除了这个极不人道的法令。

二、大流散时代(公元135—18世纪中叶)

公元135年,犹太人反抗罗马的巴尔·科赫巴大起义失败,致使犹太人自此丧失了独立国家,大批犹太人被迫离开巴勒斯坦故土向各地迁移,一部分移居小亚细亚、阿拉伯半岛、两河流域及北非地区,也有不少人流向欧洲各国,犹太历史由此进入长达十几个世纪的大流散时代。

(一) 巴比伦犹太社团

由于政治、经济等原因,当巴勒斯坦犹太教公会权威丧失、犹太中心的地位衰落之后,巴比伦成为犹太民族和犹太文化的新中心。巴比伦的犹太社团开始于尼布甲尼撒时期,那些生活在巴比伦而没有返回巴勒斯坦的犹太人与故土保持着密切的联系,他们前往耶路撒冷朝圣,交纳圣殿税,把孩子送到巴勒斯坦去读书。随着巴勒斯坦地区犹太社团的衰落,一些著名的巴勒斯坦学者也陆续来到了巴比伦,到公元3世纪,巴比伦犹太社团在文化生活方面已经超过了巴勒斯坦,尤其是幼发拉底河畔的小城内哈达被称为"巴比伦的耶路撒冷"。巴比伦的流散地领袖被授予"鲁什—哈高拉"的头衔,当时的巴比伦形成了两大最重要的圣经学院——苏拉学院和蓬贝塔学院。

这两大学院组织一批学者专门研究由拉比犹大·哈纳西在掌管犹太教公会期间主持编纂的《密释纳》。巴比伦的学者们发现,《密释纳》中的许多解释只涉及巴勒斯坦的传统,忽略了巴比伦的实际情况,而且遗漏了许多当时已有的律法材料和口传法规。于是,他们以当时西亚犹太人通用的阿拉米文编成另一部律法著作《革马拉》,《革马拉》是对

《密释纳》的注释与补充,公元 4 世纪中叶,《密释纳》与《革马拉》合在一起,在经页上左右分列,共同构成《塔木德》。①

随着基督教在罗马帝国的胜利,巴勒斯坦的犹太教研究更加困难,但巴比伦的学者继续对《塔木德》进行修订,尤其是著名学者拉夫·阿席(357—427)在担任苏拉学院院长期间,做了大量的编纂工作。他卸任之后,圣经学院的其他学者继承了他的事业,公元 5 世纪末终于完成洋洋洒洒 250 万字的《巴比伦塔木德》。《巴比伦塔木德》成书于《巴勒斯坦塔木德》②之后,经过拉比们的潜心研究,并结合了散居犹太人的生活实践,所以更加完整,其内容包括箴言、神话、故事、诗歌、寓言、谜语、道德反省等诸多方面,充分再现了巴勒斯坦和巴比伦犹太人从公元前 6 世纪到公元 5 世纪这一千多年间的宗教与文化生活,是仅次于《圣经》的犹太圣书。塔木德文化是中世纪犹太文明的一个重要分支,为散居犹太人提供了宗教准则与行为规范,在犹太史上占有十分重要的地位。

除了《塔木德》之外,巴比伦犹太人还汇编了布道书《米德拉西》与祈祷书《希杜尔》,丰富了犹太教的内容。阿拉伯帝国兴起之初,巴比伦犹太社团仍对散居犹太人起着很大的影响作用,他们拥有很大的自治权,维持着宗教学术中心的地位。后来,随着更多的犹太人及主要的圣经学院迁往帝国的统治中心巴格达,巴比伦犹太社团逐渐缩小,宗教与学术研究走向衰落。事实上,从巴比伦帝国衰落时开始,巴比伦的犹太人就开始向周围地区扩散,一部分前往印度、中亚甚至东亚。不少学者认为,大约在北宋年间沿丝绸之路来中国开封定居的犹太人就是巴比伦犹太人的一个分支。这批以巴比伦犹太社团为根源、长期与亚洲(尤其是西亚)各民族生活在一起的犹太人,就是今天所说的"东方犹太人"。

---

① 《塔木德》,原意为"教导"(teaching),是犹太人的口传律法总集,其宗旨是如何使人成圣,尤其是在日常生活中如何遵守律法与禁忌。
② 《巴勒斯坦塔木德》由太巴列圣经学院院长约哈南·巴尔·纳帕哈(199—297)着手编撰,大约在公元 400 年完成。

（二）伊斯兰世界的犹太人

穆罕默德生活的年代，阿拉伯半岛上有许多犹太人定居，伊斯兰教的产生深受犹太教的影响，伊斯兰教承认犹太教的先知并尊重犹太人与基督教的经典，伊斯兰教在教义与习俗上对犹太教有很大的继承性，所以被称作犹太教的"女儿宗教"。不过，虽然犹太教对穆罕默德一神思想的形成以及伊斯兰教基本教义的建构都产生了很大的影响，犹太教与伊斯兰教之间的分歧也是显而易见的，如犹太教徒指责穆斯林歪曲《圣经》，穆斯林指责犹太人篡改神的本意，把唯一真神人格化，从而堕落为拜物教。

公元7世纪到8世纪初，阿拉伯人建立了横跨西亚、北非与西班牙的大帝国，那些流散于阿拉伯半岛、巴比伦与波斯等地的犹太人处于阿拉伯帝国的统治之下。与欧洲社会相比，阿拉伯帝国对犹太人采取了比较宽容的政策，只要他们服从伊斯兰教政权的统治、按规定缴纳"人丁税"，就可以信仰自己的宗教，保持自己的风俗习惯。

犹太人在穆斯林世界主要从事商业与手工业。他们通晓希腊语、拉丁语，也会讲波斯语与阿拉伯语，与世界许多地方保持商业、贸易与文化的联系，因此，成为国际贸易的承担者。可以说，伊斯兰教的兴起使犹太商人获取了千载难逢的发展机遇。由于基督教与伊斯兰教的长期对峙，特别是由于在东西方贸易的核心地区地中海沿岸出现了两大帝国——信仰基督教的加洛林帝国和信仰伊斯兰教的阿拉伯帝国，双方常常因商业利益而大动干戈，基督徒或穆斯林商人彼此都不敢进入对方的世界，欧亚之间的贸易几乎中断。这时，犹太人顺理成章地扮演了东西方贸易的中介，他们借助于共同的语言——希伯来语承担起了国际商人的使命。在9世纪，巴黎和巴格达或开罗之间的绝大部分商业事务是用希伯来语办理的。当时的犹太人活跃于西班牙、法国、意大利、拜占庭、巴勒斯坦、埃及、突尼斯等地，"他们在地中海和洲际贸易中起着极为活跃的作用，并作为国际商人而首次出现于西方的基督教国家"。①他们在各大港口都设有自己的"代表",组成了一个排除异己、自成体系的庞大商业网络,保证了长途贸易的顺利进行。由于犹太人经济地位较高,也有比较好的文化素养,因此不少人担任了阿拉伯宫廷的外交、贸易和财政顾问。

(三) 西班牙犹太人的"黄金时代"

公元 1 世纪前后,犹太人就已来到伊比利亚半岛。公元 412 年占领了西班牙的西哥特人曾强迫犹太人改信基督教。犹太人的权利虽然受到多种限制,但还是形成了自己的社区,并保留了传统的宗教文化。公元 711 年,当穆斯林将领塔里克入侵西班牙时,犹太人把阿拉伯征服者当作解放者来欢迎。穆斯林当权者为了感谢犹太人,给予他们信仰自由、司法自治的权力,允许犹太人从事农耕、贸易、手工业、医学等各种职业。倭马亚王朝的哈里发阿卜杜·拉赫曼一世于公元 756 年当政后,西班牙进入了宽容时代。从 8 世纪到 13 世纪,犹太文化在西班牙出现了一个"黄金时代"。希伯来语中把西班牙称为"Sephard",所以西班牙、葡萄牙的犹太人及其后裔被称为"塞法尔迪人"(Sephardim),其文化统称为塞法尔迪文化。

在当时的科尔多瓦、格拉纳达、托莱多等城市的犹太社团中,许多圣经学院相继建立,尤其是科尔多瓦圣经学院,不仅有藏书丰富的图书馆、博学多才的著名学者,而且还是处理犹太人事务的权威机构。特别是巴比伦犹太中心逐渐衰落后,这些圣经学院成为散居犹太人的宗教文化中心。西班牙的犹太学者热衷于研究希伯来语、《圣经》及《塔木德》,一些人从宗教、哲学、文学及自然科学领域脱颖而出。其中最负盛名的学者有犹大·哈列维与摩西·迈蒙尼德。

犹大·哈列维被认为是 12 世纪上半叶最杰出的诗人与哲学家。他的诗歌以深厚而浓烈的阿拉伯艺术风格展现犹太人的内心感受与思

---

① Haim H. Ben-Sasson, ed., *A History of the Jewish People*, Cambridge: Harvard University Press, 1976, p. 394.

想境界，在当时激起了强烈的反响与共鸣。他的诗歌分为两类，一类是生活诗，描述智慧、奔放的犹太人以巨大的热情融入当地社会生活的情景；一类是宗教诗，表达对宗教的敬畏与虔诚、对圣地的怀念，尤其是对上帝的赞美。他有一句被犹太人广泛引用的名言："我的心在东方，我身却在西方。"哈列维晚年只身前往巴勒斯坦，实现了回归故土的梦想。据说，当他跪在哭墙前流泪祈祷时，一个阿拉伯骑士策马从他身上踏过，一代杰出诗人、贤哲在祈祷中发出了最后一个音符。

摩西·迈蒙尼德被认为是中世纪最伟大的犹太思想家。他出生于科尔多瓦，但后半生大部分时间是在埃及的福斯塔特（即开罗老城）度过的。迈蒙尼德是一位百科全书式的人物，他精通数学、天文学、物理学等各种自然科学，同时又是一位著名的律法学家、哲学家、评注家。迈蒙尼德还是非常出色的医生，写过许多医学论文，做过皇室的御医。迈蒙尼德的最大成就在于哲学，因《迷途指津》一书蜚声世界，其中汇集了中世纪阿拉伯哲学的研究成果。迈蒙尼德以亚里士多德哲学中的理性主义来解释传统的犹太教，为犹太教寻找哲学依据，从而丰富了犹太思想的内涵。为了与其他宗教相区分，1160年，迈蒙尼德提出了犹太教的十三条信纲，此后作为犹太教最基本的信仰条款为大多数犹太人所接受。

14世纪以后，随着基督教政权收复失地运动的开展，西班牙的反犹势力甚嚣尘上。犹太社区被捣毁，有的犹太人被打死，有的被强行洗礼，有的被贩卖为奴。反犹活动很快蔓延到许多城市，以致出现大批假装皈依基督教的"马兰诺"（也称新基督徒），这些人表面上皈依基督教，但却秘密信仰犹太教，他们遵守传统礼仪，不与非犹太人通婚。1492年，西班牙的反犹行动达到顶峰，3月31日，国王费迪南德与伊萨贝拉联合签发驱逐犹太人的法令，以处死为威胁，限令王国领地上的所有犹太人必须在4个月之内离开，大约20万人被驱逐出境，是为"1492大驱逐"（the Expulsion of 1492）。同年8月，最后一批犹太人不得不离开他们曾经创造过黄金时代的西班牙。这批被驱逐的犹太人主要流散到葡萄牙、意大利、土耳其及北非等地。直到1869年，西班牙宪法才废除了1492年的驱逐令。

(四) 中世纪的欧洲犹太人

　　大约在公元6世纪,大批犹太人移居欧洲,主要集中在基督教尚未控制的希腊、法国、德国及北欧地区。在移居欧洲的最初年代里,犹太人没有受到特别的歧视。但随着经济地位的稳固和势力的增长,他们与当地主体民族的矛盾日益显露,欧洲社会开始了基督教化进程后,犹太人的处境更为艰难,于是,他们开始逐步由西向东迁徙。到11世纪末,东欧如立陶宛、波兰、匈牙利、俄国等地已经聚集了大批犹太人。这些生活在欧洲基督教国家的犹太人被称为阿什肯纳兹人(Ashkenazim)①。

　　中世纪的基督教会在迫害犹太人方面扮演了非常重要的角色,它把犹太教列为异端邪说,采取种种手段强迫犹太人改宗。人类历史上第一位新教徒、德国人引以自豪的思想巨人——马丁·路德就曾把犹太人比作瘟疫。他说:犹太人的圣殿应付之一炬;犹太人的房屋应彻底毁坏;犹太人所拥有的一切都来路不明;犹太人正是灾难与罪行的化身! 在外界的压力之下,确有一些犹太人改信了基督教,但改宗之后的虔信程度又往往被基督教会所怀疑。

　　欧洲宗教势力对犹太人的迫害在十字军东征时期达到了高潮。11世纪以后,整个西方世界都处于罗马教会的控制之下。一些从巴勒斯坦朝圣归来的基督教徒不断传递这样的信息:穆斯林破坏了基督教的圣地与景观、基督徒被穆斯林匪徒非难、基督教商人遭遇阿拉伯海盗的洗劫等等。于是,教皇乌尔班二世应拜占庭皇帝的呼吁,决定向穆斯林开战,欧洲历史上的血腥一页——十字军东征便掀开了。贪图犹太人的财产、又被宗教狂热情绪所笼罩的基督教徒突然意识到,"上帝的敌人"、非基督徒就在自己的身边,犹太人就此成为替罪羊与牺牲品。

---

　　① 阿什肯纳兹人原是对居住在莱茵河及日耳曼地区犹太人的称谓,后来扩展到对整个欧洲犹太人及其后裔的指称。

1095年,第一次十字军东征开始后,出现"杀一个犹太人,以拯救你的灵魂"的宣传,袭击犹太人的活动始于法国与德国。在诺曼底,十字军战士把犹太人抓进教堂,凡拒绝洗礼者格杀勿论。同年5月,施派尔、沃尔姆斯、美因茨、拉蒂斯本、特鲁瓦等地的大批犹太人被抢劫或者杀害,一些人被强行施洗,一些人选择了自杀。

十字军东征以后,病态的反犹主义笼罩着欧洲大陆,宗教会议颁布的法规成了迫害犹太人的理论依据。当时谣言四起:犹太人故意亵渎圣饼,犹太人在逾越节杀害基督教儿童充当祭品,犹太人在井中投毒引发了蔓延欧洲的黑死病等等。后来,当欧洲被蒙古人蹂躏时,人们又把蒙古人说成是犹太人;在捷克,犹太人被看作是胡司战争的支持者;在俄国,犹太人被指控为沙皇的谋杀者;等等。十字军东征的浪潮过去之后,犹太人的境遇并未得到改善,许多国家相继颁布了排斥犹太人的法令,限制他们的自由,征收额外的赋税,禁止他们从事某些职业,不准占有土地。进入文艺复兴与宗教改革时期,欧洲基督教社会中的犹太人又开始了隔都化进程——这种将犹太人集中限定在城市某个区域的做法始于1516年的威尼斯。

三、启蒙与解放时代(18世纪中叶—19世纪末)

18世纪在人类思想史上是一个非同寻常的时期,由文艺复兴、宗教改革奠定的西方现代性,在启蒙运动中被孟德斯鸠、伏尔泰、卢梭等人推向高潮。对寄居欧洲的犹太人而言,启蒙运动以其特有的吸引力与冲击力震颤着隔都的高墙,沉闷了数个世纪的犹太人终于呼吸到自由与平等的新鲜空气。经过对自身文化的痛苦反思以及艰难的思想洗礼之后,犹太人中间的务实、开明分子便以极大的热情投身于这场史无前例的思想文化运动之中,从而掀开犹太历史上的崭新一页——犹太启蒙运动及社会转型。在此新旧交替的时刻,摩西·门德尔松起到了指路人与先驱者的作用,他也因此被誉为"犹太启蒙之父"。

(一) 哈斯卡拉的兴起

所谓"哈斯卡拉"(Haskalah,即犹太启蒙运动),指 18 世纪中后期至 19 世纪在中欧及东欧犹太人中间兴起的一场社会文化运动。当时许多犹太知识分子服膺启蒙运动,把启蒙同宗者、传播新思想作为自己的职责。这些人被称作"马斯基尔"(Maskilim)。18 世纪下半叶,在门德尔松及其弟子们的倡导下,柏林率先形成了哈斯卡拉中心。19 世纪 20 年代,哈斯卡拉的中心转移到了奥地利,并以维也纳出版的犹太年鉴《时代的第一批成果》为主要思想阵地。此后,哈斯卡拉在维也纳、奥德萨形成了新的中心。19 世纪 40 年代之后,哈斯卡拉在俄国找到了归宿,尤其是在具有自由主义倾向的沙皇亚历山大二世统治时期,这一运动达到了高潮。俄国的马斯基尔们不仅把欧洲启蒙运动的主要观点,而且把此后在欧洲出现的主要思想观念及文化流派,包括浪漫主义、哲学唯心主义、实证主义、乌托邦社会主义等,都引入希伯来文学,传播给犹太大众。

哈斯卡拉作为一场规模浩大的理性主义运动,对犹太民族的思想文化、价值观念及生活方式等都产生了极为深刻的影响,犹如漫漫长夜中的一颗明星,点燃了人们的希望之光。一些马斯基尔自认为已找到犹太民族的解放之路,下一步所要做的就是引导自己的同胞放下沉重的传统之负担,轻装步入现代社会;一些热血青年自称"新文化的见证人""新时代的迎接者"。哈斯卡拉的历史又一次证明知识分子是现代化不可或缺的推动者,"他们最倾向于尊重自由的文化",自然也就成为"传统和现代性之间的重要媒介"。哈斯卡拉在解放思想、促进民族文化的更新方面的作用确实有目共睹,但也留下了深刻惨痛的教训。许多犹太人(主要是社会上层)出于浪漫主义的激情或急于寻求解放的功利主义思想,放弃了做犹太人的重负而改宗基督教,他们甘愿"成为模仿欧洲文明的猴子"(卢梭语)。哈斯卡拉的发起者本意上无心瓦解宗教虔诚,但后来形势发生了逆转,许多人逐渐以自己的犹太身份为耻,并皈依了基督教。以门德尔松为例,他的 6 个子女中有 3 人改信了基督教，在他逝世后不到一个世纪的时间，他几乎所有的直系后裔相继接受了基督教的洗礼。哈斯卡拉带来的一个不可避免的负面影响就是，无论在中欧还是东欧，改宗在犹太人中间成为极其普遍的现象。

（二）法国大革命与犹太人的解放

法国大革命爆发前，全世界的犹太人约有 225 万，其中欧洲占 175 万。哈斯卡拉虽在犹太思想史上具有划时代的意义，但它毕竟只是一场思想启蒙运动，其影响范围局限于知识分子及社会上层。就大部分犹太人而言，其法律地位及社会结构直到法国革命爆发前并未发生根本性的变化。

大革命爆发前，法国共有 4 万左右的犹太人，其中有 3 万多生活在阿尔萨斯和洛林。1787 年，来自阿尔萨斯的阿什肯纳兹犹太人代表与来自南部城市的塞法尔迪犹太人代表进行会晤，商讨如何改变社会地位及生活状况等问题，由于双方分歧很大，会谈没有取得任何进展。1789 年 8 月 27 日，法国国民议会通过了以"人人生而自由平等"为主旋律的《人权宣言》，从而使自由、平等、博爱的观念深入人心。《人权宣言》虽然没有直接赋予犹太人以公民权，但犹太人问题在当时引起了各方面的关注。根据法国革命的理想，法律面前人人平等，任何人都享有宗教信仰自由的权利，那么，犹太人没有理由被剥夺本应属于自己的权利。1789 年 12 月，犹太人问题被提交到国民议会，讨论的焦点是犹太人应继续被驱逐还是赋予其公民权，经过激烈的争议，进步势力最终取胜。1791 年 9 月 27 日，国民议会通过了如下决议：废除以前法律条文中对犹太人的限制、束缚及驱逐，感化作为个体的犹太人，他们将作为公民而宣誓。但是，法国国民议会赋予犹太人的仅仅是个体的公民权，而不是作为社会群体的权利。12 月 23 日，极力主张解放犹太人的克雷蒙伯爵在国民议会上进一步声明："作为一个民族，犹太人一无所获;但作为一个个体,他获得了一切。"①

　　法国大革命及法国犹太人公民权的获得大大推进了欧洲犹太人的解放进程。随着法国军队开进一个个欧洲城市,隔都的壁垒纷纷坍塌。在荷兰,法国公使力排众议,促使当地政府于 1796 年解放了犹太人;在意大利,拿破仑废除了对犹太人的种种限制,1797 年 7 月威尼斯隔都的大门在群众的欢呼声中被焚毁,罗马隔都也于 1798 年开放;在葡萄牙和西班牙,拿破仑关闭了宗教裁判所,许多马兰诺第一次公开了自己的犹太教徒身份;在德国,当法国军队占领莱茵地区及一些省份之后,立即迫使当地政府签署解放犹太人的法令。然而,好景不长,1815 年拿破仑在滑铁卢的失败宣告了其政治生涯的结束,也标志着欧洲历史进入了一个政治倒退的时期,反动势力纷纷复辟。在整个欧洲,除了荷兰犹太人还保持着不久前获得的法律地位外,各地的犹太人相继失去了公民权,隔都的大门又重新树立起来。然而,不管反动势力如何来势凶猛,也无法使犹太人完全重返隔都,回到中世纪那种与世隔绝的状态,人们的思想与观念已经发生了改变。

　　1848 年欧洲革命的爆发给犹太人以极大的鼓舞,他们中的许多人以巨大的热情投身于民族民主革命的洪流之中,在维也纳和柏林的三月战斗中,犹太战士成为起义先锋。在意大利、罗马尼亚、俄国等国的革命运动中犹太人也同样表现得十分出色。1848 年革命所营造的政治气氛大大有利于犹太人的解放,从而使这场革命成为犹太人解放历程上的重大转折点。从 1789 年至 1848 年半个世纪左右的时间里,新旧势力虽反复较量,但欧洲社会仍朝着自由、民主、开明的方向迈进,革命高潮之下落后、保守、反动势力也受到涤荡。正是在这样的背景下,欧洲犹太人在寻求解放的道路上接连取胜,到 19 世纪末欧美犹太人基本上都获得了公民权,完成了漫长的解放历程。

　　解放在犹太历史上是一个划时代的事件,这一时期也是空前变革

---

① Jay R. Berkovitz, *The Shaping of Jewish Identity in Nineteenth-Century France*, Detroit: Wayne State University Press, 1989, p. 71.

的转型时代,犹太人的法律地位、社会生活及思想观念都发生了深刻的变化,犹太社会向现代转型的步伐大大加快。解放运动后,他们很快在欧洲学术及文化领域崭露头角,第一批科学家、艺术家、思想家从各地犹太社团中脱颖而出。与此同时,犹太人也广泛地进入政治、经济领域。犹太人当上法兰西共和政府的官员、法兰克福立宪会议的代表,并进入了荷兰、意大利、英国的内阁;犹太人还在资本主义的兴起过程中起到了不可忽视的重要作用,有力地推动着现代文明的发展与进步。

(三) 美国犹太人的崛起

犹太人很早就踏上了美洲大陆,他们几乎是第一批踏上新大陆的欧洲人。1492 年,犹太人路易斯·托雷斯作为一名船员与哥伦布一起抵达北美,这是犹太人到达美洲的最早记录。1654 年 9 月 7 日,23 位葡萄牙犹太人为躲避宗教法庭的迫害来到了新阿姆斯特丹,成为美国移民的先驱。到 1776 年美国独立时,大约有 2000—3000 名犹太移民。美国的开国元勋们对犹太人极为尊重,约翰·亚当斯称犹太人是"在这个世界上居住的最光荣的民族"。但犹太人大规模移民美国是近代以后的事情。

美洲大陆的移民潮是欧洲大陆的反犹主义所促成的,大多数移民都因不甘忍受欧洲社会的歧视而前往新大陆避难。1840 年至 1860 年是美国社会给予犹太人以"广泛自由及广泛接纳的时代",大批中欧犹太人从德国、奥地利、匈牙利和波希米亚等地举家迁往美国。这 20 年间,美国犹太人口增加了 10 倍,由原来的 1.5 万人增至 15 万人(1826 年时仅有 6000 人),到 1880 年已达到 25 万。他们的足迹遍及整个东部,并开始向西部蔓延。1880 年以后,俄国政府公开排犹,每一次暴力行动都会把一批新的移民送出边境。从 1881 年到 1924 年有大约 250 万东欧犹太人移居美国。集体迁移使美国犹太人口急剧上升,世纪之交时达到 100 万,20 世纪 20 年代超过 400 万,20 世纪中叶超过了 500 万。犹太人把美国看作是自己的避难所,在他们的心目中,大西洋彼岸的那片新的土地没有暴力、没有歧视、没有眼泪,只有平等的机遇和成功的条件,似乎"那里每一条街道都是用金子铺成的"。

在北美大地,犹太人获得了前所未有的发展空间,犹太移民们不仅承袭了欧洲大陆的各种宗教及思想流派,而且吸取各种自由思潮,广泛地与美国社会相融合。不同时期来到美国的犹太移民,其思想文化及观念形态很快表现出与美国社会主体精神的认同,在他们的眼里,新大陆成了自由、民主、平等的乐土。来自欧洲的新犹太移民在居住特点上表现出明显的城市化倾向,而且大多追逐大城市,犹太人成为美国城市化水平最高的族裔。他们中许多人选择了纽约,因为这里不仅是最主要的登陆港口,也是全国最大的工业中心,而且老一代移民也在此奠定了一定的生活基础。到 20 世纪 20 年代,纽约至少容纳了 175 万犹太人,后来超过了 200 万,成为世界上犹太人口最多的城市,犹太人称纽约的犹太社团为"有史以来规模最大、最自由、最发达的社群",称纽约为"世界犹太人的母亲城"。除纽约之外,犹太社团也在洛杉矶、波士顿、芝加哥、华盛顿、费城等城市纷纷建立,并集中了大批的犹太人口。总之,美国犹太人不仅在新大陆找到了安身立命的场所,而且为美国城市经济的繁荣作出了不可磨灭的贡献。

四、犹太复国主义时代(19 世纪末—1948 年)

从大流散开始到前解放时代,作为客体民族的犹太人在与主体民族的交往过程中,很少能以平等的身份加入主流社会,长期遭受的不公正待遇严重摧残着犹太人的精神世界与思想感情,但也锤炼了他们的坚强意志,强化了一些人心目中重返故土的观念。随着时间的推移,尽管同化主义者与犹太教改革主义者都在不同程度上反对犹太民族运动,但到 19 世纪末,犹太复国主义思想还是以锐不可挡之势在欧洲大陆兴起。犹太复国主义作为一种现代民族主义思潮,其目的就是要在巴勒斯坦故土重建犹太国家,以便为后解放时代的现代犹太人建立一个新的政治认同和自我身份的焦点。

（一）犹太复国主义的兴起

1881年沙皇亚历山大二世被刺身亡，专制的新沙皇即位后开始了针对犹太人的大规模集体迫害，这促使许多犹太人下定决心逃离俄国。1882年7月，"热爱圣山运动"的一个激进派别"比鲁"（Bilu）的成员开始移居巴勒斯坦，掀开了犹太人返回故土新的一页——"阿里亚"（Aliyah）①，"比鲁"是"雅各之家，来吧！让我们一起行走！"（《以赛亚书》2：5）的希伯来字首的缩写。1882年7月31日，这批先驱者在雅法东南部8英里处一块无人开垦、也无人定居的土地上建立了定居点，他们称之为里申—列锡安，这是外来移民在巴勒斯坦建立的第一个现代定居点，由此成为现代犹太复国主义运动的起点。

犹太复国主义（Zionism）一词的词根是"Zion"，原指位于耶路撒冷城中的锡安山。先知们把它作为耶路撒冷城的精神象征与别称，并把耶路撒冷与犹大国的居民称为"锡安之女"。第一圣殿被毁之后，锡安具有了特殊的含义，被用来表达犹太人对故土的怀恋之情及回归之愿，也成为散居犹太人宗教生活中的一个核心概念，被当作犹太历史遗产的一部分。犹太复国主义的先驱人物有摩西·赫斯、利奥·平斯克等，但完整地提出复国理论并加以实施的是维也纳作家西奥多·赫茨尔。在赫茨尔饱含深情的《犹太国》一书中，他首先论证了这样一个观点：犹太人问题既不是社会问题，也不是宗教问题，而是一个民族问题；解决犹太人问题的根本途径是建立一个犹太人自治的国家。

在赫茨尔的号召与组织下，第一届世界犹太复国主义代表大会于1897年8月29日至31日在巴塞尔举行。与会代表204人，分别来自东欧、西欧、北美、阿尔及利亚等地，其中俄国代表90名。代表们身着礼服，佩戴白色领结，会议在象征着民族复兴的隆重礼仪中开始。当赫

---

① "阿里亚"在希伯来语中意为"上升""攀登"，原指犹太人去耶路撒冷的朝圣活动，意味着在精神上得到了"升华"，后来泛指犹太人移民巴勒斯坦的活动。

茨尔这个"代表着崇高、完美与国王般形象的人物"出现的时候,整个会场沸腾了,暴风雨般的掌声与欢呼声达 15 分钟之久,许多人淌下了激动难耐的热泪。参加巴塞尔会议的代表错综复杂,有宗教正统派、有世俗主义者、有激进民族主义者,也有同化主义者。经过激烈的争论,会议求同存异,最后通过了《世界犹太复国主义运动纲领》(也称《巴塞尔纲领》),确定犹太复国主义的目标是"在巴勒斯坦为犹太人建立一个由公共法律所保障的犹太人之家",并成立世界犹太复国主义组织。

巴塞尔会议是一个划时代的事件,它标志着犹太复国主义运动进入了有组织的阶段,成为一个统一的、世界性的政治运动,从此以后,他们把政治诉求、获得国际社会支持及鼓励犹太人移居巴勒斯坦作为自己的主要策略。在犹太复国主义运动的鼓励下,大批犹太人从俄国和东欧移民巴勒斯坦。但是犹太复国主义运动内部存在着一系列的分歧,尤其是建国地点问题导致了内部的分裂,赫茨尔本人遭到非常严厉的批评与非议,在 1904 年 5 月召开的执行委员会上,赫茨尔已经心力交瘁,他因突发肺炎,不断咳嗽、吐血,但仍然坚持写作、会谈,六周之后,赫茨尔在维也纳溘然长逝,年仅 44 岁。在赫茨尔的葬礼上,前来送行的人达 6000 之多。以色列建国后,于 1949 年把赫茨尔的遗骨运回以色列,以极其隆重的仪式安放在耶路撒冷的赫茨尔山上。时至今日,总有犹太人前往凭吊、缅怀这位伟大的英灵,他那忧郁而光辉的形象被看作是犹太国的象征。

(二)《贝尔福宣言》的发表

第一次世界大战爆发之时,尽管柏林的世界犹太复国主义组织宣布中立,但许多犹太人参与了战争,并且希望自己能站在胜利者一方。犹太阵营分化为"亲德派"与"亲英派"。以弗兰茨·奥本海默为首的"亲德派"公开发表声明,鼓励犹太青年为德国而战;以哈伊姆·魏茨曼为代表的"亲英派"则认为,巴勒斯坦要划入英国的势力范围,犹太复国主义事业应该把目标投向英国。

魏茨曼 1874 年出生于俄国与波兰交界处的摩托尔镇,读完中学后留学德国,1899 年从弗莱堡大学获得博士学位,在柏林期间,他深受《犹太国》一书的影响而成为犹太复国主义者。他 1904 年移居英国,在曼彻斯特大学教授生物化学。魏茨曼很早就参与了犹太复国主义运动,曾出席第二届世界犹太复国主义代表大会。但在建立犹太国的问题上,他同赫茨尔存在较大的分歧。他认为犹太国家不可能仅仅依赖政治捷径或者与某个大国签订的政治协议而建立,而是要依靠作为一个民族整体的世界犹太人的道义与实际援助。魏茨曼以曼彻斯特大学为基地,确立了他对英国犹太复国主义运动的领导权。

1916 年,英国发生内阁危机,劳合·乔治上台组阁,并把占领巴勒斯坦提上了议事日程。魏茨曼不顾反对派的阻挠,于 1917 年 1 月底向英国外交部正式递交了备忘录,即犹太人迁徙巴勒斯坦的计划草案。主要目的是希望英国承认巴勒斯坦是犹太人的民族家园,并给予他们公民权、政治权与宗教权。1917 年,整个战局已经明朗化,英国与法国为占领土耳其在中东的属地而展开了一系列的外交活动,双方都希望把犹太复国主义运动作为渗透巴勒斯坦的工具。10 月 31 日,英国战时内阁在经过激烈讨论后,决定授权外交大臣贝尔福代表英国政府发表宣言。1917 年 11 月 2 日,贝尔福以致函英国犹太复国主义联盟副主席罗斯柴尔德的方式发表了如下声明:①

> 尊敬的罗斯柴尔德勋爵:
> 　　我非常愉快地代表英王陛下向您转达同情犹太复国主义愿望的宣言,该宣言已经提交内阁,并获得批准。英王陛下政府赞成在巴勒斯坦建立犹太人的民族家园,并尽最大的努力促使这一目标的实现。应该明确的是,绝对不能使巴勒斯坦现有非犹太社团的公民权利和宗教权利受到损害,正如在任何其他国家犹太人所享有的权利与政治地位不容损害一样。

---

① Isaiah Friedman, *The Question of Palestine: British-Jewish-Arab Relations*, *1914-1918*, New Brunswick: Transaction Publishers, 1992, pp. 279-280.

如果您能把这一宣言通知犹太复国主义联盟,本人不胜感谢。顺致崇高的敬意。

阿瑟·詹姆斯·贝尔福

这就是著名的《贝尔福宣言》,它的发表标志着犹太复国主义运动在经过 20 年的努力后终于得到了第一个大国的支持。犹太复国主义者为此欢欣鼓舞,称之为"通向自由幸福的钥匙""通向神圣土地的门槛""开启了新的世纪",等等。

《贝尔福宣言》发表之时,巴勒斯坦有近 70 万阿拉伯居民,占巴勒斯坦总人口的 90% 以上,拥有当地土地的 97%,《宣言》显然轻描淡写地提到"非犹太社团"的利益,但实际上并未真正考虑阿拉伯人的处境与困难,为阿犹冲突埋下了新的因子。《宣言》发表仅一个月之后,艾伦比将军率领的军队就占领了耶路撒冷;1918 年 9 月 18 日,巴勒斯坦的土耳其军队宣布投降,巴勒斯坦完全处于英国人的控制之下。在英国统治巴勒斯坦期间,犹太人掀起了新的移民潮。从 1919 年到 1923 年,出现了第三次阿里亚,期间有 3.5 万人移居巴勒斯坦,使当地的犹太人口由 6 万人增加到 9 万人。1924 年到 1927 年又兴起了第四次阿里亚,这期间共有 6.2 万犹太人进入巴勒斯坦。1933 年随着希特勒的上台与纳粹排犹政策的推行,大批犹太人移居巴勒斯坦,出现了伊休夫(即巴勒斯坦犹太社团)历史上规模最大的移民浪潮。从 1930 年到 1939 年,有 27 万犹太人涌入巴勒斯坦,特别是 1935 年,犹太人移民高达 6 万多。到 1939 年年末,巴勒斯坦的犹太人口达到了 47.5 万,约占当地总人口的 30%。伊休夫犹太人口的快速增长,奠定了未来犹太国家的基础。

(三) 纳粹大屠杀

对于第二次世界大战期间纳粹开展的灭绝犹太人行动,学术界通常冠以"大屠杀"(Holocaust)之名,而在希伯来语中也有专门的术语——"浩劫"(Shoah)来指代。它具体指 1933—1945 年间由希特勒领导的德国纳粹政权以国家机器对全体犹太民族实施的有组织、分阶段的种族灭绝行为,其结果导致 600 万欧洲犹太人(其中包括 150 万儿童)的丧生,几乎占全体犹太人的 1/3。纳粹德国对犹太人的仇视不是孤立的屠杀行为,而是经过策划而形成的集歧视、掠夺、驱逐、灭绝为一体的系统政策,这一政策是第三帝国政治、经济、外交方略的重要组成部分,阿道夫·希特勒是其总设计师与推行者。希特勒的思想体系是历史上多种反动思潮的大杂烩,他极力反对马克思主义、反对议会民主,推崇民族主义与沙文主义,在他看来,犹太人身上体现了他所痛恨的一切。

在正式的官方外交文件中,对纳粹的灭绝犹太人政策缺乏系统的档案记载,有许多重要的原始文件至今也没有找到,这就给有关的研究造成了很大的困难。但根据不同时期的具体政策,仍可看出其对犹太人发动的"种族战争"与德国同期进行的常规战争几乎同步。因此,它可以根据战争进程大致分为三个时期:第一阶段,从希特勒上台到入侵波兰前夕(1933 年 1 月—1939 年 9 月),颁布许多反犹立法限制犹太人,进行大规模的反犹宣传,以剥夺犹太人法律上的公民权;第二阶段,从闪击波兰到入侵苏联(1939 年 9 月—1941 年 6 月),开始进入驱逐阶段,并设立专门的隔都,以隔绝犹太人的影响;第三阶段,从进攻苏联到战争结束(1941 年 6 月—1945 年 5 月),对犹太人实施"最后解决"(Final Solution),从肉体上彻底消灭犹太人的存在。

大屠杀作为一场民族灾难与集体记忆,极大地强化了整个民族的犹太意识。19 世纪末 20 世纪初以来,在现代化潮流的巨大冲击下,越来越多的欧美犹太人逐渐融合于当地社会,不惜一切地实现同化。然而,"对犹太教的背离在很大程度上只限于第二代人。……30 年代和40 年代的那些划时代的事件制止了这种行为,并且在犹太人中重新唤起了对传统的忠诚。希特勒的崛起,欧洲犹太人面临的灾难以及以色列争取独立的斗争……使犹太人的思想发生了彻底的转变"。[①]史无前

---

① Abba Eban, *My People: The Story of the Jews*, London: Weidenfeld & Nicolson, 1969, p. 482.

例的大灾难使生活在不同地域、不同身份的犹太人在价值理念及主观认知上更强化了自身的犹太身份,甚至沸腾了他们的犹太血液。当时刚上任的英国工党主席哈罗德·拉斯基就是一个典型的例子。1945年的"五·一"国际劳动节,他在曼彻斯特发表了这样的演说:我有一种浪子回头的感觉。战前的我只是一个坚定的马克思主义者、坚定的同化论者,我不信仰犹太教,并认为如果犹太人愿意失去自己的特性,那将是对人类进步做出的最好贡献。可是现在,我要宣布与过去的我决裂,要为犹太民族的复兴而贡献力量。①

大屠杀造就了越来越多的犹太复国主义者,这种状况在美国社会表现得最为明显。1897年巴塞尔会议召开时,美国犹太人只派了一名代表参加。在此后的20年间,美国犹太人从整体上来看对犹太复国主义缺乏热情。但是,随着第二次世界大战的进行,情况开始发生巨大的变化。据统计,美国犹太复国主义组织在1898年成立之时拥有会员5000人,1932年为8400人,1933年为8900人,1939年为4.3万人,战争结束时达到了20万人。1945年夏,美国两个最大的犹太复国主义组织已拥有会员31万,大约有50万人声称自己属于某种形式的犹太复国主义组织。截至1948年,有71万人注册于犹太复国主义组织,同年美国犹太人对巴勒斯坦的财政援助超过了9亿美元。

(四)分治决议与以色列国的建立

自1945年年底以来,英国一直在寻找解决巴勒斯坦问题的折中方案,并做了许多努力,但犹太人与阿拉伯人都拒绝接受。1947年4月2日,英国政府向联合国正式提出建议——把巴勒斯坦问题列入联合国议事日程,由联大全体会议讨论。4月28日到5月15日,联合国在纽约召开了巴勒斯坦问题特别会议,决定成立"联合国巴勒斯坦特别委员会",该委员会由澳大利亚、加拿大等11个国家的代表组成。联合

---

① Walter Laqueur, *A History of Zionism*, London: Tauris Parke Paperbacks, 2003, pp. 561-562.

国授权其就巴勒斯坦的争端进行调查,并提出可行性建议。

1947年8月31日,特别委员会向联合国递交了关于巴勒斯坦问题的调查报告。在某些基本原则上委员会达成了一致意见,如结束英国的委任统治,经过一定时间的过渡后,在巴勒斯坦实行自治并保持其经济统一等,但在具体的步骤上存在分歧,因此,特别委员会提出了一个"多数派方案"和一个"少数派方案"。

1947年11月29日,经过长达几个月的讨论与争议,联合国大会在纽约的弗拉兴草坪对巴勒斯坦分治议案进行最后表决,以33票赞成、13票反对、10票弃权的结果通过了《关于巴勒斯坦将来治理(分治计划)问题的〈第181(二)号决议〉》,即联合国第181号决议。分治决议规定,英国必须在1948年8月1日以前撤出巴勒斯坦,在委任统治结束后两个月内成立阿拉伯国与犹太国,地理疆域大致根据民族分布的情况来划分:阿拉伯国面积为1.12万平方公里,占巴勒斯坦总面积的42.8%,包括西加利利、约旦河西岸大部分地区、雅法市的阿拉伯区等;犹太国面积为1.49万平方公里,占巴勒斯坦总面积的56.4%,包括上加利利、胡拉盆地、太巴列湖、贝桑地区以及从黎巴嫩边界到雅法南部的沿海地区;耶路撒冷及其周围158平方公里的土地作为"在特殊国际政权下的独立主体,并由联合国管理"。

分治决议通过之后,全世界犹太人极为振奋,纽约等地的犹太人举行各种庆祝活动,伊休夫更是欢欣鼓舞,特拉维夫、耶路撒冷、海法等地的犹太人载歌载舞。但是,几个小时之后,巴勒斯坦形势突变,阿拉伯最高委员会宣布号召总罢工,成千上万的阿拉伯人高呼反对联合国、反对美国与苏联、反对犹太国的口号走上街头,举行示威与抗议活动。正在开罗聚会的阿拉伯联盟也发表声明,决心为"反对分裂巴勒斯坦的决议而战"。武装冲突从耶路撒冷、雅法等地蔓延至整个巴勒斯坦。12月11日,当英国殖民大臣阿瑟·克利奇·琼斯代表英国政府宣布"英国军队将陆续撤出,并于1948年5月15日之前完成撤军任务"的消息后,阿拉伯人与犹太人的争夺与冲突更为激烈。从1947年11月底到1948年3月,犹太人与阿拉伯人各有1000余人在冲突中丧生。

与此同时,犹太代办处开始为接管政权做准备。1948年年初,经过各党派的协商与讨论,伊休夫成立由37人组成的民族委员会,行使临时政府的职责,并从民族委员会选出本·古里安为首的13名委员组成民族执行委员会,又称"十三人委员会",作为临时行政管理机构。

1948年5月14日,英国高级专员艾伦·坎宁安和最后一批官员登上英国军舰,在离开巴勒斯坦海域之后,他才发出结束委任统治的信号,在巴勒斯坦上空飘扬了30年的米字旗终于被降了下来。当天下午4点钟,以色列建国仪式在特拉维夫艺术博物馆举行。在赫茨尔的巨幅画像下,当本·古里安用木槌敲击着桌子发出信号后,全场200人齐声唱起了由依姆伯尔的诗改编而成的以色列国歌——《哈蒂克瓦》。接着,本·古里安以执行委员会主席的身份宣读了1027字的《独立宣言》,庄严宣告世界上唯一的犹太国家——以色列国的诞生。宣读完《独立宣言》之后,代表们依次上前签名,接着用希伯来语祈祷:"我们的上帝、普天之王,您使我们得以生存,保佑我们并使我们看到这一天。"16分钟之后,美国政府便承认了以色列临时政府,接着,危地马拉、苏联等多国也宣布承认。

《犹太国》问世的半个世纪之后,犹太人梦寐以求的民族国家终于得以实现。到底是什么原因促成了这一结果,在阿拉伯人与犹太人中间一直有不同的观点。一些阿拉伯人认为,分治决议的出台以及以色列国的建立纯粹是犹太人以大屠杀为理由、以牺牲巴勒斯坦人为代价对国际社会的利用与讹诈。一些犹太学者则极力淡化大屠杀的作用,强调伊休夫的政治、经济、军事地位以及犹太复国主义者成功的国际努力。其实,联合国决议的通过与以色列国的建立决不是某一种因素所导致的,而是多种原因的综合结果。如果说民族家园的既成事实、伊休夫成长为具有国家性质的实体,以及犹太复国主义者的成功外交是犹太国家得以建立的内部条件的话,那么大屠杀所造就的独特国际环境——欧洲犹太难民的压力、对犹太民族的同情心态以及大国势力与联合国的支持和干预无疑是不可低估的外部条件,因此,把以色列国家描述为"从大屠杀的灰烬中锤炼而出的金凤凰"是毫不过分的。同时,巴勒斯坦阿拉伯社团的软弱、涣散与分裂,阿拉伯世界对统一周密的外交目标与灵活务实的应变策略的缺乏,无疑促成了犹太人的成功。

第二章　史料概述

在早期犹太人及其先祖的观念中，历史与神学密不可分、互为一体。《希伯来圣经》把历史视为彰显上帝意志的舞台，这种神本主义历史观认为历史是一个朝着由"上帝之手"(the finger of God)所命定的终极目标不断攀爬的线性发展过程。进入大流散时期以后，以哈拉哈(Halakhah，即犹太律法)为中心的传统观念认为历史超越于时间之流以外，转而强调对律法循环往复的遵循。在很大程度上，前现代犹太人有关过去的记述多源于对灾难的回应。《希伯来圣经》的编撰与正典是在第一圣殿被毁的情况下进行的，约瑟夫斯的历史著作是为纪念第二圣殿的毁灭而写作，《塔木德》的编订在很大意义上也是出自对民族灾难的应对。

归结起来，与前现代犹太人有关的史料大致分为以下几类：(1)宗教文化典籍：《希伯来圣经》《次经》《伪经》，《塔木德》，以及拉比文献、评注、答问等等；(2)考古文物资料：考古发掘、外邦石碑、犹太铭文、犹太钱币、死海古卷、开罗秘库等等；(3)主要文献史料：约瑟夫斯的历史著作、与犹太人有关的非犹太作家的著作（包括希腊罗马古典作家以及早期教父的作品）、涉及犹太人的帝国法令，以及中世纪犹太人的社团编年等等。从严格意义上说，前现代时期的犹太人几乎不存在完整意义上的史学与史料（约瑟夫斯几乎是唯一的例外），在神学框架主导下的"历史"意识构成了古代犹太史的独有特征，它与现代意义上的历史书写相去甚远，而更多地体现为集体记忆的形式。

一、宗教文化典籍

对于文献资料十分匮乏的古代近东世界而言,《希伯来圣经》是有关古代以色列历史最系统、最丰富的文字记载,也是古代以色列人留存下来的唯一连贯记载。但必须注意的是,《希伯来圣经》绝非严格意义上的历史记述,它首先是一部宗教文化经典,更多反映的是古代希伯来人的神学观念、信仰世界与思想处境。《希伯来圣经》虽然蕴涵着朴素的历史观念与一定的历史元素,但绝非在客观基础上写成的史书,它自身也并未声称要书写客观的历史,因而仅有相对的史料价值。因此,有必要"在历史与圣经之间划出一些严格的界限":"圣经虽与历史紧密相关,却不宜视为一部史书。……显然,圣经作者们对要谈的题目进行了精心筛选。……圣经的作者们对客观论述历史根本不感兴趣。可能他们从来没有这样想过。当讲述过去的故事时,他们不是为了过去,而是为了现在——当然是他们的现在。也就是说,他们对过去的材料加以选择,再依照他们所理解的当时听众的需要,进行改写。这堪称一条规律,适用于圣经中几乎所有的历史记载。"[①]实际上,《希伯来圣经》并非真正的"历史"(history),而是"他"的故事('His' story)——对上帝在普遍史与以色列史中所施展神迹奇事的记述。

《希伯来圣经》由《托拉》(Torah)、《先知书》(Nevi'im)和《圣文集》(Ketuvim)三部分组成,它被犹太人称为《塔纳赫》(Tanakh,即是这三部分的字首缩写)。《托拉》(也称《摩西五经》)通常被犹太人称为"律法书",这五卷书详细记载了上帝雅卫与其选民以色列人的交往,涵盖了最初时期至出埃及的历史(约公元前2000—约前1230年)。其开篇讲述世界与人类的创造、人类向各地的散居,之后讲述雅卫如何挑

---

① 加百尔、威勒:《圣经中的犹太行迹》,梁工等译,上海:上海三联书店,1991年,第46—47页。

选亚伯拉罕,通过他创建一个特殊的民族。接着是亚伯拉罕的后裔如何按雅卫的计划逃到埃及,沦为奴隶,又在摩西的带领下摆脱为奴之境;之后他们在西奈山与雅卫订立神圣的契约,接受《托拉》神启而成为一个被拣选的民族,最后又被带到应许之地的边缘。《先知书》记述了大约 700 余年的以色列历史(约公元前 1230—前 550 年),从征服迦南建立王国到耶路撒冷陷落、第一圣殿被毁,其居民沦为俘虏。贯穿这批书卷的主题通常被称为"申命历史"(Deuteronomistic History,简称 DtrH)。①《圣文集》包括许多不同类型的书卷,除五小卷以外,几乎都与以色列历史有着不同程度的联系(实际上五小卷中的《耶利米哀歌》《以斯帖记》分别以第一圣殿被毁和波斯宫廷为背景)。特别是《以斯拉—尼希米记》《历代志》,几卷书前后相连,回顾了自公元前 11 世纪末的大卫时代至前 5 世纪波斯王居鲁士准许犹大人从巴比伦囚居地返回锡安重建圣殿的以色列历史。

虽然《希伯来圣经》的作者们并非致力于客观记载过去,但在其记述中却勾画了古代以色列历史的基本框架,"因圣经的作者们常以历史方式抒发己见,即,他们常借讲述事件和人物传递宗教信息,我们这些圣经研究者就面临一种特殊的职责。我们必须以作者们的思维模式熟知希伯来人的全部历史:开端于族长时期,中间经在埃及为奴,接着是出埃及,如此等等,直到公元前 5 世纪从'巴比伦之囚'返回,在犹地亚恢复民族生活和宗教崇拜"。②

《希伯来圣经》的成书与早期希伯来社会的记事传统密切相关。早期先知们几乎都是用口述的形式传达神谕,随着文字书写技术的提高,一些先知开始将神言记载下来,到后来出现专门从事此类工作的文士(Scribes)。比如以赛亚就得到神的指示,要他将神谕"刻在版上、写

---

① 该观点由马丁·诺特首次提出,认为《约书亚记》《士师记》《撒母耳记》《列王纪》等历史书卷都受到《申命记》"赏善罚恶"观念的影响而源自同一底本。自约西亚王起直到巴比伦流放后,编修者以"申命历史"的标准对这些书卷进行一至两重的编修而具有相对统一的语言风格、组织结构及神学思想。

② 加百尔、威勒:《圣经中的犹太行迹》,第 45、47—51 页。

在书上,以便传留后世,直到永永远远"(《以赛亚书》30:8)。耶利米先知将其从神那里得来的传言请文士巴录写成一卷书置于圣殿门口,"念书上耶利米的话给众民听"(《耶利米书》36:10);随后又向官员宣读书卷,然而当时的君王约雅敬和百官并不听从,书卷反为约雅敬用刀割破,并扔在火盆中焚毁。但耶利米并不灰心,他重写了一卷。以上这些记载表明有些先知已开始有意识地通过书写的形式保留神谕,以便传之后世。①

《希伯来圣经》从成书到正典是一个漫长的历史过程。这个过程始于"巴比伦之囚"之后,当时处于流散中的犹太人为了保存民族文化传统,开始对流散前的许多故事及文献加以整理、编纂,由此开始了正典过程。由于年代十分久远且史料过于匮乏,《托拉》正典的早期历史已不可考,但根据以色列宗教发展的进程以及结合《圣经》本身的叙述来看,《托拉》完成正典化的重要标志就是公元前450年左右进行的以斯拉改革。以斯拉通过向众民宣读律法书,更新立约,从而使《托拉》成为以色列人的最高准则与行为规范。②基本可以肯定的是,《托拉》在以斯拉时代获得了正典形式。在《托拉》正典之后的公元前3世纪左右,《希伯来圣经》第二部分《先知书》也开始形成正典。这个正典过程在尼希米—以斯拉改革时期就已进行。后来,成书于马卡比时代的《便西拉智训》清楚地列举了诸多先知的名字,比如以利亚、以利沙、以赛亚、耶利米、以西结,而且还将十二位小先知合起来称呼。据此可以断定,在马卡比起义前的某个时候,《先知书》已经正典化。《希伯来圣经》正典最有争议的部分当属第三部分——《圣文集》的正典。现有关于《圣经》最终正典的研究几乎都指向一个事件:公元90年召开的亚布内会议(Synod of Yavneh),但由于材料的缺乏,最终正典的具体过程

---

① 《希伯来圣经》还提及一些没有保存下来的编年著作,如雅卫的战记(《民数记》21:14),雅煞珥书(《约书亚记》10:13),以色列诸王记(《列王纪上》14:19,《列王纪下》10:34),犹大列王记(《列王纪上》14:29,《列王纪下》20:20)等等。

② Shaye J. D. Cohen, *From the Maccabees to the Mishnah*, Louisville & London: Westminster John Knox Press, 2006, p. 176.

无从证实。① 总之,大概在巴尔·科赫巴起义到公元 200 年《密释纳》编定之间的某个时间,《希伯来圣经》最终形成正典 24 卷书。

在研究以色列早期历史时,必须高度重视宗教文化典籍对于研究犹太观念的重要性。与考古资料相比,《圣经》文本虽然在呈现历史原貌方面有很大的局限性,但它却是研究宗教史的宝库,是关于古代以色列人宗教以及宗教观念的最丰富的材料。古代世界的宗教包含着对于宇宙、历史与人类的认识,宗教经典通常是为了适应当时的精神需要而产生,故此《圣经》文本不可避免地是对以色列人信仰世界的反映,因而也是了解这些精神需要的基本资料。在早期以色列人的历史意识中,上帝对历史的干预与救赎成为中心,以色列史书写的核心原则是为了体现上帝与其选民之间的特殊关系:"相信只有一个上帝,他创造了宇宙并指导着历史,相信上帝施行正义和怜悯,相信以色列人是上帝的子民,这些为贯穿历史之大部的犹太宗教思想提供了出发点和中心点,并同时影响了现代世界中的世俗犹太人。"②作为对上帝超自然行为的回应,以色列人有义务永远铭记。这种神学指向决定了历史书写的宇宙论层面,强调牢记过去等同于一项"宗教责任":

> 对于希伯来历史学家而言,编撰历史很快成了对创世以来所发生事件的叙述,这是希腊历史学家从来就没有想到过的。可靠性的标准也有不同。犹太人总是极其关注真实性,希伯来的上帝是真实的上帝。……如果上帝就是真实的话,那么他的信徒就有责任保存那些有上帝在其中出现的事件的真实记录。每一代人都必须把过去事件的真实记录留传给下一代,记住过去是犹太人的宗教责任,而这是希腊人所不知道的。因此,犹太人所说的可靠性与记录传递者的真实性是一致的,与传递者所信仰的上帝的最高

---

① 有关《希伯来圣经》正典过程的争议,参见 Lee Martin Mcdonald & James A. Sanders, *The Canon Debate: On the Origins and Formation of the Bible*, Peabody, Mass.: Hendrickson, 2002.

② 罗伯特·塞尔茨:《犹太的思想》,赵立行、冯玮译,上海:上海三联书店,1994 年,前言,第 3—4 页。

真实性也是一致的。①

众所周知,希伯来人是古代世界最先形成线性历史发展观的民族之一,其历史观的核心是通过上帝对历史的干预而使犹太人得到救赎,这种历史可以被称为一种神圣历史(Holy history):它将历史理解为神圣计划的一部分,上帝的选民位于历史舞台的中心;认为历史有开端、发展及终点,是由一维的时间、不可逆的事件所构成,明确地将过去与现在区分开来,现在又与将来区分开来,从而构成一个有目的的、连贯的统一叙事。以色列人现在的状况可以从其过去的经历中得到解释、并在未来的发展中得到印证,所有这些构成一个伟大的意义之链。如希尔伯格所说,"《圣经》将人类命运的计划解释为介于伊甸乐园的起点创造与上帝王国的终末救赎之间的短暂过程"。②线性历史发展观是古代希伯来人的重要贡献③,这种时间意识是对古代循环历史观的重大变革:"在最高的存在价值层次上,犹太思想对全球文化最丰富的贡献之一,不仅在于它通过把犹太人的生命空间归结为纯粹绵延加以描绘,从而把时间和空间联系了起来,而且在于它使时间契合于一种建构性的历史维度。与作为空间创立者的埃及人或希腊人,作为国家和帝国创立者的罗马人,以及作为天国创立者的基督徒形成鲜明对照的是,犹太人是'时间创立者'。"④

---

① 莫米利亚诺:《现代史学的古典基础》,冯洁音译,上海:华东师范大学出版社,2009年,第22页。

② Samuel H. Dresner, *The Jewish Dietary Laws*, New York: The Burning Bush Press, 1966, p. 24.

③ 芬肯斯坦认为线性历史发展观构成一种"历史主义的神学来源"(the theological Origins of Historicism)。可以说,犹太人对于现代史学的重要贡献即是强调历史的神学面相,使人们注意到历史主义有其神学根源。参见 Samuel Moyn, "Amos Funkenstein on the Theological Origins of Historicism", *Journal of the History of Ideas*, Vol. 64, No. 4 (Oct. , 2003), pp. 639-657;有学者从希伯来人的历史进步论出发,认为这是一种"圣经历史主义"(Biblical Historicism),参见 Jacob Licht, "Biblical Historicism", in H. Tadmor & M. Weinfeld, eds. , *History, Historiography and Interpretation*, Jerusalem: Magnes Press, 1983, p. 110。

④ 安德烈·内埃:《犹太文化中的时间观和历史观》,载路易·加迪等:《文化与时间》,郑乐平译,杭州:浙江人民出版社,1988年,第195页。

《希伯来圣经》的线性历史图景

	普遍史	以色列史	主题
谱系	亚当→挪亚→（以色列人）→弥赛亚	亚伯拉罕→摩西→大卫→约西亚……→弥赛亚	拣选
场景	伊甸园→失乐园→（以色列地）→锡安	两河流域→埃及→应许之地→巴比伦……→锡安	应许
事件	创造→大洪水→（以色列史）→终末	出走吾珥→出埃及→第一圣殿→巴比伦之囚……→终末	救赎

《希伯来圣经》作为对古代以色列人早期经历的详细记载，贡献了一种从神学层面来理解人类自身与世界历史的新思维："（古代以色列人）首次赋予历史以决定性的意义，因而形成一种崭新的世界观……神与人之间的关键性遭遇从自然宇宙领域转移到历史层面，现在得以以神的挑战与人的回应进行构想。"[1]这种神权历史观的根本特点就是目的论，历史是一个有意义的发展过程，它是预定计划之展开，上帝通过对历史的干预向子民揭示自身，进而实现其神圣计划。上帝对以色列人的遵行给予奖赏，对悖逆施加惩罚，构成悖逆—惩罚—悔改—拯救的循环链；亚述、巴比伦是上帝用来惩罚其不忠子民的工具，波斯人就曾充当上帝拯救其子民的工具。[2]神权历史观的另一特点是，作为上帝计划的背景和工具，历史是有终点的，它"预定地"（Predetermine）朝向一个终点，在神的预定中走向历史的终极救赎。当犹太人被逐出应许之地后，他们一直盼望并祈求弥赛亚的降临，证明上帝将干预历史来实

---

[1] Robert Karl Gnuse, "Holy History in the Hebrew Scriptures and the Ancient World", *Biblical Theology Bulletin*, Vol. 17 (1987), p. 127.

[2] Samuel Moyn, "Jewish and Christian Philosophy of History", in Aviezer Tucker, ed., *A Companion to the Philosophy of History and Historiography*, Oxford: Wiley-Blackwell, 2009, p. 428；卡尔·洛维特：《世界历史与救赎历史：历史哲学的神学前提》，李秋零、田薇译，北京：三联书店，2002 年，第 233—234 页。

现对其子民的应许和拯救,以开创人类真正永享和平、正义及平等的伟大"黄金时代"。这种末世思想在西方的历史意识中有着持久而深远的影响:"末世心态(apocalyptic mentality)对西方的历史意识有着重要的贡献。末世论者将所有的历史作为一个结构化的、清晰明确的意义整体。(它给了)有关终末未来剧情的详细描述,具体到某个精确的时段与参与者,这些都建立在它把整个历史视为善恶力量之间的戏剧性斗争之上。"①《希伯来圣经》对末世图景进行了描绘,认为必将是普遍的正义、真理、和平的时代:

> 末后的日子,雅卫殿的山必坚立,超乎诸山,高举过于万岭,万民都要流归这山。必有许多国的民前往,说:"来吧,我们登雅卫的山,奔雅各神的殿。主必将他的道教训我们,我们也要行他的路;因为训诲必出于锡安,雅卫的言语必出于耶路撒冷。"他必在多国的民中施行审判,为远方强盛的国断定是非。他们要将刀打成犁头,把枪打成镰刀。这国不举刀攻击那国,他们也不再学习战事。人人都要坐在自己葡萄树下和无花果树下,无人惊吓。(《弥迦书》4:1—4)

《希伯来圣经》历史哲学的核心在于,以色列史是上帝对其选民施行干预并给予审判的救赎历史(Heilsgeschichte)。它是从神的角度来书写的,其作者也声称受到神的默示。《圣经》将历史书写与道德评判结合起来,因而它所叙述的历史是一种神学历史,不能作为严格意义上的史学,其压倒一切的主题就是应许与救赎,认为正是这二者之间的持续张力构成历史发展的根本动力:"犹太人的生存特例可以证明一种对政治历史的宗教解释,因为犹太人作为一个历史的民族是凭借着西奈山的启示行为而成为的一个民族,基于这一理由,犹太民族的一切历

---

① Amos Funkenstein, *Perceptions of Jewish History*, Berkeley: University of California Press, 1993, p. 77.

史,包括过去,现在甚至将来都可以以神学的方式来理解其民族命运。"①

被称为《次经》(Apocrypha,原意为"隐藏、隐秘")与《伪经》(Pseudepigrapha,原意为"伪名书,托名假作之作品")的大批宗教文献②是了解古代晚期犹太人的重要信息来源,这批经卷大约完成于公元前3世纪至公元1世纪之间,是在被排除在《希伯来圣经》正典之外的犹太文献。《次经》在后来被天主教列入其《旧约圣经》中。《次经》中涉及历史线索的篇章,包括《便西拉智训》《马卡比传上》《马卡比传下》《以斯拉四书》《犹滴传》和《多比传》等,而《伪经》中的《以诺书》《禧年书》《玛拿西祷词》《阿里斯蒂亚书信》等也属此类文献。《次经》与《伪经》的重要性在于它们是了解两约之间(即从《旧约》到《新约》)四百余年的政治、文化与宗教等状况的重要参考。

公元70年第二圣殿被毁成为犹太历史的转折点与分水岭,约哈南·本·撒凯(Yohanan ben Zakkai)从耶路撒冷出逃,来到亚布内创建了犹太学院,从而开启了拉比时代。此后,出现了以《塔木德》为代表的大批拉比文献。以评注、法典、答问为主要内容的拉比文献存在多少历史真实性?如何从中发现可信的历史线索?是否存在一种"塔木德历史"(Talmudic history)?③许多学者为此争论不休。制约拉比文献作为史料的原因有,拉比作品多半是口耳相传的,这种"文本流动性"(textual fluidity)难以保证其准确性:"那些对拉比文献的文本进行誊抄和再誊抄的人并不觉得有义务像对待之前所接收的文本那样来精确保

---

① 艾仁贵:《信仰与历史的互动:犹太历史发展的神学思考》,《世界民族》,2006年第2期,第22页。

② Robert Henry Charles, ed., *The Apocrypha and Pseudepigrapha of the Old Testament*, 2 vols., Oxford: Clarendon Press, 1913; J. H. Charlesworth, ed., *Old Testament Pseudepigrapha*, 2 vols., New York: Doubleday, 1983;这些文献部分地被译成中文,参见张久宣译:《圣经后典》,北京:商务印书馆,1987年。

③ 是否存在所谓的"塔木德历史",许多学者对此展开了争论。参见 David M. Goodblatt, "Towards the Rehabilitation of Talmudic History", in B. M. Bokser, ed., *History of Judaism: The Next Ten Years*, Chico: Scholars Press, 1980, pp. 31-44; Jacob Neusner & Alan J. Avery-Peck, eds., *Judaism in Late Antiquity*, Part 3, Vol.1, Leiden: Brill, 2001, pp. 123-232。

存。他们乐于根据自己的需要或是当时的需要对其进行再创作。他们可能删去不感兴趣的部分,并同时增加其他的材料,也可能改变不喜欢或是觉得模糊的字眼。对他们而言,文本是不断流动的与发展演变的。每一次的再誊抄即是一次再创作。这是这部'开放性经典'(open book)的普遍现象。"①

尽管如此,拉比文献具有一定的史料价值,它们是了解公元前3世纪至6世纪犹太社会的重要材料。学者路易斯·菲尔德曼认为,通过与同一时期约瑟夫斯、希腊罗马以及波斯史料的比较,拉比作品仍然可以提供某些历史事件的痕迹:"拉比作品并非历史著作,除了《世界的伟大秩序》(*Seder Olam*)以外,没有一部拉比作品可以被归类为历史。但拉比们是历史事件的密切关注者,而且,他们有着出色的独立判断——这正是优秀历史学家的关键品质。……他们对于事件的总体印象大体属实,对此我们可以将之与其他材料(例如约瑟夫斯的作品)进行比较,它们的描述通常能够得到证实。"②

必须注意的是,与《希伯来圣经》一样,拉比文献在本质上是宗教文化典籍,服务于犹太人的宗教需要,因而在史实上难免存在许多偏差甚至错误:"《塔木德》并非一部历史文献,它也从未声称致力于此。它是律法与逻辑、评注与阐释的记录,只有相当少关于犹太群体的记录。按估算它大约提及了300个巴比伦阿摩拉的名字,而在帕提亚与萨珊时代的巴比伦与美索不达米亚至少生活有20万犹太人,甚至可能有50万之多。"③正是由于拉比文献的不准

---

① Philip Alexander, "Using Rabbinic Literature as a Sources for the History of Late-Roman Palestine: Problems and Issues", in Martin Goodman & Philip Alexander, eds., *Rabbinic Texts and the History of Late-Roman Palestine*, Oxford: Oxford University Press, 2010, p. 12.

② Louis H. Feldman, "Rabbinic Sources for Historical Study", in idem, *Judaism and Hellenism Reconsidered*, Leiden: Brill, 2006, pp. 780-781.

③ Jacob Neusner, "Judaic Uses of History in Talmudic Times", in Ada Rapoport-Albert, ed., *Essays in Jewish Historiography*, Atlanta: Scholars Press, 1991, p. 18.

确性,必须谨慎地加以使用①;著名学者雅各·纽斯纳提出借助《塔木德》材料进行历史研究需要注意的六项准则:(1)每个材料必须进行彻底的考察,区分是原始的版本还是改动的版本;(2)与其他相关的历史材料结合起来进行对照分析;(3)分析文本内容是否存在夸大或不实之处;(4)分析文本内容描述的是普遍情形还是例外的特征;(5)将来自巴比伦的文本与巴勒斯坦的文本进行对照研究;(6)采取推理与类比的方法对文本内容进行分析。②

对于拉比文献的产生及其在古代史上的地位,学者科亨进行了深刻的评价:

> 第二圣殿时代的犹太文献是两种倾向的产物,这两种倾向相互矛盾。一方面,犹太人意识到他们生活在一个后经典时代,他们的职责是收集、崇拜并且学习他们伟大祖先的作品。这种倾向最终造成了《圣经》的产生;经典预言停止、消失的观念也是这一倾向造成的后果。另一方面,犹太人认为他们不能与自己的过去相媲美,因为他们的祖先是巨人,而他们自己却是矮人。这样一种观念迫使犹太人通过新的形式表达自身的文学创造力。这些新形式包括:启示、遗训、传奇、史传、诗文、颂歌、神谕、翻译、复述、评注,等等。……所有这些宗教和社会的新发展都是探求追寻上帝新方

---

① 一些学者提出借助考古材料来理解拉比文献,称为"塔木德考古学"(Talmudische Archäologie),通常倾向于证实《塔木德》(prove the Talmud)的叙述。参见 S. Krauss, *Talmudische Archäologie*, 3 vols., Leipzig: G. Fock, 1910-1912; Eric M. Meyers, "The Use of Archaeology in Understanding Rabbinic Materials", in Nahum N. Glatzer, Michael A. Fishbane, Paul R. Mendes-Flohr, eds., *Texts and Responses: Studies Presented to Nahum N. Glatzer on the Occasion of His Seventieth Birthday by His Students*, Leiden: Brill, 1975, pp. 28-42; Steven Fine, "Archaeology and the Interpretation of Rabbinic Literature: Some Thoughts", in Matthew Kraus, ed., *How Should Rabbinic Literature Be Read in the Modern World?* Piscataway, N. J.: Gorgias Press, 2006, pp. 199-217.

② Jacob Neusner, "Rabbinic Sources for Historical Study", in Jacob Neusner & Alan J. Avery-Peck, eds., *Judaism in Late Antiquity*, Part 3, Vol. 1, pp. 129-130.

式的结果。犹太人正生活在一个白银时代,却一直在追寻黄金时代。①

二、考古文物资料

除了借助《圣经》文本的进路探究以色列古史以外,另一条途径是通过以考古实物为代表的物质文化资料来获取有关的历史信息。关于古代以色列的考古问题,"文本"(text)与"实物"(artifact)之间存在着复杂的互动关系。②不仅文本需要解释,而且实物也需要解释。从广义上说,对圣地的考察可以追溯至拜占庭时期朝圣者的探究。但作为一门现代学科门类的圣经考古学(Biblical archaeology)起源于 19 世纪上半叶,它主要由基督教学者发起,在当时也被称为"圣地考古学"(archaeology of the Holy Land)。

美国圣经学者爱德华·罗宾逊(Edward Robinson)在 1838 年、1852 年对圣地进行了两次考察,随后出版了《巴勒斯坦及其毗邻地区的圣经研究》(Biblical Researches in Palestine and the Adjacent Regions),成为揭开现代圣经考古序幕的标志性事件。罗宾逊与其同伴史密斯(Eli Smith)确认了许多遗失已久的地名。此后,不少考古学家相继来到巴勒斯坦进行不同程度的考察,对许多圣经遗迹进行了调查和发掘,首先是耶路撒冷(1865 年)、其次是西奈(1868—1869),然后是整个西巴勒斯坦地区(1871—1877)。其中受到关注的是查尔斯·瓦伦(Charles Warren)与查尔斯·威尔逊(Charles Wilson)1867 年对耶路撒冷圣殿周围进行的实地发掘。此后,不列颠巴勒斯坦考古基金会、德国巴勒斯坦协会、耶路撒冷圣经考古学会、美国东方研究协会等许多组织纷纷成

---

① 科亨:《古典时代犹太教导论》,郑阳译,北京:中国社会科学出版社,2012 年,第 247 页。

② Diana V. Edelman, ed., The Fabric of History: Text, Artifact, and Israel's Past, Sheffield: Sheffield Academic Press, 1991, preface.

立,并相继加入到圣地的探究之中。在此基础上,一门新学科——圣经考古学得以正式诞生。①

真正对巴勒斯坦地区进行系统的考古发掘是在第一次世界大战以后。一战对这一地区的最大影响即是结束了奥斯曼帝国长达500年的统治,随后建立的英国委任统治政府积极推动对整个地区的考古发掘,这一时期出现了卓越的圣经考古学家威廉·奥尔布赖特(William F. Albright),被誉为"圣经考古学之父"的他借助现代考古技术和方法对巴勒斯坦地区进行了大范围的发掘。②他认为,考古发现可以为《圣经》文本提供科学依据,考古学很大程度上是为了"证明《圣经》"(prove the Bible)。在巴勒斯坦地区进行考古发掘的初期,考古学几乎无法脱离《圣经》研究。由于考古成果不成系统,迫使考古学家严重依赖于《圣经》文本来获取有关古代以色列的具体信息。可以说,没有《圣经》,考古学家将无法确认许多废墟的古代名称,也无法知道这一地区当时统治者的名字及其建筑活动;没有《圣经》,将很难列出一份有关这一地区重大事件的时间表。实际上,在圣经考古学初期,《圣经》充当着考古发掘的指南,许多学者都是在《圣经》的指引下从事考古发掘。以色列著名考古学家伊戈尔·亚丁曾说,发掘是"一手拿着《圣经》,一手拿着铁锹"。③

随着考古范围的扩大,圣经考古学的科学性开始受到质疑,因为它使有关古代巴勒斯坦的考古依附于《圣经》研究。直到1970年代,大多数圣经考古学家都在圣经研究系或者古代近东研究系接受学术训练。但从这一时期起,随着"新考古学"的兴起,开始有学者强调在对古代巴勒斯坦的考古中力求摆脱《圣经》研究的影响。威廉·德维尔

---

① Thomas W. Davis, *Shifting Sands: The Rise and Fall of Biblical Archaeology*, Oxford: Oxford University Press, 2004.
② William G. Dever, *What Did the Biblical Writers Know and When Did They Know It*? Grand Rapids, MI: Eerdmans, 2001, p. 56.
③ Yigael Yadin, *Hazor: The Rediscovery of a Great Citadel from the Bible*, London: Weidenfeld & Nicholson, 1975, p. 187.

(William G. Dever)反对使用"圣经考古学"一词,认为这一称谓暗含着用考古学来证明《圣经》真实性的护教企图。他提出代之以更具地区指向性的"叙利亚—巴勒斯坦考古学"(Syro-Palestinian archaeology)①,力图使之成为真正独立于《圣经》研究之外的一门学问。但不少学者认为"圣经考古学"仍是一个具有合法意义的词汇。叙利亚—巴勒斯坦考古学关心的是巴勒斯坦历史;而圣经考古学"作为《圣经》研究的亚种,寻求通过考古研究与发现来获取有关《圣经》解释的所有信息"。②90年代,德维尔的观点趋于缓和,提出"新圣经考古学"(new Biblical archaeology)的概念,主张开展《圣经》研究与考古学之间的对话,旨在实现圣经考古学的重生。③但在后现代主义思潮的冲击下,圣经考古学饱受争议与质疑,一些学者认为通过考古资料只能得出有关《圣经》时代的知识碎片,而《圣经》文本更是充满虚构的成分而不能作为研究的向导。

以色列古史的考古学年代表

铜器时代 (约公元前3200 —前1200年)	铜器时代早期(约公元前3200—前2200年)		征服迦南以前
	铜器时代中期(约公元前2200—前1550年)		
		铜器时代中期Ⅰ(约公元前2200—前2000年)	
		铜器时代中期Ⅱ(约公元前2000—前1750年)	
		铜器时代中期Ⅲ(约公元前1750—前1550年)	
	铜器时代晚期(约公元前1550—前1200年)		
		铜器时代晚期Ⅰ(约公元前1550—前1400年)	
		铜器时代晚期Ⅱ(约公元前1400—前1200年)	

---

① William G. Dever, "Syro-Palestinian and Biblical Archaeology", in D. A. Knight & G. M. Tucker, eds., *The Hebrew Bible and its Modern Interpreters*, Philadelphia: Fortress Press, 1985, pp. 31-74.

② H. D. Lance, "American Biblical Archaeology in Perspective", *The Biblical Archaeologist*, Vol. 45, No. 2 (May, 1982), p. 100.

③ William G. Dever, "Biblical Archaeology: Death and Rebirth", in Avraham Biran & Joseph Aviram, eds., *Biblical Archaeology Today*, 1990, Jerusalem: Israel Exploration Society, 1993, pp. 706-722.

续表

铁器时代 (约公元前 1200—前 586 年)	铁器时代 I(约公元前 1200—前 1000 年)	士师时代
	铁器时代 IIA(约公元前 1000—前 930 年)	希伯来王国
	铁器时代 IIB(约公元前 930—前 722 年)	
	铁器时代 IIC(约公元前 722—前 586 年)	
巴比伦时期(公元前 586—前 538 年)		巴比伦之囚
波斯时期(公元前 538—前 332 年)		第二圣殿早期
希腊化时期 (公元前 332—前 63 年)	希腊化早期(公元前 332—前 198 年)	第二圣殿晚期
	希腊化晚期(公元前 198—前 63 年)	
罗马时期(公元前 63—公元 135 年)		

与《圣经》文本相比,考古资料在提供以色列古史的信息方面有着独特的作用,能够提供前者所不能展示的物质与经济内容。如果说《圣经》文本集中体现了古代以色列人的思想与信仰层面,而物质与经济层面的信息更多有赖于考古发现。① 圣经考古主要探究古代以色列的物质文化,包括房屋建筑、城市设计、城市防卫、丧葬习俗、宗教崇拜、圣殿会堂、供水设施、贸易交往等等,"考古学提供着极其可观的信息,推进了我们对于古代世界民众的器物、技术、经济、社会与思想生活的知识和理解,以及如何和为何发生着变化。考古学还使我们得以重构古代巴勒斯坦的地理环境(例如地形、气候、土地与水资源)、生活资料、交换网络、定居模式、人口状况,以及根据文本无法重构的其他方面。……许多人认为考古证据要比《圣经》文本在作为历史信息的来源上更为可靠与更加精确。这种观点强调,与《圣经》文本相比,考古学家在进行发掘时并不存在有意的筛选"。②

---

① 有关考古学在解释《圣经》中的作用,参见 Sh. Yeivin, "On the Use and Misuse of Archaeology in Interpreting the Bible", *Proceedings of the American Academy for Jewish Research*, Vol. 34 (1966), pp. 141-154. 国内学者对圣经考古的研究,参见陈贻绎:《希伯来语圣经——来自考古和文本资料的信息(至公元前 586 年)》,北京:昆仑出版社,2006 年。

② Paula M. McNutt, *Reconstructing the Society of Ancient Israel*, Louisville: Westminster/John Knox, 1999, pp. 12-13.

与古代以色列相关的考古材料中,王室铭文(royal inscription)有着十分重要的作用。它们大多出自非以色列人,这些石碑从外部为古代以色列的存在提供了有力的佐证。对于王室铭文的定义,有学者进行了很好的总结:"王室铭文主要用于纪念国王生平中的重大事迹,它在古代近东许多王国都有发现。这些铭文大多献给神灵,记述统治者已经实现了神灵委托给他的王权使命。它们都是在国王在位时刻写,作者都必须是所记载事件的见证者或者所叙述事件的经历者。由于国王是国家之首并主宰着内外事务,铭文可以反映王国历史上的重大事件。尽管它们有着高度文学化与程式化的形式,往往自以为是,极具偏见,但这些铭文仍然是重构古代近东许多王国历史的重要材料。"①

在古代近东的王室铭文中,来自埃及、亚述、阿拉米、摩押、波斯等地的石碑先后提及与以色列相关的内容。1896 年,在埃及底比斯古城附近发现的默尼普塔石碑(Merneptah Stela)是现今所知最早提及"以色列"一词的考古材料②,该碑被认为是《圣经》之外能够证明以色列存在的最早实物证据,其年代基本确定为约公元前 1220 年:

> 诸番王匍匐于地,口念:"怜悯!"行九拜之礼却无人敢抬起头颅。特赫努(Tehenu)一片荒凉;哈梯(Hatti)也被平定;迦南(Canaan)因其各种罪恶受到惩罚;阿什克隆(Ashkelon)被掠夺;基色(Gezer)遭围困;亚诺姆(Yanoam)被蹂躏成乌有之境;**以色列变为荒场,其子孙不复存在**(Israel is laid waste, his seed is not);胡鲁(Hurru)则沦为埃及之寡妇!诸地均已平定;所有不安分子全被上下埃及之王所缚:他是巴恩拉·麦尔阿蒙;拉神之子:默尼普

---

① Nadav Na'aman, "The Contribution of Royal Inscriptions for a Re-evaluation of the Book of Kings as a Historical Source", in idem, *Ancient Israel's History and Historiography: The First Temple Period*, Winona Lake: Eisenbrauns, 2006, p. 198.

② Michael G. Hasel, "Israel in the Merneptah Stela", *Bulletin of the American Schools of Oriental Research*, No. 296 (Nov., 1994), pp. 45-61.

塔·霍特普-亥尔-玛特,如拉神一般万寿无疆。①

在此,"以色列"是民族的代称而非地理名词,所在的区域为中部高地。②法老将"以色列"刻在石碑上的行为表明,虽然出埃及的真实情况难以确定,但基本可以断定的是,早在公元前13世纪,"以色列"即已作为一个定居群体在当地存在。

有关希伯来王国早期情况的考古实物相对匮乏,因而时常有学者对这一时期的《圣经》叙述提出质疑。1993年,在以色列北部出土了但城石碑(Tel Dan Stela),次年又发现了两块新的残片。该石碑用早期阿拉米文写就,其刻写日期可以追溯至公元前9世纪。③碑文中因刻有"ביתדוד/Bytdwd"(意为"大卫王室")的字样,被认为是《圣经》文本以外首次提及大卫王的实物材料,故而被视为大卫王与早期希伯来王国曾经真实存在的重要证据。该碑文的发现及其释读在学者中间引发了一场"文字之战"。反对者戴维斯主张在翻译"Dwd"时有许多可能性,例如译作"受宠爱的"(beloved)或"叔叔"(uncle)等等。④尽管争论仍在继续,但多数学者已将之接受为大卫王室存在的证明。

出土于1868年的米沙石碑(Mesha Stela)也是涉及希伯来王国的重要经外材料。该碑主要记载摩押王米沙的功勋,其中提及北国以色列的暗利王,米沙宣称"彻底打败并灭绝了以色列王暗利"的子孙。在希伯来王国为新巴比伦所灭后,波斯帝国很快在东部崛起,居鲁士大帝

---

① James B. Pritchard, ed., *Ancient Near Eastern Texts Relating to the Old Testament*, 3rd Edition with Supplement, Princeton: Princeton University Press, 1969, p. 378. 黑体字为引者所标。

② Kenneth A. Kitchen, *On the Reliability of the Old Testament*, Grand Rapids: Eerdmans, 2003, p. 220.

③ Avraham Biran & Joseph Naveh, "An Aramaic Stele Fragment from Tel Dan", *Israel Exploration Journal*, Vol. 43 (1993), pp. 81-98; Avraham Biran & Joseph Naveh, "The Tel Dan Inscription: A New Fragment", *Israel Exploration Journal*, Vol. 45 (1995), pp. 1-18; George Athas, *The Tel Dan Inscription: A Reappraisal and a New Interpretation*, Sheffield: Sheffield Academic Press, 2003.

④ P. R. Davies, "'House of David' Built on Sand: The Sins of the Biblical Maximizers", *Biblical Archaeology Review*, Vol. 20, No. 4 (July/August, 1994), pp. 54-55.

采取宽容政策,允许犹大人返回故土、重建圣殿。这个事件由 1879 年出土的居鲁士圆柱(Cyrus Cylinder)得到一定程度的印证。① 居鲁士圆柱是古代的一个泥制圆筒,现已破裂为几件碎片,它以居鲁士大帝的名义,用古代阿卡德语写成。它写成于约公元前 6 世纪。部分关键内容译文如下②:

> 我是居鲁士,世界之王、伟大之王、威武之王、巴比伦之王、苏美尔和阿卡德之王、(宇宙)四方之王,……我把所有居于该处的神祇送回它们曾经的圣所,虽然这些地方久已陷于荒凉,我却为它们设立永久的居所。我(还)召集所有与回归神祇有关的居民,把这些神祇的原居地归还给他们。

圆柱中反映的宽容政策与《希伯来圣经》所载的居鲁士诏令有些类似,但后者显然是由《圣经》编修者进行了犹大化的处理而成:

> 波斯王居鲁士如此说:"雅卫天上的神,已将天下万国赐给我,又嘱咐我在犹大的耶路撒冷为他建造殿宇。在你们中间凡作他子民的,可以上犹大的耶路撒冷,在耶路撒冷重建雅卫以色列神的殿(只有他是神),愿神与这人同在。凡剩下的人,无论寄居何处,那地的人要用金银、财物、牲畜帮助他;另外也要为耶路撒冷神的殿,甘心献上礼物。"(《以斯拉记》1:2—4)

长期以来,人们对考古发现寄予了"现代科学"的理想化色彩,认为凡是考古出土的文物就是确凿不易的历史真实。然而,在实际过程中,《圣经》叙述与考古发现这二重证据并非完全互补,有时甚至严重相悖。一方面,考古发现的确证实了某些《圣经》叙述的不实性,比如

---

① 相关的研究,参见 Irving Finkel, ed. , *The Cyrus Cylinder: The King of Persia's Proclamation from Ancient Babylon*, London: I. B. Tauris, 2013;也有学者持不同意见,认为该圆柱铭文与犹太人的回归并无直接关联,孟振华:《波斯早期犹大政策重探》,《世界历史》,2010 年第 4 期。

② Amélie Kuhrt, "The Cyrus Cylinder and Achaemenid Imperial Policy", *Journal for the Study of the Old Testament*, Vol. 8, No. 25 (Feb. , 1983), p. 86.

在许多年代问题上都得到纠正;另一方面,由于考古证据是前人的思想与行为之留存,因而难免受到该实物主人观念的影响。①现存能够确定与古代以色列有关的考古实物中,大多为碑铭之类的石刻,内容也大多以宣扬战功为主②;从默尼普塔石碑到但城石碑,再到米沙石碑,这些外邦碑铭的内容充满了"意识形态"的语调;它们是碑铭记载者宣扬战绩的颂歌赞词,充满了对包括以色列在内的其他近东民族的征服欲望与毁灭倾向。可以说,与文本叙述一样,考古材料同样有其不可克服的局限性;罗兰·德沃对此有一番告诫:"人们将一直不得不从文本开始重构圣经时代的历史,但文本必须根据文学评断学、传统评断学与历史评断学的方法进行解读。考古学并不证实文本,它有其自身的意义,它仅仅能够证实我们赋予给它的解释。"③

对于古代晚期的历史而言,铭文是十分重要的史料。铭文作为一种古代世界记事的重要手段,并不见于早期犹太传统之中,与古代以色列人相关的几块碑铭(例如默尼普塔石碑、米沙石碑、但城石碑)都来自非犹太人的记述。它由于刻在石碑、金属器上,而得以保存久远,从而为探究当时的社会状况提供了独特的视角。铭文的大规模出现是在古代希腊罗马世界,受其影响,犹太铭文也在亚历山大东征以后发展起来。由于铭文在古代晚期的地中海世界十分盛行,因此在如何辨别犹太铭文上历来有着较大的争议;具体来说,符合以下几个标准之一即可

---

① 实际上,考古是一项由"当代"去发现"过去"的行为,因而不免会带着现有的先入之见去找寻证据以对照、迎合已被接受的观念、事实;然而,时间是不可逆转的洪流,"过去"与"现在"之间无法弥补的时间差带来了无法避免的距离感,而这种距离感是所谓的"科学"手段难以填补的。正如西蒙·夏马(Simon Schama)所说:"历史学家被留在对阴影的永恒追逐之中,他们痛苦地认识到,他们没有能力完满地再现一个已经逝去的世界。"参见保罗·巴恩:《当代学术入门:考古学》,覃方明译,沈阳:辽宁教育出版社,1998年,第94页。

② William G. Dever, "'Will the Real Israel Please Stand Up?' Archaeology and Israelite Historiography", *Bulletin of the American Schools of Oriental Research*, No. 297 (Feb., 1995), pp. 61-80.

③ Roland de Vaux, "On Right and Wrong Uses of Archaeology", in James A. Sanders, ed., *Near Eastern Archaeology in the Twentieth Century*, Garden City, N.Y.: Doubleday, 1970, p. 78.

被认定为犹太铭文:(1)出现"犹太人"(Ioudaios)或"希伯来人"(Hebraios)的字样;(2)提及与犹太人或犹太人有关的术语,比如"会堂"(proseuche)或"安息日"(sabbatha);(3)来自已知的专门犹太场所,比如犹太会堂或犹太墓地;(4)包含有犹太人使用的姓名;(5)使用希伯来文或阿拉米文;(6)使用犹太人的象征符号,比如七臂烛台、羊角号或香橼果等。①

从亚历山大大帝开始直到拜占庭时期,存在着大约两千块犹太铭文,其中大部分的年代是在公元 3 世纪以后。按分布地区看,1/3 来自犹地亚/巴勒斯坦,其他大部分来自罗马帝国的地中海省份,意大利以及罗马本身,甚至西欧地区。②在已知的犹太铭文中,多数为墓志铭,也有的来自会堂或陶罐,而陶罐几乎全部出自马萨达遗址。犹太铭文通常分为流散地与犹地亚两大部分。以拉丁文书写的犹太铭文主要来自罗马、意大利与西北非地区,以希腊文书写的多数来自埃及流散地,而以希伯来或阿拉米字母书写的主要集中在犹地亚/巴勒斯坦地区。

最早对犹太铭文进行研究和整理的是法国学者让·弗雷,他于 1936 年出版了《犹太铭文集》(*Corpus Inscriptionum Iudaicarum*),1952 年又推出第二卷。两卷共辑录了大约 1600 条犹太铭文(包括存疑的),在很长时间内被视为标准的铭文集。③随着新铭文的不断发现与对铭文释读能力的提高,迫切需要对犹太铭文重新进行整理。学者们首先对犹地亚以外的犹太铭文进行了系统整理,这项工作由剑桥大学神学院和图宾根大学共同完成。前者整理出版了西欧和埃及的犹太铭文,成果为《希腊罗马时期埃及的犹太铭文》和《西欧的犹太铭文》(分

---

① 参见宋立宏:《古代的犹太铭文》,《历史研究》,2005 年第 6 期。
② William G. Dever, "Archaeology, Ideology, and the Quest for an 'Ancient' or 'Biblical Israel'", *Near Eastern Archaeology*, Vol. 61, No. 1 (Mar., 1998), pp. 39-52.
③ Jean B. Frey, *Corpus Inscriptionum Iudaicarum*, 2 vols., Rome: Città del Vaticano, 1936-1952.

为意大利、西班牙和高卢以及罗马城)①;而后者对其他流散地的犹太铭文进行了整理,以《东部的犹太铭文》为题,包括东欧、小亚细亚、叙利亚和塞浦路斯等地。②这个工程在铭文数量与释读能力上都大大扩展,为犹太铭文的研究提供了重要的参考。差不多与之同时,荷兰学者霍斯特对古代的犹太墓志铭进行了系统归类,时间跨度从公元前300年到公元700年,成为系统整理犹太墓志铭的重要史料。③对于古代犹地亚/巴勒斯坦的铭文,以色列的一批铭文专家编辑出版了三卷本的《犹地亚/巴勒斯坦铭文集》(*Corpus Inscriptionum Iudaeae/Palaestinae*)。按地区分为耶路撒冷、恺撒利亚及中部地带、南部地带,搜罗了犹地亚与巴勒斯坦地区的绝大多数铭文,不仅有犹太铭文,而且还包括异教徒和基督徒的铭文。④该批铭文集的出版,标志着国际学界对于犹太铭文的研究进入一个新的阶段。

  在现已发现的犹太铭文中,来自犹地亚与流散地的铭文存在着显著的差别,在铭文刻写上有着不同的传统。流散犹太人由于受希腊罗马文化的影响较深,习惯于将纪念性碑铭作为展示其经济财富与社会地位的手段,通常刻上公共机构与捐赠者的姓名,公共性的展示成分在

---

① William Horbury & David Noy, *Jewish Inscriptions of Graeco-Roman Egypt*, Cambridge and New York: Cambridge University Press, 1992; David Noy, *Jewish Inscriptions of Western Europe*, Vol. I: *Italy (Excluding the City of Rome)*, *Spain and Gaul*; Vol. II: *The City of Rome*, Cambridge: Cambridge University Press, 1993, 1995.

② David Noy, Alexander Panayotov, and Hanswulf Bloedhorn, *Inscriptiones Judaicae Orientis*, Vol. 1: *Eastern Europe*, Tübingen: Mohr Siebeck, 2004; Walter Ameling, Band 2: *Kleinasien*, Tübingen: Mohr Siebeck, 2004; David Noy & Hanswulf Bloedhorn, Vol. 3: *Syria and Cyprus*, Tübingen: Mohr Siebeck, 2004.

③ P. W. van der Horst, *Ancient Jewish Epitaphs: An Introductory Surveu of a Millennium of Jewish Funerary Epigraphy (300 B. C. E. —700 C. E.)*, Kampen: Kok Pharos, 1991.

④ Hannah M. Cotton et al., eds., *Corpus Inscriptionum Iudaeae/Palaestinae*, *A Multi-lingual Corpus of the Inscriptions from Alexander to Muhammad*, Vol. 1: *Jerusalem*, Part 1: *1-704*; Vol. 1/2: *Jerusalem*, Part 2: *705-1120*; Vol. 2: *Caesarea and the Middle Coast*: *1121-2160*; Vol. 3: *South Coast*:*2161-2648*, Berlin: Walter de Gruyter, 2010-2014.

此比较强烈。①而巴勒斯坦的犹太人受希腊罗马文化的影响相对较弱,而更多地坚持祖先的传统价值,强调对于上帝的敬虔而非对同胞生活的艳羡,多反映个人的信仰世界。因此,在犹地亚的铭文开头,通常含有"记住他对上帝的虔诚"($d^e khir\ l^e tav$)之类的格式用语,而这在流散地很少见到。②同样地,犹地亚的铭文通常省略了公共机构与捐赠者的名字。

但铭文作为史料也有其局限的一面,首先由于犹太铭文大部分刻写在犹太会堂或墓志铭上,多半与宗教信仰联系在一起,故而对非宗教的生活场景所能提供的信息较为有限;其次,对于理解边缘群体与贫民的信仰及其实践也颇受限制,这是因为铭文的制作与刻写需要高昂的费用,寻常百姓显然难以负担。尽管有着这些局限,犹太铭文对于理解古代晚期犹太人的宗教及社会状况提供了极其有用的信息。例如,对于探知犹太人对上帝、圣殿、祭司及律法的态度提供了丰富而多样的记载。借助于犹太铭文提供的信息,后人得以了解古代犹太教信仰与实践中的多样性,特别是流散犹太人与本土犹太人的差异,这些都为探究古代晚期犹太人与非犹太人的交流互动提供了特殊的观察视角。例如,流散地对于神名的称呼存在着较大的差异:在叙利亚等地的会堂铭文中几乎完全见不到对于上帝的指称,而在埃及的同类铭文中却频繁出现;更为不同的是,萨迪斯会堂铭文中以"Pronoia"(意为"天意")来代替上帝。③对犹太人与希腊罗马人的文献史料进行分析,往往给人以古代晚期的犹太教是同质的感觉,而犹太铭文所反映的情况并非如此。可以说,铭文要比其他史料更能揭示出古代世界宗教信仰及其实践过

---

① Jonathan J. Price & Haggai Misgav, "Jewish Inscriptions and Their Use", in S. Safrai et al., eds., *The Literature of the Sages*, Second Part: *Midrash and Targum Liturgy, Poetry, Mysticism Contracts, Inscriptions, Ancient Science and the Languages of Rabbinic Literature*, Assen: Royal Van Gorcum, 2006, pp. 461-483.

② M. Williams, "The Contribution of Jewish Inscriptions to the Study of Judaism", in W. Horbury, W. D. Davies and J. Sturdy, eds., *The Cambridge History of Judaism*, Vol. 3: *The Early Roman Period*, Cambridge: Cambridge University Press, 1999, p. 86.

③ M. Williams, "The Contribution of Jewish Inscriptions to the Study of Judaism", p. 93.

程中的多样性。

犹太钱币(Jewish Coins)对于古代晚期的犹太史来说,也是不可忽视的重要史料。有学者对犹太钱币之于犹太古史研究的重要性进行了很好的概括:"古代犹太钱币对于从波斯统治晚期到巴尔·科赫巴起义期间的犹太历史来说是一种重要的信息来源。它们为这一时期的文化、政治与经济情况提供了许多线索,从中可以知晓很少为人所知的亚历山大大帝征服犹地亚之前几十年的政治形势与某些思想趋势。它们对于理解马卡比时代晚期也特别重要,它们描绘了统治者积极参与当时国际政治的努力而同时仍然保留有犹太国家的独特特质。它们反映了当时的政治斗争,例如统治者试图建立一个希腊化特征的君主制,而法利赛人对此则极力反对。约翰内斯时期爆发的内战也在当时的钱币上有所反映。最后,钱币为希律王朝和罗马总督的政策提供了许多线索。……两次犹太起义的钱币告诉我们起义的目的以及他们对于自由的期盼。"①

事实上,铸币并非源自犹太人自身的传统,圣经时代希伯来人的交易主要是通过天平和石头砝码称量金银来完成的。钱币的铸造最初起源于公元前7世纪晚期小亚细亚的吕底亚地区,随后迅速传入周边地区,希腊以及东方的波斯接受了这种货币形式。从公元前6世纪中叶开始,巴勒斯坦地区即已出现最早的铸币,系由希腊商人带入,但它们并非具有任何犹太特征的钱币。公元前5世纪,在波斯帝国的犹大行省出现了最早的一批犹太钱币,上面刻有"יהוד/Yehud"(此为犹大行省的阿拉米文名字)的字样。一般来说,古代犹太钱币可以大致划分为四个时期:(1)波斯统治末期(公元前4世纪);(2)哈斯蒙尼王朝时期(从约翰·希尔坎一世到安提哥努斯,即公元前134—前37年);(3)第一次罗马犹太战争时期(公元66—73年);(4)巴尔·科赫巴起义时

---

① Baruch Kanael, "Ancient Jewish Coins and Their Historical Importance", *The Biblical Archaeologist*, Vol. 26, No. 2 (May, 1963), p. 38.

期(公元132—135年)。①

对于犹太钱币的关注早已有之。早在《塔木德》编定以后,犹太钱币随着撒玛利亚铭文一起为一些犹太学者所注意,并在其著作中有所提及。②但直到1781年弗朗西斯·巴耶(Francis Perez Bayer)发表《论希伯来—撒玛利亚的钱币》(*Die numis Hebræo-Samaritanis*),有关犹太钱币的准确知识才开始出现。进入19世纪中叶以后,对于犹太钱币的研究逐渐增多。1850年,著名钱币学家卡维多尼(Abbé Cavedoni)推出《圣经时代的钱币》(*Numismatica Biblica*)。稍后德索尔西(M. F. de Saulcy)于1854年出版了一部系统研究犹太钱币的著作——《犹太钱币研究》(*Recherches sur la numismatique Judaique*),其中包括他在巴勒斯坦与叙利亚搜集到的所有钱币。1862年,布雷斯劳的利维出版了《犹太钱币史》(*Geschichte der Jüdischen Münzen*);1864年马登发表《犹太钱币史与新旧约中的货币》。经过这些学者的努力,一门新学问——犹太钱币学(Jewish Numismatics)在古代史研究领域正式诞生。③

犹太钱币有着极其重要的经济与社会功能。钱币作为一种主要的经济流通手段,一定程度上能够反映出古代晚期巴勒斯坦地区的经济

---

① Emil Schürer, *The History of the Jewish People in the Age of Jesus Christ* (175 B. C. —135 A. D.), Vol. 1, Edinburgh: T&T Clark, 1973, p. 603.

② 例如,哈伊加昂(1020年)、迈蒙尼德(1190年)、纳迈尼德(1267年)、摩西·阿拉斯科卡(Moses Alaschkar,1530年)、阿扎利亚·德罗西(1571年)等。到16世纪又为一些基督教学者所关注,例如威廉·波斯特尔(William Postel,1538年)、蒙塔努斯(Arias Montanus,1572年)等人。参见Frederic W. Madden, *History of Jewish Coinage, and of Money in the Old and New Testament*, London: B. Quaritch, 1864, chap. 1.

③ 有关犹太钱币的重要研究有:Frederic W. Madden, *Jewish Numismatics*, London: Elliot Stock, 1875; Frederic W. Madden, *Coins of the Jews*, London: Trübner & Co., 1881; Theodore Reinach, *Jewish Coins*, translated by Mary Hill, London: Lawrence & Bullen, 1903; L. Kadman, *The Coins of the Jewish War of 66-73 C. E.*, Tel Aviv: Schocken, 1960; Ya'akov Meshorer, *Jewish Coins of the Second Temple Period*, translated by I. H. Levine, Tel Aviv: Am Hassefer, 1967 (first edition in 1935); Y. Meshorer, *A Treasury of Jewish Coins: From the Persian Period to Bar Kokhba*, translated by R. Amoils, Jerusalem: Yad Ben-Zvi Press, 2001;等。中文世界中,徐龙对犹太钱币进行了系统的梳理,参见徐龙:《犹太和以色列国钱币》,北京:世界图书出版公司,2010年。

生活。进入古代晚期,犹太人的经济交易主要是通过钱币进行的,借助于犹太钱币的研究可以获知当时犹太人从事经济活动的某些信息,而现今留存的有关古代犹太人经济活动的记载十分稀少,钱币的作用就更显得弥足珍贵。① 犹太钱币还往往刻有纪年,可以与文本记载的年代和事件加以对照。此外,犹太钱币上包含有大量的图案,为考察犹太艺术与象征的历史提供了重要素材。

更重要的是,犹太钱币所蕴涵的政治与文化意义不容忽视。钱币通常刻有图像与文字,是境内臣民政治认同的标志之一,从而成为一种反映不同政治内涵的独特政治符号。哈斯蒙尼王朝时期犹太钱币所带有的图案,例如丰饶角、提铭花环、船锚、头盔等等,很大程度上借鉴了塞琉古王朝后期或罗马发行的钱币,由此充分体现出希腊罗马文化对于犹地亚的影响②;而在反抗罗马的两次大起义期间,发行了许多带有民族主义内涵的钱币,其上大多刻有"为了以色列的救赎""锡安的自由""耶路撒冷的自由"等内容,并带有七臂烛台等传统犹太符号③;在起义镇压后,罗马统治当局发行"犹大被掳"(*Iudaea Capta*)的钱币,正面为曾经的罗马统帅、如今的罗马皇帝韦斯帕芗的头像,钱币背面左侧是挺立的罗马士兵,右下角则是一个哭泣的妇女(象征被打败的犹地亚),以此庆祝自身的胜利以及犹地亚被罗马人奴役。通过刻在钱币上的"自由"与"奴役"等字眼可见,犹太起义者与罗马统治者双方除从事真刀实枪的战斗以外,也将钱币作为另一个战场,展开着激烈的争夺与较量。

死海古卷(Dead Sea Scrolls)对于理解第二圣殿末期(公元前250—公元70年)的犹太社会有着不可估量的重要作用。有关死海古

---

① Baruch Kanael, "Ancient Jewish Coins and Their Historical Importance", *The Biblical Archaeologist*, Vol. 26, No. 2 (May, 1963), p. 38.
② 宋立宏:《希腊化与罗马时期犹太人的政治宗教特征——以古代犹太钱币为中心的考察》,《历史研究》,2013年第3期。
③ Paul Romanoff, "Jewish Symbols on Ancient Jewish Coins", *The Jewish Quarterly Review*, New Series, Vol. 34, No. 2 (Oct., 1943), pp. 161-177.

卷的发现及其问世过程,带有十分传奇的色彩。1947年3月,一个名叫穆罕默德·伊尔迪伯(Muhammed edh-Dhib)的阿拉伯牧童为了寻找一只迷失的羊,来到死海西北岸的库姆兰山谷中,他把石头扔进悬崖峭壁间的一个山洞,听到陶瓷被击碎的声音,于是约上其他牧童来到洞里查看究竟,从而发现一些陶罐及碎片。他们打开瓮盖,闻到一股刺鼻的臭味,发现瓮内装着若干蒲草和成捆的羊皮卷,上面密密麻麻写满了字。他们不认识上面的文字,便将之带到耶路撒冷出卖。几经辗转,这些羊皮卷落到圣马可修道院、叙利亚东正教大主教阿塔纳修·塞缪尔(Athanasius Y. Samuel)的手中。他经过仔细研究,认为这是几篇最古老的希伯来文《圣经》抄本。① 消息传出后,引起各方面的重视,许多考古学家和历史学者前往库姆兰山谷进行发掘。经过1952—1956年间的几次发掘,先后在库姆兰山谷找到了大约40个洞穴,其中11个洞穴中存有大量的经卷,种类多达600余种,残篇碎片数以万计。在库姆兰山谷发现的如此篇幅浩瀚的古代文献,在现代考古史上从未有过,因而被西方学术界誉为当代最为重大的文献发现。② 此外,在库姆兰洞穴附近以南11英里处,发现有多封犹太抵抗领袖巴尔·科赫巴的书信,附近其他地区还发现一些《圣经》残篇,这些文献也一起被称为死海古卷。在库姆兰及附近地区发现的死海古卷的基础上,形成了一种专门的学问——"库姆兰学"(Qumranology),是对死海古卷及其相关犹太团体和《圣经·旧约》文献等进行研究的学科。③

然而,在死海古卷发掘出土后,所有经卷交由以色列文物部指定的

---

① 考古学家苏克尼克(E. L. Sukenik)设法收购了这批流落在外的死海古卷,其子伊戈尔·亚丁(Yigael Yadin,后来担任以色列国防军总参谋长)将这次成功购古卷的行动称为"羊皮卷行动",如同他指挥打胜战役一般。以色列建国后,将主要的八部经卷存放在国家博物馆,1969年专门为之建造死海古卷馆——"圣书之龛"(Shrine of the Book),其余的则保存在耶路撒冷的洛克菲勒考古博物馆。

② 王神荫:《〈死海古卷〉简介》,载西奥多·H.加斯特英译:《死海古卷》,王神荫译,北京:商务印书馆,1995年,第4页。

③ John Strugnell, "Qumranology Then and Now", *Near Eastern Archaeology*, Vol. 63, No. 3 (Sep., 2000), pp. 175-176.

八人考古编辑团队掌管,规定只有当一个成员去世才能补充另一个学者。这种严格保密的做法致使许多学者无法查看利用这批经卷,从而引发著名的"古卷之争"。1977 年,牛津大学学者格扎·韦尔迈斯(Géza Vermes)公开抨击这种独占考古资源的行为,但以色列政府对古卷内容始终采取保密遮掩的态度,为此甚至出现阴谋传闻,称梵蒂冈教廷认为死海古卷包括对教会不利的信息,而极力阻扰将其公诸于世。这种情况直到 1991 年才出现转机,美国圣经考古协会出版了《未发表的死海古卷初版》(*A Preliminary Edition of the Unpublished Dead Sea Scrolls*),系该协会通过不同秘密渠道获得的死海古卷照片档案整理而成。以色列官方考古团队原本准备对他们的越权行为提出诉讼,但此举引起考古界的舆论哗然,在国际学术界的强大压力下,以色列当局终于做出让步,放弃诉讼,转而采取开放的态度。①随后,有关死海古卷的公开工作取得了突破性的进展,新的编辑团队制定严格的时间表,陆续将剩下的抄本连同学者的详细评论和修订全部付梓。与之同时,将死海古卷数字化的工程也在进行中,2000 年、2005 年先后出现橄榄树圣经软件和死海古卷读本;2010 年,以色列文物部又与谷歌公司合作,正式推出以色列死海古卷数字化博物馆(Israel Museum Digital Dead Sea Scrolls),其目标是将大批经卷电子化,以便利人们获取与使用。

根据对库姆兰地区出土文献的整理、分析与研究,这些经卷产生的年代大概在公元前 2 世纪到公元 1 世纪之间,其内容大致可以分为五大类:(1)希伯来文《圣经》抄本,除《以斯帖记》以外其余各卷的全部或部分内容的抄本;(2)《次经》《伪经》和其他经外书,包括《多比传》《便西拉智训》和《所罗门智训》等《次经》抄本和《以诺书》《巴录启示录》《禧年书》等《伪经》抄本及其他类似文献;(3)《圣经》评注,对《以赛亚书》《哈巴谷书》《弥迦书》等经卷的评注;(4)感恩诗篇及其他,类似于《诗篇》体裁的感恩诗篇,以及礼拜仪式说明、祝祷词等;(5)库姆

---

① 有关这一案件的始末,参见 Michael D. Birnhack, "The Dead Sea Scrolls Case: Who is an Author?" *European Intellectual Property Review*, Vol. 23, No. 3 (2001), pp. 128-133。

兰社团法规,详述该社团的历史沿革、组织形式和会员守则,包括《会规手册》《撒督文献》和《会众守则》等。①

学界普遍认为,库姆兰社团属于活跃在第二圣殿末期的艾赛尼派,例如老普林尼、斐洛、约瑟夫斯都曾提及这个派别。但近来有学者指出,从对死海古卷的研究和库姆兰废墟考古发掘的情况看,事实并非完全如此,他们很可能属于另外一个群体。②这些人远离政治、避于荒野,直到两千年后因其遗存的文献才得以再度进入人们的视线之中。由于死海古卷形成的年代恰逢古代晚期犹太社会全面走向大流散的深刻转型时期,同时也是早期基督教破茧出土的年代,因而有着十分重要的史料价值。其一,死海古卷保留了迄今为止最古老的希伯来语《圣经》抄本,比原来通用的"马索拉"文本(Masoretic Text)提前了将近一千年,而且死海古卷中的《圣经》抄本未经后世修改、增删,更加接近原来的文本,因而更具权威性、准确性。其二,死海古卷作为古代犹太文献宝库,包括了《圣经》《次经》《伪经》以及评注,有力地证明了这些经文的真实性及其在犹太社会中的地位,而且这些不同文字的抄本对研究近东古代语言文字的发展演变也有重要价值。其三,死海古卷极大地丰富了人们对于第二圣殿末期犹太社会的认识和了解,特别是有关艾赛尼派的社团状况、法规条文、信仰生活等方面。其四,死海古卷对于早期基督教的兴起及其与犹太教之间的关系也提供了重要线索,这些文献表明,早期基督教在不少地方受到艾赛尼派的影响,而文献记载的库姆兰社团组织结构、规章制度、宗教习俗都为了解早期基督教社团提供了十分重要的参照。③此外,从死海古卷中还可以看到犹太思想与希腊、罗马,甚至波斯等地思想的相互影响,它对于了解古代晚期东地中海地区的政治变迁、经济状况与信仰世界,有着不可忽视的史料价值。

---

① 孔令平:《死海古卷的发现及研究》,《历史研究》,1979 年第 12 期。
② C. D. Elledge, *The Bible and the Dead Sea Scrolls*, Atlanta: Society of Biblical Literature, 2005, chap. 1.
③ 肖宪:《圣殿长存:古犹太文明探秘》,昆明:云南人民出版社,2001 年,第 148—151 页。

一般说来，进入中世纪以后，由于犹太人已经离开故土、四处流散，考古资料所能提供的相关信息十分有限，但这并非是绝对的，开罗秘库（Cairo Geniza）就是一个反证。1896 年，在开罗老城福斯塔特（Fustat）本·以斯拉犹太会堂遗址的地下室中，发现了一大批保存较为完整的中古犹太文献①，总计达 33 万片，是有关 950 年至 1250 年间地中海世界犹太人的史料宝库。开罗秘库的发现通常与死海古卷的发现联系起来，以表明它们分别代表着古老的《圣经》文本与《塔木德》文本在当代的复活。现今，开罗秘库残片分布在世界多所图书馆：剑桥大学的泰勒—谢克特秘库研究所（Taylor-Schechter Genizah Research Unit）是最大的收藏机构，保存有 19.3 万片，并建有秘库在线数据库（Genizah On-Line Database，简称 GOLD）；美国犹太神学院存有 3.1 万片；曼彻斯特约翰·瑞兰德大学图书馆藏有 1.1 万片；此外，牛津大学的博德利图书馆也存有 2.5 万片。

"Geniza"在希伯来文中，意为"隐蔽的场所"。储藏在会堂密室中的大批秘库文献之所以能够留存下来，是由于犹太传统认为含有上帝之名的手稿（shemot）不能被销毁，而必须存放在秘密的场所。这些手稿被书写在羊皮、纸草之上，绝大部分为文献的抄本，其中最大的文献抄本（大概占总数的 1/4）为仪式诗、祈祷书与布道词。这种状况反映了会堂管理者的需要与习惯，他们是这些文本的主要创作者与消费者。此外，也包括一些《圣经》文本及其译本、评注，所涉及的文字有希伯来文、阿拉米文、犹太—波斯文，甚至一些阿拉伯文、拉迪诺文、意第绪文与希腊文等等。由于开罗秘库的重要价值，在国际学术界形成所谓的"秘库研究"（Geniza Studies）。

---

① 据说德国旅行家西蒙·范·格尔德伦（Simon van Gelderen）是最早访问以斯拉会堂并记载开罗秘库的现代欧洲人，他在 1752 年或 1753 年造访。1864 年旅行家雅各·萨皮尔（Jacob Saphir）也访问了以斯拉会堂并对秘库进行了勘查，但他没有对其文献进行确认。直到 1896 年，两位英国旅行家阿格内斯·里维斯（Agnes S. Lewis）与玛格内特·吉布森（Margaret D. Gibson）从埃及带回秘库残片，经由剑桥大学学者所罗门·谢克特鉴定，后者随后也前往埃及获得了许多文献并正式公布于世，从而引发学界与大众的关注。

开罗秘库的发现,立即吸引了一大批学者的关注。①在秘库文献的整理过程中,所罗门·谢克特(Solomon Schechter)是这一领域的开拓者,他确认了秘库中的许多文献并加以评注解释,从而使之真正为学术界所利用。为了纪念他的贡献,开罗秘库研究的重镇——剑桥大学泰勒-谢克特秘库研究所以其名字命名。而真正将开罗秘库加以学术化利用的是戈泰因(Shelomo D. Gotein),他依据秘库来研究中世纪伊斯兰世界的犹太人,出版了这一领域的扛鼎之作——《一个地中海社会:开罗秘库文献所见的阿拉伯世界犹太社团》②,分为《经济基础》(Economic Foundations)、《社团》(The Community)、《家庭》(The Family)、《日常生活》(Daily Life)、《个体》(The Individual)、《索引》(Cumulative Indices)六卷。③戈泰因充分利用这批原始档案,从经济—社会史的视角,大体还原了一个鲜活、多样、繁杂的中古地中海世界,他因此被誉为"新地中海研究"(New Mediterranean Studies)的开创者,以区别于布罗代尔的地中海研究。④

中古中前期的开罗是当时地中海世界的经济中心,充当着连接欧亚非三大洲之间贸易与文化交流的枢纽,在法蒂玛王朝治下,以伊斯兰教为纽带的阿拉伯帝国走向鼎盛,开罗当时聚集了多个不同的宗教与族群。而开罗秘库作为10世纪至13世纪东地中海世界的主要文献,

---

① 有关近一个世纪的开罗秘库研究,参见 Stefan C. Reif, "A Centennial Assessment of Genizah Studies", in Stefan C. Reif & Shulamit Reif, eds., *The Cambridge Genizah Collections: Their Contents and Significance*, Cambridge: Cambridge University Press, 2002, pp. 1-35。

② Shelomo D. Gotein, *A Mediterranean Society: The Jewish Communities of the Arab World as Portrayed in the Documents of the Cairo Geniza*, 6 vols., Berkeley, Calif.: University of California Press, 1967-1988.

③ 戈泰因其他借助开罗秘库的研究,还有:Shelomo D. Gotein, *Letters of Medieval Jewish Traders*, translated from the Arabic with an introduction and notes, Princeton: Princeton University Press, 1973; Shelomo D. Gotein, *India Traders of the Middle Ages: Documents From the Cairo Geniza*, Leiden: Brill, 2008。

④ Fred Astren, "Goitein, Medieval Jews, and the 'New Mediterranean Studies'", *The Jewish Quarterly Review*, Vol. 102, No. 4 (Fall, 2012), pp. 513-531; Elliott Horowitz, "Scholars of the Mediterranean and the Mediterranean of Scholars", *The Jewish Quarterly Review*, Vol. 102, No. 4 (Fall, 2012), pp. 477-490.

无疑有着十分重要的研究价值。首先,开罗秘库系统记载了这一时期埃及犹太人的经济生活、法律地位与信仰状况,甚至也门等周边地区犹太人的情况都有涉及①,从而为了解中古中前期伊斯兰世界的犹太人提供了必要的信息来源。其次,开罗秘库对于研究东地中海世界不同宗教和族群间(尤其是犹太人与穆斯林)的交往与融合有着难以替代的价值,它是中古时期多元文明之间互动与共生的重要史料证明,也是当时犹太人参与并融入地中海经济体系的有力依据。再次,开罗秘库包括有关卡拉派的大量史料、加昂时代的许多答问以及卡扎尔王国(汉文史料作"可萨汗国")的基本情况,甚至还有东地中海地区犹太人与远至印度犹太人之间的通信,这些都是犹太人开展跨地区远程交往的重要材料。此外,开罗秘库还保留了大量阿拉伯文材料,由于中古时期留存下来的伊斯兰史料相对有限,故而它对伊斯兰社会状况的描述显得弥足珍贵。

三、主要文献史料

从古代晚期开始,文献史料成为记录犹太史的主要载体。②实际上,以文献的形式记载历史在犹太世界的出现,很大程度上受到希腊罗马史学传统的影响。生活在犹太与罗马双重文化之间的约瑟夫斯即是突出的代表,他的史学著作代表着古代晚期犹太史学的一个高峰。然而,这仅是古典时代犹太史学的昙花一现。第二圣殿毁灭后,随着拉比派掌握犹太民族的领导权而逐渐走向内在,史学创作几乎在犹太人中间消失了十几个世纪。在整个古代晚期与中世纪,犹太人在评注与哲学、文学与诗歌等方面都有着很高的成就,而在史学领域严重缺席,很

---

① 值得注意的是,开罗秘库保留了犹大·哈列维创作的200多首诗歌,以及由迈蒙尼德所写的《密释纳》评注以及30余封书信,而在此之前从未发现过迈蒙尼德的原始手稿。

② 由于近现代的犹太史料将在后面进行讨论,此处主要集中于介绍前现代的犹太文献史料。

少有重要的史学创作。尽管中世纪的犹太人没有贡献史学著作,但在他们那里仍然存在某些历史书写或者类似于历史书写的痕迹。

著名的历史学家弗拉维·约瑟夫斯(Flavius Josephus,37—约100),原名约瑟夫·本·马塔提亚(Joseph ben Matityahu),出生于耶路撒冷的著名祭司家族,曾多次代表犹太人出使罗马并出色地完成使命。罗马—犹太战争爆发后,他出任犹太军队的统帅,率军在约他帕塔抗击由韦斯帕芗统领的罗马军团,由于陷入重围、众寡悬殊而失陷,约瑟夫斯最后也归降罗马军队。他由于准确预言韦斯巴芗及其子提图斯将成为罗马皇帝而得到赏识,接受了罗马皇室的赐姓并改名为弗拉维·约瑟夫斯。①虽然其变节行径历来为犹太人所不齿,但后来他在罗马皇室的庇护下专事历史写作,从而为后人留下了有关当时事件的许多宝贵的一手史料,其中包括《犹太战记》(*Bellum Judaicum*)、《犹太古史》(*Antiquitates Judaicae*)、《自传》(*Vita*)、《驳阿庇安》(*Contra Apionem*)等等。②由于其卓越的史学成就,约瑟夫斯被誉为与希罗多德、修昔底德、色诺芬、波里比阿齐名的希腊罗马世界的五大历史学家之一。③

《犹太战记》是约瑟夫斯的第一部著作,大约成书于战争结束后不久的公元75—79年。写作此书时,作者正居住于韦斯巴芗在罗马城奎林那(Quirinal)的别墅之中,享受着罗马皇室成员般的优厚待遇。希腊文原书的名称极其明显地反映了作者对罗马的亲善态度,直译过来就是《关于犹太人的战争》,似乎是站在罗马公民的立场上来记述这场战争。④该书共分七卷,第一、二卷叙述引起罗马—犹太战争的各种根源,

---

① H. St. John Thackeray, *Josephus: The Man and the Historian*, New York: Ktav Publishing House, 1929.

② 约瑟夫斯的著作已有部分译成中文,包括保罗·梅尔编译:《约瑟夫著作精选》,王志勇译,北京:北京大学出版社,2004年;约瑟福斯:《犹太战争》,王丽丽等译,济南:山东大学出版社,2007年。这两个中译本都不够完整,本书所参考的约瑟夫斯著作均来自"洛布古典丛书"(Loeb Classical Library)。

③ Shaye J. D. Cohen, "History and Historiography in the *Against Apion* of Josephus", in Ada Rapoport-Albert, ed., *Essays in Jewish Historiography*, pp. 1-11.

④ 如果以犹太人的立场来书写,很可能将书名取做《与罗马人的战争》《反罗马战争》。

第三、四卷概述加利利及犹地亚其他地区的战况,第五、六卷描述罗马军队对耶路撒冷的围困及其陷落,最后一卷叙述战争的结束以及后果。约瑟夫斯作为战争亲历者所书写的《犹太战记》,一举奠定了其作为古典犹太历史学家的地位。

《犹太古史》是约瑟夫斯对圣经历史的重新改编①,叙述时间从创世之初直到约瑟夫斯的时代。据约瑟夫斯交待,还在写作《犹太战记》时,他就开始了《犹太古史》的构思。后者大致成书于公元93—94年,即图密善统治末期。全书共有二十卷,按照内在逻辑可以分为两个部分:前十卷叙述从创世到第一圣殿时期的早期历史,后十卷描述第二圣殿时期的整个过程。实际上,该书并非如约瑟夫斯自己所说的是"对《希伯来圣经》的翻译"②,他在写作过程中加入了许多其他材料。他还为该书预设了读者对象,即"整个希腊语世界"或者"希腊人"③,向他们解释犹太人的悠久历史。

《自传》与《驳阿庇安》是约瑟夫斯后期所写的两部篇幅较小的著作,分别只有一卷与两卷。《自传》概述约瑟夫斯自己的生平,主要包括早期生活、出使罗马、在加利利率军抵抗罗马、被俘于罗马军营以及最后在罗马城的生活情况。他写作《自传》的动机在于反驳有关他在加利利战争中负有责任的观点,以及阐述他对于罗马—犹太战争的立场。《驳阿庇安》是约瑟夫斯的最后一部作品,原书并无题目,书名系后人所拟。第一卷记述了希腊人对于犹太人的偏见与误解,第二卷则对阿庇安的责难进行批驳,同时阐述了犹太教与摩西律法的精神内涵。实际上,该书题目定为《驳希腊人》或《为犹太教辩护》或许更符合作者本意。

约瑟夫斯对自己的历史学家身份十分自豪,在《犹太战记》开篇即

---

① Harold W. Attridge, *The Interpretation of Biblical History in the Antiquitates Judaicae of Flavius Josephus*, Missoula: Scholars Press, 1976; Louis H. Feldman, *Studies in Josephus' Rewritten Bible*, Leiden: Brill, 1998.

② Josephus, *The Jewish Antiquities*, I. 5; X. 218.

③ Josephus, *The Jewish Antiquities*, I. 5; XVI. 174; XX. 262.

强调写作历史是"出自对真相的热爱而非取悦于读者"。①由于约瑟夫斯记述内容广泛,而且他是当时许多事件的亲历者,其作品有着极高的史料价值,对于了解古代晚期的犹太、希腊与罗马社会乃至早期基督教都有着不可估量的重要作用。约瑟夫斯经常被拿来与修昔底德进行比较,他的《犹太战记》也与修昔底德的《伯罗奔尼撒战争史》一样都是由战争亲历者(autopsia)所撰写,两者都在战争初期担任统帅。故此,约瑟夫斯经常被比作"犹太人的修昔底德"(the Jewish Thucydides)。②

约瑟夫斯生活的时代是一个激变而动荡的年代,犹太文化与希腊文化的冲突和对抗通过罗马—犹太战争的残酷形式体现出来,他不可避免地受到希腊罗马传统的影响,这在其史学作品中有着不同程度的体现。有学者指出:"从语言、风格与形式……的角度来看,(约瑟夫斯的作品)属于希腊与希腊化文献,作为一个作家……他属于希腊罗马史学"③;《犹太战记》是"一部希腊罗马式的历史著作,传统的犹太主题在其中并非不太重要,但却都是通过希腊化的透镜(Hellenizing glass)来观察的"。④在约瑟夫斯的作品中,可以感受到耶路撒冷与罗马之间的政治张力,其史学思想正是这两种不同传统之间交锋碰撞的产物。

尽管约瑟夫斯自称在写作历史过程中致力于追求真相,但在他的著作中,仍然有不少神意的痕迹。他将罗马人的到来、耶路撒冷的陷落、圣殿的被毁以及战争过程中犹太人遭受的灾难都视为上帝对犹太民族中间有罪者的惩罚。⑤他把罗马看作是执行上帝意志的工具(就如《希伯来圣经》中亚述与巴比伦人所充当的角色一样),以惩罚其不顺从的子民。约瑟夫斯多次提及,上帝以托梦的方式向他预言犹太人和

---

① Josephus, *The Jewish War*, I. 30.
② R. J. H. Shutt, *Studies in Josephus*, London: SPCK, 1961, p. 125.
③ Per Bilde, *Flavius Josephus between Jerusalem and Rome*, Sheffield: Sheffield Academic Press, 1988, p. 202.
④ Tessa Rajak, *Josephus: The Historian and His Society*, London: Duckworth, 1983, p. 103.
⑤ 参见 Josephus, *The Jewish War*, II. 455; V. 19.

罗马人的命运，认为罗马人已从上帝那里获得了统治世界的权力，反抗罗马的统治即是反抗上帝的安排①；而避免这场灾难的唯一办法就是民众态度的转变，自觉接受上帝的安排，承认罗马人的统治。②实际上，约瑟夫斯的用意是以神学的方式来论证和强调犹太人服从罗马秩序的合理性。

正因约瑟夫斯在著作中不断强调反抗罗马必然失败，他在后世犹太人中的名声并不好。许多犹太人对约瑟夫斯在加利利的投敌行为耿耿于怀而将其斥为民族的叛徒，而且后来他又接受罗马皇室的恩惠，并在其著作中再三为罗马人特别是征服犹地亚的韦斯巴芗、提图斯等人歌功颂德。③最让犹太人无法接受的是，他在第二圣殿被毁的问题上极力为提图斯开脱，而在犹太传统中作为第二圣殿毁灭者的提图斯是个极端邪恶的名字，与企图灭绝犹太人的哈曼不相上下。基于这些原因，犹太人不仅鄙视他的变节行为，而且认为他的作品实际上充当了弗拉维家族的工具和喉舌。犹太传统对于约瑟夫斯的看法基本上是负面的，这很大程度上也是约瑟夫斯的作品很快在犹太人中间被遗忘的重要原因。④

除约瑟夫斯以外，生活于公元 1 世纪前后亚历山大里亚的斐洛（Philo Judaeus）也留有一些相关的记述⑤，特别是《出使盖乌斯》（*Legatio ad Gaium*）等文献是了解当时流散地犹太社团状况的一手材料。此外，来自当时非犹太人的记述也是重要的文献来源。自希腊人、罗马人

---

① 参见 Josephus, *The Jewish War*, II. 390; V. 378。
② 参见 Josephus, *The Jewish War*, I. 10; V. 19, 415。
③ Pere Villalba I Varneda, *The Historical Method of Flavius Josephus*, Leiden: Brill, 1986, pp. 242-279.
④ 形成鲜明对照的是，约瑟夫斯的作品在基督徒那里得到了高度的推崇。这很大程度上是由于约瑟夫斯在其《犹太古史》中保留了有关耶稣、施洗者约翰以及其他基督徒的内容（Josephus, *The Jewish Antiquities*, XVIII. 63-64, 116-119; XX. 200-203），从而被基督教会当作除《四大福音书》以外能够证明基督真实存在的重要依据。是为"弗拉维见证"（*Testimonium Flavianum*）。
⑤ Philo, *The Complete Works of Philo*, ed. F. H. Colson & G. H. Whitaker, 10 vols., and 2 suppl. vols., Cambridge: Harvard University Press, 1929-1962.

与犹太人开始接触起,众多的古典作家在其作品中留存有一些有关犹太人的描述。梅纳赫姆·斯特恩对古希腊罗马文献中与犹太人有关的史料进行了系统搜集整理,辑录为《希腊和拉丁作家论犹太人与犹太教》,涵盖了从希罗多德到普鲁塔克、从塔西佗到辛普利西乌斯的160多位古典作家。①此外,《新约全书》、帝国法令、早期教父文献(例如殉道者查士丁、亚历山大里亚的克雷芒、奥利金、克里索斯托、优西比乌、厄弗瑞、哲罗姆、奥古斯丁等)②,也是了解古代晚期犹太人状况的重要原始文献。

除拉比文献以外,涉及中世纪犹太历史的文本极其罕见,而成书于10世纪南意大利地区的《约西宾书》(*Sefer Yosippon*)是个例外③,该书作者托名为公元66年耶路撒冷反抗领袖约瑟夫·本·格里安(Joseph Ben-Gorion)。这本以希伯来语写成的著作是从亚当到马萨达的犹太史概览,很大程度上参照约瑟夫斯的《犹太古史》与《犹太战记》写成,它几乎是中世纪唯一有关犹太通史的著述。"《约西宾书》是直到第二圣殿被毁为止的以色列古代史。它结束于马萨达的叙述,与约瑟夫斯的记载形成了鲜明对比,……作为一个整体,这本书建立在匿名作者对希伯来文与拉丁文《圣经》、《新约》与拉丁文约瑟夫斯著作的仔细阅读之上。它成书于10世纪中叶,直到今天仍是一部完全意义上的希伯来经典。"④必须注意,该书对约瑟夫斯的著作进行了符合拉比传统的改写,实际上是历史与评注的结合。这在关于马萨达的叙述中表现得尤其明显,作者强调马萨达守卫者是为上帝及其圣殿而死的殉道者,而非

---

① Menahem Stern, ed., *Greek and Latin Authors on Jews and Judaism*, 3 vols., Jerusalem: The Israel Academy of Sciences and Humanities, 1974-1981.

② 有关教父著作中的犹太人情况,参见 S. Krauss, "The Jews in the Works of the Church Fathers", *The Jewish Quarterly Review*, Vol. 5, No. 1 (Oct., 1892), pp. 122-157; idem, "The Jews in the Works of the Church Fathers. IV", *The Jewish Quarterly Review*, Vol. 6, No. 1 (Oct., 1893), pp. 82-99; idem, "The Jews in the Works of the Church Fathers. VI", *The Jewish Quarterly Review*, Vol. 6, No. 2 (Jan., 1894), pp. 225-261。

③ 根据《约西宾书》的现代整理者大卫·弗拉塞的研究,它成书于公元953年。

④ Steven Bowman, "'Yosippon' and Jewish Nationalism", *Proceedings of the American Academy for Jewish Research*, Vol. 61 (1995), pp. 24-25.

如约瑟夫斯记载的死于集体自杀。

现存的社团编年也是研究中世纪犹太史的重要文献史料。灾难往往是犹太人书写历史的重要外在动力。在十字军的冲击下,莱茵河地区的犹太社团遭到空前的毁灭性打击,许多社团选择集体殉道。自1096年第一次十字军东征起,陆续出现记载莱茵河地区犹太社团遭受十字军屠杀的三部编年,分别是《梅茨的匿名书》(Mainz Anonymous)、《所罗门·巴尔·西蒙森编年》(Solomon bar Simson Chronicle)与《埃利泽尔·巴尔·拿单编年》(Eliezer bar Nathan Chronicle),其中最后一本最为流行。① 1892年,这些希伯来文献由德国犹太历史委员会整理出版,成为研究十字军东征时期欧洲犹太社团十分重要的一手文献史料。

这些编年以1096年十字军对犹太人的迫害为记述对象,但却对其进行了神学化的处理,使之由悲剧转为胜利,因此可以被归类为犹太殉道史。研究这三部编年的学者罗伯特·哈赞认为,它们同时体现了限时性(time-bound)与永恒性(timeless)两大特征,即通过对发生在十字军东征后暴力事件的灾难记述,来探讨和理解上帝、人类与历史这三大主题(即神、人以及两者的互动)之间复杂关系的永恒命题:一切灾难都在上帝的神圣计划之中,上帝在1096年大灾难中的暂时缺席正是他对犹太民族的考验;但仁慈的上帝最终将奖赏犹太人在此期间的英勇殉道行为,并要惩罚野蛮残忍的基督徒。② 通过这种叙述,灾难转而成为最终胜利的前奏,因而它只是一种暂时的状态。某种程度上可以说,一部中世纪犹太史就是一部殉道史:"所有的民族都围绕自己的胜利创作圣传,而犹太人在这方面却颇为独特,他们创作的圣传是以表现灾难为主的。"③

---

① Robert Chazan, "The Hebrew First-Crusade Chronicles", *Revue des Études Juives*, Vol. 133 (1974), pp. 235-254; idem, "The Hebrew First-Crusade Chronicles: Further Reflections", *AJS Review*, Vol. 3 (1978), pp. 79-98.

② Robert Chazan, *God, Humanity, and History: The Hebrew First Crusade Narratives*, Berkeley: University of California Press, 2000, pp. 157-174.

③ 查姆·伯曼特:《犹太人》,冯玮译,上海:上海三联书店,1991年,第25页。

从《塔木德》的编撰开始,中世纪的犹太人形成了一种以律法哈拉哈为中心(Halakhically oriented)的观念,其主要任务是"以免《托拉》被以色列人遗忘"。雅各·纽斯纳将之归结为"模式化的思维"(Paradigmatic thinking)①,即将所有时间(包括过去、现在、未来)放在单一的模式之中。通过模式化的处理,模糊了过去、现在与未来的界限:过去包含在现在之中,现在则被混杂于未来之中,从而形成一种完全不同于圣经时代那种有着明确开端和终点的历史观念。这种由拉比们刻意营造的"去历史化"处境,将律法日常化、模式化,犹太人沉浸在每日的祈祷、每周的安息日、每年的宗教节日之中,循环往复,其目的就是为了缓解犹太人的精神困顿和外在压力。莫米利亚诺(Arnaldo Momigliano)指出:

> 一方面,《圣经》出现之后的犹太人的确认为《圣经》已经包括了一切重要的历史:过高评价某种历史意味着过低评价其他所有的事件。另一方面,整个犹太教的发展产生了某种非历史和永恒的东西,产生了律法,也即《托拉》,犹太人赋予《托拉》的重要意义消除了他们对普通史学的兴趣。……每日习读永恒的律法既不需要也不允许历史的解释。……对于日夜思考律法的人来说,历史既不能解释,也不能揭示什么。《托拉》不仅拥有永恒的价值,而且还有不变的作用。②

值得注意的是,中世纪的犹太人不仅对书写历史不感兴趣,而且在涉及历史事件时往往加入许多神话或虚幻的内容。唯一体现时间延伸的拉比叙事即是描述拉比之间传承谱系的"传承之链"(the chain of

---

① 拉比犹太教将重要事件淡化,这种时间观念既非线性的也非循环的,它将时间本身视为无足轻重之物。有关拉比犹太教"模式化的思维"的详细分析,参见 Jacob Neusner, "Paradigmatic versus Historical Thinking: The Case of Rabbinic Judaism", *History and Theory*, Vol. 36, No. 3 (Oct., 1997), pp. 353-377; idem, *The Idea of History in Rabbinic Judaism*, Leiden: Brill, 2004; 等。在基督教的时间意识中,也存在某种模式化的特点,西历纪年法即以耶稣诞生为分界点,称主前、主后(Before Christ/Anno Domini,简称 B. C. /A. D.)。现代学者为了淡化其宗教色彩而改称公元前、公元(Before Common Era/Common Era,简称 B. C. E./C. E.)。

② 莫米利亚诺:《现代史学的古典基础》,第26—27页。

transmission)①,在其中详细列举了从第二圣殿晚期到坦拿时期的历代拉比贤哲:"犹太人唯一真正继续感兴趣的历史传统(除了《圣经》事件以外),是各个拉比与其前任的关系……我们可以称之为学识传递的历史。"②可以说,"传承之链"根本立足点是神学而非历史:"有趣的是,拉比们对史学兴趣的缺乏并不仅限于早期拉比时代。从中世纪到文艺复兴的整个时期,犹太人实际上没有去书写他们的政治史、外交史或军事史。相反,犹太人创造的'传统史学'(traditional historiography)包括不同类型的文献形式,在其中拉比派的'传承之链'是最为重要的。传承之链重构(或虚构)了连接后代拉比贤哲与其先辈之间的纽带。"③

拉比犹太教的历史模式

过去(伊甸园)↑	现在(加路特)↓	未来(弥赛亚)↑
政治独立	丧失主权	重获主权
应许之地	流放地	重返故土
拣选	背弃	救赎
黄金时代	黑暗时代	黄金时代
神人和谐	神人隔离	重归和谐

对于中世纪的犹太人来说,当前的状况是呈下降趋势的,失去故土以后他们不仅在政治上遭受流放之苦,而且频遭外部世界的迫害;而理想的时代在过去与未来,那是犹太人享有主权的时代,与上帝有着密切的关系。事实上,丧失政治主权的散居犹太人虽然放弃了现实政治抱

---

① "传承之链"体现在著名的《阿伯特》之中:"《托拉》,摩西受自西奈,传之于约书亚,约书亚传众长老,众长老传众先知,众先知则传之于大议会众成员。"(*Avot*, I. 1)这是《塔木德》的编撰者在《密释纳》中为自己所建立的思想谱系、精神之链。通过建立从摩西到约书亚、众长老、众先知,再到大议会成员的传递之链,使口传律法得以通过历代贤哲绵延不断地传至当时的拉比。

② 莫米利亚诺:《现代史学的古典基础》,第26页。

③ Amram Tropper, "The Fate of Jewish Historiography after the Bible: A New Interpretation", *History & Theory*, Vol. 43, No. 2 (May, 2004), p. 179.

负,但却始终没有放弃其神学政治理想,这个根本性的目标预设将时间划分为几种截然不同的状态:在过去,犹太人生活于应许之地,拥有着独立、完整的主权;但现在,犹太人遭受着外邦国家的奴役,但他们对于外邦权威的屈服是暂时的、相对的,这种苦难在终极的救赎面前一文不值;而未来,弥赛亚将把犹太人从外邦奴役中解救出来,他们要恢复曾经遗失的一切,建立所谓的"犹太的和平"(Pax Iudaica)①。届时犹太人将重获政治主权,而且这种主权是永恒的、绝对的,外邦的所有君主都将匍匐在上帝的主权之下接受审判:"他们(散居犹太人)顺服外邦统治者,只不过是以实用主义的方式承认残忍的暴权,……日常的顺服隐藏了愤怒与怨恨——也隐藏了他们期待救世主将来惩罚暴权的愿望。"②正是这种神学政治理想塑造了前现代犹太人的历史观,也成为他们甘愿忍受现世压迫与迫害的重要原因。

从《塔木德》的编撰到解放时代到来前,犹太文献的主流是哈拉哈及其评注,具体来说包括《圣经》评注、希伯来语法、仪式诗歌、神秘主义与喀巴拉,特别是犹太哲学与神学。可以说,这些形式对历史都采取了漠不关心的态度。在十多个世纪的漫长历史中,几乎看不到史学著作的产生,就连圣经时代的那种神权史观也很难寻觅,中世纪的犹太人成为"无历史意识的民族";他们对数学、哲学、医学、诗歌等都有研究,唯独除了历史,"它(犹太史学)消失了,没有成为犹太人生活方式的一部分。犹太人没有坚持写历史,他们对历史研究失去了兴趣。"③实际上,中世纪的犹太思想对整个《托拉》采取一种元历史(metahistorical)的态度,将其视为超越于时间之流以外的最高准则。中世纪最伟大的哲学家,同时也是最杰出的哈拉哈学者摩西·迈蒙尼德对历史的态度

---

① Amos Funkenstein, *Perceptions of Jewish History* p. 148.
② 迈克尔·沃尔泽等编:《犹太政治传统》(卷一),刘平等译,上海:华东师范大学出版社,2011年,第391页。
③ 莫米利亚诺:《现代史学的古典基础》,第24页。

可以视为一种典型,他认为阅读历史完全是一种"浪费时间"的行为。①
另如伯纳德·路易斯指出的,犹太史学的贫乏并非源自犹太人的忽视,
而是有意的抵制。②正是这种完全排斥历史书写的态度,使犹太史学传
统从约瑟夫斯之后中断了十几个世纪之久,"从后来的情况来看,我们
知道在犹太人中未来属于拉比们,而非约瑟夫斯。不仅约瑟夫斯的作
品在犹太人中不复存在,而且其后几乎长达 15 个世纪的时间里都没有
犹太人明确地自称为历史学家。"③

---

① Maimonides, *Guide of the Perplexed*, I. 11. 通常认为迈蒙尼德缺乏历史意识,萨洛·巴龙指出,迈蒙尼德不仅如此而且是有意为之;实际上,时间概念仍在迈蒙尼德的世界中出现,但被用来服务于阐释神意的目的,迈蒙尼德并非反历史,只不过是缺乏现代意义上的历史意识。参见 Salo W. Baron, "The Historical Outlook of Maimonides", *Proceedings of the American Academy for Jewish Research*, Vol. 6 (1934-1935), pp. 5-113; Kenneth Seeskin, "Maimonides' Sense of History", *Jewish History*, Vol. 18, No. 2/3 (2004), pp. 129-145。

② Bernard Lewis, *History: Remembered, Recovered, Invented*, Princeton: Princeton University Press, 1975, p. 23.

③ Yosef H. Yerushalmi, *Zakhor: Jewish History and Jewish Memory*, Seattle: University of Washington Press, 1982, p. 16.

第三章　研究史概述

直到 18 世纪末,对于许多犹太人来说历史仍然是上帝意志的彰显与干预、惩罚与救赎的过程。在这种神定论的基调下,犹太人把他们的历史视为上帝与其子民之间契约关系的根本记录。因此,中世纪与近代早期的犹太编年史基本上延续古代犹太人的观念,把历史理解为神启的产物,继续期待末日救赎的到来。进入启蒙时代之后,天启与神定的观念开始被怀疑,上帝逐渐退出了对历史的支配,理性与进步的自然规律取代神圣的超自然意志成为历史的主宰。人们意识到拯救的力量并不来自神意(God-oriented)而是人类自身(man-oriented),对彼岸终极救赎的信仰逐渐为对此世无限进步的信仰所取代。

在世俗化浪潮的席卷下,拯救的力量已经"并不在天上"(Not in the Heaven),神定论的历史思维被颠覆,犹太人的思想意识也经历了重大变革,"转向历史"由此成为近现代犹太世界的一个关键主题。伴随着犹太人重新进入历史世界,史学开始从神学中独立出来,现代意义上的犹太史学才正式得以诞生。步入现代以后,犹太史学的一个突出特点就是与犹太社会的现代化相磨相荡,历史研究成为进行自我理解、构建身份认同的重要手段。启蒙解放、反犹主义、犹太复国主义、纳粹大屠杀、以色列建国等这些现代犹太世界的核心主题,无不在犹太史学中得到深刻的反映,同时也构成了后解放时代的犹太人对于现代性所带来的一系列挑战的独特回应。

一、近代早期犹太史学的萌芽

灾难通常是犹太史学创作的重要外在契机。犹太历史学家约瑟夫·耶鲁沙尔米(Yosef H. Yerushalmi)认为,自16世纪以来,历史女神克丽奥即已重新进入犹太人的视线之中①,这是由内外两方面的因素共同促成的:即西班牙对犹太人的驱逐与意大利的文艺复兴。在1492年西班牙大驱逐后的一百年间,流散到意大利的塞法尔迪犹太人开始对犹太历史表现出兴趣,试图从最近的灾难性事件中寻找救赎的迹象,从而出现一股前所未有的犹太史创作热潮。在解释犹太史学为何在文艺复兴时期萌芽时,著名学者莫米利亚诺讲道:"(在中世纪)历史从来没有成为犹太教育的一部分,有学问的犹太人传统上总是圣书的诠释者,而非史学家。犹太学者直到公元16世纪才开始对重新审视犹太的过去感兴趣,这是意大利文艺复兴的副产品,因为意大利人文主义者采用了希腊语文学和历史研究的方法,犹太学者也重新与希腊史学思想建立了联系。"②这种历史意识的恢复将犹太人从仪式化的生活拉回到现实世界,再度参与到周围世界的发展之中。

16世纪的代表性犹太历史著作③

亚伯拉罕·扎楚托(Abraham Zacuto)	《谱系之书》(Sefer Yuhasin,1504)
以利亚·卡帕萨利(Elijah Capsali)	《威尼斯诸王列传》(Divrei ha-Yamim le-Malkhut Venezia,1517)、《以利亚的小秩序》(Seder 'Eliyahu Zuta,1523)

---

① Yosef H. Yerushalmi, "Clio and the Jews: Reflections on Jewish Historiography in the Sixteenth Century", *Proceedings of the American Academy for Jewish Research*, Vol. 46/47 (1979-1980), p. 607.

② 莫米利亚诺:《现代史学的古典基础》,第32页。

③ Yosef H. Yerushalmi, *Zakhor: Jewish History and Jewish Memory*, p. 57.

续表

所罗门·伊本·维加(Solomon Ibn Verga)	《犹大之杖》(Shebet Yehudah,约 1550)
撒母耳·乌斯克(Samuel Usque)	《对以色列苦难的安慰》(Consolaçam as tribulaçoens de Israel,1553)
约瑟夫·哈科恩(Joseph Ha-Kohen)	《法国国王与奥斯曼土耳其苏丹的历史》(Dibrey ha-yamim le-malkhey Zarefat u-malkhey Bet Ottoman ha-Togar,1554)、《眼泪谷》('Emeq ha-Bakha,1558)
阿扎利亚·德罗西(Azariah de' Rossi)	《眼之光芒》(Me'or 'Einayim,1573)
大卫·甘斯(David Gans)	《大卫之裔》(Zemah David,1592)

值得注意的是,这一时期的犹太历史学者(例如卡帕萨利、哈科恩等)开始关注外部民族的历史,这种情况在此前几乎很少见到。这些历史学者中,最为著名的要数阿扎利亚·德罗西与大卫·甘斯。为了反对伊本·维加从弥赛亚期盼的角度解释西班牙的大驱逐运动,德罗西在其《眼之光芒》中认为,并不存在所谓的弥赛亚期待,它建立在错误的年代学之上。① 而大卫·甘斯在《大卫之裔》中又指责德罗西对犹太材料的批判取向,强调犹太史与世界史都是指向救赎之神意的注释;他还根据犹太传统思维来概括外邦历史,特别是《但以理书》中四大王国(巴比伦、波斯、希腊、罗马)的模式。《犹大之杖》与《大卫之裔》在阿什肯纳兹世界获得了一定的普及,它们被重印多次并被翻译成意第绪语,直到 18 世纪末,著名拉比雅各·埃姆登(Jacob Emden)仍将《大

---

① Salo Baron, "Azariah de' Rossi's Historical Method", in idem, *History and Jewish Historians: Essays and Addresses*, Philadelphia: Jewish Publication Society of America, 1964, pp. 205-239.

卫之裔》之类的犹太编年史视为"真正的圣书"。①

在犹太人历史意识逐渐觉醒的同时,基督教学者也开始了对于犹太文献的研究。这主要受到文艺复兴与宗教改革运动的影响。②实际上,基督教对犹太文献的兴趣有着悠久的历史,早期教父就开始了对希伯来文献的探究。进入宗教改革时期,宗教改革者提出"唯独《圣经》"(*Sola Scriptura*)的伟大口号,强调将文本置于注解之上,提倡对《圣经》进行原文解读。在"回到本源"口号的影响下,与早期基督教相关的希腊语、希伯来语文献获得了空前的重视,基督教学者对犹太学识产生了浓厚的兴趣。③

人文主义者约翰内斯·罗伊希林在这场"希伯来复兴"运动中起到不可低估的历史作用。④他在第一本著作《论神秘语言》中考察了希伯来语的力量与价值,并视之为神人交流的中介:"希伯来语朴实、纯洁、不朽、神圣、简明和有力。通过它上帝与人类,人类与天使之间得以无须中介,而像朋友般地面对面直接交谈。"⑤为进一步克服人们对于希伯来书籍的偏见,1506年他还出版了《希伯来语法入门》,成为德国第一本希伯来语教材。他积极为《塔木德》辩护,并认为犹太人的作品不应被没收和焚毁,相反他还提出应在每所德国大学设立两个讲授希伯来语的教席。1509年,他与犹太改宗者普弗夫科伦围绕希伯来书籍展开了一场历时近十年的激烈论争,是为希伯来"书籍之争"。这场论

---

① Nils H. Roemer, *Jewish Scholarship and Culture in Nineteenth-Century Germany: Between History and Faith*, Madison: University of Wisconsin Press, 2005, pp. 16-17.

② Eric Zimmer, "Jewish and Christian Hebraist Collaboration in Sixteenth Century Germany", *The Jewish Quarterly Review*, New Series, Vol. 71, No. 2 (Oct., 1980), pp. 69-88.

③ Jerome Friedman, "Sixteenth-Century Christian-Hebraica: Scripture and the Renaissance Myth of the Past", *The Sixteenth Century Journal*, Vol. 11, No. 4 (Winter, 1980), pp. 83-84.

④ S. A. Hirsch, "Johann Reuchlin, the Father of the Study of Hebrew among Christians", *The Jewish Quarterly Review*, Vol. 8, No. 3 (Apr., 1896), pp. 455-470; David H. Price, "Christian Humanism and the Representation of Judaism: Johannes Reuchlin and the Discovery of Hebrew", *Arthuriana*, Vol. 19, No. 3 (Fall, 2009), pp. 80-96.

⑤ Dean Phillip Bell & Stephen G. Burnett, eds., *Jews, Judaism, and the Reformation in Sixteenth-Century Germany*, Leiden: Brill, 2006, p. 14.

争具有十分独特的历史意义,它迅速发展为一场社会性大讨论,超出了德国的范围而在全西欧产生重大影响,德国乃至欧洲知识界围绕它形成了两大对立阵营。[1]这场论争肯定了犹太文化对于西方文化的贡献,在论争基础上,出现了最早的一批基督教希伯来学家(Christian Hebraists),他们对于希伯来文献所进行的学术研究成为近代《圣经》学以及基督教世界犹太研究的历史起点。

随后,出现了一位著名的基督教希伯来学家约翰内斯·布克斯托夫(Johannes Buxtorf),他不仅研究《塔木德》与《塔古姆》,而且致力于了解犹太历史,尤其对后圣经时代的犹太文献进行了深入研究,并将许多作品译成拉丁文。[2] 18 世纪重要的希伯来学家是法国胡格诺派教徒雅克·巴纳热(Jacques Basnage),他在 1706—1711 年间出版 15 卷本的《从耶稣基督至今的犹太史》(*Histoire des Juifs, depuis Jesus-Christ jusqu'a present*),是续写古代犹太历史学家约瑟夫斯作品的努力,成为近代早期写作犹太通史的首次尝试。该书在欧洲基督教圈中有着很大的影响力,后来在犹太人中间也产生了重要影响,主要是通过梅纳赫姆·阿梅兰德尔(Menachem Amelander)实现的,他完成于 1743 年的《以色列的提示者》(*She'erit Yisrael/The Remainder of Israel*)很大程度上是对巴纳热著作的改写。[3] 1812 年,美国学者汉娜·亚当斯出版《犹太人的历史:从耶路撒冷被毁到当前的时代》[4],与巴纳热一样,该书也致力于用犹太历史来证明早期基督教的真实性。

实际上,这场由基督教学者发起的"基督教希伯来主义"(Christian

---

[1] 参见 Erika Rummel, *The Case against Johann Reuchlin: Religious and Social Controversy in Sixteenth-Century Germany*, Toronto: University of Toronto Press, 2002。

[2] Stephen G. Burnett, *From Christian Hebraism to Jewish Studies: Johannes Buxtorf (1564-1629) and Hebrew Learning in the Seventeenth Century*, Leiden: Brill, 1996.

[3] Michael Brenner, *Prophets of the Past: Interpreters of Jewish History*, translated by Steven Rendall, Princeton: Princeton University Press, 2010, p. 19.

[4] Hannah Adams, *The History of the Jews, from the Destruction of Jerusalem to the Present Time*, 2 vols., Boston: John Eliot, 1812; Anita L. Lebeson, "Hannah Adams and the Jews", *Historia Judaica*, Vol. 8, No. 2 (Oct., 1946), pp. 113-134.

Hebraism，也作"基督教希伯来学")思潮有着深刻的护教目的与政治意图。在他们对希伯来学问的推崇背后有着根本的预设，即认为基督徒而非当时的犹太人是圣经时代以色列人的真正继承者，只有基督教才是《圣经》所揭示的"希伯来真理"(*Hebraica veritas*)①的真正发扬者。正如有学者指出的："基督教希伯来主义是文艺复兴时期人文主义的一个分支，它的爱慕者——圣经学者、神学家、律师、医生、科学家、哲学家与拉丁学校的教师——借鉴和吸收了源自犹太学术与传统的文本、文学形式和观念以迎合基督徒的文化与宗教需要。"②

从犹太人自身来看，自爱德华·甘斯以后，对犹太历史的关注又重新归于沉寂，直到两个世纪之后的犹太教科学运动。有学者将文艺复兴时期的犹太史学创作标榜为"犹太人文主义史学"③，实质上，不能将这一时期的犹太历史书写视为对中世纪的断裂，而是"中古犹太史学的天鹅曲(swan song)"。④无论是犹太人还是基督徒，都以传统的方式去书写犹太史，仍然以记载上帝意志的运行及展现为中心。但在16—18世纪，整个欧洲世界与犹太社会开始发生根本性的变化。巴鲁赫·斯宾诺莎(Baruch Spinoza，1632—1677)就是这场思想变革中的重要代表。他在1670年出版的《神学政治论》一书中强调，历史的最高主宰

---

① 该词来自早期教父哲罗姆，参见 Allison P. Coudert & Jeffrey S. Shoulson, eds., *Hebraica Veritas? Christian Hebraists and the Study of Judaism in Early Modern Europe*, Philadelphia: University of Pennsylvania Press, 2004。

② Stephen Burnett & Seth Jerchower, *Hebraica Veritas? An Exhibition from the Collection of The Center for Judaic Studies Library*, Philadelphia: University of Pennsylvania Library, 2000, p. 5.

③ 近年有学者提出"犹太人文主义"(Jewish Humanism)的概念，来理解15、16世纪意大利犹太人的状况；实际上，尽管当时的一些犹太作家可以被称为人文主义者，但是否存在一场犹太人文主义运动是值得商榷的。参见 Arthur M. Lesley, "Hebrew Humanism in Italy: The Case of Biography", *Prooftexts*, Vol. 2, No. 2 (May, 1982), pp. 163-177; Hava Tirosh-Rothschild, "In Defense of Jewish Humanism", *Jewish History*, Vol. 3, No. 2 (Fall, 1988), pp. 31-57; Amos Funkenstein, *Perceptions of Jewish History*, p. 208.

④ Robert Bonfil, "How Golden was the Age of the Renaissance in Jewish Historiography", *History and Theory*, Vol. 27, No. 4 (Dec., 1988), p. 90。"swan song"直译作天鹅之歌，意指天鹅临终前发出的鸣叫，其声凄婉动人，闻者无不恻然。然而，这终究是人们怀着浪漫主义情怀加工出的意象罢了。

并非上帝,而是自然;并大胆质疑《摩西五经》的神圣性,"将《圣经》从一部神圣的历史(*historia sacra*)转变为一部世俗的历史(*historia profana*)"。在此意义上,他被称为"第一个世俗犹太人"。① 因激进的宗教观点,他被革出阿姆斯特丹犹太社团。在其之后,维科(Giambattista Vico)也认为"上帝之手"逐渐在人类事件中消失,而代之以一种看不见的手(即自然规律)。②这些观点表明,长期以来神意决定论的历史意识开始出现了松动乃至变革。

二、犹太教科学运动与现代犹太学术的兴起

如同现代学术体制兴起于德国一样,现代犹太学术也发源于此。18世纪下半叶,来自启蒙运动的政治词汇,诸如"公民"(Bürger)、"文化"(Kultur)、"启蒙"(Aufklärung)在德语世界十分流行。受其影响,在德国犹太社会内部也开始了一场接纳现代性的运动——哈斯卡拉(Haskalah,即"犹太启蒙运动"),以摩西·门德尔松为代表的犹太知识分子开始走出隔都,提倡学习现代知识、积极融入主体社会。启蒙运动对犹太教以及犹太人的存在提出了前所未有的根本性挑战:它将犹太教从原来无所不包的生活方式转变成一种纯粹的宗教,从而使有关犹太人的社会与法律地位成为问题。③当犹太教被重新定义为一个派别时,它的历史就必须作为宗教的历史来书写,正如基督教的历史一样。在这些挑战下,刚刚获得解放的犹太人面临着从历史角度理解犹太教,并重新思考犹太教在世界历史中的地位的问题。犹太教作为一

---

① 参见 Daniel B. Schwartz, *The First Modern Jew: Spinoza and the History of an Image*, Princeton: Princeton University Press, 2012。

② Amos Funkenstein, *Theology and the Scientific Imagination*, Princeton: Princeton University Press, 1986, p. 207.

③ Michael A. Meyer, "Modernity as a Crisis for the Jews", *Modern Judaism*, Vol. 9, No. 2 (May, 1989), pp. 151-164.

种历史现象,被用来评估犹太人是否值得在现代社会被赋予平等的公民权;因此,对犹太教历史的研究具有实实在在的意义,成为对解放进行回应的重要方式。

(一) 犹太文化与科学协会

进入启蒙时代以后,许多基督教思想家认为犹太教已为基督教所替代,而且由于其来自东方,因而是落后、愚昧、盲信的代表,伏尔泰、康德、黑格尔等人主张将犹太教从世界历史中抹去。①神学家施莱尔马赫(Friedrich Schleiermacher)1799 年在演讲中宣告犹太教是"一具尚未腐朽的干尸":"犹太教早就是一个死亡的宗教(dead religion)。自其圣书闭合之时起,它就已经死亡了。然后,上帝与其子民的交流也……随之中断。"②当时的德国学术界正热衷于以古希腊罗马为研究对象的"古典学"(Altertumswissenschaft),将希腊罗马视为精神家园与文化源头,忽视和排斥来自东方的因素,犹太教及其历史当然也不例外。③伴随着法国大革命和拿破仑战争的进行,法国《人权宣言》赋予犹太人以公民权的行为扩展到欧洲各地,1812 年,普鲁士颁布法令解放犹太人。然而,反犹憎恨和攻击并未有任何的减弱。1819 年 8 月爆发、随即蔓延全德的"嗨嗪!嗨嗪"(Hep! Hep!)反犹暴动致使许多德国犹太人对正在开始的解放进程充满了担忧,一大批茫然无措者不顾一切地皈依了基督教。

为了纠正基督教学者的偏见、回应反犹分子的指责以及挽救迅猛的同化浪潮,一批德国犹太学者挺身而出,提倡用科学的方法对犹太教历史进行研究,发起了犹太教科学运动,从而揭开了现代犹太学术的序

---

① 实际上,自马丁·路德以来的许多德国思想家将犹太教视为濒临死亡的宗教。参见 Amy Newman, "The Death of Judaism in German Protestant Thought from Luther to Hegel", *Journal of the American Academy of Religion*, Vol. 61, No. 3 (Autumn, 1993), pp. 455-484。

② Friedrich Schleiermacher, *On Religion: Speeches to Its Cultured Despisers*, translated by Richard Crouter, New York: Cambridge University Press, 1988, pp. 211-213.

③ Nils H. Roemer, *Jewish Scholarship and Culture in Nineteenth-Century Germany*, p. 26.

幕。1819年11月7日,爱德华·甘斯(Edward Gans)、利奥波德·聪茨、摩西·莫塞尔(Moses Moser)、以撒·约斯特等7位犹太青年在柏林发起并成立了"犹太文化与科学协会"。①随后,伊曼纽尔·沃尔夫、海因里希·海涅等人也加入进来,其会员人数一度达81人。协会章程强调该协会的目的是"通过教育工作,使犹太人融入当前的时代以及他们生活的国家",为达到这一目的,计划成立研究机构、建立档案馆、出版期刊杂志、设立犹太学校等等。②犹太文化与科学协会的创立,标志着犹太学作为一门现代学科的诞生。

值得注意的是,作为这场运动指称的名词"Wissenschaft des Judentums",是在1822年该协会创办的期刊《犹太教科学研究杂志》(*Zeitschrift für die Wissenschaft der Judentums*)中由聪茨首次组合起来的。而聪茨对该词的使用,很大程度上受到他在柏林大学的老师、现代西方古典学的奠基人之一、以研究荷马著称的弗里德里希·沃尔夫(Friedrich A. Wolf)的启发,聪茨在日记中曾写道:"沃尔夫的古典研究深深吸引着我"。③1807年,弗里德里希·沃尔夫发表《古典科学研究概述》一文,在概念与方法上对古典研究进行了革命性定义,为之注入科学的精神,形成"古典科学"(Wissenschaft des Altertums/the scientific

---

① 根据绍尔施的研究,该协会在成立之初名为"改善德语国家犹太人状况协会"(*Verein zur Verbesserung des Zustandes der Juden im deutschen Bundesstaate*),到1821年7月5日才正式改名为"犹太文化与科学协会"。有关该协会的创立情况,参见 Ismar Schorsch, "Breakthrough into the Past: The Verein für Cultur und Wissenschaft der Juden", *Leo Baeck Institute Year Book*, Vol. 33 (1988), pp. 3-4.

② "The Society for the Culture and Science of the Jews: Statutes", in Paul R. Mendes-Flohr & Jehuda Reinharz, eds., *The Jew in the Modern World: A Documentary History*, New York: Oxford University Press, 1980, pp. 188-189.

③ Ismar Schorsch, "Breakthrough into the Past: The Verein für Cultur und Wissenschaft der Juden", *Leo Baeck Institute Year Book*, Vol. 33 (1988), p. 22.

study of Antiquity)的思想①,并对此身体力行,编纂了《古典学百科全书》(*Encyclopaedia der Altertumswissenschaft*)。沃尔夫认为,在古代民族中仅有希腊人与罗马人创造了真正的文化,而将犹太教排斥于学术研究之外。与沃尔夫否认犹太教的做法相反,聪茨借助科学的研究来证明犹太教的意义,将之作为一门与古典学并列的现代学科,并把这门新学科命名为"Wissenschaft des Judentums"(直译为犹太教科学,实即犹太学、犹太研究)。在《犹太教科学研究杂志》第一卷的序言中,聪茨强调,真正的"科学"(Wissenschaft)②欢迎来自各个方面致力于客观探索的努力,并对所有的有益建议进行考虑;与其他受到科学精神影响的学科一样,犹太教科学要求对犹太人的过去进行彻底全面的了解,力求达到完美的客观性。③

该协会为自身确定的目标即是,通过对犹太文化开展科学、客观的研究,使犹太世界意识到自身的历史传统,逐步消除现存的反犹偏见并作为犹太社会内部改革的向导,实现犹太人的"自我形塑"(Bildung);在当时的德国社会,"自我形塑"被视为"现代性的骑士精神"(knight-

---

① "古典学"(Altertumswissenschaft)的概念系由沃尔夫首次使用,参见 Friedrich A. Wolf, "Darstellung der Altertums-Wissenschaft", in: *Museum der Altertums-Wissenschaft*, hrsg., Friedrich A. Wolf und Philipp Buttmann, Bd. 1, Berlin: Realschulbuchhandlung, 1807, S. 6; Jay Bolter, "Friedrich August Wolf and the Scientific Study of Antiquity", *Greek, Roman and Byzantine Studies*, Vol. 21, No. 1 (Spring, 1980), pp. 83-99.

② 在德语中,"Wissenschaft"由动词"wissen"(意为知道、明白)加上表示"集合或抽象概念"的名词后缀"-schaft"构成。"Wissenschaft"的字面解释是"科学",但意思偏向于"知识、学问",与英语词汇"knowledge"比较接近。该词意指最崇高意义上的知识,也指热情地、有条不紊地、独立地追求一切形式的真理而完全不计功利的理想态度。一切学问(神学、法学、医学和哲学等)都被拿来进行"科学的"处理(即注入客观、批判的精神),从而共同构成普遍的、无所不包的人类知识大厦。

③ W. G. Plaut, *The Rise of Reform Judaism*, New York: World Union for Progressive Judaism, 1963, p. 16.

hood of modernity），是获准进入文明社会的成员身份象征。①爱德华·甘斯在担任会长的演说中呼吁,该协会的使命是"使用一切必要的力量与努力,加速正在发生的(解放与文化复兴)时代:先生们,这是你们通过这个协会为你们自己设定的使命"。②通过开展学术研究,致力于为犹太人融入解放的伟大时代提供帮助,学者绍尔施分析道:"犹太教科学运动标志着犹太人叙述自身的历史、解释自身的宗教、展示自身的成就,消除基督徒的无知与歪曲……的持续努力。在此,学术具有社会作用:研究将导向尊重与最终的接纳,使犹太人获得自由。"③

由犹太文化与科学协会发端的犹太教科学运动,在一开始并不为多数犹太人所认可。传统阵营批评它是一场以学术之名进行的世俗化运动,对犹太人的宗教特性构成了巨大的冲击。最著名的反对声来自正统派领袖参孙·拉菲尔·赫尔施(Samson Raphael Hirsch),他坚持律法《托拉》的永恒不变性以及传统犹太学术的价值,认为这些犹太历史研究者所获得的有关过去的知识不过是"从现代贫瘠的荒原中密布的腐尸墓冢里散放出来的尸灰尘土而已",他们以学识来掩盖自己对律法《托拉》的背弃并使之合理化,从而不可避免地促使传统犹太知识中的"神圣力量"转移。④而且,由于德国社会根深蒂固的偏见与歧视,该协会提倡的以平等身份融入主体社会的理想目标屡屡受挫。其消极后果就是,在被主体社会接纳无望的情况下,已经跨出传统阵营的他们

---

① "Bildung"(意为自我形塑),源自浪漫主义的观念,是德国思想传统及教育领域中的一个特有概念。指通过教化、教育等途径,培养并促进公民内在精神的整体生长,使之从自然的个别状态提升到普遍状态。这个概念的核心意义,在于强调"自我的修养""自我的形成",也即成为自己理想中的人。参见 David Sorkin, "Wilhelm Von Humboldt: The Theory and Practice of Self-Formation (Bildung), 1791-1810", *Journal of the History of Ideas*, Vol. 44, No. 1 (Jan. - Mar., 1983), pp. 55-73; George L. Mosse, *German Jews Beyond Judaism*, Cincinnati: Hebrew Union College Press, 1997, chap. 1。

② Nils H. Roemer, *Jewish Scholarship and Culture in Nineteenth-Century Germany*, p. 27.

③ Ismar Schorsch, "The Ethos of Modern Jewish Scholarship", *Leo Baeck Institute Year Book*, Vol. 35 (1990), p. 62.

④ Assaf Yedidya, "Orthodox Reactions to 'Wissenschaft des Judentums'", *Modern Judaism*, Vol. 30, No. 1 (Feb., 2010), pp. 71-72;鲁道夫斯基:《近现代犹太宗教运动:解放与调整的历史》,傅有德等译,济南:山东大学出版社,2003 年,第 261 页。

再也无法回归传统,从而导致一些德国犹太人以皈依和同化的激烈方式背弃传统。爱德华·甘斯因其宗教出身而被拒绝给予大学教职,他一怒之下皈依了基督教;海涅也在几年后步其后尘皈依了基督教。他们这样做的目的无非是为了获得一张"进入欧洲文明的入场券"(海涅语)①,而受洗则是最为便捷的办法。犹太文化与科学协会由于内部存在的诸多分歧而于1824年被迫解散,但它确立的基本原则为此后的许多犹太知识分子所坚持,犹太教科学运动并未就此中断。正如聪茨后来所回忆的:"几乎所有犹太人在学术、政治与公民权方面的进步以及改革学校与会堂的成就,都可以在犹太文化与科学协会及其成员的活动中找到根源。"②

(二)犹太教科学运动与犹太教的历史转向

进入后解放时代,以拉比为代表的传统宗教权威大大削弱,犹太教被重新定义为一种宗教派别,它从无所不包的生活方式转变为仅限于私人领域的宗教信仰。在哈斯卡拉运动中,犹太知识分子开始接受挑战,不再以自身的文化传统而以当时的政治与社会变迁来重新审视犹太认同。虽然"犹太启蒙之父"摩西·门德尔松本人对犹太历史并无多少兴趣③,但他发起的犹太启蒙运动开启了犹太史的新时代,最终促生了对于犹太人过去的世俗化理解,即不再仅从神意的角度来理解犹太历史。而且,这一时期在德国兴起的浪漫主义对历史给予了充分的关注,强调从古老的过去中发掘民族的力量,通过与浪漫主义思潮的遭遇,犹太人萌生了最初的现代历史意识。从19世纪初开始,现代犹

---

① Heinrich Heine, "A Ticket of Admission to European Culture", in Paul R. Mendes-Flohr & Jehuda Reinharz, eds., *The Jew in the Modern World: A Documentary History*, p. 223.
② Ismar Schorsch, "The Emergence of Historical Consciousness in Modern Judaism", *Leo Baeck Institute Year Book*, Vol. 28 (1983), p. 422.
③ 有关门德尔松对历史的看法,参见 Edward Breuer, "Of Miracles and Events Past: Mendelssohn on History", *Jewish History*, Vol. 9, No. 2 (Fall, 1995), pp. 27-52。

思想经历了"从文本到处境"的历史转向①,现代犹太人重新进入历史化的世界。这种历史转向是一场"思想革命",犹太教的观念与制度转变成与西方相似的类别:"历史意识在现代犹太教中的出现,……可以被视为一场思想革命,它构成心态层面的根本性变化与西方化的辩证进程的缩影,而这些都改变着中世纪的阿什肯纳兹犹太教。"②

哈斯卡拉运动的历史界定

	传 统	现 代
状 态	隔 都	走出隔都
身 份	寄居客民	平等公民
结 构	犹太社团	犹太个体
归 属	回归锡安	所在国
救 赎	来自天上	自我努力

后解放时代的犹太教科学学者"首次将自身从神学家中解放出来而提倡一种历史的视角"③,他们反对神学对历史的干预,提倡对犹太教进行历史化的理解④,强调历史是由人类理性主宰与决定的进程;主张重新审视犹太教的经典文本,对其进行批判性研究,不再将之视为记录上帝与子民之间关系的神圣经典,而是当作犹太教具体发展阶段的历史文献。犹太教科学运动对传统犹太学术构成了根本性的挑战,在

---

① Ismar Schorsch, *From Text to Context: The Turn to History in Modern Judaism*, Hanover, N. H.: Brandeis University Press, 1994.

② Ismar Schorsch, "The Emergence of Historical Consciousness in Modern Judaism", *Leo Baeck Institute Year Book*, Vol. 28 (1983), p. 413.

③ Christian Wiese, *Challenging Colonial Discourse: Jewish Studies and Protestant Theology in Wilhelmine Germany*, translated by Barbara Harshav & Christian Wiese, Leiden: Brill, 2005, p. 80.

④ 有学者认为,犹太启蒙者"马斯基尔"开创了一种新的历史观念,这种观念与18世纪末以前主导犹太世界的专注于学习与阐释《托拉》的"传统史学"(traditional history)相对立,被称为"马斯基尔史学"(Maskilic history)。有关"马斯基尔史学"的情况,参见 Shmuel Feiner, *Haskalah and History: The Emergence of a Modern Jewish Historical Consciousness*, translated by Chaya Naor & Sondra Silverston, Oxford: The Littman Library of Jewish Civilization, 2002, chap. 1。

对其进行批判的过程中,犹太教科学学者也对现代犹太学术进行了构想,其中具有代表性的几位学者是伊曼纽尔·沃尔夫、利奥波德·聪茨与亚伯拉罕·盖革等。

1822年,沃尔夫在《犹太教科学研究杂志》第一期发表《论犹太教科学的概念》(On the Conception of a Science of Judaism)一文,随即成为犹太教科学运动的纲领性文件。他首先对犹太教科学的研究范围进行了说明,认为它不仅仅研究犹太人的宗教,而是以与犹太人活动相关的所有领域(包括宗教、哲学、历史、法律、文学、政治等)作为研究对象。在此基础上,他把犹太教科学的基本特点归纳为三点:

(1)犹太教科学从最广泛的程度来理解犹太教;

(2)根据其本质来对犹太教进行揭示,系统地加以阐述,并将其个别的特点归纳到整体的基本原则中去;

(3)它对研究对象的分析,并不出于任何其他特殊的原因或某些明确的目的,而是出于其本身的需要。它不由任何已有的假设或观点所引导……科学除了自身以外,不需要为其他任何目的服务。[①]

为了对犹太教开展科学的研究,他提出犹太学术的三个具体方向:从文本、历史及哲学等角度对犹太教进行全面的研究:"首先从历史的角度,即犹太教是如何逐渐发展与形成的;然后从哲学的视角,探究它的内在本质与思想;而对犹太教文献的文本研究,应当优先于前两种研究方法。"[②]沃尔夫强调,犹太教科学的目标是使所有犹太人与时代精神保持一致,而这只有通过科学的媒介才能实现:"随处可见的是,犹太教的基本准则再度处在内部发酵的状态,而致力于与时代的精神保持一致。但若要与时代相一致,这种发展只能借助科学的媒介才能实现。因为科学的态度是我们时代的特征。由于犹太教科学的形成对犹太人自身来说有着内在的需要,十分清楚的是,尽管科学领域对所有人

[①] Immanuel Wolf, "On the Conception of a Science of Judaism (1822)", *Leo Baeck Institute Year Book*, Vol. 2 (1957), p. 201.

[②] Ibid., p. 202.

开放,但犹太人首先被要求致力于它。"①总之,沃尔夫提倡在批判对待犹太传统的基础上,摆脱僵化的《塔木德》学习,以科学的精神与批判的方法对犹太人的过去进行系统的、世俗的、历史的评估,从而为犹太学这门新学科指明了研究方法与思考路径。

19 世纪最有影响的犹太教科学学者是利奥波德·聪茨。为反驳当时许多基督教思想家认为犹太人的贡献随圣经时代的结束而结束的观点,聪茨对后圣经时代的拉比文献进行了研究。1818 年,他发表《论拉比文献》(*Etwas über die rabbinische Litteratur*),主张对拉比文献进行全面而系统的分析。在聪茨看来,拉比文献不仅限于以《密释纳》《塔木德》及其评注为代表的拉比作品,而且还包括各种历史、神学、哲学、修辞学、法理、天文学、数学以及诗歌、音乐等等,实际上就是犹太人从圣经时代到现代的全部作品形式。②聪茨认为,对犹太人过去的研究与当前犹太人地位的提高有着密切的关系,"对犹太学术的忽视与对犹太人的歧视相伴。通过对犹太人自身状况进行更高层次的思想探索与更为彻底的了解掌握,将会促进更高层次的承认与公正"。③为对普鲁士政府限制犹太人的有关禁令表达不同意见,聪茨借助历史上犹太人的先例进行反驳,先后发表《犹太布道词的历史》(*Die gottesdientlichen Vorträge der Juden*, 1832)与《论犹太人名》(*Die Namen der Juden*, 1837),强调布道词与非犹太名字的使用在犹太人中间具有悠久的历史,从而为重新审视犹太人的历史遗产做出了表率。

聪茨反对传统上对犹太历史的神意解释,认为神圣的意志与外在的迫害都不是塑造犹太历史的单一因素④,他提倡对犹太遗产进行语

---

① Immanuel Wolf, "On the Conception of a Science of Judaism (1822)", p. 204.

② David N. Myers, "The Ideology of *Wissenschaft des Judentums*", in Daniel H. Frank & Oliver Leaman, eds., *History of Jewish Philosophy*, London: Routledge, 1997, p. 708.

③ Leopold Zunz, "History of the Jewish Sermon", in Nahum N. Glatzer, ed., *The Judaic Tradition: Texts*, Boston: Beacon Press, 1969, p. 516.

④ Fritz Bamberger, "Zunz's Conception of History: A Study of the Philosophic Elements in Early Science of Judaism", *Proceedings of the American Academy for Jewish Research*, Vol. 11 (1941), pp. 1-25.

言学的重构,代表着一种理解犹太历史的新途径。在聪茨眼中,历史仍然隐藏在语言学的掩盖之下,受赫尔德和沃尔夫的影响,他将新学科取名为语言学意义上的"拉比文献",而非历史学意义上的"犹太历史"。有学者对此评价道:"现代犹太史学因此不是作为历史(Geschichte)而是作为科学(Wissenschaft)诞生的;它是在语言学而非历史学的庇护下出现的。……简言之,聪茨极具野心地致力于瓦解神圣文本与世俗文本之间的区别,并代之以一种综合的、世俗的民族文献。"①

19世纪中期犹太教改革派的奠基人亚伯拉罕·盖革也对犹太传统文献进行了重新审视,与聪茨、约斯特致力于从犹太人内部纠正特别的法律缺陷不同的是,盖革采取了从外部进行论证的途径:他试图证明两大世界性宗教——基督教与伊斯兰教——都是建立在犹太教的基础之上,认为《新约》与《古兰经》都大量地借鉴了犹太人的拉比文献。1832年,他获得博士学位的论文题目即为《穆罕默德从犹太教中借鉴了什么?》,随后又转向耶稣与犹太教关系的研究。②盖革以极大的热情推动犹太教科学运动的发展,1855年在威斯巴登创办了一份名为《犹太神学杂志》(*Zeitschrift für Jüdische Theologie*)的期刊;1857年,他发表著作《〈圣经〉的原本与译本》(*Urschrift und Übersetzungen der Bibel*);1864—1871年,在系列讲座基础上完成《犹太教及其历史》(*Das Judentum und seine Geschichte*),成为公认的《圣经》评注家、历史学家与语言学家。

在研究方法上,盖革把犹太教科学分为语言学、历史学、哲学三大领域,主张对其进行思想史或者文献史的研究。③他提倡"历史的犹太教"(Historical Judaism)思想,认为犹太教是一个在历史过程中形成并

---

① Leon Wieseltier, "Etwas Über Die Judische Historik: Leopold Zunz and the Inception of Modern Jewish Historiography", *History & Theory*, Vol. 20, No. 2 (May, 1981), pp. 137-139.

② Susannah Heschel, *Abraham Geiger and the Jewish Jesus*, Chicago: University of Chicago Press, 1997, p. 53.

③ Abraham Geiger, "The Development Idea of Judaism", in Michael A. Meyer, ed., *Ideas of Jewish History*, New York: Behrman House, 1974, p. 163.

不断进化的宗教;他将犹太教的历史具体分为神启时期、传统时期、律法主义时期、批判研究时期四个阶段,当前所处的批判研究时期的主要任务就是,通过开展批判的分析和研究,将犹太教从律法主义的束缚中解放出来,同时采取必要的改革措施,使之随时代的变化而不断进行调适。①在盖革这里,对犹太教开展科学研究,不仅是为了从外部世界争取犹太人的平等公民权,而且被用来实现从内部改革犹太教的目的。②通过对犹太经典的重新阐释,致力于以学术形式帮助犹太教在后解放时代被认可。

几乎从一开始,犹太教科学运动就在宗教神学与世俗学术之间(性质)、内部革新与外部认可之间(目标)存在难以克服的张力③,但在对犹太经典文献进行批判性研究的过程中,后解放时代的犹太知识分子高举"精神世界无隔都"(For the spirit there is no ghetto)的旗帜④,将"科学"作为争取内部改革与外部解放的重要武器。虽然基督教世界对犹太人的偏见并未取得根本的改善,犹太教科学运动在19世纪的兴起及其发展对犹太世界产生了积极而深远的影响:"转向历史重塑了犹太人的思维,犹太教科学运动被证明是德国犹太人最为深远的遗产。不把犹太教科学运动作为其核心,就无法书写现代犹太人的思想史。"⑤

犹太教科学运动的首要目标是致力于塑造适应欧洲文明要求的现代人格,它以学术的形式证明后解放时代的犹太教与犹太人拥有平等权利的诉求,促使自我形塑的理想(the ideal of Bildung)在犹太世界正

---

① Michael A. Meyer, "Abraham Geiger's Historical Judaism", in Jakob J. Petuchowski, ed., *New Perspectives on Abraham Geiger*, New York: Hebrew Union College Press, 1975, pp. 3-16.

② Harvey Hill, "The Science of Reform: Abraham Geiger and the *Wissenschaft des Judentum*", *Modern Judaism*, Vol. 27 (2007), p. 330.

③ Michael A. Meyer, "Two Persistent Tensions within *Wissenschaft des Judentums*", *Modern Judaism*, Vol. 24, No. 2 (May, 2004), pp. 105-119.

④ Ismar Schorsch, "The Emergence of Historical Consciousness in Modern Judaism", p. 416.

⑤ Ismar Schorsch, *From Text to Context: The Turn to History in Modern Judaism*, p. 1.

式扎根。犹太教科学学者根据时代精神重构犹太教,将其研究成果用来颠覆传统宗教理念,并为犹太教改革提供正当理由,从而对传统犹太价值构成根本性的挑战,它充当了后解放时代的犹太人进行自我理解、构建身份认同的重要手段。而且,通过对传统犹太学术的激烈批判,犹太教科学运动打破了拉比对于犹太经典的阐释权,促使科学研究的理想(the ideal of Wissenschaft)在犹太学术中牢固确立。犹太教科学学者提倡自由探讨的精神,主张吸收一切世俗知识与现代科学,借助于科学的研究方法对犹太教进行批判性的客观研究,为现代犹太学术奠定了思想前提与基本准则。可以说,犹太教科学运动是后解放时代的犹太知识分子在学术领域回应现代性所带来挑战的独特方式:"重构犹太人过去的现代努力开始于见证着犹太人生活连续性发生急剧断裂的时代,因此也是犹太集体记忆快速衰退的时代。在这个意义上,……历史获得了此前从未获得的地位,即作为世俗犹太人的信仰(the faith of fallen Jews)。有史以来第一次,历史而非神圣的文本成为犹太教的裁决者。"①

(三) 东欧的希伯来语"犹太研究运动"

在德国犹太教科学学者的影响下,这一运动随后扩展到东欧地区,在当地兴起一场使用希伯来语的"犹太研究运动"(Hokhmat Yisrael)。② 该运动主要在东欧(特别是加利西亚地区)犹太知识圈中进行,基本上是由一些中东欧学者分别进行的。主要代表人物为来自加利西亚的纳赫曼·科罗赫马尔(Nachman Krochaml)与拉普波特(Shelomoh Y. Rap-

---

① Yosef H. Yerushalmi, *Zakhor: Jewish History and Jewish Memory*, p. 86. 需要指出,"the faith of fallen Jews"指犹太人在宗教权威衰退之后所遭遇的新状况,拯救的力量不再来自天上,犹太人由是跌落尘世,故而应当译为"世俗犹太人的信仰"。参见 David N. Myers & Alexander Kaye, eds., *The Faith of Fallen Jews: Yosef Hayim Yerushalmi and the Writing of Jewish History*, Waltham, Mass.: Brandeis University Press, 2014。

② David N. Myers, *Re-Inventing the Jewish Past: European Jewish Intellectuals and the Zionist Return to History*, Oxford: Oxford University Press, 1995, pp. 25-26.

oport)以及意大利的撒母耳·卢扎托(Samuel D. Luzzatto)等。①它既没有纲领性声明,也没有试图建立研究协会。

在历史观问题上,这个运动仍然坚持神意的重要作用,认为犹太民族区别于其他人群的根本即是由于上帝的存在,犹太人是一个被拣选的民族,神意仍然在以色列中间发挥作用。这些学者提倡使用希伯来语,有着明确的民族主义倾向,主张将犹太民族置于其学术研究的中心,以激发犹太人对其社团的热爱与自豪。卢扎托在写给拉普波特的信中批评德国同行对犹太传统的背弃,"我们时代一些德国学者所从事的犹太研究无权继续存在,因为他们自己都没有将之视为一个具有内在价值的对象……他们就像其他人研究埃及、亚述、巴比伦或波斯的历史一样研究犹太人的早期历史,即出于对科学的热爱,或者出于对荣耀的热爱……但'Hokhmat Yisrael'……的知识建立在信仰之上,并将其贯穿到研究中,目的是为了理解《托拉》《先知书》与上帝之语,为了理解……神意如何在每一代达于世人"。②卢扎托与拉普波特批评德国犹太教科学运动的提倡者抛弃希伯来语而采用德语的做法。卢扎托预言,那些用德语进行写作的犹太学者"必将因为他们学习外邦人的方式而遭到惩罚"。③

与德国犹太教科学学者对犹太教持批判和改革的态度不同,这些使用希伯来语的中东欧学者强调将现代世俗学术与传统宗教研究相结合,他们试图在真理与信仰之间保持平衡,寻找一条在传统与现代之间折中的态度来开展犹太学术研究的道路。例如,科罗赫马尔将源自《圣经》的神意观念嫁接在德国历史主义哲学之上,将二者结合起来。他在《当代迷途指津》中指出犹太民族与其他民族一样经历了产生、成长、衰落的三个历史循环,但犹太人的独特之处在于,每当民族走向消

---

① Moshe Pelli, *Haskalah and Beyond: The Reception of the Hebrew Enlightenment and the Emergence of Haskalah Judaism*, Lanham, MD: University Press of America, 2010.
② Michael Brenner, *Prophets of the Past: Interpreters of Jewish History*, p. 23.
③ David Rudavsky, *Modern Jewish Religious Movements: A History of Emancipation and Adjustment*, New York: Behrman House, 1967, p. 269.

亡之时,绝对精神就会推动犹太人进入一个新的循环。这个由上帝所掌握的绝对精神是所有真理的源泉,是所有起因以及所有存在的源泉。归结起来,科罗赫马尔、拉普波特、卢扎托等人反映了加利西亚与意大利等地传统犹太人的观念,但同时又对当时的世俗科学采取某种开放态度。由于他们大多数使用希伯来语写作,受众有限而只能为一些受过传统教育的犹太人所理解,其影响力主要集中在中东欧,在德国的影响十分有限。

(四) 走向专业化的现代犹太学术

进入19世纪下半叶,注入了科学精神与批判态度、获得了专业化发展的现代犹太学术与传统犹太学术之间存在着根本的不同,并渐行渐远。现代犹太学术走向专业化的具体体现为,大部头的犹太通史在这一时期开始出现,各地相继成立不同规模的研究协会,出版了专门的研究期刊,它们与犹太学院一道培养了一大批专门从事犹太研究的学者。

在犹太教科学运动影响下,1820—1828年间犹太文化与科学协会成员以撒·约斯特写出九卷本《从马卡比时代至今的以色列史》(*Geschichte der Israeliten seit der Zeit der Maccabaer bis auf unsere Tage*),成为第一部由犹太历史学家撰写的从圣经时代直到现代时期的犹太通史。[①]约斯特并不把犹太人视为一个"民族",认为他们缺乏自己的疆域,因此更大程度上是一个宗教群体。他把撰写犹太历史视为反对偏见、争取解放的有力手段,为此他从历史上找到先例,将希腊化时期的亚历山大里亚视为现代解放的先驱;因此,正如忠诚的亚历山大里亚犹太人被赋予完全的公民权一样,德国犹太人也应当获得同样的权利。绍尔施指出:"约斯特的成就在于以详尽的历史观点将彻底同化的计

---

① 此后他又出版《以色列民族简史》(*Allgemeine Geschichte des israelitischen Volkes*,两卷本,1832)、《以色列人的新历史》(*Neuere Geschichte der Israeliten von 1815 bis 1845*,三卷本,1846—1847)、《犹太人及其教派的历史》(*Geschichte des Judenthums und seiner Secten*,三卷本,1857—1859)等著作。

划合法化。2300 年的犹太历史被视为一个极大的错误,一个为宗教畸形所扭曲的时期。"①

19 世纪最伟大的犹太史学者无疑是海因里希·格雷兹。1853—1876 年间,格雷兹写成了具有里程碑意义的十一卷本《从远古时代至今的犹太史》(*Geschichte der Juden von den ältesten Zeiten bis auf die Gegenwart*)②,被誉为"19 世纪犹太学术领域出版的最为重要的作品"。③格雷兹的《犹太史》影响了好几代人,成为 19 世纪有关犹太史知识的主要来源;正如有学者指出的,"格雷兹是 19 世纪犹太教科学运动最有活力、最具才华与最为持久的实践者。他那十一卷本的《犹太史》……在一个世纪后仍然是有关犹太通史的最好入门著作"。④如果说约斯特是书写现代犹太史的先驱,那么格雷兹就是现代犹太史学之父与犹太教科学运动的最重要实践者。格雷兹提倡一种总体性的"犹太历史精神",宣称"犹太教的总体性只有在它的历史之中才能得到识别"⑤;认为正是犹太人漫长的历史经历证明了它存在的必要性,这种历史精神也成为犹太民族得以幸存的关键力量:"犹太民族超过 3000 年的存在经历并非徒劳;它从由一连串的敌对力量所造成的……所有灾难中幸存下来也并非徒劳。它的继续存在——这本身就是一个极好的事实——是对其历史存在必要性的不可辩驳的证明,没有犹太教的犹太人,就如同丧失了灵魂的身体、失去了约柜的利未人一样。"⑥

格雷兹为犹太历史定下了悲情化的基调,他对第二圣殿至前现代的犹太历史进行消极化的处理,认为这段历史不再是一部正常的历史,

---

① Ismar Schorsch, *From Text to Context: The Turn to History in Modern Judaism*, p. 241.

② 格雷兹的其他著作有,《犹太历史的结构》(*Die Konstruktion der jüdischen Geschichte*, 1846)、《通俗的犹太史》(*Volkstümliche Geschichte der Juden*,三卷本,1881—1891)等等。

③ David N. Myers, *Re-Inventing the Jewish Past*, p. 20.

④ Ismar Schorsch, "Ideology and History in the Age of Emancipation", in Heinrich Graetz, *The Structure of Jewish History, and Other Essays*, translated, edited, and introduced by Ismar Schorsch, New York: Jewish Theological Seminary of America, 1975, p. 1.

⑤ Heinrich Graetz, *The Structure of Jewish History, and Other Essays*, p. 64.

⑥ Heinrich Graetz, "The Significance of Judaism for the Present and the Future. II", *The Jewish Quarterly Review*, Vol. 2, No. 3 (April, 1890), p. 269.

而表现为一种奇特的形式。在他眼中，犹太历史可以被归纳为"苦难和学习的历史"（Leidens-und Gelehrtengeschichte/the history of suffering and learning）：犹太人内部的历史主要是思想与学习的历史，拉比评注与答问成为十几个世纪流放历史的主要成就；而外部的历史则是歧视与迫害的历史，其体现形式就是自从中世纪以来不计其数的纪念书、殉道文等等。① 不同于此前许多犹太教科学的倡导者将犹太人视为宗教团体的成员（Religions-Gemeinschaft），格雷兹转而将之视为民族共同体（Volksgemeinschaft）。这种民族意识遍布于他的全书之中。格雷兹强调犹太教是一个政治—宗教实体，其"灵魂就是《托拉》，躯体则是圣地"：一方面是屹然不朽的犹太民族，是为躯体；另一方面则是永无止境的犹太教，则是灵魂。②

为了与犹太人的解放相适应，犹太教科学运动的倡导者也希望德国的大学对犹太人开放。18 世纪末 19 世纪初，除医学领域对犹太人开放以外，仅有极少数德国犹太人可以进入大学接受高等教育。门德尔松在谈及他的儿子约瑟夫时写道："他对医学没有任何兴趣；作为一个犹太人，要么成为一名医生，要么成为商人或者乞丐。"③ 在犹太教科学运动的倡导者看来，作为犹太人解放的一部分，对犹太人的研究也应当获得解放，并在德国大学中占有一席之地。聪茨对此呼吁道："犹太人在道德与生活上的平等地位来自犹太研究的平等性。"④ 他们积极主张在德国大学中建立犹太研究的学科机制。早在 1836 年，盖革曾试图做出这样的努力，1842 年，朱利乌斯·福斯特（Julius Fürst）提议在其讲授东方研究的莱比锡大学设立犹太研究教席。1848 年，聪茨多次向普鲁士当局申请在柏林大学设立犹太研究教席，被教授委员会以大学

---

① 这种将犹太历史悲情化的观点后来被萨洛·巴龙归结为"犹太历史的流泪概念"（the Lachrymose conception of Jewish history）。
② Michael Brenner, *Prophets of the Past: Interpreters of Jewish History*, p. 60.
③ Michael A. Meyer, *The Origins of the Modern Jew: Jewish Identity and European Culture in Germany, 1749-1824*, Detroit: Wayne State University Press, 1967, p. 157.
④ Christian Wiese, *Jewish Studies and Protestant Theology in Wilhelmine Germany*, p. 82.

不是培养拉比和增强犹太狭隘性场所的理由加以拒绝。这些申请被驳回的理由不外是：既然犹太人不再拥有国家，那么他们的历史就应当由已经建立的学科例如神学、古典学与文化研究等来讲授。①

1850 年代至 1870 年代，德国先后成立几所宣扬犹太教科学的学院，这些学院不仅致力于培养拉比和提供宗教教育，而且开设有许多世俗课程，为现代犹太学术研究提供了机构支持，成为开展现代犹太学术的重要基地，培养了一大批具有现代科学精神的犹太研究学者，这几所学院各自代表当时犹太教的不同派别：实证—历史学派的布雷斯劳犹太神学院（Jüdisch-Theologisches Seminar）、改革派的柏林犹太教科学高等研究所（Hochschule für die Wissenschaft des Judentums）与正统派的柏林正统派犹太教拉比学院（Rabbinerseminar für das Orthodoxe Judentum），反映出这些派别对于现代科学的不同回应。

在富有的慈善家约拿·弗兰克尔（Jonas Fränckel）的赞助下，1854 年第一所现代拉比学院——犹太神学院在布雷斯劳成立。这个学院代表着实证—历史学派（Positive-Historical）的观点，其基本立场就是，强调史学而非神学或哲学才是理解犹太教内核的基本途径。扎卡里亚·弗兰克尔（Zacharias Frankel）为该学院第一任院长，他在 1851 年创办了当时这一新兴学科的最重要杂志——《犹太教历史与科学月刊》（Monatsschrift für Geschichte und Wissenschaft des Judentums），在该刊第一卷上呼吁"犹太教科学是犹太教的强大杠杆，没有它就没有犹太教。犹太教如果不再热爱科学，它必将走向衰退"。②弗兰克尔致力于改变传统的学习内容，强调拉比"仅仅熟练掌握《塔木德》是不够的，现代知识（Muses）对他来说同样不应陌生"。③弗兰克尔将犹太教科学定义为一门"信仰的学术"：犹太教"号召研究、号召思考，它并不想精神黑暗，

---

① Salo W. Baron, "Jewish Studies at Universities: An Early Project", *Hebrew Union College Annual*, Vol. 46 (1975), pp. 357-376.

② Adolf Kober, "The Jewish Theological Seminary of Breslau and 'Wissenschaft des Judentums'", *Historia Judaica*, Vol. 16, No. 2 (Oct., 1954), p. 90.

③ Ismar Schorsch, *From Text to Context: The Turn to History in Modern Judaism*, p. 13.

这是它的自豪之处,它无需害怕学术"。①

为了体现与实证—历史学派的不同,改革派希望建立一所新的犹太学院。在亚伯拉罕·盖革的倡导下②,大卫·卡塞尔(David Cassel)、以色列·利维(Israel Lewy)、海曼·斯泰因塔尔(Heyman Steinthal)等人于1872年在柏林成立了犹太教科学高等研究所,其目标是致力于"犹太研究的维持、延续与传播"。这个学院以犹太教科学的精神进行授课③,并不视自己为犹太神学学院,而是作为犹太研究的场所,力图以现代的方法"从神学中解放出来"。④对此,以莫里茨·斯泰因施奈德为代表的批评者认为它是"犹太知识的新隔都",并不能产生大学环境中实行的学术标准。⑤ 1883年,在普鲁士政府的干预下,学院改名为犹太教科学学院(Lehranstalt für die Wissenschaft des Judentums)。

改革派的激烈行为引起了正统派的不满。犹太教正统派视自己为"古代犹太信仰与传统的承载者和守护者",坚持律法不可变更的原则,强调"《托拉》受自上天"(Torah min ha-shamayim/the Torah from Heaven)。参孙·赫尔施曾说,"宁愿不要科学,也不要拥有科学而不信犹太教的犹太人"⑥,他认为真正的犹太科学建立在对传统神学的解释之上。但在现代思潮的影响下,出现了一种新的派别,即"新正统派"(Neo-Orthodox)。1873年,在希尔德斯海姆(Esriel Hildesheimer)的领导下,大卫·霍夫曼(David Hoffmann)、亚伯拉罕·贝利纳(Abraham

---

① Michael Brenner, *Prophets of the Past: Interpreters of Jewish History*, p. 41.
② 在盖革的提倡下,1862年"犹太教科学传播协会"(*Verein zur Verbreitung der Wissenschaft des Judentums*)在布雷斯劳成立,每周由盖革等人举办一系列讲座,以传播犹太教科学思想。
③ 教师队伍中包括了当时最优秀的一些犹太学者:哈诺克·阿尔贝克(Hanoch Albeck)、伊斯玛·埃尔伯根(Ismar Elbogen)、尤利乌斯·古特曼(Julius Guttmann)、弗兰茨·罗森塔尔(Franz Rosenthal)、利奥·拜克(Leo Baeck)等。
④ Christian Wiese, *Jewish Studies and Protestant Theology in Wilhelmine Germany*, p. 91.
⑤ Paul Mendes-Flohr, "Jewish Scholarship as a Vocation", in Alfred L. Ivry, Elliot R. Wolfson & Allan Arkush, eds., *Perspectives on Jewish Thought and Mysticism*, Amsterdam: Harwood Academic Pub., 1998, p. 37.
⑥ Mordechai Breuer, *Modernity within Tradition: The Social History of Orthodox Jewry in Imperial Germany*, New York: Columbia University Press, 1992, p. 178.

Berliner)、雅各·巴斯(Jacob Barth)等人在柏林成立正统派犹太教拉比学院;意在对抗布雷斯劳犹太神学院与柏林高等研究所的影响,致力于"拯救德国严格遵守的犹太教",使之成为"现代正统派知识界的中心"。希尔德斯海姆在建院典礼上说,目标是"促进犹太宗教生活并忠于传统",但他并不想使之成为一所"拉比工厂",而是"建立一处基础和丰富知识的场所"(a place of basic and copious knowledge),在此以"完全的科学严肃性"从事犹太教的学习。①其实质是,主张《托拉》与科学并行不悖地为忠于犹太传统服务。1880年,该学院更名为柏林拉比学院(Rabbiner-Seminar zu Berlin)。

值得注意的是,随着犹太教科学运动的不断成熟,一些犹太研究期刊与学术团体在19世纪下半叶相继成立。德国的日耳曼犹太协会(Germania Judaica Society)在1860—1869年间出版了年鉴——《德国犹太人与犹太教年鉴》(*Jahrbuch fuer Geschichte der Juden und des Judentum*),1885年,德国犹太历史委员会(Historische Kommission fuer Geschichte der Juden in Deutschland)成立。奥地利成立了维也纳以色列宗教社团历史委员会(Historical Committee of the Viennese Israelite Religious Community),1877年匈牙利成立犹太文献协会(Monumenta Hungariae Judaica)。在法国,1880年成立了犹太研究协会(Société des Études Juives),出版编辑了《犹太研究杂志》(*Revue des Études Juives*)。1891年,俄国犹太历史协会(Russian Jewish Historical Society)成立,1905年又成立犹太历史与人种协会(Jewish Society for History and Ethnography)。在英国,英国犹太历史协会(Jewish Historical Society of England)于1893年成立,出版《犹太季评》(*Jewish Quarterly Review*)、《英国犹太历史协会会刊》(*Transactions of the Jewish Historical Society of England*)。1892年,在哈佛大学历史学者查尔斯·格罗斯(Charles Gross)的倡议下,美国犹太历史协会(American Jewish Historical Society,

---

① Christian Wiese, *Jewish Studies and Protestant Theology in Wilhelmine Germany*, pp. 96-97.

简称 AJHS）成立，第一任会长为奥斯卡·施特劳斯（Oscar S. Straus）。这些犹太研究协会及学术期刊的相继成立与出版，为现代犹太学术的开展提供了重要平台，而且培养了一批现代犹太学者。

三、19 世纪末至 20 世纪中叶的西方犹太史研究

犹太教科学运动的兴起，不仅推动了犹太教改革运动，而且促进了科学精神在犹太学术中的发展，它代表着犹太史研究的"自由"（liberal）路径。从 19 世纪下半叶开始，作为种族主义变种的现代反犹主义（anti-Semitism）在欧洲大地兴起，犹太人成为这股恶流的最大受害者。受此影响，民族主义话语也在犹太人中间产生，正如摩西·赫斯所说的，"虔诚的犹太人首先是一个热爱犹太民族者（Jewish patriot）"。①民族主义对犹太研究产生了巨大影响，出现一种以"民族"（national）为趋向的新路径，导致犹太史学出现重心的转移，开始从"犹太教的科学"转向"犹太民族的科学"。具体体现为，由主张社会与文化整合转而强调犹太社团自治与内在结构，特别是研究流散地与民族故土的关联，这些都是过去被忽视的内容。

（一）世纪之交德国犹太学术的发展

19 世纪末，德语世界出现了研究犹太教的两位著名新教学者。弗兰茨·德利兹奇（Franz Delitzsch）是当时最有影响的希伯来学家，其著作《论犹太诗歌的历史》《学术、艺术与犹太教》强调了犹太生活的创造性不仅存在于前基督教时代，直到现代时期仍有许多体现。他的另一部著作《耶稣时代犹太手工艺人的生活》描绘了巴勒斯坦犹太人的艰苦劳作，以之作为当时德国青年的楷模，并将耶稣完全置于犹太人的社

---

① Moses Hess, *Rome and Jerusalem*, translated by Meyer Waxman, New York: Bloch Publishing Co., 1945, p. 55.

会框架之中。1880年,他在莱比锡创立犹太研究所(Institutum Judaicum)。柏林大学教授、东方学家赫尔曼·斯塔克(Hermann L. Strack)1887年出版的《〈塔木德〉与〈米德拉西〉导论》,对拉比犹太教的经典《塔木德》与《米德拉西》进行了系统研究,认为它们是犹太人在后圣经时代仍然充满活力的表现。该书多次再版并被译成许多种文字,直到现在仍被视为研究《塔木德》的入门著作。①对犹太人的传教努力通常是基督教学者开展犹太研究的深刻动机,德利兹奇与斯塔克也不例外。他们意识到以暴力手段无法将犹太人带向受洗台而只有借助"软的途径",所谓对犹太人的关爱来自他们作为潜在基督徒的可能,这与路德的初衷如出一辙:"我们不应当以如此不友好的方式对待犹太人,因为在他们中间仍然存在着未来的基督徒。"②

　　19世纪德国学术界的犹太研究有着鲜明的护教意图,意在从神学上论证犹太教的退化以及基督教取代前者的合理性③;在具体学科设置上,他们将犹太研究归于东方研究的门类之下。19世纪末20世纪初,有关犹太教的话题在德国新教徒与犹太学术圈之间展开了两次较有影响的论争,分别以"犹太教的本质"(Wesen des Judentums)与"晚期犹太教"(Spätjudentum)为主题。1899—1900年,著名的教会史家阿道夫·冯·哈纳克(Adolf von Harnack)在柏林大学举办的题为"基督教的本质"(Das Wesen des Christenthums)系列讲座中,质疑犹太教宗教内核的原始性,强调基督教才是第一个提倡进步与人性的宗教。随即,犹太学者围绕什么是犹太教的本质纷纷发表不同的看法。④其中最为著名的回应来自利奥·拜克,他先是于1901年发表《哈纳克论基督教本质的讲座》,随后在1905年将其正式扩展为一部著作——《犹太

---

① Alan Levenson, "Missionary Protestants as Defenders and Detractors of Judaism: Franz Delitzsch and Hermann Strack", *The Jewish Quarterly Review*, New Series, Vol. 92, No. 3/4 (Jan.-Apr., 2002), pp. 383-420.

② Michael Brenner, *Prophets of the Past: Interpreters of Jewish History*, p. 84.

③ Anders Gerdmar, *Roots of Theological Anti-Semitism: German Biblical Interpretation and the Jews, from Herder and Semler to Kittel and Bultmann* Leiden: Brill, 2009.

④ Nils H. Roemer, *Jewish Scholarship and Culture in Nineteenth-Century Germany*, p. 116.

教的本质》(*Das Wesen des Judentums*)。在拜克看来,哈纳克的根本性错误在于将哈拉哈与哈加达(犹太教中的律法与道德传统)简单地对立为耶稣的道德训诫与拉比们的律法规定。实际上,犹太教是一个追求理性的伦理宗教,它建立在伦理一神教的基础之上。①

然而,对犹太教的更大误解来自不少新教徒,他们把后圣经时期的犹太教界定为"晚期犹太教"——即过时、僵化、垂死、将朽的宗教。1903 年,宗教史学派(Religionsgeschichtliche Schule)的著名代表、哥廷根大学神学教授威廉·布塞特(Wilhelm Bousset)在其《新约时期的犹太宗教》(*Religion des Judentums im neutestamentlichen Zeitalter*)中,对从马卡比起义至巴尔·科赫巴起义期间的犹太教发展状况进行了系统分析。认为崇尚普世精神的先知是以色列宗教发展的顶峰,进入流散时代以后特别是以斯拉的改革使犹太教不断走向狭隘而陷于堕落;在犹太人丧失主权后,犹太教沦为"一味遵守与绝对死板的宗教"而步入了它的晚期。直到耶稣到来后以革命的精神为之注入了新的生命,他创立的基督教作为"犹太教的继承者"代替了原来犹太人所肩负的普世使命,而苟延残喘的拉比犹太教由于其僵硬褊狭的律法主义而名存实亡。②以利奥·拜克为代表的犹太学者对此进行了反驳,认为犹太教从未放弃普世主义精神,在流放以后以色列人通过散居到各民族中间继续向外邦传播道义。③

(二) 东欧犹太学术的快速发展

在两次世界大战期间的 20 年和平时期(1919—1939),东欧的犹

---

① Leo Baeck, *Das Wesen des Judentums*, Berlin: Nathansen und Lamm, 1905;中文版参见利奥·拜克:《犹太教的本质》,傅永军等译,济南:山东大学出版社,2002 年。

② George Foot Moore, "Christian Writers on Judaism", *Harvard Theological Review*, Vol. 14, No. 3 (July, 1921), pp. 197-254; Alan Levenson, "Missionary Protestants as Defenders and Detractors of Judaism: Franz Delitzsch and Hermann Strack", *The Jewish Quarterly Review*, New Series, Vol. 92, No. 3/4 (Jan.-Apr., 2002), pp. 388-389.

③ 有关论争的更多情况,参见 Anders Gerdmar, *Roots of Theological Anti-Semitism*, pp. 143-188。

太学术得到迅速的发展,出现了一批著名的学者与学术机构。最为突出的体现就是意第绪科学研究所(Yidisher Visnshaftlekher Institut,简称YIVO)的建立。在意第绪语言学家诺克姆·斯蒂夫(Nokhem Shtif)、马克斯·韦恩雷奇(Max Weinreich)等人的提议下,1925年YIVO在柏林召开成立大会,它按照欧洲国家科学院的模式而建立,包括四个研究部门:语言学、历史学、经济与统计学、心理与教育学,旨在开展与意第绪语有关的东欧犹太人历史与现状研究。其总部设在维尔纳,但一些重要研究部门在柏林(1933年迁至巴黎),纽约也有它的美国支部。该研究所的研究方向反映了其创立者的世俗主义、意第绪主义和流散地民族主义倾向,其目的是维护并提高使用意第绪语的东欧犹太人的社会地位与文化意识。第二次世界大战前夕,YIVO图书馆收藏了4000部书籍和10000册犹太期刊,它的档案局积累了175000宗档案文献,成为体现意第绪学术成就的突出代表。但好景不长,二战的爆发打断了意第绪学术的发展步伐,随着纳粹侵入东欧,YIVO被迫于1940年迁往美国,象征着意第绪乃至东欧犹太学术的中心转移到新大陆。

　　作为第一次世界大战后世界犹太人口的中心,犹太史学在波兰取得了较大的进展,这与三位学者——梅尔·巴拉班(Meier Balaban)、伊扎克·席佩尔(Yitzhak Schipper)和摩西·绍尔(Moses Schorr)密不可分。波兰当时形成了几大犹太历史研究中心:华沙犹太学术研究所(Instytut Nauk Judaistycznych),由巴拉班创立于1928年,培养了整整一代波兰青年犹太历史学者;维尔纳YIVO分部,聚集了一大批意第绪研究学者。一战后的波兰犹太史学主要朝着两个方向发展:一是大量运用档案文献对国家、社区与私人层面的犹太人活动进行分析,这种方法尤其为巴拉班所强调;二是致力于对波兰犹太史进行综合研究,同时对波兰犹太人政治、经济与文化发展的主要趋势加以分析,这种特点在席佩尔的著作中体现得十分显著。①

---

① Philip Friedman, "Polish Jewish Historiography between the Two Wars (1918-1939)", *Jewish Social Studies*, Vol. 11, No. 4 (Oct., 1949), pp. 373-374.

20世纪上半叶的东欧世界,出现了一位杰出的犹太历史学家——西蒙·杜布诺夫。由于意识到犹太教科学运动的局限(它仅提供了西欧犹太人的思想框架),杜布诺夫致力于书写一部犹太民族在流散地的世界史。在完成三卷本的《俄国与波兰犹太人的历史》之后,他于1925—1929年推出十卷本《犹太民族的世界史》。①他认为,漫长的流散经历使犹太人成为"世界民族"(world-people),在古代以色列国家消失后,犹太民族形成了一些"地理中心"②:古代的巴比伦、中世纪的西班牙与德语国家、中世纪晚期与现代阶段的波兰与立陶宛、当代的波兰与俄国;犹太人从中世纪开始成为并一直作为一个"欧洲民族",在思想、科学、文学、艺术、音乐等方面对欧洲文明作出了重大贡献。

在此基础上,杜布诺夫提倡"自治主义"(autonomism),认为犹太人应当享有充分的民族—文化自治地位。与犹太复国主义不同,杜布诺夫的民族自治思想被称为"流散地民族主义"(diaspora nationalism)。在杜布诺夫看来,这种流散地民族主义代表着民族主义运动的最高形式,因为它的产生及发展脱离了自己的领土,犹太人跳过了民族发展的寻常阶段而构成一个精神民族。换言之,犹太人是唯一一个无需拥有自己领土和国家的民族。格雷兹将犹太历史看作犹太教在"观念上的反映",而杜布诺夫视之为一个超越于时间与空间之外的"民族有机体"③,他将现代犹太史分为两大分支:以解放与同化为标志的西欧中心、犹太自治得以充分发展的东欧及美国中心。他的重要贡献在于,以东欧取代原先以德国为中心的历史视角,主张从民族而非文化或宗教的角度来书写犹太历史。

在20世纪20年代,苏俄的犹太研究也取得了一些成就。新成立

---

① Simon Dubnow, *History of the Jews in Russia and Poland*, 3 vols., Philadelphia: Jewish Publication Society of America, 1916-1920; idem, *Die Weltgeschichte des jüdischen Volkes*, 10 Bd., Berlin: Jüdischer Verlag, 1925-1929.

② Michael Brenner, *Prophets of the Past: Interpreters of Jewish History*, p. 98.

③ Ibid., p. 100.

的苏联政权谴责反犹主义,但同时又排斥犹太人的宗教信仰及其政治诉求,虽然允许犹太人作为一个民族生活在苏联境内,但又认为他们的宗教与文化认同将最终消亡,开展犹太史研究的目的是帮助犹太人成为忠诚的苏联公民。1928 年,"全俄犹太语言、文学与历史协会"(All-Russian Society for Studying the Jewish Language, Literature, and History)在莫斯科成立,它隶属于全联盟共产党犹太支部(Еврейская секция)。① 1929 年,前崩得党成员以色列·索西斯(Israel Sosis)出版《19 世纪的俄国犹太社会运动史》(*History of Jewish Social Movements in Russia during the Nineteenth Century*),该书采用马克思主义的观点,指出受压迫的东欧犹太人也是"封建主义与农奴史的一部分",批评圣彼得堡犹太知识分子中的资产阶级自由派和犹太启蒙思想家,认为他们使犹太大众处在"狂热盲信的奴役下"。② 这本带有鲜明意识形态色彩的著作得到苏联官方的肯定。次年,尤迪特斯基(A. D. Yuditskii)推出《19 世纪上半叶的犹太资产阶级与犹太无产阶级》(*The Jewish Bourgeoisie and the Jewish Proletariat in the First Half of the Nineteenth Century*),以马克思主义的阶级分析法来研究犹太历史,哈斯卡拉被视为仅仅代表犹太上层资产阶级的利益,该书还揭露了沙皇政权的反犹主义与腐败行径。在政治权力的干预下,到 30 年代以后,苏俄的犹太研究不断萎缩。

值得一提的是,这一时期的东欧出现了一位著名的马克思主义——犹太复国主义学者——拉斐尔·马勒(Raphael Mahler),他借助马克思主义的唯物辩证法,提倡将犹太人置于几种社会形态演进的框架中进行理解,即认为犹太历史也经历了封建主义→资本主义→社会主义的几大发展阶段。③ 在此理解模式下,犹太人在流散时期的创造力依附于封建或半封建的社会,犹太人在经济上构成除贵族与农奴以外的第三

---

① Alfred A. Greenbaum, "Jewish Historiography in Soviet Russia", *Proceedings of the American Academy for Jewish Research*, Vol. 28 (1959), pp. 57-76.
② Michael Brenner, *Prophets of the Past: Interpreters of Jewish History*, p. 83.
③ Michael A. Meyer, ed., *Ideas of Jewish History*, pp. 37-38.

等级。随着欧洲进入资本主义时代,犹太人丧失了那种独特的地位,原来相对独立的存在现在被迫融入到国家主体的经济之中。只有到了犹太复国主义阶段,在自己的国家中,每个犹太个体才能得到充分的尊重。实质上,马勒的思想是打着马克思主义旗号的犹太复国主义,他因而被称为"社会主义—犹太复国主义者"(Socialist-Zionist)。[1]他先后出版了《现代犹太史》《哈西德运动与犹太启蒙运动》等多部著作[2],在当时的东欧地区具有一定的影响。

(三) 美国犹太史学的"巴龙时代"

随着大批犹太移民的涌入,19世纪末美国犹太学术的发展有了突飞猛进的发展,其标志就是几所拉比学院的成立。1875年,改革派在以撒·迈耶·怀斯拉比领导下,在辛辛那提成立希伯来联合学院(Hebrew Union College)。为了应对改革派的挑战,保守派与正统派于1886年在纽约分别成立犹太神学院(Jewish Theological Seminary)与耶希瓦大学(Yeshiva University)。这些学院成为不同派别培养拉比学者的主要基地,同时也承担着开展犹太研究的重要使命。[3]此外,1888年美国犹太出版协会(Jewish Publication Society of America)在费城的创立也是美国犹太学术史上的重要事件。

到20世纪之初,美国逐渐发展为犹太研究的新中心,具有划时代意义的事件是英文版十二卷《犹太百科全书》(*Jewish Encyclopedia*)的出版。1901—1906年,由埃斯多尔·辛格(Isidore Singer)发起,在阿德勒、科勒、谢克特等当时美国犹太研究界主要学者的共同努力下,这项

---

[1] Raphael Mahler et al., *The Socialist-Zionist View of the Jewish People*, New York: Progressive Zionist League-Hashomer Hatzair, 1958.

[2] Raphael Mahler, *A History of Modern Jewry: 1780-1815*, New York: Schocken Books, 1971; idem, *Hasidism and the Jewish Enlightenment: Their Confrontation in Galicia and Poland in the First Half of the Nineteenth Century*, Philadelphia: Jewish Publication Society of America, 1985.

[3] 20世纪上半叶,在摩迪凯·卡普兰的推动下,重建派作为美国犹太教的第四大派别迅速崛起,到1968年创立重建派拉比学院(The Reconstructionist Rabbinical College)。

意义重大的文化工程得以完成。①它是第一部有关犹太人与犹太教的综合性百科全书,有学者将之视为"犹太知识在美国结出的第一批重大果实"②;萨洛·巴龙称赞它为"美国犹太知识史上的非凡成就与转折点,标志着美国进入犹太科学研究领域的重要事件"。③

作为"19世纪犹太人进步的划时代高潮"的产物,《犹太百科全书》的编撰者们坚持启蒙运动的理想,认为理性、知识与讨论将有助于克服由于无知而产生的偏见,其明确的社会目标与学术动机就是,通过传播有关犹太人的精确知识,减弱邪恶的反犹主义并促进积极的社会关系:"它将教导外邦人尊重他所鄙视的,也将教导犹太人自身尊重自己。"④实际上,这种愿望的效果十分有限。如施瓦茨所说,"有些人坚持通过教育来与反犹主义作斗争。文章、小册子与报纸都被用来去除消极的形象并代之以犹太人积极特征的有力证据。在很大程度上,《犹太百科全书》属于这种辩护文献……如同他们时代的其他许多人,从事这个百科全书工程的编者们天真地认为知识可以终结偏见。正如许多文章与评论揭示的,《犹太百科全书》在当时增进了基督徒对犹太人的理解,但它很难根除反犹主义。"⑤

1906年,以霍拉斯·卡伦(Horace M. Kallen)为首的哈佛大学犹太裔学生成立了哈佛门诺拉协会(Harvard Menorah Society),随后改名为校际门诺拉协会(Intercollegiate Menorah Association,简称IMA)。其成员主张通过开展犹太学术研究以为现代犹太认同提供坚实的基础,

---

① Shuly Rubin Schwartz, *The Emergence of Jewish Scholarship in America: The Publication of the Jewish Encyclopedia*, Cincinnati: Hebrew Union College Press, 1991.
② Joshua Trachtenberg, "American Jewish Scholarship", in R. Abramovitch et al., eds., *The Jewish People: Past and Present*, Vol. 4, New York: Jewish Encyclopedic Handbooks, 1955, p. 415.
③ Salo W. Baron, *Steeled by Adversity: Essays and Addresses on American Jewish Life*, Philadelphia: Jewish Publication Society of America, 1971, p. 397.
④ Kaufmann Kohler, *A Living Faith: Selected Sermons and Addresses from the Literary Remains of Dr. Kaufmann Kohler*, ed. Samuel S. Cohon, Cincinnati: Hebrew Union College Press, 1948, p. 8.
⑤ Shuly Rubin Schwartz, *The Emergence of Jewish Scholarship in America*, pp. 108, 165.

该协会的核心思想体现为"门诺拉观念"(Menorah idea,门诺拉即犹太传统符号七臂烛台):"它所构想的希伯来精神不仅是历史上的事物,更是当前的重要动力来源。"① 1915 年又创办《门诺拉杂志》(Menorah Journal),其作者群囊括了当时最知名的犹太学者。②他们以一个世纪以前的德国犹太学术为样板,在犹太教科学运动一百周年之际,1919 年,IMA 发起了每年一度的利奥波德·聪茨纪念讲座(Leopold Zunz Memorial Lecture);其负责人亨利·赫尔维茨(Henry Hurwitz)主张该协会十分有必要继承犹太文化与科学协会的建设性工作,即"强调自由、人性与比较的视角";现代犹太人的"第一要务"是"使越来越多的犹太青年关注犹太知识与思想——不是正统派、改革派或其他的,而是在利奥波德·聪茨精神影响下的犹太科学"。③

在 20 世纪上半叶具有突出意义的事件就是,美国主流大学首次设立了专门的犹太研究教席。这是犹太教科学运动的德国先辈们几代人都无法实现的梦想。1925 年,哈佛大学在美国主流大学中率先建立犹太研究系,并任命哈里·沃尔夫森(Harry Wolfson)为系主任、内森·利特塔尔希伯来文学与哲学讲座教授(Nathan Littauer Professor of Hebrew Literature and Philosophy)。④四年后,哥伦比亚大学把内森·米勒犹太史讲座教授(Nathan L. Miller Professor of Jewish History)授予当时年仅 34 岁的萨洛·巴龙。值得注意的是,这是第一个犹太史讲座教授,从此开始了现代美国犹太史学的"巴龙时代"。

1928 年,萨洛·巴龙在《门诺拉杂志》发表著名论文《隔都与解放:

---

① Daniel Greene, *The Jewish Origins of Cultural Pluralism: The Menorah Association and American Diversity*, Bloomington: Indiana University Press, 2011, p. 29.
② 该杂志于 1962 年停刊,它在二战前的美国犹太学术中发挥了十分重要的作用。参见 Matthew Kaufman, "The Menorah Journal and Shaping American Jewish Identity: Culture and Evolutionary Sociology", *Shofar: An Interdisciplinary Journal of Jewish Studies*, Vol. 30, No. 4 (2012), pp. 61-79。
③ Daniel Greene, *The Jewish Origins of Cultural Pluralism*, pp. 94-95.
④ 参见 Frederick E. Greenspahn, "The Beginnings of Judaic Studies in American Universities", *Modern Judaism*, Vol. 20 (2000), pp. 209-225。

我们是否应当修正传统的观点?》,正式提出"犹太历史的流泪概念"(the Lachrymose conception of Jewish history)①,对传统的犹太史书写发起颠覆性的挑战。巴龙一反包括格雷兹在内的许多学者将犹太人进入现代之前的历史视为黑暗的受难史,而视解放为崭新的美好时代的观点,认为中世纪犹太人的状况并没有那么糟糕,他们仍然保持了极大的创造力并积极融入到周围的环境之中,而解放后犹太人的状况并没有得到根本的改善,相反充满着更大的危险。巴龙强调,"解放对于犹太人来说既是获得也是失去。平等的权利意味着平等的义务,犹太人现在发现自己必须服兵役。政治上的平等同时意味着自治社团组织的分解:即犹太人不再是一个国中之国。他们被认为且自认为是通过宗教信仰进行维系的个体——具有犹太'信仰'的法国人、德国人与英国人。这意味着犹太人在政治上、文化上与社会上被吸收到主流民族集体之中"。由此,他在文章结尾呼吁:"是时候与前法国大革命时代悲痛的流泪理论(the Lachrymose theory of pre-Revolutionary woe)决裂,并采纳一种与历史真相更加一致的观点了。"②巴龙后来对这个概念进行了详细解释,将其内涵进一步延伸:"对于'犹太历史的流泪概念'的支持者来说,这个解释甚至更加简单——犹太民族在流放过程中的持久殉道。中世纪晚期与近代早期的绝大多数希伯来编年属于这个学派的思想,它也在主流的现代犹太历史学家那里找到了极具雄辩的代表,包括聪茨与格雷兹。而由纳粹实施的大屠杀更是必然地强化了这种观点。"③

实际上,巴龙反对将解放理想化的观点是犹太解放运动已遭到失

---

① Ismar Schorsch, "The Lachrymose Conception of Jewish History", in idem, *From Text to Context: The Turn to History in Modern Judaism*, pp. 376-388; David Engel, "Crisis and Lachrymosity: On Salo Baron, Neobaronianism, and the Study of Modern European Jewish History", *Jewish History*, Vol. 20, No. 3/4 (2006), pp. 243-264.

② Salo W. Baron, "Ghetto and Emancipation: Shall We Revise the Traditional View?" *Menorah Journal*, Vol. 14, No. 6 (June, 1928), pp. 524, 526.

③ Salo W. Baron, *A Social and Religious History of the Jews*, Vol. 11, New York: Columbia University Press, 1976, p. 388, n. 24.

败这一认识在学术上的反映,而美国犹太人作为流散地的代表其创造力正在体现出来。根据巴龙的传记作家罗伯特·里贝勒斯的说法,巴龙的首要目标就是"犹太历史的正常化"(normalization of Jewish history)①。1937 年与 1942 年,萨洛·巴龙陆续推出《犹太人的社会与宗教史》(A Social and Religious History of the Jews,1952—1983 年间扩展为十八卷)与《犹太社团史》②,标志着犹太社团研究的高峰。在他的著作中,可以看到三大根本的原则:探讨犹太历史上社会力量与宗教力量之间的相互关系;强调犹太社团与其周边社会之间的联系;反对将犹太流散史视为一部充满歧视与迫害的血泪斑斑的苦难史。总之,他试图将犹太人囊括进外部社会的发展之中,强调犹太人适应极端条件的能力以及犹太人在极端痛苦条件下的创造力,对于巴龙来说,"犹太人的历史已经成为民族历史与普遍历史的结合"。

(四)"耶路撒冷学派"及其巴勒斯坦中心史观

从 19 世纪末开始,民族主义在犹太史学中得到快速的发展,可以说它是一种"再犹太化"(Rejudaisierung)的过程。1881 年,由于沙俄政府的集体迫害,一些东欧犹太人组织了"热爱圣山运动",返回巴勒斯坦故土定居。1897 年,第一届世界犹太复国主义代表大会在巴塞尔召开,标志着现代犹太复国主义运动的兴起。1901 年,马丁·布伯首次使用了"犹太民族复兴"(Juedische Renaissance)这个词组,用以形容当时蓬勃兴起的民族运动。③ 1917 年,英国政府发表支持犹太复国主义的《贝尔福宣言》,成为建设犹太民族家园的里程碑事件。在犹

---

① Robert Liberles, *Salo Wittmayer Baron: Architect of Jewish History*, New York: New York University Press, 1995, p. 121. 但巴龙的正常化与耶路撒冷学派的正常化不同,前者致力于在流散地实现正常化。

② Salo W. Baron, *A Social and Religious History of the Jews*, 3 vols., New York: Columbia University Press, 1937; idem, *A Social and Religious History of the Jews*, 18 vols., New York: Columbia University Press, 1952-1983; idem, *The Jewish Community: Its History and Structure to the American Revolution*, 3 vols., Philadelphia: Jewish Publication Society of America, 1942.

③ Martin Buber, "Juedische Renaissance", *Ost und West*, Vol. 1 (1901), pp. 7-10.

太民族主义运动的影响下,民族主义史学在犹太学术研究中得到充分的体现。

随着犹太民族家园的发展,犹太学术也在巴勒斯坦故土快速发展起来。1924年年底,希伯来大学犹太研究所(Institute of Jewish Studies,简称IJS)在耶路撒冷的成立具有特殊的意义,它标志着犹太研究在民族故土的正式扎根,比希伯来大学的正式创办还要早几个月。希伯来大学第一任校长犹大·马格内斯(Judah Leon Magnes)将该研究所称为"一处神圣的场所,可以毫无担心和憎恨地学习与教授自圣经时代以来的犹太教知识的圣所";"我们为追求纯科学的理想欢欣鼓舞,世界上没有比耶路撒冷更适合学习《托拉》(即犹太学术)的场所"。①在第一堂课上,马古利斯(Max Margolis)自豪地宣称"从我们站立的斯科普斯山(该研究所所在地)能够看见对于我们而言是尊贵圣所的圣殿(的残余);而从这里即将拔地而起的一座座大厦在并不遥远的未来将成为我们的圣所"②,以寓指该研究所致力于成为犹太民族的新圣所。犹太学术在民族故土的发展,正好应了《希伯来圣经》中的名言:"《托拉》必出于锡安"(from Zion will go forth Torah)。

希伯来大学犹太研究所提倡《托拉》与科学并举,其目的是:一方面,促进祖先民族传统与故土的新联系;另一方面,确保客观、科学研究的最高标准。以希伯来大学犹太研究所为中心,形成一批著名的犹太研究学者,是谓"耶路撒冷学派"(Jerusalem School);它是一个相对松散的称谓,指称以巴勒斯坦为中心来研究犹太历史的学者群。这一术语最初在1926年由来自加利西亚的学者迈耶(L. A. Mayer)使用,以

---

① David N. Myers, "Between Diaspora and Zion: History, Memory, and the Jerusalem Scholars", in David N. Myers & David B. Ruderman, eds., *The Jewish Past Revisited: Reflections on Modern Jewish Historians*, New Haven: Yale University Press, 1998, pp. 92-93; David N. Myers, "A New Scholarly Colony in Jerusalem: The Early History of Jewish Studies at the Hebrew University", *Judaism*, Vol. 45, No. 2 (Spring, 1996), pp. 142-159.

② David N. Myers, *Re-Inventing the Jewish Past*, p. 41.

表达为犹太学术建立一种新的"科学"标准之期望。①实际上,"民族"被该派学者置于中心的位置,伊扎克·贝尔与本锡安·迪努尔 1935 年在由该学派创办的《锡安》(*Zion*)杂志发刊词中旗帜鲜明地宣布"犹太历史是犹太民族的历史",这意味着犹太历史不仅是一个宗教团体的历史,而且也是一个民族的历史。正是在此意义上,犹太民族史是"一个包括所有时期与一切场所的同质整体"。②

"耶路撒冷学派"最具代表性的两位学者是贝尔与迪努尔。前者是新成立的希伯来大学的第一位犹太史教授,也是当时最具影响的希伯来语学术期刊《锡安》的首任编者。1936 年他发表《流放》(*Galut*),对从圣经时代直到当前的犹太史进行了简要概述,并总结了流放犹太生活的特征:"政治奴役与散居,期盼解放与再统一,罪过、忏悔与赎罪,这些都是构成加路特概念的必备要素。"③他明确反对自约斯特、盖革以来将流放视为犹太人向外部世界传播道义的解释,并将这些解释斥为"比此前任何时代有关犹太教的看法都要荒谬";认为只有在犹太复国主义预设的基础上才能不受外部影响地、客观地研究犹太史。与萨洛·巴龙不同,贝尔强调犹太生活在流散地是不安全的,由于缺乏自己的疆域,犹太人一直十分期盼返回民族的故土。④他将犹太史视为具有"民族精神"(ruah ha-umah)或"民族灵魂"(nefesh ha-umah)的有机整体,每个流散社团都构成以色列共同体必不可少的部分,它们本身即

---

① 该学派的主要代表有,约瑟夫·克劳斯勒(Joseph G. Klausner,1875—1958)、伊扎克·贝尔(Yitzhak Baer,1880—1981)、本锡安·迪努尔(Benzion Dinur,1884—1973)、格肖姆·肖勒姆(Gershom Scholem,1897—1982),等等。近来有研究者发现,根据耶路撒冷学派学者的不同来源,在其内部可以分为德国派(包括贝尔、肖勒姆等人)与俄国派(克劳斯勒、迪努尔等)两大阵营;前者深受犹太教科学传统的影响而较为客观,而后者则有着更为明显的民族主义倾向。参见 Yitzhak Conforti, *Past Tense: Zionist Historiography and the Shaping of the National Memory* [in Hebrew], Jerusalem: Yad Ben-Zvi, 2006。

② David N. Myers, *Re-Inventing the Jewish Past*, pp. 109-110.

③ Michael Brenner, *Prophets of the Past: Interpreters of Jewish History*, p. 171.

④ 有关贝尔与巴龙之间的不同,参见 Isaac E. Barzilay, "Yishaq (Fritz) Baer and Shalom (Salo Wittmayer) Baron: Two Contemporary Interpreters of Jewish History", *Proceedings of the American Academy for Jewish Research*, Vol. 60 (1994), pp. 7-69。

是一个"小型有机体"(miniature organism)。①他在《基督教西班牙统治下的犹太史》中强调:"从最初的开端直到我们的时代,犹太历史构成一个有机整体",中世纪的犹太教代表着犹太人在"民族诞生的最初创造时期与传统价值走向崩解的现代时期"之间的中间阶段。②

迪努尔是贝尔在希伯来大学的同事,以色列建国后一度担任教育部长。他强调犹太人的独特性,具体体现为族群、宗教、社会、地理、语言与政治六大要素;极力提倡以以色列故土为中心观察犹太史,并在对犹太史的分期问题上极其鲜明地体现了此种观点。对他而言,以色列地的历史即是犹太史的中心,于是流散时期被大大缩减。流散并不始于通常所认为的第二圣殿被毁,而是始于7世纪阿拉伯人的征服而导致犹太"特征"在以色列地的丧失;与此前的其他征服者不同,阿拉伯人的到来永久性地打破了这一地区的经济与疆域格局,自此犹太"特征"不断被强制抹除,直到现代犹太复国主义兴起,这一趋势才得以遏制。③出于对以色列故土的选择性强调,他将1700年一群波兰犹太人受到萨巴泰运动的影响移居耶路撒冷作为流散历史的终结与现代犹太史的开端。迪努尔赋予了这一事件以特殊的意义,认为它吹响了犹太人返乡复国的号角,标志着"弥赛亚活动转向现实主义的开始",没有其他事件"对这场移民之后犹太史的所有不同道路具有如此深厚和持续的影响"。④在他看来,现代犹太史并不始于犹太人融入外邦主体社会,而是始于犹太人与以色列故土重新恢复政治联系。

---

① Michael Brenner, *Prophets of the Past: Interpreters of Jewish History*, p. 173.

② Yitzhak Baer, *A History of the Jews in Christian Spain*, Vol. 1, translated by Louis Schoffman, Philadelphia: Jewish Publication Society of America, 1966, p. 1.

③ Efraim Shmueli, "The Jerusalem School of Jewish History (A Critical Evaluation)", *Proceedings of the American Academy for Jewish Research*, Vol. 53 (1986), pp. 151-165; David Myers, "History as Ideology: The Case of Ben Zion Dinur, Zionist Historian 'Par Excellence'", *Modern Judaism*, Vol. 8, No. 2 (May, 1988), p. 177.

④ Ben Zion Dinur, *Israel and the Diaspora*, Philadelphia: Jewish Publication Society of America, 1969, pp. 90, 94; Uri Ram, "Zionist Historiography and the Invention of Modern Jewish Nationhood: The Case of Ben Zion Dinur", *History and Memory*, Vol. 7, No. 1 (Spring-Summer, 1995), pp. 91-124.

"耶路撒冷学派"的学者基本上有着共同的特点,他们都出生于饱受反犹主义困扰的欧洲流散地,而后在犹太复国主义的号召下来到巴勒斯坦故土,这些学者充分感受到欧洲理想与巴勒斯坦现状之间的矛盾与张力:前者以推动科学客观的学术研究为目标,而后者迫切要求塑造一个新的犹太认同。在学术理性与民族情感的交锋中,最终后者占据了上风,这批学者对犹太史进行浪漫化的解读,将之划分为流散与故土的两极化状况,从而形成所谓的"巴勒斯坦中心"(Palestino-centric)史观。它高度强调民族与土地的联系,主张只有回归故土才能实现犹太民族的正常化,同时对流散地进行否定,认为流散势必导致犹太人的异常以及反犹主义。这批学者的观点代表着现代犹太史学中的第三种趋势,即不同于西欧学者的个体解放思想以及东欧学者的流散地民族观念,而是要在故土重建现代民族国家,这是"一种对待过去的新态度,为过去的辉煌与荣耀而欢呼,它以新的视野评估文献并充分重视群众的力量,最重要的是,转向对人民与民族的研究。"[1]

这种诉求通常以圣经时代为理想目标,主张从古老的民族辉煌中寻找实现民族救赎的途径。犹太复国主义对历史观念进行了根本性的革新,他们将犹太历史划分为三大时期:古代时期、流散时代与民族复兴,这种分期为犹太认同的重构奠定了基础。在犹太复国主义者看来,古代的范围从以色列人征服迦南直到公元1—2世纪反抗罗马失败被逐出家园为止,而流散则是自此一直到现代犹太复国主义运动兴起之前的一切历史。流散不仅意味着与古老的故土失去物质的联系,而且也是犹太人作为一个民族整体性的丧失。古代的黄金时代为犹太复国主义所设想的民族复兴提供了理想的典范与合法的依据,流散时代由此成为一段虚空不实的历史;通过对漫长流散时代的贬低和否定,从而

---

[1] David N. Myers, "Was There a 'Jerusalem School'? An Inquiry into the First Generation of Historical Researchers at the Hebrew University", *Studies in Contemporary Jewry*, Vol. 10 (1994), p. 69.

在古代民族辉煌与现代民族复兴之间建立起一种象征上的延续。①

犹太复国主义的历史分期②

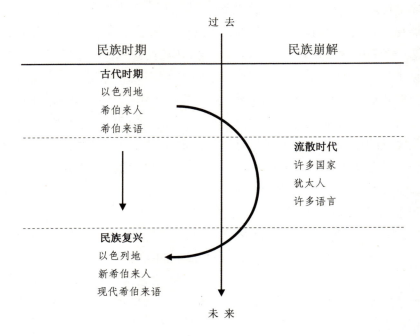

(五) 短暂的"魏玛繁荣"与犹太研究的纳粹化

进入 20 世纪以来,德国已不再是犹太研究的唯一主要阵地,但在魏玛时期犹太人仍创造了一批卓有影响的成果,出现了所谓的"魏玛繁荣"。而成立于 1919 年、结束于 1934 年的犹太教科学学院(Akademie für die Wissenschaft des Judentums),是这一时期的重要犹太研究机构。它在弗兰茨·罗森茨威格(Franz Rosenzweig)、赫尔曼·科恩

---

① Yael Zerubavel, "Transhistorical Encounters in the Land of Israel: On Symbolic Bridges, National Memory, and the Literary Imagination", *Jewish Social Studies*, Vol. 11, No. 3 (Spring/Summer, 2005), p. 117.

② Yael Zerubavel, *Recovered Roots: Collective Memory and the Making of Israel National Tradition*, Chicago: University of Chicago Press, 1995, p. 32.

(Hermann Cohen)等人的推动下在柏林成立,罗森茨威格最初设想仅以科学作为手段来促进犹太社团的自我认同。然而,先后担任院长职务的欧根·陶布勒(Eugen Täubler)与古特曼(Julius Guttmann)背离了罗森茨威格最初的设计,而将其设定为"纯科学"的研究机构(reinwissenschaftliche Anstalt),致力于在德国的环境中以德国式的学院体制开展职业化的犹太研究。① 1920 年,罗森茨威格转而在法兰克福创办"犹太研究自由所"(Freie Jüdische Lehrhaus),讲授犹太传统与文化以挽救当时许多濒于同化的德国犹太人。由于影响有限,该所在 1927 年解散。②

这一时期还出现了一些较有影响的研究著作。在任教于柏林犹太教科学高等研究所的德国犹太历史学家伊斯玛·埃尔伯根(Ismar Elbogen)主持下,20 世纪 20 年代末计划出版一部十二卷本的《犹太人的历史:从最初的时期到当前的时代》(Geschichte der Juden von den ältesten Zeiten bis auf die Gegenwart)③,由于纳粹上台而被迫中断。后来埃尔伯根将自己完成的部分出版,名为《德国犹太人的历史》(Die Geschichte der Juden in Deutschland,1935)。1934 年,西格蒙德·卡茨内尔森(Siegmund Kaznelson)编辑出版了长达 1000 余页的《德国文化领域的犹太人》(Juden im deutschen Kulturbereich),搜集了犹太人对德国文化各个领域的参与情况。1938 年 11 月 9 日爆发的"水晶之夜"成为重要的分水岭。此后德国大学不再接受犹太人申请博士学位。1938 年,纳粹关闭犹太神学院与正统派犹太教拉比学院,1942 年,柏林犹太教科学高等研究所也被摧毁,标志着犹太人在德国学院体制中维持犹太

---

① David N. Myers, "The Fall and Rise of Jewish Historicism: The Evolution of the Akademie für die Wissenschaft des Judentums (1919-1934)", Hebrew Union College Annual, Vol. 63 (1992), pp. 107-144.

② Erich Ahrens, "Reminiscences of the Men of the Frankfurt Lehrhaus", Leo Baeck Institute Year Book, Vol. 19 (1974), pp. 245-253.

③ Michael Brenner, "An Unknown Project of a World Jewish History in Weimar Germany: Reflections on Jewish Historiography in the 1920s", Modern Judaism, Vol. 13 (1993), pp. 249-267.

研究努力的最终失败,也表明持续了一个多世纪的犹太教科学运动走向终结。①

自纳粹上台后,德国的各级教育体系以及教科书基本上都经历了一个纳粹化的过程(Nazification)。为降低和根除犹太人对于德国社会的"不良"影响,在学术机构中推行普遍的雅利安化,纳粹也开展了所谓的犹太研究,从而形成一门新的"学科"——"Judenforschung"(即对犹太人问题的研究)。但这种所谓的学术研究完全从属于种族主义政治的需要,其目的是在学术领域进行反犹宣传并为反犹活动提供"科学"依据。②在纳粹主导的"犹太研究"中,"犹太人问题"专家阿尔弗雷德·罗森博格(Alfred Rosenberg)发挥了重要的作用。在罗森博格看来,犹太人问题首先是一个欧洲问题,它需要一个欧洲的"解决",而且犹太人问题还是一个世界问题,总之,作为劣等民族的犹太人不应该继续存在。③

1935年,犹太人问题研究所(Institut zur Studium der Judenfrage)在柏林成立,这是纳粹建立的第一个反犹研究机构,由纳粹宣传部委员兼该部"犹太专家"威廉·齐格勒(Wilhelm Ziegler)担任负责人。④同年,在帝国科学部长伯恩哈德·鲁斯特(Bernhard Rust)与纳粹党魁鲁道夫·赫斯(Rudolf Hess)的指导下,帝国新德国历史研究所(Reichsinstitut für Geschichte des neuen Deutschland)也在柏林成立,瓦尔特·弗兰

---

① 有关魏玛时期犹太研究的情况,参见 Henry Wassermann, *False Start: Jewish Studies at German Universities during the Weimar Republic*, Amherst, N. Y.: Humanity Books, 2003。

② 有关纳粹知识界对犹太人的研究,参见 Max Weinreich, *Hitler's Professors: The Part of Scholarship in Hilter's Crimes against the Jewish People*, New Haven: Yale University Press, 1999; Alan E. Steinweis, *Studying the Jew: Scholarly Antisemitism in Nazi Germany*, Cambridge, Mass.: Harvard University Press, 2006。

③ Patricia von Papen-Bodek, "Anti-Jewish Research of the *Institut zur Erforschung der Judenfrage* in Frankfurt am Main between 1939 and 1945", in Jeffry M. Diefendorf, ed., *Lessons and Legacies VI: New Currents in Holocaust Research*, Evanston, IL: Northwestern University Press, 2004, pp. 155-189.

④ 该研究所于1939年12月更名为"反闪族行动部"(Antisemitische Aktion),由于其名称遭到阿拉伯国家的抗议,而在1942年2月再度更名为"反犹太人行动部"(Antijüdische Aktion)。

克(Walter Frank)担任主任,具体则由慕尼黑大学著名历史学家卡尔·冯·穆勒(Karl Alexander von Müller)负责。穆勒在创办仪式上称,该研究所的创立不仅是"推进科学和学术的普通组织行为;相反,在知识和高等教育领域,它本身即是一个革命的行为,是一场阿道夫·希特勒的伟大国家社会主义革命"。①到 1936 年 4 月,它下设世界大战期间的政治领袖研究室、国家社会主义思想史研究室、犹太人问题研究室三个部门;犹太人问题研究室设在慕尼黑,威廉·格劳(Wilhelm Grau)为其首任负责人。格劳还创办杂志《世界性斗争:犹太人问题的过去与现在》(*Weltkampf: Die Judenfrage in Geschichte und Gegenwart*),以作为全欧洲反犹活动的重要宣传平台。

需要提及的是,1939 年在法兰克福成立的犹太人问题研究所(Institut zur Erforschung der Judenfrage)有着战时欧洲最大规模的犹太研究图书馆。1938 年"水晶之夜"发生时,法兰克福副市长写信给鲁道夫·赫斯提到该市图书馆所藏的丰富犹太研究书籍,并建议成立一个研究所来研究犹太人问题。赫斯随即派威廉·格劳前来主持工作。该研究所专门设立了"犹太人问题研究图书馆"(Bibliothek zur Erforschung der Judenfrage),并将战争期间搜集到的大量犹太书籍运往该所,该图书馆藏书最多时达 55 万册。随着纳粹在欧洲战场的胜利推进,纳粹占领区及其学术领域基本上都经历了"去犹太化"的过程(de-judaization),犹太人问题的研究机构随之扩展至巴黎、波尔多、热那亚、博洛尼亚、布达佩斯、克拉科夫等地,到 1942 年纳粹已经基本建立起遍布全欧的反犹研究网络。

---

① Michael Brenner, *Prophets of the Past: Interpreters of Jewish History*, p. 150. 穆勒将历史研究视为政治宣传的有力手段,这个研究所宣布对以下研究领域给予特别的资助:宫廷犹太人、西班牙驱逐犹太人、《塔木德》的地位、犹太人在启蒙运动中的作用以及 19 世纪与 20 世纪犹太人受洗与通婚的人口统计等,夸大犹太人的邪恶影响,对这些主题进行负面的渲染以迎合政治宣传。

纳粹成立的犹太人问题研究机构(1935—1945)①

所在地	机构名称	成立年份	赞助者	负责人
德国				
柏林	犹太人问题研究所(Institut zur Studium der Judenfrage)	1935	纳粹宣传部	威廉·齐格勒
柏林	帝国新德国历史研究所(Reichsinstitut für Geschichte des neuen Deutschland)	1935	纳粹教育部	瓦尔特·弗兰克(到1941年)
慕尼黑	犹太人问题研究室(Forschungsabteilung Judenfrage)	1936	纳粹教育部	威廉·格劳(到1938年)、卡尔·甘泽尔
埃森纳赫	调查及根除犹太人对德国宗教影响研究所(Institut zur Erforschung und Beseitigung des jüdischen Einflusses auf das deutsche kirchliche Leben)	1939	福音派教会	瓦尔特·格伦德曼
纽伦堡	反犹太人同盟(Antijüdische Liga)	1939	《先锋报》	保罗·沃姆
巴特施瓦尔巴赫	犹太人问题国际研究所(Welt-Dienst, Internationales Institut zur Aufklärung über die Judenfrage)	1939	阿尔弗雷德·罗森博格	奥古斯特·希尔默
法兰克福	纳粹党犹太人问题研究所(Außenstelle der Hohen Schule der NSDAP/Institut zur Erforschung der Judenfrage)	1939	阿尔弗雷德·罗森博格	威廉·格劳(到1942年)、克劳斯·希尔科特
瓦尔特兰(今波兰地区)				
罗兹	纳粹党犹太人问题研究所分部(Branch of the Außenstelle)	1942	阿尔弗雷德·罗森博格	阿道夫·温德勒
克拉科夫	德国东方研究所犹太分部(Institut für deutsche Ostarbeit-Judenreferat)	1940	行政长官汉斯·弗兰克	约瑟夫·萨默费尔特博士

---

① Patricia von Papen-Bodek, "Anti-Jewish Research of the *Institut zur Erforschung der Judenfrage* in Frankfurt am Main between 1939 and 1945", pp. 172-173.

续表

所在地	机构名称	成立年份	赞助者	负责人
意大利				
安科纳	犹太人问题研究所（Institute for the Study of the Jewish Question）	1941	法西斯党种族办公室	圭多·波达利利、乔凡尼·普雷济奥西博士
米兰、佛罗伦萨		1942	大众文化部	阿尔弗雷多·阿奇托、乌戈·普西奥尼
的里雅斯特	的里雅斯特犹太人问题研究所（Fascist Centro per lo Studio Problema Ebraico Centro Triestino per la Difesa della Razza）	1942	教育部种族办公室	埃托雷·马蒂诺利
博洛尼亚	犹太人问题研究所（Institute for the Study of Jewish Question）	1943	乔凡尼·普雷济奥西博士	马里奥·蒂罗洛
法国				
巴黎	犹太人问题研究所（Institut d'Etudes des Questions Juives，直到1943年）	1941	德国大使	保罗·塞齐耶
巴黎	犹太人种与种族问题研究所（Institut d'Etudes des Questions Juiveset Ethno-Raciales）	1943		乔治·蒙坦当
波尔多	犹太人问题研究所（Institute for the Study of the Jewish Question）	1941		亨利·拉布鲁
匈牙利				
布达佩斯	匈牙利犹太人问题研究所（Hungarian Institute for Research into the Jewish Question）	1944	海因茨·巴伦西芬	佐尔坦·博什尼亚克

四、1945年以来的国际犹太史研究

纳粹大屠杀的空前暴行摧毁了欧洲作为犹太文化与学术中心的地位,随着以色列的建国以及美国犹太人的崛起,犹太研究的中心随之转移到以色列与美国。当代犹太研究呈现出许多新特点:其一,专业化的趋势越来越明显,多卷本的通史大多由许多学者合著而成,几乎很难见到单个学者撰写大部头的通史。其二,犹太研究的国际化趋势不断加强,开设犹太研究的大学或机构越来越多,它逐渐发展为一门国际性学科。其三,与以色列代表的民族主义史学方向不同,美国犹太研究坚持流散地的多元主义精神。20世纪80年代后,民族主义在犹太史学中的主导地位不断受到后现代主义的冲击,逐步走向多元化与碎片化。

(一) 纳粹大屠杀对犹太思想的冲击

纳粹大屠杀造成600万欧洲犹太人的死亡,对此前所未有的灭绝行为,人们在很长一段时间内很难接受,许多犹太人因此产生了极大的困惑和不解,越来越多的人对此进行认真的反思。针对任凭大屠杀发生而没有任何有力的力量加以阻止的事实,一些人用"上帝特征的隐匿"(God being hidden features)这一观念来进行解释,此观念源于《圣经》,特别是"救主以色列的神啊,你实在是自隐的神"(《以赛亚书》45:15)。犹太神秘主义派别喀巴拉派就认为"上帝的藏匿"是对犹太教信仰者的一种挑战,上帝通过隐身或假意的消失来考验子民是否对其保有忠诚。1952年马丁·布伯出版了《神蚀》一书,集中回答了大屠杀中上帝存在的问题。他将上帝"隐身"的含义加以延伸,认为上帝在历史上的活动并非是连续的,在某些历史事件中人们可以感受到其存在,而在另一些事件,比如大屠杀中,就发觉上帝似乎不存在了。"乌托邦之光被蚀,即神蚀。……日蚀发生在太阳和我们的眼睛之间,而非

发生在太阳本身,因此,神并不会因为我们看不见而不存在。"① 布伯强调,犹太人正处在一个等待上帝的艰难时刻,大屠杀的悲剧是因为神的暂时被蚀,而人则需要耐心等待,等待隐藏起来的神再次显现,从而恢复被大屠杀破坏的神人关系。

尽管有不少思想家为大屠杀中上帝的缺席开脱,但上帝作为公义、仁慈、怜悯的象征坐视几百万子民被送进纳粹焚尸炉于不顾的现实,引起一些学者对于上帝存在的强烈质疑。对纳粹大屠杀神学反思的激进观点来自美国自由派犹太神学家理查德·鲁宾斯坦(Richard Rubenstein),他在1966年发表《奥斯威辛之后》(After Auschwitz),对上帝作为"历史主宰"的传统观念提出了质疑,他认为上帝没有通过拯救他的信仰者来显现其力量,进而指出对大屠杀唯一的诚实反应就是,对上帝的拒绝以及"所有的存在最终都是无意义的"认识:

> 在纳粹时代之前,无论何时存在着对犹太人的严重威胁,无论有多么严重,上帝都多少回应了其子民的哭喊。而在奥斯威辛和其他集中营里,当走投无路的犹太人被驱向焚尸炉时,他们开始吟诵犹太教经文,高声颂扬自己的民族文化,然而上帝似乎没有回应他们的祈祷。……我们生活在"上帝已死"的时代,我的意思是:联系着神与人,天与地的线断了。我们站在一个冷酷、寂静、无情的宇宙之中。除我们自己的才智外,再没有任何客观力量可以来相助。在发生了奥斯威辛集中营的罪行之后,一个犹太人对于上帝还能说些别的什么呢?②

总之,大屠杀对犹太历史观念产生了深远的影响,使神的干预的古老观念不再有效而被迫转向自我依靠;大屠杀无疑是对神权历史观的致命否定,因为它证明上帝将不会,也不能干预历史,甚至上帝或其他超自然的神是否存在都受到了怀疑。

---

① Martin Buber, *The Eclipse of God*, New York: Humanity Books, 1952, p. 23.
② Richard L. Rubenstein, *After Auschwitz: Radical Theology and Contemporary Judaism*, Indianapolis: The Bobbs-Merrill Co., 1966, pp. 151-153.

(二) 战后美国犹太史学的繁荣

由于纳粹的迫害,大批犹太知识精英涌入美国,美国犹太研究在战后获得了前所未有的发展,美国与以色列成为战后世界犹太研究的两大中心。1948 年,以犹太裔美国最高法院大法官路易斯·布兰代斯(Louis Brandeis)为名的布兰代斯大学(Brandeis University)在波士顿成立,标志着犹太研究得到美国大学体系的接纳与认可。二战期间迁至纽约的 YIVO 也焕发出新的生机,对被毁的东欧犹太世界重新进行资料收集与学术研究,并快速发展为有关中东欧犹太人最重要的资料库。1946 年创办的《意第绪科学研究所年鉴》(*YIVO Annual*)成为发表东欧犹太人研究成果的首要阵地。

20 世纪六七十年代,美国的犹太研究出现了快速的发展。根据加州大学洛杉矶分校阿诺德·本德对美国学院和大学中犹太研究状况的调查,到 1966 年,犹太研究机构的数目比 1945 年增长了七倍,他列举了 61 个犹太研究领域的全职教席,并估计有大约 40 所学院与大学提供"相当齐全的犹太研究本科教育",另外 25 所学校"没有本科专业但提供许多课程",这些提供犹太研究相关课程的大学几乎都排在全美前列,例如哈佛大学、哥伦比亚大学、布兰代斯大学、加州大学洛杉矶分校、纽约大学、宾夕法尼亚大学、布朗大学、芝加哥大学、加州大学伯克利分校,等等。此外,提供研究生计划的大学数目也从 6 所增加到 20 所。①这些发展都表明,美国在战后已成长为世界犹太研究的重镇。美国犹太研究的高度发展,代表着流散地犹太学术的最高水平,甚至超过贡献了《塔木德》的巴比伦,美国被誉为"新的巴比伦"或"新的

---

① Arnold J. Band, "Jewish Studies in American Liberal Arts Colleges and Universities", *American Jewish Year Book*, Vol. 67 (1966), pp. 3-30; Leon Jick, ed., *The Teaching of Judaica in American Universities: The Proceedings of a Colloquium*, New York: Ktav Publishing House, 1970.

亚历山大里亚"。①

第二次世界大战后初期美国犹太研究获得快速发展有着深刻的社会背景,其主要原因大致有以下几点:首先,以色列的建国表明犹太人是一个活着的、发展中的民族,作为具有悠久历史并与现在有着密切联系的民族,它的历史与连续性值得研究。其次,犹太人在美国社会地位的提高促进了犹太研究的开展。许多美国人从历史渊源和文化内涵出发,将犹太教视为类同于新教、天主教的主要宗教,给予其仅次于后两者的第三大宗教的地位,特别是将美国精神定位为"新教—天主教—犹太人"(Protestant-Catholic-Jew)②,使得仅占美国总人口3%的犹太人被赋予了占美国1/3的宗教地位。再次,美国犹太人自我意识的增强为犹太研究创造了需求,并为开展这一研究提供了便利。纳粹大屠杀与犹太国家的再度建立增强了美国犹太人的民族认同,特别是1967年六日战争前夕以色列岌岌可危的处境促进了美国犹太人犹太意识的回归:"当代美国有许多犹太人基于其宗教信仰,想成为不失犹太身份的美国人,而以色列是最完美的解决办法。"③这些都为犹太研究在美国的蓬勃开展提供了必要前提和思想动力。

第二次世界大战后美国犹太研究最具成就的领域是美国犹太人研究,涌现出一批著名的学者。出于对美国犹太生活的肯定,并以之作为流散史的生存特例,美国犹太人从一开始就对美国犹太社团本身的历史给予了高度的关注。来自希伯来联合学院的著名学者雅各·马库斯(Jacob R. Marcus)先后发表《殖民地时期的美国犹太人,1492—1776》《美国犹太人,1776—1985》《美国世界的犹太人:原始资料集》等,对美

---

① William W. Orach, "American Jewish Studies: Babylonia or Alexandria?" *Forum*, Vol. 37 (Spring, 1980), pp. 25-36.

② Will Herberg, *Protestant-Catholic-Jew: An Essay in American Religious Sociology*, Garden City, N.Y.: Doubleday, 1955.

③ Charles Liebman, *The Ambivalent American Jews*, Philadelphia: Jewish Publication Society of America, 1973, p. 73.

国犹太人的整个历史过程进行了充分的考察。①在马库斯之后成为美国犹太史研究旗手的是布兰代斯大学的乔纳森·萨纳(Jonathan D. Sarna),他先后出版《美国犹太人的经历》《美国犹太教史》《犹太人与美国内战》等著作。②这些研究使美国成为美国犹太人研究的主要基地。

(三) 以色列建国后犹太学术的国家化

1948年,现代以色列国的建立不仅标志着犹太民族的伟大复兴,而且直接推动了犹太研究的繁荣发展。作为民族主义的主要支柱,国家大力扶持犹太史研究,在中小学普及犹太历史教育。希伯来大学专门成立迪努尔犹太历史研究所(The Ben Zion Dinur Research Institute for Jewish History)。新成立的其他大学,比如巴伊兰大学(1955年成立)、特拉维夫大学(1956年成立)、海法大学(1963年成立)、本-古里安大学(1967年成立)等也致力于开展犹太研究。考古活动也在建国后获得了空前的发展,在死海西岸库姆兰发现的"死海古卷"迅速成为当时的热门研究对象。1961年,仿照法兰西学院的模式,以色列科学与人文学院(Israel Academy of Sciences and Humanities)成立,其在人文学科方面下设《希伯来圣经》《塔木德》、圣经考古、犹太历史、犹太哲学、犹太艺术、希伯来语以及意第绪语等研究方向的院士。

值得注意的是,大屠杀研究(Holocaust Studies)在以色列建国后成

---

① Jacob R. Marcus, *The Colonial American Jew 1492-1776*, 3 vols., Detroit: Wayne State University Press, 1970; idem, *United States Jewry 1775-1985*, 4 vols., Detroit: Wayne State University Press, 1989-1993; idem, ed., *The Jew in the American World: A Source Book*, Detroit: Wayne State University Press, 1996; etc.

② Jonathan D. Sarna, *The American Jewish Experience*, New York: Holmes and Meier, 1997; idem, *American Judaism: A History*, New Haven: Yale University Press, 2004; Jonathan D. Sarna & Adam Mendelsohn, eds., *Jews and the Civil War: A Reader*, New York: New York University Press, 2010; etc.

为一项专门的研究。① 1947 年 7 月 13—14 日,希伯来大学在耶路撒冷举办了首届世界犹太研究会议(WCJS),此次规模空前的学术会议将主题定为"对我们时代的浩劫与英雄主义的研究"(Research on the Shoah and Heroism in Our Time),表示要对最近在欧洲大陆发生的"浩劫与英雄主义"(Shoah uGvurah)进行研究,从而正式把大屠杀研究纳入到犹太研究之中。② 为了给予纳粹死难者以统一的纪念,1953 年 8 月 19 日,以色列议会正式通过"浩劫与英雄主义纪念法"(Yad Vashem, rashut ha-zikaron la-Shoah vela-Gvurah/The Law of Remembrance of the Shoah and Heroism,也称 Yad Vashem Law),这项法律规定成立名为"亚德·瓦谢姆"的纳粹大屠杀殉道者与英雄纪念当局(Shoah Martyrs' and Heroes' Remembrance Authority),授权它建造一座纪念工程,同时"收集、研究和出版有关灾难与英雄主义之见证,以向世人提供教训"。③ 根据这项法律建立的亚德·瓦谢姆纪念馆,在开展有关大屠杀的纪念、教育和研究等方面发挥着极其重要的作用。此后,以色列多所大学陆续建立起有关大屠杀研究的机构。

以色列建国后,涌现出一批土生土长的历史学家,哈伊姆·本·萨松(Haim H. Ben-Sasson)、撒母耳·埃廷格(Shmuel Ettinger)与雅各·卡茨(Jacob Katz)即为其中的突出代表,他们被称为"耶路撒冷学派"的第二代学者。与迪努尔不同,本·萨松并不关心证实犹太定居点在以色列故土的长期存在,而仅仅强调流散犹太人与以色列地之间的密切联系。本·萨松主编了 20 世纪下半期最有影响的犹太通史——《犹太民族史》(A History of the Jewish People),该书带有强烈的以色列中心思想,将犹太历史视为一部连续的民族史:"自从古代起,犹太民族就拥有

---

① 有关以色列大屠杀研究的兴起及发展状况,参见 Boaz Cohen, "The Birth Pangs of Holocaust Research in Israel", *Yad Vashem Studies*, Vol. 33 (2005), pp. 203-243; idem, *Israeli Holocaust Research: Birth and Evolution*, translated by Agnes Vazsonyi, London: Routledge, 2013。

② Boaz Cohen, *Israeli Holocaust Research: Birth and Evolution*, pp. 57-58。

③ Benzion Dinur, "Problems Confronting Yad Vashem in its Work of Research", *Yad Vashem Studies*, Vol. 1, (1957), pp. 9-10。

连续的历史……他们的自我意识与文化认同以及他们的民族成分,证明了犹太民族生活的连续性超越于任何变化之上——实际上甚至自从它由部落走向民族,直到我们的时代都是如此。"①有学者评价道:"这部新的《犹太民族史》最重要的特点是以犹太复国主义贯穿整个历史;它以最近的意识形态投射到整个犹太人的过去之中,反映了伊扎克·贝尔的哲学观点,后者的精神盘旋在这本书的绝大部分内容之中。"②

埃廷格承担了《犹太民族史》一书的现代部分,他主要从两种对立趋势之间的斗争来观察现代犹太史:一方面,犹太人希望获得公民权以融入周围主体社会;另一方面,融入周围主体社会必然走向失败转而期望返回故土重建主权。③在他看来,现代犹太史尽管有着多样性,但最终可以浓缩为同化与捍卫这两种对立趋势的二元性:"一方面,存在促使这个民族中的许多犹太个体与团体认同于犹太人的过去及整个流散地所有犹太人的向心力;另一方面,我们也看到将他们分开并使之与外部环境接近的离心趋势。"④无怪乎这种民族中心立场遭到美国犹太史家的批评,拉斐尔写道:"他(埃廷格)将历史置于意识形态的紧身衣中,他对19世纪的归纳正如其章节标题——'解放运动的失败'。"⑤

在第二代"耶路撒冷学派"的学者中,雅各·卡茨是少有的巴勒斯坦中心史观的批评者。他并不否认以色列地在整个犹太历史中的重要性⑥,但他批评迪努尔等人过分政治化的历史观,尤其指责其将1700年一群波兰犹太人移居圣地定为犹太史的开端是站不住脚的。卡茨的

---

① Haim H. Ben-Sasson, ed., *A History of the Jewish People*, p. 19.
② Chimen Abramsky, "A National Jewish History", *Jewish Quarterly*, Vol. 25, No. 1 (Spring, 1977), p. 30.
③ Michael Brenner, *Prophets of the Past: Interpreters of Jewish History*, p. 186.
④ Haim H. Ben-Sasson, ed., *A History of the Jewish People*, p. 731.
⑤ Chaim Raphael, "The Texture of Jewish History", *Commentary*, Vol. 63, No. 1 (1977), p. 69.
⑥ Yosef Salmon, "The Historical Imagination of Jacob Katz: On the Origins of Jewish Nationalism", *Jewish Social Studies*, New Series, Vol. 5, No. 3 (Spring-Summer, 1999), pp. 161-179; Dan A. Porat, "One Historian, Two Histories: Jacob Katz and the Formation of a National Israeli Identity", *Jewish Social Studies*, New Series, Vol. 9, No. 3 (Spring-Summer, 2003), pp. 56-75.

重要贡献在于,提倡以"社会史"的研究方法来关注犹太传统在现代世界中的维系及其与周围社会之间的经济和社会关系,探讨犹太人在激烈变化的环境中如何坚守犹太教。总之,卡茨提供了一个有关犹太现代性起源的新视角。

现代犹太研究的一个重要特点就是对社会科学方法的吸收与采用,特别是以色列建国后考古学的迅速发展,为犹太研究提供了必要的补充,并直接导致研究范围的扩大。哈伊姆·拉斐尔将现代犹太研究范围的扩张视为一场"意识领域的转折点"。① 新的学科发展形势对编纂新版《犹太百科全书》提出了迫切需要:"在诸如开罗秘库与死海古卷的重大发现之下,犹太学术的每一领域都经历着基本的修订,社会科学的方法——社会学、经济学、人口学——应用于犹太历史研究之中,圣经时代的视角由考古学与对古代近东的新阐释所提供。"② 在戈德曼(Nahum Goldman)的提议下,编纂新版《犹太百科全书》(Encyclopaedia Judaica)的计划被提上议事日程。这项工作的开展得益于国际性合作的发展,尤其是以色列与美国学者之间的合作,例如,希伯来大学的本锡安·迪努尔出任以色列编委会的主席,而亚伯拉罕·纽曼(Abraham Neuman)担任美国编委会的主席,并随后为来自布兰代斯大学的亚历山大·阿尔特曼(Alexander Altmann)接替。

编纂新版《犹太百科全书》的工作正式启动于 1966 年,由塞西尔·罗斯(Cecil Roth)担任总主编,1970 年罗斯去世后由杰弗里·魏戈德(Geoffrey Wigoder)接替,全世界范围内的许多犹太学者被邀请提供帮助,克特尔出版公司具体负责出版事宜。该书超过 2.5 万个条目,每个门类都有自己的编者,总计有超过 300 个编者。据魏戈德所说,"2.5 万个条目中的每一个都经过 18 次编辑过程与 32 道技术程序"。③

---

① Chaim Raphael, "Encyclopaedia Judaica", *Commentary*, Vol. 58, No. 1 (August, 1972), p. 36.

② Shnayer Leiman, "The New Encyclopaedia Judaica: Some Preliminary Observations", *Ariel*, No. 30-34 (1972-1973), p. 108.

③ Geoffrey Wigoder, "Making the Encyclopaedia Judaica", *Jewish Digest*, (1972), p. 46.

全书分成 20 个主要类别,其下又细分为更小的门类。主要的门类有:《圣经》、希伯来语、闪族语言、第二圣殿时期、拉比文献、《塔木德》与塔木德时期、犹太律法、犹太哲学、神秘主义、中古希伯来文献、犹太教、犹太历史、犹太复国主义、当代犹太人、纳粹大屠杀、现代希伯来文献、犹太人对世界文化的参与、现代意第绪文献、美国犹太人、以色列地等等。由于工程浩大,该书的作者群是国际性的。尽管有学者批评该书为"公共关系的产物""不一致"等①;但它无疑享有很高的学术地位,许多学者对其给予极高的评价,将之誉为"耀眼的标志""具有划时代价值的作品""必不可少的参考工具"以及"各级学院、大学、学习班与所有公共图书馆的必买书"。

(四) 欧洲犹太学术在战后的复苏

战后欧洲犹太学术逐渐走向恢复,但其整体水平与战前的繁荣状况相比已经大大下降。经过纳粹大屠杀的空前浩劫,战后德国社会逐步扭转了战前过分政治化的倾向,在学术领域开展了"去纳粹化"(Denazification)行动,在此情况下犹太研究得到一定程度的恢复。② 1959年,科隆市建造了一座德国犹太历史图书馆(Bibliothek Germania Judaica),1964 年战后德国第一个犹太研究所也在此建立。次年,汉堡设立德国犹太历史研究所。进入 70 年代以后,许多大学纷纷设立犹太研究教席与犹太研究机构。海德堡犹太研究学院(College for Jewish Studies,1979)、柏林技术大学反犹主义研究中心(Zentrum für Antisemitismusforschung,1982)、柏林自由大学犹太研究学院(Seminary of Jewish Studies,1983)纷纷成立,表明犹太研究在战后德国得到一定程度的复兴。

---

① Solomon Zeitlin, "The Encyclopaedia Judaica", *Jewish Quarterly Review*, Vol. 63 (1972-1973), pp. 1-28.
② 有关战后德国犹太学术的状况,参见 Shulamit Volkov, "Reflection on German-Jewish Historiography: A Dead End or a New Beginning?" *Leo Baeck Institute Year Book*, Vol. 41 (1996), pp. 309-320; Uri R. Kaufmann, "Historiography on Modern Jewry in Germany after 1945", in J. T. Borrás & A. Sáenz-Badillos, eds., *Jewish Studies at the Turn of the Twentieth Century*, Vol. 2, Leiden: Brill, 1999, pp. 316-322。

除此之外,犹太研究在英、法、西班牙、荷兰、意大利等国,乃至东欧国家也都有了一定的发展。①从整体来看,战后欧洲著名的犹太学者已经大为减少,牛津大学的塞西尔·罗斯是其中的一位。与巴龙一样,罗斯反对"犹太流散的流泪概念",1932年,他发表《最受迫害的民族?》②一文,驳斥所谓犹太史上的黑暗中世纪的说法,认为犹太人在流散地创造出许多杰出的文化成就;他还以意大利文艺复兴时期犹太人的贡献为例来证明犹太人在流散时期的创造力:"在文艺复兴时期的意大利,我们有着成功融合的独特现象,而这许多在今天都是无法实现的愿望。那些翻译阿维洛伊著作的犹太人获得了物理学家的声望,他们还从事天文志的编纂、戏剧的创作与表演、音乐的谱写等等,几乎遍布于各个领域"。③罗斯先后出版了《犹太人对文明的贡献》(1938)、《意大利犹太人的历史》(1946)、《文艺复兴中的犹太人》(1959)等著作④,由于其突出的学术成就,1966年被推举为新版《犹太百科全书》的主编。

战后初期值得关注的欧洲犹太学术成就是1956年在伦敦建立的以原德国犹太社团领导人利奥·拜克名字命名的犹太研究学院——利奥·拜克学院(Leo Baeck College),以作为第二次世界大战期间被毁的柏林犹太教科学高等研究所的继续。此前一年,利奥·拜克研究所

---

① 有关战后欧洲犹太研究的情况,参见 Albert van der Heide & Irene E. Zwiep, eds., *Jewish Studies and the European Academic World*, Paris: Peeters, 2005。

② Cecil Roth, "The Most Persecuted People?" *Menorah Journal*, Vol. 20, No. 2 (July-Sep., 1932), pp. 136-147. 罗斯妻子给他的传记的副标题取名为"没有眼泪的历史学家",参见 Irene Roth, *Cecil Roth: Historian without Tears: A Memoir*, New York: Sepher-Hermon Press, 1982。

③ Cecil Roth, *The Jews in the Renaissance*, Philadelphia: Jewish Publication Society of America, 1959, p. xi.

④ Cecil Roth, *The Jewish Contribution to Civilization*, London: Macmillan & Co., 1938; idem, *The History of the Jews of Italy*, Philadelphia: Jewish Publication Society of America, 1946; idem, *The Jews in the Renaissance*, Philadelphia: Jewish Publication Society of America, 1959; etc. 有关罗斯对意大利犹太人研究的贡献,参见 David B. Ruderman, "Cecil Roth, Historian of Italian Jewry", in David N. Myers & David B. Ruderman, eds., *The Jewish Past Revisited*, pp. 128-142。

(Leo Baeck Institute)在耶路撒冷、伦敦、纽约三地相继成立①,主要以从哈斯卡拉到纳粹上台期间的德语国家犹太人的历史与文化作为研究对象。研究所在成立之初即明确其宗旨为:"致力于展示过去,力图客观忠实、不偏不倚、不带委婉地揭示许多个世纪里犹太男女所做、所悟、所想与所创造的一切,他们如何证明自己和他们在哪些方面没能做到,他们如何处理生活中的问题以及犹太世界与欧洲世界之间的冲突。利奥·拜克研究所力图揭示源自中欧犹太人的社团发挥的历史作用——或许可能包括现在——它通过独一无二的历史遭遇而走向了悲剧性但并非可耻的终结。"②

通过出版一系列著作与期刊,该研究所成为近现代德国犹太史领域首屈一指的研究机构。值得一提的是,该研究所自1956年起每年出版一辑《利奥·拜克研究所年鉴》(Leo Baeck Institute Year Book),在犹太研究界产生了巨大的影响。经过几十年的发展,该杂志见证着利奥·拜克研究所由少数精英团体的文化论坛转变为具有国际影响的跨学科研究中心。利奥·拜克研究所以其卓越的学术成就,被誉为犹太教科学运动在战后的精神继承者:"研究所的成就主要源自高度发达的历史意识,而这得益于犹太教科学运动在德国一个多世纪的培育。"③

(五) 当代犹太研究的国际化趋势

二战结束后的二三十年间是犹太研究走向国际化的重要时期,众多卓有影响的国际犹太研究学术团体在此期间相继成立。其中最有影响的是1947年成立于耶路撒冷的世界犹太研究联合会(World Union of Jewish Studies,简称WUJS),它挂靠在希伯来大学下,会刊为《犹太研

---

① 耶路撒冷、伦敦、纽约三地的网站分别为:http://www.leobaeck.org/、http://www.leobaeck.co.uk/、http://www.lbi.org/。

② C. Hoffmann, "The Founding of the Leo Baeck Institute, 1945-1955", in idem, ed., *Preserving the Legacy of German Jewry: A History of the Leo Baeck Institute, 1955-2005*, Tübingen: Mohr Siebeck, 2005, p. 40.

③ Ismar Schorsch, "The Leo Baeck Institute: Continuity and Desolation", in idem, *From Text to Context: The Turn to History in Modern Judaism*, p. 370.

究》,每四年举行一次大型会议,其成员遍布全世界,已经成为国际犹太研究界的最重要组织。其宗旨是,在世界范围内推动犹太研究并促进不同地区犹太研究学者之间的交流互动。2013 年 7 月底,第 16 届世界犹太研究大会在希伯来大学召开,参加者有来自 40 多个国家的 3000 余名学者。现任主席为希伯来大学的约瑟夫·卡普兰(Yosef Kaplan)。

为了增进美国犹太研究界内部的学术联系,美国犹太学者在 1969 年成立了犹太研究协会(Association for Jewish Studies,简称 AJS),首任主席为莱昂·吉克(Leon Jick),会刊为《犹太研究协会评论》。经过几十年的发展,犹太研究协会已经成为世界犹太研究领域职业化水平最高的学术组织,汇集了美国犹太研究界的主要学术精英,通过开展各种有效的活动,为快速发展的美国犹太研究提供了重要指导。会员人数超过 1800 人,几乎遍布美国及加拿大的主要大学及研究机构。现任主席为来自布兰代斯大学的乔纳森·萨纳。

在著名学者雅各·纽斯纳的提议下,1981 年,欧洲犹太学者成立了全欧范围的犹太研究组织——欧洲犹太研究协会(European Association for Jewish Studies,简称 EAJS),首任主席为格扎·韦尔迈斯,会址设在牛津大学希伯来与犹太研究中心(它是欧洲最大的犹太研究中心),发行会刊《欧洲犹太研究杂志》,其宗旨在于鼓励与支持全欧洲大学层面的犹太研究及教学,并增进对犹太文化、文明的重要性及其在许多个世纪中对欧洲文化的影响之理解。欧洲犹太研究协会是全欧洲的犹太研究协会,起初其成员主要来自西欧,1989 年后东欧国家纷纷加入。①

---

① 如今其成员来自奥地利、比利时、保加利亚、塞浦路斯、捷克、丹麦、爱沙尼亚、芬兰、法国、德国、希腊、匈牙利、爱尔兰、意大利、拉脱维亚、立陶宛、卢森堡、马耳他、荷兰、挪威、波兰、葡萄牙、罗马尼亚、俄罗斯、斯洛伐克、斯洛文尼亚、西班牙、瑞典、瑞士及英国等 30 多个国家或地区;而且,英国犹太研究协会(British Association for Jewish Studies)、法国犹太研究委员会(Commission Française des Archives Juives)、德国犹太研究协会(Verband der Judaisten in der Bundesrepublik Deutschland e. V.)、荷兰犹太研究协会(Nederlands Genootschap voor Joodse Studiën)、意大利犹太研究协会(Associazione Italiana per lo Studio del Giudaismo)、西班牙犹太研究协会(Asociación Española de Estudios Hebreos y Judíos)、波兰犹太研究协会(Polskie Towarzystwo Studiów Zydowskich)等都是其团体会员。

现任主席为索邦大学的尤迪斯·施兰格(Judith Olszowy-Schlanger)。

战后世界主要犹太研究协会一览表

协会名称	成立时间	主办机构	协会会刊	协会宗旨
以色列				
世界犹太研究联合会(World Union of Jewish Studies,简称WUJS)	1947	希伯来大学	《犹太研究》	在世界范围内推动犹太研究并促进学者之间的交流互动
北美				
犹太研究协会(Association for Jewish Studies,简称AJS)	1969	美国犹太历史协会	《犹太研究协会评论》	在高等院校及科研机构推动犹太研究
加拿大犹太研究协会(The Association for Canadian Jewish Studies,简称ACJS)	1976	加拿大犹太历史协会	《加拿大犹太历史协会杂志》(1977—1988)《加拿大犹太研究》(自1993年起)	开展加拿大犹太人的历史研究
拉丁美洲犹太研究协会(Latin American Jewish Studies Association,简称LAJSA)	1982	密歇根大学	《拉丁美洲犹太研究》	推动拉美犹太人作为流散犹太分支及拉美族群组成部分的研究
美国波兰犹太人研究协会(The American Assocation for Polish-Jewish Studies,简称AAPJS)	1984	波士顿犹太社团	《波兰犹太人研究》	推动对于东欧尤其是波兰犹太人的研究
中西部犹太研究协会(Midwest Jewish Studies Association,简称MJSA)	1989	普渡大学	《溯法尔:犹太研究跨学科杂志》	从跨学科的角度推动犹太研究
西部犹太研究协会(Western Jewish Studies Association,简称WJSA)	1995	加州大学圣迭戈分校	《溯法尔:犹太研究跨学科杂志》(与中西部犹太研究协会共享)	在美国西部与加拿大学者中推动犹太研究

续表

协会名称	成立时间	主办机构	协会会刊	协会宗旨
欧洲				
英国犹太研究协会（British Association for Jewish Studies, BAJS）	1975	牛津大学	《英国犹太研究》	在英国范围内推动犹太历史与文化的研究及教学
欧洲犹太研究协会（European Association for Jewish Studies, 简称 EAJS）	1981	牛津大学	《欧洲犹太研究杂志》	推动欧洲的犹太研究及教学
澳洲				
澳大利亚犹太研究协会（Australian Association of Jewish Studies, 简称 AAJS）	1986	悉尼大学	《澳大利亚犹太研究杂志》	推动犹太人以及澳大利亚犹太人的研究

进入 20 世纪 80 年代以来，在后现代主义与多元文化主义思潮的影响下，犹太研究日益呈现出多元化、碎片化的趋势。从以色列社会来看，犹太复国主义民族认同遭受的挑战主要来自两大相互对立的阵营：族群的、宗教的新犹太复国主义（Neo-Zionist）与自由的、世俗的后犹太复国主义（Post-Zionist）①；在此冲击之下，犹太复国主义主流话语日益走向多元，濒临碎化。其中后犹太复国主义思潮（Post-Zionism）对建国以来的以色列社会提出了根本性的挑战。②正如本尼·莫里斯所说，"在过去的二十年间（1980—2000），以色列发生了一场历史学革命（historiographical revolution）"。③后犹太复国主义的主要观点体现为"新历史学"（new historiography），意在重新审视并反思一个世纪以来

---

① Uri Ram, "National, Ethnic or Civic? Contesting Paradigms of Memory, Identity and Culture in Israel", *Studies in Philosophy and Education*, Vol. 19 (2000), p. 405.
② 后犹太复国主义思潮的产生以 1987 年西姆哈·弗拉潘（Simha Flapan）的《以色列的诞生：神话与现实》和本尼·莫里斯（Benny Morris）的《巴勒斯坦难民问题的产生，1947—1949》的出版为标志。
③ Joel Beinin, "Forgetfulness for Memory: The Limits of the New Israeli History", *Journal of Palestine Studies*, Vol. 34, No. 2 (Winter, 2005), p. 6.

的犹太复国主义,特别是以色列立国的目标、特征及未来①;正是由于对建国初期的犹太复国主义主流叙述采取全盘颠覆的立场,他们通常又被称为"修正派"(revisionists)。

后犹太复国主义作为一个正在萌芽中的新社会思潮,还未形成一个完整的思想理论体系,其自身力量尚十分微弱,但是该思潮代表着以色列内部具有开明、自由倾向的犹太知识分子对传统犹太复国主义意识形态的批判性反思和修正性努力。其根本的主张是,要求以色列实现社会与文化的多元化,改变目前奇异而矛盾的二元特征——犹太国家与民主国家的二元对立,真正走向一个现代的、民主的世俗社会。其具体观点主要如下:首先,以色列建国具有"原罪"。以色列在建国过程中曾经有计划、强制性地驱逐巴勒斯坦人,这种行为构成了"原罪"的基础——由于将阿拉伯人驱逐出了家园,以色列国建立在摧毁另外一个民族的基础之上,从而造成了迄今无法解决的难民问题。其次,以色列国存在着犹太性与民主性的悖论。以色列应当改变对以国内阿拉伯人为代表的少数群体的态度,从犹太人占主导地位向与其他民族平等合作转变,进而成为一个包容与接纳所有族群、代表和维护国内所有公民的自由民主国家。再次,以色列应与海外犹太人树立新型关系。应当从否定和驾驭流散地犹太人向平等和互助的新型世界犹太人关系转变。

后犹太复国主义者通过对被掩盖历史真相的揭露,使得长期以来维持以色列认同的模式遭受质疑乃至否定,致使犹太复国主义的道德基础遭到批判,其合法性也在不断下降。就对犹太研究的影响而言,后犹太复国主义充分体现出"知识"与"权力"之间的博弈②,强调以包括境内所有不同族群为对象的"以色列研究"(Israel Studies)代替原来过分凸显犹太人的"犹太研究"(Jewish Studies),从而使犹太研究这门学

---

① Yoav Gelber, *Nation and History: Israeli Historiography between Zionism and Post-Zionism*, London: Vallentine Mitchell, 2011.

② Laurence J. Silberstein, *The Post-Zionism Debates: Knowledge and Power in Israeli Culture*, New York: Routledge, 1999.

科在研究对象上遭到前所未有的挑战。

20世纪最后十年,以色列研究作为一个国际性学科获得了迅猛的发展,它是以当代以色列的历史、政治、社会与文化等为研究对象的跨学科研究门类。以1985年以色列研究协会(Association for Israel Studies,简称 AIS)①的成立和1996年《以色列研究》杂志(Israel Studies)的创刊为标志,以色列研究正式发展为专门的学科门类。近年来开设以色列研究的欧美大学急剧增多,截止到2012年,美国已有10多所大学设立以色列研究机构,1993年成立的美国—以色列合作委员会(American-Israeli Cooperative Enterprise,简称 AICE)在此过程中发挥了重要作用。在此方面,欧洲学者也不甘落后,成立欧洲以色列研究协会(European Association for Israel Studies),致力于在欧洲大学中开展以色列研究。② 而以色列研究的快速发展并未使犹太研究走向萎缩,而是以新的形式推动着后者的国际化。

后现代主义对当代的犹太史书写产生了强有力的冲击,传统的宏大叙述逐渐被解构,许多学者不再把犹太历史视为一个连贯统一的整体,犹太历史从单数(Jewish history)变为复数(Jewish histories)。其中具有代表性的成果是2002年由大卫·拜勒主编的《犹太人的文化:一部新历史》(Cultures of the Jews: A New History)。③这部通史完全不同于传统的犹太史著作,其标题中的"文化"一词用的是复数形式,意指不同地区、不同时期的犹太文化。拜勒对此解释道:"与历史学家卡洛·金斯伯格和文学批评家斯蒂芬·格伦巴特(Stephen Greenblatt)一样,我们的目标是致力于展现犹太人与非犹太人之间、犹太世界内部不同团体之间的文化交流。聚焦于断裂与不连贯,以及不同地区与不同时

---

① 该协会的网站为 http://www.aisisraelstudies.org,会刊为《以色列研究评论》(Israel Studies Review)。
② Michael Kotzin & Elie Rekhess, "The State of Israel Studies: An Emerging Academic Field", in Dean P. Bell, ed., *The Bloomsbury Companion to Jewish Studies*, London: Bloomsbury Academic, 2013, pp. 317-348.
③ David Biale, ed., *Cultures of Jews: A New History*, New York: Schocken Books, 2002.

代的犹太文化(Jewish cultures)之间的不同。"①犹太人在各地的多元发展,使得人们无法再以某些固定的标准对犹太史进行书写。拜勒对全球化时代中的犹太文化乃至犹太历史的多元性有一番深刻的思考:

> 研究犹太文化的当代历史学者的任务是自相矛盾的:致力于寻找过去与现在之间的共性,但同时又保存过去中的所有那些不同与异常。……作为一个犹太人的内涵在圣经时代的迦南、希腊化时期的亚历山大里亚、16世纪的波兰或19世纪的摩洛哥,都与今天的情况不尽相同,更无须说那些我们对他们提出的问题。但以这些现代的问题对过去文化的研究进行折射,那些文化立即显得既更加熟悉又更为陌生。借助于观察许多个世纪中诸多不同犹太文化的透镜,我们希望看到有关过去谁是犹太人、现在他们怎么样,以及他们可能用以塑造未来情形的一些碎片之反思。②

五、近百年来中国学者的相关探索

犹太人可能早在汉代即已进入中国,此后不断有犹太人沿着丝绸之路来华经商、定居,历史上具有一定规模的开封犹太社团的存在即是重要的证明;但在进入现代以前,中国人对犹太人与犹太教显然缺乏应有的认识。③只有到1840年以后,在"开眼看世界"风潮的驱动下,晚清

---

① Michael Brenner, *Prophets of the Past: Interpreters of Jewish History*, pp. 207-208.
② David Biale, "Preface: Toward a Cultural History of the Jews", in idem, ed., *Cultures of Jews*, p. xxxi.
③ 最先在汉语语境中使用"犹太"一词并加以界定的是传教士。1833年,德国传教士郭实腊(Karl F. August Gützlaff)主持编纂的《东西洋考每月统记传》中首次出现"犹太国"这一新词。1840年出版的汉译《圣经》也大量使用"犹太人"的称呼,以用来对译英文中的"Jew"。

中国才开始形成有关犹太人较为准确的认识,中国的犹太研究也于此时发端。19世纪末至1978年是中国犹太研究的起步时期,这一时期以研究中国犹太人(尤其是开封犹太人)为主,尚未形成专业化的学者群,到50年代以后由于种种原因陷入低谷,趋于停滞;随着1978年改革开放政策的实行,犹太话题已不再是禁区,甚至到80年代还出现"犹太文化热",大众化、市场化的倾向较为明显;进入1992年以来,由于对外开放力度加大以及中以两国建交,中国的犹太研究获得了进一步的发展,学术化、专业化的趋势得到强化,其标志就是形成了一定规模的学者群,并出现了一批犹太研究机构。

(一) 1978年以前中国犹太研究的起步

一般认为,中国学术界最早关注犹太人问题的是晚清著名学者洪钧,他在1897年发表的《元世各教名考》中首次关注了开封犹太人的由来问题:"《经世大典》之斡脱,即犹太教,审定字音,当云攸特,首字今译为胜,次字《大典》译音为胜,或称如德亚,则言其地,如德亦攸特也。自犹太失国,户口四散。今欧罗巴诸国,贸迁有无,多犹太人,波斯、布哈尔等地,种族甚伙。闻诸西人,今中国河南开封仍有犹太人,华人不知,但以回回统之。地有犹太碑,其人多业屠牛,本教理致,茫昧若遗,惟鼻高而钩,厥形未变。"①学者张相文于1910年实地拜访了开封犹太人,发表《大梁访碑记》并首次考察了遗存的几块石碑,强调了他们的民族(种族)特征:"一切起居状态、祀先敬祖,悉与汉民无殊。然谛审之,则高鼻深目,固与高架索种相仿佛也。"②随后不久,河南学者时经训发表《河南挑筋教源流考》,首次将开封犹太人的宗教与犹太教明确联系起来:"河南挑筋教为纯粹犹太教……犹太教在河南变名曰挑筋教"③,叶翰也在《一赐乐业教碑跋》中指出,"依碑文求之,知一赐

---

① 洪钧:《元世各教名考》,载《元史译文证补》卷二十九,田虎注,石家庄:河北人民出版社,1990年,第393—394页。
② 张相文:《大梁访碑记》,《东方杂志》,第7卷第3号,1910年,第36页。
③ 时经训:《河南挑筋教源流考》,《自由报》,1913年1月2日。

乐业教,实犹太教,非清真教也"。①

随后,著名学者陈垣对开封犹太人进行了学理层面的深入研究。1920年,他在《东方杂志》发表《开封一赐乐业教考》②,首次全文刊载了开封犹太人遗存的三块碑文,并借助碑文内容、匾额楹联及其他史料对犹太人初至开封的时间、挑筋教名称的由来、清真寺的沿革、方经散经内容、开封犹太重要人物,以及犹太教与回教异同等各种情况进行了全面的分析,超越了此前学者的研究水平,有着十分重要的学术价值。进入20世纪30年代以后,除魏维贞、魏亦亨、关斌、徐宗泽、陈增辉继续研究开封犹太人以外③,一些学者逐渐将注意力转向中国其他地区的犹太人,张星烺、黄义、方豪、翁独健等人对浙江、云南以及其他地区的中国犹太人进行了考察。④ 这批学者的研究基本上奠定了来华犹太人研究的几个主要方面:包括犹太人来华的时间(包括入住开封的时间)、中国犹太人来自何处及其来华路线、犹太人在中国的分布及迁徙状况、开封犹太人的同化、有关中国犹太人史料的研究等。

在20世纪上半叶中国学者关于犹太人的论述中,出现了一些对国际犹太人的介绍与评论,国际犹太人的活动主要被当时中国学界与舆论界用来作为警示自身的"他山之石"。1903年,沙俄的排犹活动引起了中国人极大的关注与同情,《新民丛报》发出警告:"中国如亡国,其

---

① 叶翰:《一赐乐业教碑跋》,《东方杂志》,第10卷第12号,1914年,第2页。
② 陈垣:《开封一赐乐业教考》,《东方杂志》,第17卷第5、6、7号,1920年。
③ 魏维贞:《河南犹太人之概况》,《中华基督教年鉴》,1921年第6期;魏亦亨:《开封犹太教》,《河南中华圣公会会刊》,1936年;关斌:《开封的犹太人》,《大公报·史地周刊》,第100期,1936年8月26日,第十一版;徐宗泽:《开封犹太教概论》,《圣教杂志》,第25卷第4期,1936年;陈增辉:《关于利玛窦集中之犹太人艾氏》,《协大学报》,1949年第1期;陈增辉:《犹太人入华年代考》,《福建文化》,第3卷第3、4期,1949年,等等。
④ 张星烺:《古代中国与犹太人之交通》,载张星烺编注、朱杰勤校订:《中西交通史料汇编》,第三册,北京:中华书局,1978年(初版1930年);黄义:《中国犹太人考》,《文化建设》,第1卷第4期,1935年;方豪:《浙江之犹太教》,《国风》,第8卷第9、10期,1936年;方豪:《清初云南之犹太教人》,《益世报》,新第6期,1939年1月22日;翁独健:《斡脱杂考》,《燕京学报》,第29期,1940年,等等。

惨痛之状,会更甚于犹太人水深火热之处境。"①陈天华在《猛回头》中也警告:"怕只怕,做波兰,飘零异域;怕只怕,做犹太,没有家乡!"②同年一篇名为《呜呼犹太》的文章呼吁道:"呜呼!吾何暇哀犹太,吾不能不哀犹太,吾非哀过去之犹太,吾哀欲来未来之犹太。犹太!犹太!吾国前途之小影也。旧犹太去,新犹太来,新犹太之惨尤于旧犹太。……昔日之犹太,今日之中国也;今日之犹太,明日之中国也。犹太往矣,中国危矣!同胞同胞,盍以犹太为鉴,毋再饱虎狼之吞噬耶?此则吾援笔以书、忍心以述,而与吾同胞互相猛醒之微意也。"③ 1904年,一篇题为《犹太遗民》的文章也发出了"虽有财产,岂可保乎"的感叹。④ 值得关注的是,《东方杂志》在这一时期发表了一批有关国际犹太人的文章⑤,它们大部分属于时政类,内容涵盖犹太人的聪明与财富、犹太民族的悠久历史与深重苦难、犹太复国主义等,比较全面地介绍了犹太人的特征。⑥更有学者根据犹太人的这些非凡特性,提倡要加强对于犹太民族的研究:"他们并无尺寸领土,而其乡土实遍全球;外观上虽遭失败,事实上实操胜利;他们兼有物质主义理想主义二者;一面为爱国主义者,同时亦为世界主义者;一面为资本家,同时亦为社会主义者;一面人人利用他们,同时亦为他们所利用。他们有此特性,早已惹起多人的注

---

① 《犹太人之惨状》,《新民丛报》,第20号,1903年,第43页。
② 陈天华:《猛回头》,载《猛回头·陈天华 邹容集》,沈阳:辽宁人民出版社,1994年,第16页。
③ 《呜呼犹太》,《浙江潮》,第7号,1903年,第165—166页。
④ 《犹太遗民》,《东方杂志》,第1卷第4号,1904年,第10页。
⑤ 除前面已经提及的张相文、叶翰、陈垣等人的文章以外,《东方杂志》发表的有关犹太人的主要文章还有,前刘:《犹太人之帝国》,《东方杂志》,第8卷第9号,1911年;钱智修:《犹太人与中国人》,《东方杂志》,第8卷第12号,1912年;君实:《犹太人之未来》,《东方杂志》,第15卷第10号,1918年;幼雄:《犹太民族之现状及其潜势力》,《东方杂志》,第18卷第12号,1921年;俞颂华:《犹太人与犹太的复兴运动》,《东方杂志》,第24卷第17号,1927年;颂华:《巴力斯坦地方亚剌伯人与犹太人的民族运动》,《东方杂志》,第25卷第8号,1928年;葛绥成:《犹太人口的分布和其民族运动的概况》,《东方杂志》,第26卷第20号,1929年;贺益文:《犹太民族问题》,《东方杂志》,第36卷第12号,1939年,等等。
⑥ 有关20世纪上半叶中国社会对犹太人兴趣点的分析,参见张倩红、艾仁贵:《犹太文化》,北京:人民出版社,2013年,第371—376页。

意,至于近年,又在经济学术方面,大有发展,而于俄国革命亦多有关联;可见犹太民族问题的研究,更不容稍缓了。"①

总体上看,这一时期的中国犹太研究尚属于起步阶段,主要偏重借助史料进行类比、辨伪,研究人数过少且没有形成学者群体。值得注意的是,包括洪钧、张相文、陈垣、张星烺等在内的最早一批从学术层面探究犹太人的学者虽然观点各异,但都有个基本的共同点:即是从对中国犹太人(主要是开封犹太人)的探寻开始的。此外,从当时对国际犹太人的论述中可以看出,考察犹太人的视角多基于反观自身的需要,实质上是一种"中国本位"的取向,其思想预设基本是"今日之犹太人乃明日之中国人""犹太人之现在乃中国人之未来"。比如,强调犹太人的财富及智慧是为了激励国人争取像犹太人那样,拥有更多的财富与更强的智慧;反思犹太人流散各地、亡国亡家是为了警惕当时中国迫在眉睫的民族危机。这些都表明,中国的犹太研究从一开始就带有强烈的实用特征,这在很大程度上是由当时"救亡压倒启蒙"的主旋律所决定的。

1949年后,意识形态的话语一度占据了中国思想界的主导,犹太研究自然难以摆脱这种影响。新中国成立之初,以色列即给予了承认,但由于种种原因,两国错失了建交的机会。此后,由于复杂的历史条件中国在外交上奉行"一边倒"的政策,为了支援第三世界国家的民族解放运动,特别是巴勒斯坦人的正义斗争,以色列这个"犹太复国主义"政权被斥为"帝国主义的帮凶及走狗"。②在此过程中,美国与以色列形

---

① 幼雄:《犹太民族之现状及其潜势力》,《东方杂志》,第18卷第12号,1921年,第20页。
② 为了声援1956年埃及收回苏伊士运河的斗争,随后出现一系列批驳以色列的论著,主要有:《正义的短剑:反对美英帝国主义侵略中东杂文选集》,上海:上海新文艺出版社,1958年;《为自由独立而斗争的阿拉伯各族人民》,北京:三联书店,1958年;《打断侵略者的脊骨:反对美英侵略阿拉伯的诗文集》(第一集),北京:作家出版社,1958年;《美英强盗滚出去:反对美英侵略阿拉伯的诗文画集》(第二集),北京:作家出版社,1958年;《反侵略的烈火:反对美英侵略阿拉伯的诗文画集》(第三集),北京:作家出版社,1958年;《高举红旗反侵略:反对美英侵略阿拉伯的诗文画集》(第四集),北京:作家出版社,1958年。

成特殊的同盟关系,以色列外交的意识形态色彩也日趋明显。值得一提的是,著名社会学家潘光旦(1899—1967)出版了建国后第一本有关犹太人的学术著作——《开封的中国犹太人》,该书在 1953 年由中央民族学院研究部作为"参考材料"油印,影响较为有限。潘光旦原定将这项研究计划分为上编、中编、后编三部分,但由于各种原因,仅在 1953 年完成了前编。①需要提及的是,在"文革"后期,出现了一些涉及犹太主题的翻译著作,但数量有限。②

(二) 80 年代的"犹太文化热"

1978 年,改革的暖风吹遍了整个中国大地,"四个现代化"的口号也随之响彻大江南北。随着改革开放政策的推行,新时期的中国犹太研究逐渐得以复苏并重新获得了活力。③《中国社会科学》1980 年第 3 期发表潘光旦的遗作《关于中国境内犹太人的若干历史问题》,该文是由叶笃义根据潘光旦 1953 年撰写的同名书稿压缩而成。该文的发表有着十分重要的学术价值与时代意义,不仅将潘光旦在 30 余年前的重要成果正式公诸于世,而且表明中国的犹太研究开始突破禁区,从而"在沉寂了数十年的中国犹太人研究领域起到了登高一呼的作用"。④ 1983 年,潘光旦的遗著《中国境内犹太人的若干历史问题——开封的中国犹太人》由北京大学出版社正式出版,此前一年江文汉也出版了《中国古代基督教及开封犹太人》,这些著作的相继问世有力地促进了

---

① 潘光旦:《开封的中国犹太人》,载潘乃穆、潘乃谷编:《潘光旦文集》,第七卷,北京:北京大学出版社,1993 年,第 131 页。

② 例如,纳达夫·萨弗兰:《以色列的历史和概况》,北京大学历史系翻译小组译,北京:人民出版社,1973 年;威廉·夏伊勒:《第三帝国的兴亡:纳粹德国史》,董乐山等译,北京:三联书店,1974 年。

③ 关于近 30 年中国犹太研究的详细情况,参见潘光主编:《犹太研究在中国——三十年回顾:1978—2008》,上海:上海社会科学院出版社,2008 年;M. Avrum Ehrlich, *Jews and Judaism in Modern China*, London: Routledge, 2010, pp. 85-188. 但爱里克有关中国犹太研究的叙述,更多基于个人印象而非客观分析。

④ 杨海军:《中国犹太人研究 80 年》,《中国社会科学》,1994 年第 3 期,第 147 页。

中国犹太人研究的发展。[1]

在 80 年代中期,由周谷城主编的"世界文化丛书"对于推动当时中国学界认识与了解世界文化起到了不可低估的作用。犹太文化作为影响西方文明的重要源头之一受到高度的重视与普遍的关注。在此影响下,中国大地掀起一股介绍与研究犹太文化的热潮。80 年代的中国"犹太文化热"有着根本的内在驱动与目标导向,其目的是通过了解犹太文化来了解西方文化与世界文化,满足当时开放不久的中国对于匮乏的外部知识的需求。具体来说,"犹太文化热"高度强调犹太文化对于西方文明的重要性,强调犹太文化(希伯来文化)是塑造西方文明的两大源头之一,着迷于从文化根源上探究西方文明的由来;还把犹太人誉为"唯一纵贯 5000 年、散居 5 大洲的世界性民族",提出"不了解犹太人、就不了解世界"的动人口号,将了解犹太人抬到了解世界的高度。这股"犹太文化热"有着鲜明的市场化导向,主要为满足中国社会追赶西方现代化的现实需要以及中国大众对犹太文化的好奇心理而来,集中介绍犹太文化对世界(尤其是对中国)的贡献与可取之处。

1988 年,朱维之主编的《希伯来文化》一书正式出版,在前言中他借助闻一多的名言强调希伯来民族是"对近代文明影响最大最深的四个古老民族"之一(其他三个为中国、印度、希腊),大力呼吁要正视希伯来文化的价值:"在极'左'思潮泛滥时期,一些人把希伯来文化视为禁区,是何等愚蠢可笑。近十年来,我们在思想开放的政策下,开始面向真理,把希伯来文学、文化,作为世界文化宝库之一面加以正视。"在此基础上,他提出要纠正过去的偏误,全面理解西方文化:"一个是希

---

[1] 江文汉:《中国古代基督教及开封犹太人》,上海:知识出版社,1982 年;潘光旦:《中国境内犹太人的若干历史问题——开封的中国犹太人》,北京:北京大学出版社,1983 年。此后不久出版的有关著作还有,张绥:《犹太教与中国开封犹太人》,上海:上海三联书店,1990 年;王一沙:《中国犹太春秋》,北京:海洋出版社,1992 年,等等。近来李景文等人将有关开封犹太人的各种古代史料与近代研究论著整理出版,成为有关开封犹太人研究系统全面的文献资料集,参见李景文等编校:《古代开封犹太人:中文文献辑要与研究》,北京:人民出版社,2011 年。

腊·罗马的古典文化传统,另一个是希伯来·基督教的中世纪文化传统。我们在讨论或研究这两个传统时,不可偏废任何一个。可惜我们许多同志,在谈到这两个传统时,往往言必称希腊·罗马,却不谈希伯来。这种片面性造成很大的危害,使青年人对西方文化史只知其一,不知其二,导致对整个世界文化史理解的不全面。"①朱维之积极发掘圣经文学对于西方文学、文化的影响,为中国圣经文学的发展做出了开创性的贡献。他对于希伯来文化的高度定位,很大程度上为"犹太文化热"提供了认识论上的前提。

1990年,顾晓鸣推出了《犹太——充满"悖论"的文化》一书②,他借助文化学的理论与方法,从犹太民族界定、犹太文化疆界、犹太文化意象及结构、犹太文化形成机制等方面入手,以期解开"犹太文化之谜"。然而透过作者这种比较文化路径所反映的是中国的问题意识与研究预设,因而体现更多的恐怕不是犹太文化的外在"悖论",而是犹太文化与世界文化(包括中国文化在内)的内在"契合"。从80年代后期开始,顾晓鸣主编了"犹太文化丛书"(已出版14部著作),这套丛书对于90年代初的犹太研究起到了十分重要的铺垫作用。其选题计划分为四个方面:(1)犹太人和犹太文化的概况;(2)犹太历史和文化史;(3)犹太人和中国;(4)犹太典籍和百科全书。就实质而言,这套丛书是"由中国学者从中国读者角度选编",其目的是为中国文化提供一种"参照系":"在阅读当代各种书报杂志时,都会不同程度地遇到犹太问题,关于犹太人和犹太文化的知识会给各自的阅读和工作,提供一种新的思考角度。不仅如此,哪怕对于纯粹研究中国史和中国文化的学者来说,这个发生在上古、至今一以贯之保留了许多原始形态的犹太文化,堪称唯一能同中华文化作通史性比较的大文化。犹太文化(希伯

---

① 朱维之主编:《希伯来文化》,杭州:浙江人民出版社,1988年,第1页。朱维之早在80年代初即已开始圣经文学研究:《圣经文学的地位和特质》,《外国文学研究》,1982年第4期;《希伯来文化和世界文学》,《国外文学》,1988年第2期。

② 顾晓鸣:《犹太——充满"悖论"的文化》,杭州:浙江人民出版社,1990年。该书与朱维之《希伯来文化》都收入在当时名噪一时的"世界文化丛书"。

来文化)与希腊文化又是西方文化之两大根源,因此,中西文化的比较必然导向中国文化和犹太文化的比较。……这一切也就提供了又一种参照系,可以使我们加深对自己文化的认识和研究。"①

(三) 日益成熟的中国犹太研究

1992年,中以两国的建交大大推动了中国的犹太研究。具体表现为,犹太研究机构在各地纷纷建立,投身于犹太研究的学者队伍不断壮大,不少大学开设了与之相关的课程,一些单位也开始招收犹太—以色列方向的研究生。这一领域出版了大批著作,有关的研究文章相继发表在《历史研究》《世界历史》《史学理论研究》《光明日报》《世界民族》《西亚非洲》等主要学术期刊上。而且,随着对外开放程度的加深,中国开始有学者走出国门系统学习犹太知识,许多国际知名学者也前来中国讲学,这些都极大地推动着中国的犹太研究不断走向深入。

1993年,由徐新与凌继尧主编的中文版《犹太百科全书》出版,这部工具书便利了中国犹太研究的开展。中文版《犹太百科全书》共收录了大约1600个条目,总字数达200万字,内容涉及犹太民族、历史、

---

① 顾晓鸣:《犹太文化丛书总序》。该丛书已出版的有,加百尔、威勒:《圣经中的犹太行迹:圣经文学概论》,梁工等译,上海:上海三联书店,1991年;查姆·伯曼特:《犹太人》,冯玮译,上海:上海三联书店,1991年;杰拉尔德·克雷夫茨:《犹太人和钱:神话与现实》,顾骏译,上海:上海三联书店,1991年;约瑟夫·克劳斯纳:《近代希伯来文学简史》,陆培勇译,上海:上海三联书店,1991年;戴维·克兰茨勒:《上海犹太难民社区:1938—1945》,许步曾译,上海:上海三联书店,1991年;唐培吉等:《上海犹太人》,上海:上海三联书店,1992年版;沃尔特·拉克:《犹太复国主义史》,徐方、阎瑞松译,上海:上海三联书店,1992年;马文·托克耶、玛丽·斯沃茨:《河豚鱼计划:第二次世界大战期间日本人与犹太人的秘密交往史》,龚方震等译,上海:上海三联书店,1992年;朱威烈、金应忠:《'90中国犹太学研究总汇》,上海:上海三联书店,1992年;林太、张毛毛编译:《犹太人与世界文化:在科学、文学和社会法律的维度上》,上海:上海三联书店,1993年;罗伯特·塞尔茨:《犹太的思想》,赵立行、冯玮译,上海:上海三联书店,1994年;欧文·豪:《父辈的世界:东欧犹太人移居美国以及他们发现与创造生活的历程》,王海良、赵立行译,上海:上海三联书店,1995年;陈超南编:《犹太的技艺》,上海:上海三联书店,1996年;徐新:《反犹主义解析》,上海:上海三联书店,1996年;等等。

宗教、文化、哲学、文学、社团、名人、民俗和以色列国家等诸多方面。该书由全国各地(以南京为主)40 多位从事犹太研究及相关领域的学者历时三年编纂而成,代表着中国学者集体智慧的结晶。①该书是由中国学者翻译、编纂的比较全面地反映犹太文化全貌的大型工具书。

从 1995 年开始,傅有德主编了"汉译犹太文化名著丛书",在"了解和把握犹太民族精神为旨趣"的目标引导下,翻译介绍了一大批犹太宗教、哲学、历史等方面的重要著作(该丛书仍在继续,迄今已出版 14 本)。丛书总序表明了其立意所在,"我国的现代文明建设除了要继承和发扬优秀的民族遗产以外,还需广泛借鉴和吸收包括犹太文明在内的其他各民族的宝贵精神财富",其目标是"有助于国人认识历久弥新的犹太文化,有助于古老的华夏文明在新时代革故鼎新,再显生机"。②该丛书的重要特点是,将翻译的主要对象设定为犹太教和犹太哲学方面的著作:"所谓了解和研究一个民族,最主要的莫过于把握其民族精神。犹太民族的精神寓于其文明的各个方面,尤其寓于其宗教和哲学中。……因此,翻译犹太教和犹太哲学方面的著作就自然成为

---

① 徐新、凌继尧主编:《犹太百科全书》,上海:上海人民出版社,1993 年。
② 傅有德:《"汉译犹太文化名著丛书"序一》,《"汉译犹太文化名著丛书"序二》。该丛书已出版的有,大卫·鲁达夫斯基:《近现代犹太宗教运动:解放与调整的历史》,傅有德等译,济南:山东大学出版社,1996 年;海姆·马克比编:《犹太教审判:中世纪犹太—基督两教大论争》,黄福武译,济南:山东大学出版社,1996 年;塞西尔·罗斯:《简明犹太民族史》,黄福武等译,济南:山东大学出版社,1997 年;亚伯拉罕·柯恩:《大众塔木德》,盖逊译,济南:山东大学出版社,1998 年;摩西·迈蒙尼德:《迷途指津》,傅有德等译,济南:山东大学出版社,1998 年;利奥·拜克:《犹太教的本质》,傅永军、于健译,济南:山东大学出版社,2002 年;马丁·布伯:《论犹太教》,刘杰等译,济南:山东大学出版社,2002 年;摩迪凯·开普兰:《犹太教:一种文明》,黄福武等译,济南:山东大学出版社,2002 年;亚伯拉罕·海舍尔:《觅人的上帝:犹太教哲学》,郭鹏、吴正选译,济南:山东大学出版社,2003 年;约瑟福斯:《犹太战争》,王丽丽等译,济南:山东大学出版社,2007 年;摩西·门德尔松:《耶路撒冷:论宗教权利与犹太教》,刘新利译,济南:山东大学出版社,2007 年;《密释纳·第一部:种子》,张平译注,济南:山东大学出版社,2011 年;赫尔曼·柯恩:《理性宗教》,傅有德、孙增霖译,济南:山东大学出版社,2013 年;罗森茨维格:《救赎之星》,孙增霖、傅有德译,济南:山东大学出版社,2013 年;等等。

我们的首要任务。"①

除开封犹太人的研究以外,中国其他地区的犹太人也得到了充分的重视,其中以上海犹太人的成就最为突出。上海犹太人研究的发展大致可以分为三个阶段:第一个阶段是 90 年代初,唐培吉等人出版《上海犹太人》(1992)及译作《上海犹太难民社区》(1991)、《河豚鱼计划》(1992);世纪之交的最初十年为第二个阶段,以潘光为首的上海犹太研究中心学术团队,立足于地域优势,从宏观上系统梳理了犹太人在上海的历史,出版了《一个半世纪以来的上海犹太人》(2002)、《犹太人在上海》(2004)等;第三个阶段以王健《上海犹太人社会生活史》(2008)的出版以及上海犹太研究中心潘光为带头人的"来华犹太难民研究"重大课题的立项(2011)为标志,表明上海犹太人的研究不断走向细化与深入。②此外,哈尔滨③、天津④、香港等地以及改革开放以来的中国犹太人都得到了应有的关注。

随着研究的不断深入,学者们不再将视野局限于中国犹太人的研究,而开始重点介绍和研究世界犹太人。早在 1986 年,阿巴·埃班的《犹太史》中译本在新时期增进人们的犹太史知识方面发挥了不可低估的作用。次年,劳伦斯·迈耶的《今日以色列》译成中文,成为中以建交前中国了解当代以色列情况的重要著作。⑤总体来看,改革开放以来中国

---

① 傅有德:《"汉译犹太文化名著丛书"序一》。
② 有关的主要著作有,潘光、王健:《一个半世纪以来的上海犹太人》,北京:社会科学文献出版社,2002 年;王健:《上海犹太人社会生活史》,上海:上海辞书出版社,2008 年;潘光、王健:《犹太人与中国:近代以来两个古老文明的交往和友谊》,北京:时事出版社,2010 年;等等。
③ 曲伟、李述笑:《犹太人在哈尔滨》,北京:社会科学文献出版社,2003 年;曲伟、李述笑:《哈尔滨犹太人》,北京:社会科学文献出版社,2004 年;张铁江:《揭开哈尔滨犹太人历史之谜》,哈尔滨:黑龙江人民出版社,2005 年;刘爽:《哈尔滨犹太侨民史》,北京:方志出版社,2007 年;韩天艳等:《哈尔滨犹太家族史》,哈尔滨:黑龙江人民出版社,2010 年;曲伟、李述笑主编:《哈尔滨犹太简明辞书》,北京:社会科学文献出版社,2013 年;等等。
④ 宋安娜主编:《犹太人在天津》,北京:五洲传播出版社,2004 年;宋安娜:《神圣的渡口——犹太人在天津》,天津:天津人民出版社,2007 年。
⑤ 阿巴·埃班:《犹太史》,阎瑞松译,北京:中国社会科学出版社,1986 年;劳伦斯·迈耶:《今日以色列》,钱乃复等译,北京:新华出版社,1987 年。

学者着力最深、关注最多的领域当属犹太文化与以色列研究,这两大领域代表着中国学者对于犹太—以色列研究的主要问题意识与学术成就。

80年代末90年代初,越来越多的中国学者涉足犹太研究,分别从不同的视角探究犹太文化,并取得了一系列卓著的成果。刘洪一延续了顾晓鸣从文化形态分析的路径,先后推出《犹太精神》《犹太文化要义》。①潘光等人在《犹太文明》中采取文明分析的视角,从犹太文明的产生和早期发展、犹太文明的构成要素和表现形式、犹太文明的现代化进程等方面进行了详细分析。②傅有德立足于哲学角度,先后出版《现代犹太哲学》与《犹太哲学史》,以主要思想家为脉络,系统梳理了犹太哲学的整个发展历程。③徐新则按文化专题的形式,先后出版《犹太文化史》《论犹太文化》,对犹太文化的重要方面(例如《圣经》文化、《塔木德》文化、拉比文献、犹太复国主义等)进行了细致全面的专题研究。④张倩红从史学角度进行探究,在《困顿与再生:犹太文化的现代化》一书中对犹太文化的现代转型进行了深入分析,随后出版的《犹太文化》将犹太文化归纳为宗教性、民族性、世界性的外在特征与对上帝—《托拉》—以色列的内在崇拜,并对犹太文化的整个发展历程进行了系统阐述。⑤这一批学者构成了新时期中国在犹太文化研究领域的主要代表。

中以两国建交及其后双边关系的快速发展,推动着以色列研究在中国的发展。翻译成中文的《犹太国》《以色列现代史》在普及以色列

---

① 刘洪一:《犹太精神:犹太文化的内涵与表征》,南京:南京大学出版社,1995年;刘洪一:《犹太文化要义》,北京:商务印书馆,2004年。
② 潘光等:《犹太文明》,北京:中国社会科学出版社,1999年。
③ 傅有德等:《现代犹太哲学》,北京:人民出版社,1999年;傅有德等:《犹太哲学史》,北京:中国人民大学出版社,2008年。
④ 徐新:《犹太文化史》,北京:北京大学出版社,2006年;徐新:《论犹太文化》,广州:世界图书出版广东有限公司,2013年。
⑤ 张倩红:《困顿与再生:犹太文化的现代化》,南京:江苏人民出版社,2003年;张倩红、艾仁贵:《犹太文化》,北京:人民出版社,2013年。

的基本知识方面发挥了重要作用。①《第三圣殿:以色列的崛起》《以色列政治》《犹太民族复兴之路》与《以色列经济振兴之路》等,都是从专题方面研究以色列的力作。②进入新世纪以来,由中国学者撰写的以色列史开始出现。2004 年,肖宪出版《中东国家通史·以色列卷》,对以色列的历史进行了概述,该书系彭树智主编《中东国家通史》中的一卷,侧重于阿犹关系与阿/巴以冲突研究。③值得注意的是,2008 年张倩红出版的《以色列史》,对当代以色列国的历史脉络与现状发展进行了系统全面的叙述,内容涉及以色列政治、经济、军事、文化及社会等各个方面。④在具体研究领域,以色列的政治、经济(特别是农业)、宗教、社会、外交、族群、军事、教育等方面⑤,都是当前中国学者的重要关注点。与此同时,不少以色列研究中心在中国大学相继成立。这些都表明,以色列研究正逐渐成为热门的研究领域。

随着与国际学术界交流的不断扩大,中国学者的研究对象也在不断扩展,并在犹太史研究的多个领域取得了重要进展。在西方,《圣经》由于对西方文明的重要性而引起人们的关注,但中国学者不仅从

---

① 赫茨尔:《犹太国》,肖宪译,北京:商务印书馆,1993 年;诺亚·卢卡斯:《以色列现代史》,杜先菊等译,北京:商务印书馆,1997 年;等等。

② 徐向群、余崇建主编:《第三圣殿:以色列的崛起》,上海:上海远东出版社,1994 年;阎瑞松主编:《以色列政治》,西安:西北大学出版社,1995 年;潘光、余建华、王健:《犹太民族复兴之路》,上海:上海社会科学院出版社,1998 年;张倩红:《以色列经济振兴之路》,开封:河南大学出版社,2000 年;等等。

③ 肖宪:《中东国家通史·以色列卷》,北京:商务印书馆,2004 年。

④ 张倩红:《以色列史》,北京:人民出版社,2008 年;《以色列史》(修订本),北京:人民出版社,2014 年。

⑤ 比较重要的有,雷钰、黄民兴等编:《列国志·以色列》,北京:社会科学文献出版社,2011 年;杨曼苏:《今日以色列》,北京:中国工人出版社,2007 年;虞卫东:《当代以色列社会与文化》,上海:上海外语教育出版社,2006 年;安维华等:《以色列议会》,北京:中国财政经济出版社,2006 年;钟志清:《当代以色列作家研究》,北京:人民文学出版社,2006 年;朱洪峰等:《以色列农业在中国》,南京:江苏科学技术出版社,2000 年;李伟建主编:《以色列与美国关系研究》,北京:时事出版社,2006 年;陈腾华:《为了一个民族的中兴:以色列教育概览》,上海:华东师范大学出版社,2005 年;等等。

基督教的视角而且从犹太人的视角来研究《圣经》①;由于两希文明(希伯来与希腊)被誉为西方文明的两大源头,希腊罗马世界的犹太人吸引着中国学者的关注,他们从原初的情境来考察两希文明之间的交锋与互动②;随着女性主义的发展,有学者开始研究犹太妇女问题,犹太妇女史由此成为一个新的探索方向③;而犹太人与基督教文明、伊斯兰文明的交往历来值得关注,这种交往在中古时期表现得尤为明显④;另外,犹太人作为一个古老的民族,步入现代化的过程中既有许多成功的经验,也留下不少困惑,探究犹太启蒙与社会转型对于同样具有悠久历史而又处于转型期的当代中国来说十分必要而且必需⑤;美国犹太人

---

① 王立新:《古代以色列历史文献、历史框架、历史观念研究》,北京:北京大学出版社,2004 年;陈贻绎:《希伯来语圣经——来自考古和文本资料的信息(至公元前 586 年)》,北京:昆仑出版社,2006 年;陈贻绎:《希伯来语〈圣经〉导论》,北京:北京大学出版社,2011 年;李炽昌、游斌:《生命言说与社群认同:希伯来圣经五小卷研究》,北京:中国社会科学出版社,2003 年;游斌:《希伯来圣经的文本、历史与思想世界》,北京:宗教文化出版社,2007 年;游斌:《圣书与圣民:古代以色列的历史记忆与族群建构》,北京:宗教文化出版社,2011 年;孟振华:《波斯时期的犹大社会与圣经编纂》,北京:宗教文化出版社,2013 年;等等。

② 宋立宏在此领域发表了一系列高质量的论文,参见宋立宏:《希腊罗马人对犹太教的误读》,《世界历史》,2000 年第 3 期;宋立宏:《犹太战争与巴勒斯坦罗马化之两难》,《世界历史》,2002 年第 1 期;宋立宏:《古代的犹太铭文》,《历史研究》,2005 年第 6 期;宋立宏:《谁是"犹太人"——关于 Ioudaios 的札记》,《历史研究》,2007 年第 2 期;宋立宏:《犹太集体记忆视域下的巴尔·科赫巴书信》,《历史研究》,2011 年第 2 期;宋立宏:《希腊化与罗马时期犹太人的政治宗教特征——以古代犹太钱币为中心的考察》,《历史研究》,2013 年第 3 期;等等。

③ 张淑清:《中世纪西欧的犹太妇女》,北京:人民出版社,2009 年;张淑清:《犹太妇女与中世纪欧洲借贷业》,《北方论丛》,2008 年第 2 期;张淑清:《从离婚权的演变透视中世纪欧洲犹太妇女的婚姻地位》,《史学集刊》,2008 年第 2 期;等等。

④ 张倩红:《伊斯兰世界犹太人与阿拉伯人的交往》,《世界历史》,2006 年第 6 期;宋立宏:《释"顺民":犹太人在伊斯兰世界中的法律和社会地位》,《学海》,2010 年第 2 期;张淑清:《中世纪西欧犹太社团及其历史作用探析》,《世界历史》,2006 年第 6 期;等等。

⑤ 大卫·鲁达夫斯基:《近现代犹太宗教运动:解放与调整的历史》,傅有德等译,济南:山东大学出版社,1996 年;张倩红:《困顿与再生:犹太文化的现代化》,南京:江苏人民出版社,2003 年;张倩红:《犹太启蒙运动初探》,《世界历史》,2002 年第 5 期;张倩红:《试论摩西·门德尔松的启蒙思想》,《世界宗教研究》,2003 年第 3 期;张倩红:《"马斯基尔"与犹太社会——以启蒙视阈下的德国为个案》,《世界历史》,2012 年第 1 期;张礼刚:《论 17、18 世纪德意志地区的宫廷犹太人》,《世界历史》,2006 年第 6 期;张礼刚:《德国犹太启蒙运动中的教育问题》,《世界历史》,2010 年第 6 期;胡浩:《关于犹太人解放的争论及其影响》,《世界历史》,2010 年第 6 期;胡浩:《犹太启蒙运动与犹太教育的现代转型》,《学海》,2011 年第 6 期;等等。

不仅是当今世界最具影响力的犹太社团,而且在美国社会以及美国对外政策中发挥了重要作用,美国犹太人的历史成为中国学者的着力点所在①;此外,犹太人是二战期间遭受法西斯迫害最为深重的民族,这种迫害与历史上的反犹主义有着密切的关系,这吸引着中国学者去研究反犹主义与纳粹大屠杀②;犹太民族在流散近两千年后,在19世纪末开始了民族复兴运动,犹太复国主义也成为中国学者的重要关注点③;近半个多世纪以来,旷日持久的阿/巴以冲突成为难解的国际问题,有关巴以冲突以及中东和平进程吸引着中国学者的眼球④;此外,中国学者往往有着探究中国与外部关系的本能倾向,因此中以/犹的双边关系史研究也获得了很大的发展⑤,等等。

---

① 马库斯:《美国犹太人:一部历史,1585—1990》,杨波等译,上海:上海人民出版社,2004年;乔纳森·萨纳:《美国犹太教史》,胡浩译,郑州:大象出版社,2009年;米尔斯海默、沃尔特:《以色列游说集团与美国对外政策》,王传兴译,上海:上海人民出版社,2009年;刘军:《美国犹太人:从边缘到主流的少数族群》,昆明:云南大学出版社,2009年;等等。

② 罗衡林:《通向死亡之路:纳粹统治时期德意志犹太人的生存状况》,北京:人民出版社,2006年;陈恒、耿相新主编:《新史学(第八辑):纳粹屠犹——历史与记忆》,郑州:大象出版社,2007年;李工真:《文化的流亡:纳粹时代欧洲知识难民研究》,北京:人民出版社,2010年;潘光、汪舒明、罗爱玲主编:《纳粹大屠杀的政治和文化影响》,北京:时事出版社,2009年;等等。此外还出现有关大屠杀的大量译著,其中具有代表性的是,鲍曼:《现代性与大屠杀》,杨渝东、史建华译,南京:译林出版社,2002年;费舍尔:《德国反犹史》,钱坤译,南京:江苏人民出版社,2007年;弗里德兰德尔:《灭绝的年代:纳粹德国与犹太人,1939—1945》,卢彦名等译,北京:中国青年出版社,2011年;等等。有关大屠杀记忆的研究在近年来受到重视,相关研究有,汪舒明:《大屠杀记忆与美国外交》,北京:时事出版社,2013年;汪舒明:《大屠杀记忆、以色列战略文化与伊朗核危机》,《外交评论》,2013年第2期;艾仁贵:《"Shoah"的词源、内涵及其普及化:一项语义社会学的考察》,《社会科学》,2013年第3期;艾仁贵:《纳粹大屠杀纪念日的确立及其英雄主义内涵》,《学海》,2014年第3期;艾仁贵:《亚德·瓦谢姆纪念馆与以色列国家记忆场所的形成》,《史林》,2014年第3期;等等。

③ 重要的论著有,沃尔特·拉克:《犹太复国主义史》,徐方、阎瑞松译,上海:上海三联书店,1992年;张倩红:《犹太复国主义运动的现代审视》,《河南大学学报》(社会科学版),2003年第5期;钟志清:《希伯来语复兴与犹太民族国家建立》,《历史研究》,2010年第2期;等等。

④ 有关的论著有许多,具有代表的是殷罡主编:《阿以冲突:问题与出路》,北京:国际文化出版公司,2002年;艾仁贵:《Nakba:现代巴勒斯坦的难民问题与创伤记忆》,《史学理论研究》,2013年第2期。

⑤ 苏赋特:《中国以色列建交亲历记》,高秋福译,北京:新华出版社,2000年;高斯坦:《中国与犹太—以色列关系100年》,肖宪等译,北京:中国社会科学出版社,2006年;等等。

(四) 当代中国的主要犹太研究机构

步入新世纪以来,中国的犹太研究朝着更加专业化的方向发展,走进了更多大学的课堂,大批的相关论著相继出版发表,与国际学术界的交流合作也日趋频繁。以高等院校和科研机构为依托,形成老中青三代学者相结合的学者群体,具体分布在中国社会科学院、北京大学、上海社会科学院、复旦大学、华东师范大学、上海外国语大学、南京大学、云南大学、山东大学、西北大学、郑州大学、河南大学等主要单位。[①] 近年来在国内比较活跃的研究机构主要分布如下(以成立时间先后为序):

上海犹太研究中心(Center for Jewish Studies Shanghai,简称CJSS)。成立于1988年,隶属于上海社会科学院,由潘光创办并担任主任。该中心的研究焦点为上海犹太人的历史、来华犹太难民、美国犹太人等领域,出版有《犹太民族复兴之路》(1998)、《犹太文明》(1999)、《一个半世纪以来的上海犹太人》(2002)、《犹太人在上海》(2004)、《犹太人在中国》(2005)、《犹太人在亚洲》(2007)、《上海犹太人社会生活史》(2008)等10多部著作。该中心近年主要研究二战期间的上海犹太难民问题,还负责了上海犹太遗址的保护与开发工作。该中心拥有犹太研究图书资料中心和上海犹太人研究资料库,定期举办"犹太研究青年论坛",编辑有《上海犹太研究中心简报》。自2007年以来出版有《犹太·以色列论丛》(辑刊)。

南京大学犹太和以色列研究所(The Diane and Guilford Glazer Institute of Jewish and Israel Studies at Nanjing University)。成立于1992年5月,由徐新创办并担任所长,最初名为南京大学犹太文化研究中

[①] 随着中国改革开放事业的进行,犹太研究也在香港得到了发展。1977年,香港犹太社团创办了《香港犹太纪事》季刊(Hong Kong Jewish Chronicle),对社团发生的重大事件和与犹太人有关的问题做分析性报导和评说。每月一期的通讯则提供社团各种活动信息。1984年,香港犹太历史学会(The Jewish Historical Society of Hong Kong,简称JHS)成立,主席为罗狮谷(Dennis A. Leventhal),建立了专门的犹太学图书馆,旨在开展对香港及中国境内其他地区犹太人文化与历史的研究。

心,2001年更名为南京大学犹太文化研究所,2012年改为现名。该所的研究重点为反犹主义研究、中国犹太社团、希腊罗马世界的犹太人、《希伯来圣经》研究等领域,先后出版《犹太百科全书》(1993)、《反犹主义解析》(1996)、《中国开封犹太人:历史、文化及宗教》(英文,2003)、《犹太文化史》(2006)、《从西奈到中国》(2012)、《论犹太文化》(2013)等著作。此外,该研究所组织人员翻译了一些外国犹太名著。

山东大学犹太教与跨宗教研究中心(Center for Judaic and Inter-Religious Studies of Shandong University)。前身是1994年1月成立的山东大学犹太文化研究所,2003年4月更为现名,由傅有德创办并担任主任。2004年被教育部确定为全国人文社会科学重点研究基地。该中心以犹太宗教与哲学为研究重点,兼及跨宗教和跨文化研究,富有特色的方向为迈蒙尼德研究、儒家思想与犹太思想比较研究等。该中心先后出版了《现代犹太哲学》(1999)、《犹太哲学与宗教研究》(2007)、《犹太哲学史》(2008)等。1995年以来,推出《汉译犹太文化名著译丛》,翻译出版了一批犹太哲学、宗教及历史著作。自2002年起,该中心出版有《犹太研究》(辑刊)。

哈尔滨犹太研究中心(Harbin Jewish Research Center)。隶属于黑龙江省社会科学院,成立于2000年,由原黑龙江省社会科学院院长曲伟创办并担任首任中心主任。该中心主要从事哈尔滨犹太人的研究,出版了《犹太人在哈尔滨》(2003)、《哈尔滨犹太人》(2004)、《揭开哈尔滨犹太人历史之谜》(2005)、《哈尔滨犹太侨民史》(2007)、《哈尔滨犹太家族史》(2010)、《哈尔滨犹太简明辞书》(2013)、《东方诺亚方舟》(2014)等书,从而将哈尔滨犹太人的研究推向国际社会。该中心在保护和修复哈尔滨犹太遗址(犹太会堂、犹太墓地等)方面作出了许多贡献。

河南大学以色列研究中心(Center for Israeli Studies at Henan University)。其前身为成立于2002年3月的河南大学犹太研究所,张倩红为该所创始人和中心主任。该中心是目前国内唯一一个挂靠在历史系的犹太研究机构。该中心主要研究领域为犹太历史、近现代犹太思想与文化、当代以色列等,先后出版《以色列经济振兴之路》(2000)、《困顿与再生:犹太文化的现代化》(2003)、《以色列史》(2008,修订本2014年)、《犹太文化》(2013)、《耶路撒冷三千年》(译著,2014,获得第十届文津图书奖)、《犹太史研究新维度》(2015,入选国家哲学社会科学成果文库)、《犹太人千年史》(2016)等10多部著作。2015年,以张倩红为首席专家、该中心成员为主的研究团队中标了国家社科基金重大项目"犹太通史"。自2003年起,该中心发起"丘才廉论文奖"征文比赛,为在全国高校学生中间推广犹太-以色列研究提供了重要平台。为深化对当代以色列的研究、发挥该机构的智库功能,2012年10月,组建了以色列研究中心,着重开展当代以色列政治、外交、安全、文化等领域的研究。自2015年起,该中心每年定期发布《以色列蓝皮书:以色列发展报告》,目前已出版两辑(2015和2016卷)。

北京大学希伯来与犹太文化研究所(Institute of Hebrew and Jewish Studies at Peking University)。成立于2009年,其前身是依托于希伯来语专业的犹太文化研究所。该研究所的主要关注点集中在希伯来语语言学、希伯来语《圣经》研究、当代以色列族群与社会等方面。该所先后出版《希伯来语教程》(已出5册,2005—2009)、《希伯来语圣经——来自考古和文本资料的信息(至公元前586年)》(2006)、《族群民主体制下的少数民族:以色列境内的阿拉伯人,1967—1977》(英文,2010)、《希伯来语〈圣经〉导论》(2011)等。自2010年起,出版有《北京大学希伯来与犹太文化研究所通讯》(内部发行)。2014年5月,该所参与了希伯来大学孔子学院的成立及建设活动。

随着中国学界对于犹太—以色列问题的关注持续升温,有关的研究机构在各地纷纷成立:四川外国语大学中犹文化研究所(成立于2006年),主要研究中犹文化比较与美国犹太文学;上海外国语大学以色列研究中心(成立于2012年),以希伯来语语言学与当代以色列研究为主;对外经济贸易大学中国犹太经济与文化研究中心(成立于2012年),以研究以色列经济、犹太文化和犹太商业文明为主要对象;上海交通大学以色列研究中心(成立于2013年)、西北大学以色列研究中心(成立于 2014 年),主要研究以色列与中东局势,等等。

值得一提的是,随着中国犹太研究的深入发展,全国性的犹太研究联盟也开始出现。在教育部国际司的推动下,2015 年 10 月,由南京大学牵头,联合山东大学、河南大学、北京大学、北京外国语大学、上海外国语大学、四川外国语大学、对外经济贸易大学等 7 所高校共同组建的中国犹太文化研究联盟在南京成立。在成立大会上,选举产生了联盟第一届理事会,由徐新担任会长、傅有德和张倩红担任副会长,并制定了联盟三年内的重点合作研究项目,包括犹太经典研究、反犹主义研究、以色列研究、犹太人在华研究、犹太文化传统研究等 5 项内容。中国犹太文化研究联盟是根据中国政府与以色列政府间成立的"中以创新合作联合委员会"所确定的"教育创新合作"内容精神、由国务院副总理刘延东亲自倡导,并在教育部直接推动下成立的,是中国高等教育系统中各犹太文化、以色列研究机构的联合体。可以预见,犹太—以色列研究机构在不久的将来会在中国更多的高等院校与科研机构建立,相关的研究阵容与学术队伍也将越来越庞大。

需要提及的是,中国的犹太研究得到了国际社会的相关帮助与大力支持。自 2005 年起,由伦敦犹太文化中心(London Jewish Cultural Centre)、欧盟大屠杀国际合作行动委员会(Task Force)与犹太人对德索赔联合会(Claims Conference)等机构出资,在伦敦犹太文化中心杰拉尔德·戈特尔博士(Jerold Gotel)的具体协调下,联合河南大学以色列研究中心,在中国内地举办每年一届的"大屠杀国际研讨班"(International Seminar on Holocaust)[①],为促进国内犹太研究与国际学界的交流提供了重要平台。自 2010 年 10 月起,以色列亚德·瓦谢姆纪念馆(Yad Vashem)下属的大屠杀教育国际学校每年为来自中国大陆和香港、澳门地区的大约 30 名专家学者及中学教师举行为期两周的大屠杀

---

① 截止到 2014 年 7 月已连续成功举办十届,其中由河南大学以色列研究中心主办五次(2006、2010、2012、2013、2014),南京大学犹太和以色列研究所两次(2005、2009),上海大学历史系(2007)、云南大学西南亚研究所(2008)、西北大学中东研究所(2011)各一次。

教育研习班。①此外,成立于 2011 年,由魏凯丽女士(Carice Witte)发起的中以学术交流促进协会(Sino-Israel Global Network & Academic Leadership,简称 SIGNAL)与中国多所高校建立人才培养方面的合作关系,并设立以色列主题的论文奖,以共同推动中国的"以色列研究项目"(Israel Studies Program,简称 ISP)。这些交流与合作为中国学者拓宽国际视野、接触国际前沿提供了重要条件,同时也有力地提升了中国犹太研究的国际地位与整体声誉。

  在犹太传统中,历来有主张把犹太人的智慧传播到外部世界的使命,正如《以赛亚书》所言,"使你作外邦人的光……直到地极"(49:6),世世代代的犹太人也把传播犹太文化看作是自身的使命。近百年来犹太研究在中国大地的萌芽、成长,乃至走向成熟,正是犹太文化影响世界的体现。中华文明和犹太文明同为历史悠久、一以贯之的古老文明,为人类进步与发展作出了巨大贡献,可以在相互学习、彼此借鉴中共同发展。对犹太历史、犹太文化的了解与研究,不仅有助于开阔中国学者的视野、促进学术事业的繁荣,而且可以为中国文化如何迈出国门、走向世界提供有益的借鉴。我们相信,随着中国现代化建设事业的飞速发展,与国际学术界交流的不断扩大,犹太研究必将在中华大地绽放出异常美丽的花朵。

---

① 主办方精心安排大量高水平的专题讲座,内容涉及历史上的反犹主义、纳粹的种族意识形态、否认大屠杀的行为、如何针对不同年龄的学生开展内容合适的教育、怎样把创伤记忆导向和平与和解的努力等问题。

第四章　重点问题

波兰著名犹太思想家以撒·多伊彻(Issac Deutscher)曾指出,犹太人成功的关键在于其始终处在不同文明的交汇处:"作为犹太人,他们的'超前'优势恰恰在于生活在不同文明、宗教和民族文化的交界线上,他们诞生和成长在不同时代的交替点上。他们的思想成长在最为扑朔迷离的相互沟通、相互滋养的文化影响之中,他们生活在他们所居住的国家的隐蔽处和偏僻角落。他们中的每一位都既在其社会之中又超然其外,既属于它而又超乎于它。正因为如此,才使得他们创造了超越其社会、超越其国家、也超越其时代和同代人的思想,才使得他们的精神能遨游在宽阔的地平线上,遨游向遥远的未来。"①

正是在与不同文明的交往中,犹太史获得了空前广阔的时间与空间维度,这一方面使之具有独特的魅力,但同时也给学术研究带来了相应的困难,尤其在有限的篇幅里归纳犹太史的重点问题更是如此。为了方便读者把握犹太史研究的学术重点和前沿动态,本章大致按时间顺序选取当前国内外犹太学界的重大关切与学术热点,择要进行介绍:既有宏观的专题分析,也有微观的具体研究;既注重介绍犹太学者的观点,也关照非犹太学者的看法,并力图体现中国视角。总之,期望能为读者从事犹太史学习和研究提供有益的帮助与切实的向导。

---

① Paul R. Mendes-Flohr & Jehuda Reinharz, eds., *The Jew in the Modern World: A Documentary*, p. 231.

一、族群认同、历史记忆与性别研究

自从在人类历史舞台出现后,犹太人在各个历史时期占世界人口的比例一直很少,但却贡献了超越其比例的文化成就。而且,犹太人在失去疆域、饱经劫难的情况下,顽强生存下来并实现了文化的更新与再生。美国著名作家马克·吐温对犹太人的卓越成就与长久不灭充满了好奇,他曾提出一个经典的诘问:"一切都会衰朽,除犹太人以外;一切都将逝去,但犹太人仍在。(All things are mortal but the Jew; all other forces pass, but he remains.)犹太人得以不朽的秘诀到底是什么?"[①]很大程度上,犹太人得以不朽的秘诀就在于这个民族始终坚持独特的身份认同,正是靠着对自身民族传统的坚守,他们得以顽强生存下来并创造出许多文化成就。然而,"谁是犹太人?"却成了令人困惑的问题,不仅对于犹太人自身,而且对非犹太人也是如此。从本质上说,犹太认同即如何界定犹太人与非犹太人的边界,对此一般可以采取生物学的标准(血缘)或是社会学的标准(建构),但考虑到经历大流散的犹太人在漫长的历史时期并没有生活在共同的地域,甚至也没有共同的语言,这两种标准中的任何一个都难以单独对犹太认同做出完全明确的界定。为了理解犹太历史上的族群认同问题,首先有必要弄清楚"希伯来人""以色列人""犹太人"以及"外邦人"等几个基本概念。

从各种材料来看,"希伯来人"(Hebrew)是指称犹太人祖先的早期称呼。根据《圣经》记述,这个称呼来自闪的曾孙希伯(Eber),其后裔就被称为希伯来人(《创世记》10:24)。犹太人的先祖亚伯拉罕曾自称"希伯来人亚伯兰"(《创世记》14:13),雅各也自称希伯来人(《创世

---

① Mark Twain, "Concerning the Jews", *Harper's New Monthly Magazine*, Vol. 99 (Sep., 1899), p. 535.

记》40:15),而且埃及人也将他们称为希伯来人(《创世记》39:14,17)。第一代族长亚伯拉罕原居"迦勒底的吾珥",为了摆脱当地的偶像崇拜,上帝指示亚伯拉罕:"你要离开本地、本族、父家,往我所要指示你的地方去。我必叫你成为大国。我必赐福给你,叫你的名为大,你也要叫别人得福。"(《创世记》12:1—2)亚伯拉罕率领族人从吾珥出发,渡过幼发拉底河,经哈兰来到上帝应许的迦南地,当地的迦南人将这些渡河而来的人称为希伯来人。

根据词源学,"希伯来人"(ᶜibrî)一词的词根"ᶜbr"意为"渡过""经过"或"穿过",引申指从迦南另一边渡过大河而来。作为希伯来人称谓的"ᶜebr"与"ᶜibrî"源自更早的形式——"ᶜabir(u)",后者与"habiru"十分相近。古代近东其他地区也存在类似的词汇,在苏美尔称作"SA.GAZ"、阿卡德为"hapiru"、乌加里特为"ᶜprm"、埃及则为"ᶜpr.w"。①随着考古材料的不断发掘,特别是1877年出土的阿玛尔纳书信(Amarna Letters)表明,在古代近东地区生活着一个半游牧群体"哈卑路"(Habiru),他们处于社会的底层,活跃在边缘地带,经常从事流动性抢劫与袭击等活动。②不少学者推断,作为犹太人先祖的"ᶜibrî"可能是这个群体中的一支,大约于公元前13世纪左右在埃及地区定居(当时的法老将之确认为希伯来人)。因此韦斯特指出,从"哈卑路"到"希伯来"的词形转换来看,它经历了由一个社会阶层称呼向族群团体名称转变的过程。③直到今天,"希伯来"仍是犹太认同的关键要素,比如《希伯来圣经》、希伯来语等等。

在《希伯来圣经》中,指代希伯来人的另一称呼就是"以色列"。根据《圣经》记载,以色列一词来源于第三位族长雅各。他在雅博渡口夜

---

① Nadav Na'aman, "Habiru and Hebrews: The Transfer of a Social Terms to the Literary Sphere", *Journal of Near Eastern Studies*, Vol. 45, No. 4 (Oct., 1986), pp. 271-288.

② S. Douglas Waterhouse, "Who are the Habiru of the Amarna Letters?" *Journal of the Adventist Theological Society*, Vol. 12, No. 1 (2001), pp. 31-42.

③ Stuart A. West, "The Habiru and the Hebrews: From a Social Class to an Ethnic Group", *Dor*, Vol. 7, No. 3 (1979), pp. 101-107.

遇天使,与之摔跤并得胜,从而被赐名"以色列",意为与神摔跤并获胜的人。"你的名不要再叫雅各,要叫以色列,因为你与神与人较力,都得了胜。"(《创世记》32:28)这无疑赋予了"以色列"神圣的色彩。"以色列"一词通常等同于上帝的选民(the Chosen People)之意:"因为你归雅卫你神为圣洁的民,雅卫你神从地上的万民中拣选你,特作自己的子民。"(《申命记》7:6)①从经外材料看,"以色列"一词首次出现在公元前13世纪的默尼普塔石碑的碑文中。②

"以色列"一词包含双重的意义,首先是一个民族概念,意指上帝的选民以色列人。同时,它又是一个地理名词,指代原来的迦南之地。正如大卫·阿隆所言:"以色列,是一个既指土地又指民族的词汇。在人类文明史上是否可以再找到一个相似的词汇是令人怀疑的。"③从民族维度来看,以色列人(Am Yisrael/Israelite)是因为接受了神启《托拉》的缘故而成为神圣的民族(goy kadosh/holy people)。基于此,以色列成为"独居的民,不列在万民中"。除民族维度外,以色列的地理维度也是不容忽视的,以色列地(Eretz Yisrael)是以色列人之地,也是上帝的"应许之地"(the Promised Land)。作为犹太民族的故土,以色列地在犹太传统中通常被称作圣地(the Holy Land),"世界总共有十重神圣,以色列地圣过其他一切地"。④不仅如此,以色列地还被视为整个世界的中心:"正如肚脐位于人体的中心一样,以色列地就位于世界的中心……也是世界的根基。"⑤特别是流散后,圣地的神圣意义更加提高,返回圣地的行为被称作"阿里亚"(原意为"上升",引申意指从散居地

---

① 后来,基督徒认为自身已取代犹太人成为上帝的新选民,而自称为"真以色列"(Verus Israel)。

② Michael G. Hasel, "Israel in the Merneptah Stela", *Bulletin of the American Schools of Oriental Research*, No. 296 (Nov., 1994), pp. 45-61.

③ 丹·巴哈特、拉姆·本·沙洛姆:《以色列2000年:民族和地域的历史》,徐新等译,济南:山东画报出版社,2003年,第3页。

④ Hannah K. Harrington, *Holiness: Rabbinic Judaism and the Graeco-Roman World*, London & New York: Routledge, 2001, p. 97.

⑤ Ibid., p. 91.

回归后在精神上得到了升华)。

目前意指这一民族群体最常见的称呼是"犹太人"。这一概念来自"犹大"(Judah),犹大为雅各的第四子,后来成为希伯来人十二支派其中一支的名称。著名的大卫王即来自犹大支派。所罗门死后,统一王国一分为二,犹大和便雅悯支派构成的南国称犹大王国,其居民被称为"耶胡迪"(Yehudi)。北国以色列灭亡、北部十个支派失踪后,该词逐渐成为整个民族的代称。在《以斯帖记》中,末底改虽来自便雅悯部落,但也被称为犹大人:"书珊城有一个犹大人,名叫末底改,是便雅悯人基士的曾孙、示每的孙子、睚珥的儿子。"(《以斯帖记》2:5)从巴比伦流放地返回后,波斯帝国设立犹大行省以管辖原来的南北两国居民,从而为该词赋予了明确的地理内涵。现代英文中的"Jew"来自中古英语"Gyw""Iewe",借自古法语的"giu",更早的时候为"Juieu",系从拉丁语"Iudaeum"而来。① 追根溯源,它们都源自希腊语"Ioudaios",意为"Judaean"(即来自犹地亚的人),由于散居在外的犹地亚人不断增多,"犹地亚"一词原有的地理含义逐渐弱化,而民族—宗教的内涵不断增强。② 换言之,非犹地亚人只需与犹地亚人一样崇拜耶路撒冷的上帝、遵守犹地亚人的生活方式,即可成为一个真正的犹地亚人。

根据犹太律法哈拉哈,犹太身份有血缘与信仰(也即民族与宗教)两个标准。前者采取母系原则,即如果某个人的母亲是一位犹太人,那么他/她一定是一位犹太人;而对于后者,非犹太人可以通过改信犹太教成为犹太人,但这必须经过拉比的严格考核。③ 现代以色列

---

① 在西方其他语言中,德语为"Jude"、法语为"Juif"、荷兰语为"Jood"、意大利语为"Ebreo"、西班牙语为"Judío"、葡萄牙语为"Judeu"、丹麦与挪威语为"Jøde"。

② 有关"Ioudaios"一词所折射的犹太认同内涵,参见宋立宏:《谁是"犹太人"——关于 Ioudaios 的札记》,《历史研究》,2007 年第 2 期;Y. Amir, "The Term *IOUDAISMOS*: A Study in Jewish-Hellenistic Self-Identification", *Immanuel*, Vol. 14 (1982), pp. 34-41; Steve Mason, "Jews, Judaeans, Judaizing, Judaism: Problems of Categorization in Ancient History", *Journal for the Study of Judaism*, Vol. 38 (2007), pp. 457-512.

③ *Babylonian Talmud*, Kiddushin 66b.

国制定的《回归法》在谁是犹太人的问题上就综合了民族与宗教的标准。①实际上,犹太人与非犹太人的边界在历史上并非不可逾越,异教徒可以通过遵守犹太习俗、皈依犹太教成为犹太人,而犹太人也可以不再遵守犹太习俗、背弃犹太教而成为异教徒。这种跨越犹太边界(包括犹太人跨出边界成为异教徒以及异教徒迈入边界成为犹太人)的现象,在第二圣殿末期尤其突出,从而出现形形色色的"半犹太人"(half-Jew)。②

从外部看,非犹太人的概念也界定了犹太认同。在犹太传统中,通常以"外邦人"(גוי/Goy,复数为גוים/Goyim)的概念来指称非犹太人。该词在《希伯来圣经》中总共出现超过 550 次③,一开始意为"地上的万民",既指外邦民族也指以色列人。它的首次出现是在《创世记》中,此处被用来指代外邦人,"这些人的后裔将各国的地土、海岛分开居住,各随各的方言、宗族立国"(《创世记》10:5)。《创世记》随后提及有个由提达担任其王的"goyim"国。该词同时也与以色列人联系在一起,即上帝应许亚伯拉罕的后裔必定成为"大国"(goy gadol)。而且,该词还被用来指称一个神圣的诫命,以色列人被要求成为"圣洁的国民"(goy kadosh)(《出埃及记》19:6)。④在《希伯来圣经》中,在指代其他民族或外来者时通常使用"nokhri"(陌生人,等同于"stranger")与

---

① 根据 1970 年通过的《回归法》修正案,对"谁是犹太人"的问题进行了明确的规定:只有犹太母亲所生或已皈依(犹太教)且不信仰其他宗教的人,才能被认定为犹太人。

② 著名的大希律即是半犹太人的典型,他原本是以东人,后来皈依了犹太教,执政期间却在犹地亚大肆推行希腊化的政策,后来的犹太传统据此否认其犹太身份。参见 Shaye J. D. Cohen, "Crossing the Boundary and Becoming a Jew", *The Harvard Theological Review*, Vol. 82, No. 1 (Jan., 1989), pp. 13-33; Shaye J. D. Cohen, *The Beginnings of Jewishness: Boundaries, Varieties, Uncertainties*, Berkeley: University of California Press, 1999, chap. 1。

③ Ronald E. Clements, "Article on גוי/goy", in G. J. Botterweck & H. Ringgren, eds., *Theological Dictionary of the Old Testament*, Vol. 2, translated by John T. Willis, Grand Rapids, MI: Eerdmans, 1975, p. 427.

④ Aelred Cody, "When is the Chosen People Called a Goy", *Vetus Testamentum*, Vol. 14, Fasc. 1 (Jan, 1964), pp. 1-6.

"ger"两个词汇。①

从马卡比起义开始,犹太人对外部民族的排斥心理不断得到强化。② 被罗马征服以后,"goy"一词开始专指外邦民族。拉比文献认为世界共有70个民族(goyim),各自拥有不同的语言。拉比传统将"goy"定义为他者,是不为上帝所喜悦的,也是在神圣契约以外的群体。犹太人对于非犹太人没有任何义务,但必须尽义务爱自己的同胞,这是一项神圣的诫命。拉比们发展了《圣经》有关每个以色列人都是其同胞的看护者(his brother's keeper)的观念,认为所有的以色列人相互负有责任,散居在各地的犹太人是一体的,是谓"以色列一体观"(Klal Yisrael)。如果某个犹太人将与另一犹太人之间的纠纷起诉至外邦法庭,即便后者的审判是公平正直的,也被认为有违"以色列之爱"(Ahavat Yisrael)的诫命③,这是犹太人可能犯下的最严重罪行之一。《塔木德》将此行为等同于"告密",并以专有名词"mesirah"加以指代;在著名的"十八祝祷词"中有这样的内容,"愿告密者没有希望"。④ 总体来看,尽管犹太文献中也保留有一些关于外邦人的积极内容⑤,"goy"概念包含的负面内涵居多。⑥

---

① Ishay Rosen-Zvi & Adi Ophir, "Goy: Toward a Genealogy", *Dine Israel*, Vol. 28 (2011), pp. 69-122.

② Judith M. Lieu, "Not Hellenes but Philistines? The Maccabees and Josephus Defining the 'Other'", *Journal of Jewish Studies*, Vol. 53, No. 2 (2002), pp. 246-263.

③ Pinchas Doron-Spalter, *Major Concepts of the Talmud*, Vol. 1, Jerusalem: Targum Press, 2008, pp. 13-14. 犹太传统认为,作为一个犹太人应当爱上帝(Ahavat Hashem)、爱托拉(Ahavat Hatorah)、爱以色列(Ahavat Yisrael)。违反这些准则即是对上帝及其《托拉》的否定与蔑视,从而亵渎了圣名、将荣耀献给了偶像。

④ *Babylonian Talmud*, Berakhot 28b.

⑤ 公元2世纪出现关于外邦正义的概念——"挪亚七诫"(seven Noahide laws):不可崇拜偶像;不可亵渎上帝;不可谋杀;不可通奸;不可偷盗;不可吃从一头活生生的动物上切取的肉;建立正义的法庭进行裁判。这部诫律据说是由上帝直接颁给挪亚子孙的诫律,犹太传统相信这是所有人类都应当共同遵守的命令。有关挪亚法律的情况,参见 *Babylonian Talmud*, Sanhedrin 56a; S. L. Stone, "Sinaitic and Noahide Law: Legal Pluralism in Jewish Law", *Cardozo Law Review*, Vol. 12, No. 3-4 (Feb.-Mar., 1991), pp. 1157-1214.

⑥ Gary G. Porton, *Goyim: Gentiles and Israelites in Mishnah-Tosefta*, Atlanta: Society of Biblical Literature, 1988.

身份认同问题一直是犹太人最困惑、最敏感的话题之一,也是犹太研究最复杂的学理问题①,信教犹太人与世俗犹太人、犹太教信仰者中的不同派别在不同的历史时段与客观环境中对此都有不同的表述。历史地看,作为犹太认同之根本的"犹太性"(Jewishness)在各个不同的阶段有着不同的体现及具体的内涵。

在前现代的大流散时期,传统犹太社会的主要政治单位是社团,主导者是拉比,主要义务是学习《塔木德》,共同的宗教信仰成为维持身份认同的重要手段,"他们(犹太人)被驱散到世界各个角落,没有自己的政治故乡,然而他们却生存下来了。他们继承了自己珍贵的文化和宗教遗产,即使在异乡的居住地他们也是一个精神共同体。这个共同体追求共同目标,虽然没有主权仍能屹立于世界。犹太人不是忠于某个世俗统治者,而是忠于一个理想、一种生活方式、一部圣书"。②海涅就将犹太宗教典籍称为犹太人的"便携祖国"(portable homeland)。

在前现代时期,几乎所有的犹太人都生活在宗教性的社团之中,基本上不存在个体(即私人属性)的犹太人,脱离了犹太社团也就等于放弃了犹太身份。而启蒙与解放时代的到来,对犹太身份认同提出了严峻的挑战,在现代社会,对社团的忠诚扩大为对国家的忠诚,宗教成为自由选择的私人事务。为形成一种与启蒙理性、文明进步相适应的身份认同,许多犹太知识分子开始进行调整,主张积极学习西方文化、融入主流社会成为后解放时代犹太人的主要趋势,海涅就曾把受洗比作是"进入欧洲文明的入场券"。这种状况导致同化通婚的快速扩张,从而给犹太认同带来极大的冲击与削弱,致使他们产生了空前的危机感与忧患感。

---

① 有关犹太身份认同的研究,重要的有:Simon N. Herman, *Jewish Identity: A Social Psychological Perspective*, New York: Herzl Press, 1977; Salo W. Baron, "Problems of Jewish Identity from an Historical Perspective: A Survey", *Proceedings of the American Academy for Jewish Research*, Vol. 46/47 (1979-1980), pp. 33-67;等。

② 阿巴·埃班:《犹太史》,第 220 页。

以返乡复国为目标的犹太复国主义出现之时，犹太人正处于反犹主义狂热攻击的漩涡之中，它的出现是对长期以来的"犹太人问题"的回应。一部分受到西欧民族主义思想影响的犹太知识分子开始以之思考自身的民族命运，促使犹太认同之焦点从"宗教性"转向"民族性"，有学者指出，"犹太复国主义基本上是一次革命，这不仅是就国土这方面来说，目的要在以色列之地上建立一个犹太国，而且为在解放后时代的现代犹太人建立一个新的认同和自我身份的焦点，在此意义上也是一次革命"。①犹太复国主义运动重新唤起了犹太人的集体认同感，并促发了犹太人回归巴勒斯坦的移民潮，从而为现代以色列国的诞生奠定了必不可少的思想基础、文化基础与社会基础。1948年以色列国的建立是犹太民族史上的里程碑，也终于了却了一个古老民族长达1800余年的复国之梦。

犹太人是一个极为重视记忆的民族。他们虽没有像希腊那样出现希罗多德与修昔底德，没有《历史》与《战史》，但这并不能否定犹太人的历史记忆。与希腊人的世俗性记忆不同的是②，犹太人的记忆是具有神圣内涵的，他们的记忆内容主要是以宗教为中心的：《希伯来圣经》作为犹太民族最重要的文化经典，不仅是律法的汇编，更是记忆的宝库，它是犹太民族保存下来的历史记忆与文化遗存。不仅如此，许多古代西亚民族的历史也藉着犹太人的历史记忆才得以留存。耶鲁沙尔米比较了希腊人与犹太人赋予历史记忆的不同地位：

> 对于希罗多德来说，书写历史最为首要的目标就是充当一座抗拒因时间流逝所带来不可逆转的记忆侵蚀之堡垒。大体而言，希腊的史学书写是对距离当时很近时代事件的一种杰出的希腊式

---

① 凯马尔·H. 卡尔帕特编：《当代中东的政治和社会思想》，陈和丰等译，北京：中国社会科学出版社，1992年，第377页。

② 希腊人的世俗记忆一直颇有争议，因为希罗多德的《历史》中也多次强调神灵对政治与战争的干预，但与犹太人相比，显然偏重世俗一些。实际上，在前现代社会，或许根本不存在"神圣"与"世俗"之区分，现在人们使用的这两种概念只是在现代世俗社会出现后才有的现象。

求知欲、探索心之表达,或是为了从过去寻找道德榜样和政治启发。除此以外,历史并没有提供任何真理,因而它在希腊宗教和哲学中并无一席之地。如果说希罗多德是历史之父,那么犹太人就应该是历史意义之父。①

20世纪80年代以来,随着集体记忆研究在西方学术界的日渐流行,犹太研究领域也逐渐受其影响,其中最突出的代表就是耶鲁沙尔米在1982年出版的《扎克霍:犹太历史与犹太记忆》(Zakhor: Jewish History and Jewish Memory)。②该书以时间为纲,用四章内容分别对圣经时代、流散时代、近代时期、现代时期的集体记忆在犹太史上的重要表现进行了独到的分析。这部著作先后被翻译成意大利文(1983)、希伯来文(1988)、法文(1991)、葡萄牙文(1992)、德文(1996)、日文(1997)等多种文字。③随着研究的不断深入,还出现了一批富有深度的探究犹太记忆的著作。特别是犹太复国主义对民族记忆的运用成为当前学术界的重要研究对象。④近年,亨德尔发表《铭记亚伯拉罕:〈希伯来圣经〉中的文化、记忆与历史》,重点探讨了圣经时代的犹太记忆,认为早在民族诞生之初犹太人就已形成了独特的文化记忆,这种记忆又成为他们维持宗教身份与族群认同的重要手段。⑤

《圣经》文本历来被视为承载、传递犹太人集体记忆的首要途径,

---

① Yosef Hayim Yerushalmi, *Zakhor: Jewish History and Jewish Memory*, p. 8.
② 对耶鲁沙尔米犹太记忆史的分析,参见 David N. Myers & Alexander Kaye, eds., *The Faith of Fallen Jews: Yosef Hayim Yerushalmi and the Writing of Jewish History*, Waltham: Brandeis University Press, 2014。
③ David N. Myers, "Of Marranos and Memory: Yosef Hayim Yerushalmi and the Writing of Jewish History", in Elisheva Carlebach, John M. Efron, and David N. Myers, eds., *Jewish History and Jewish Memory: Essays in Honor of Yosef Hayim Yerushalmi*, Hanover: University Press of New England, 1998, pp. 1-21.
④ Yael Zerubavel, *Recovered Roots: Collective Memory and the Making of Israel National Tradition*, Chicago: University of Chicago Press, 1995; Nachman Ben-Yehuda, *The Masada Myth: Collective Memory and Mythmaking in Israel*, Madison: University of Wisconsin Press, 1995.
⑤ Ronald S. Hendel, *Remembering Abraham: Culture, Memory, and History in the Hebrew Bible*, Oxford: Oxford University Press, 2005.

通过这个中介,犹太人得以将过去发生的经历反复重演,从而赋予当下群体以信仰与身份。犹太人自身很早就意识到了这一点,巴勒斯坦《塔古姆》就将《托拉》称为"记忆之书"(the Book of Memories)。① 著名学者阿斯曼也强调,《圣经》中有关民族起源的叙述应该被理解为集体性的文化记忆,而不是历史记载。②希伯来语中,有专门一词"扎克霍"(זכור/Zakhor)指代记忆,据耶鲁沙尔米的研究,《希伯来圣经》中总共出现动词"记住"(zakhor)不下169次之多,形式包括各种词尾变化,其主体包括上帝与以色列人,意为双方都负有"记忆"的神圣义务。③《圣经》中除要求"遵行"(shamor/observe)外就是要求"记住"(zakhor/remember),一再强调"当记住并遵行"。

对于以色列人而言,记忆几乎就是一种"神圣的诫命",牢记过去等同于一项宗教责任,其主要指向即必须始终牢牢记念"上帝—《托拉》—以色列"。④通过对过往神圣经历的记忆,犹太人这个独特群体的边界得以不断凸显,犹太认同得以不断被塑造、维持、强化,从而区别于他者。正是在此意义上,犹太人可被视为一个"记忆的民族"。总之,记忆成为犹太民族身份与文化认同的核心主题;它为犹太人创造了一种独特的群体身份——上帝的选民,使得他们可以跨越时间与先辈、超越空间与同胞而达成心理认同,通过对共同命运的不断强调,犹太群体的特征由此得以界定与深化。可以毫不夸张地说,犹太民族就是被记忆所塑造的独特民族,犹太历史就是被记忆所改造的独特历史。

---

① Ronald Hendel, *Remembering Abraham: Culture, Memory, and History in the Hebrew Bible*, p. ix.
② Jan Assmann, *Moses the Egyptian: The Memory of Egypt in Western Monotheism*, Cambridge: Harvard University Press, 1997, pp. 12-16.
③ Yosef Hayim Yerushalmi, *Zakhor: Jewish History and Jewish Memory*, p. 5. 与"记忆"一词密切相关的即是"书写"(write)一词,"书写"是一种更为行之有效的保持记忆的手段与途径。据统计,"书写"在希腊《荷马史诗》中仅出现一次,而在《希伯来圣经》中却有429次提及书写及书写的对象。由此充分反映出以色列人对于自身过往历史记忆的珍视。
④ 有关分析参见艾仁贵:《犹太传统中的集体记忆》,载傅有德主编:《犹太研究》第12辑,济南:山东大学出版社,2013年,第60—70页。

在后现代主义的影响下,性别研究在犹太研究中发展为一个重要的分支。学术意义上的犹太女性研究兴起较晚,大概出现于1970年代的第二波女权运动之中,主要由美国学术界发起。女性主义者认为,过往的历史通常以男性为中心,而沦为一种"他的故事"(his-story),女性的历史也即"她的故事"(her-story)往往被忽略乃至遗忘。与其他性别研究相比,除探讨公共与私人之间的权力关系以外,犹太女性研究对于宗教与性别的关系有着十分重要的启示意义。①

实际上,犹太传统很早就对妇女的地位进行了界定。《创世记》前几章将妇女描述为低于男性的创造物,并由于受到蛇的引诱偷食了禁果而最终被逐出伊甸园。这个故事虽然扎根于神学之中,但它从某种程度上反映了《圣经》编撰者对女性地位的认知:与男性相比,妇女是处于从属与次要地位的,"你必恋慕你丈夫,你丈夫必管辖你"(《创世记》3:16)。但《圣经》的世界并非只有男性而完全没有女性的存在,其中也提及一些女性角色,例如萨拉、利百加、拉结、利亚、米利暗、士师底波拉、女先知户勒大,还有以女性命名的两卷经文——《路得记》《以斯帖记》。不过祭司、君王等关键角色均由男性承担。犹太女性研究基本上都承认《希伯来圣经》对女性给予了一定的关照,在某些章节中能够体现女性的声音,女性并非是完全不在场的②;还有学者认为,《次经》某些篇章可能是由女性完成的。③总体来看,圣经时代的基调是女性处于从属地位。

从拉比时代起,犹太妇女的地位不断下降,在拉比文献中几乎难以看到犹太女性的存在。第二圣殿被毁后,献祭转为祈祷,犹太妇女被排除在学习《托拉》这一最为神圣的义务之外,而仅承担点燃安息日蜡

---

① Judith R. Baskin, ed., *Jewish Women in Historical Perspective*, Detroit: Wayne State University Press, 1998. 有关犹太妇女的中文研究,参见张淑清:《中世纪西欧的犹太妇女》,北京:人民出版社,2009年。

② Harold Bloom, *The Book of J*, New York: Grove Press, 1990; A. Brenner & F. van Dijk-Hemmes, *On Gendering Texts: Female and Male Voices in the Hebrew Bible*, Leiden: Brill, 1993.

③ A. -J. Levine, '*Women Like This*': *New Perpectives on Jewish Women in the Greco-Roman Period*, Atlanta: Scholars Press, 1992.

烛、遵守经期不洁法、分面团三项宗教义务。在中古犹太社会中,男性的最理想身份就是学习《托拉》并同时由其妻子供养,由此出现了犹太史上所谓的公共领域与私人领域之区分。这种公共(工作的女性)与私人(学习的男性)之分导致犹太社会出现了男女之间的角色颠倒。在其他社会,男性外出谋生、女性负责持家是一种比较理想的模式;在犹太社会,特别是从中世纪中后期直到近代早期,妇女经常出没于公共领域,从事着金融、借贷、贸易等行业,而其丈夫则留在狭小的私人世界里专心学习《托拉》。这种角色颠倒不仅为非犹太社会注意到,成为非犹太人指责与鄙视的对象,而且也为一些犹太人所批评。犹太妇女在从事经济活动的过程中,获得了一定程度的自由与权利,但这种严格的公私区分仍然顽强维持着。

　　女性主义者通过研究发现,虽然犹太妇女被剥夺了学习的权利,但这并不代表她们是无知的。实际上,犹太女性也有发出自己声音的渠道,其中一个重要手段就是写作。根据巴斯金的研究,自中世纪晚期开始,犹太女性的写作开始增多。①在她们的声音被正式听到之前,一些被遗失的声音开始引起关注。②而且,从中世纪晚期开始,大量的宗教祈祷书是专门写给妇女的,其中有些甚至是由妇女自己所写。③近代最著名的女性书写来自17世纪的《辜黎柯·哈梅因自传》(*Die Memoiren der Glückel von Hameln*),书中描述了女主人公参与经济活动的大量内容。此后,许多犹太女性的作品逐渐为人所知。20世纪出现了杰出的犹太女性作家阿伦特,她对近代犹太沙龙女性拉赫尔·瓦伦哈根(Rahel Varenhagen)进行的深入研究很大程度上是出于一种犹太女性的自

---

　　① Judith R. Baskin, ed., *Women of the Word: Jewish Women and Jewish Writing*, Detroit: Wayne State University Press, 1994.

　　② 例如1623年出版的安萨尔多·泽巴(Ansaldo Ceba)与萨拉·苏拉姆(Sara C. Sullam)通信,这两位16世纪意大利犹太妇女之间的信件就是典型的女性书信。参见 Nahida Remy, *The Jewish Woman*, Cincinnati: C. J. Brehbiel & Co., 1897, pp. 140-152。

　　③ Chava Weissler, *Voices of the Matriarchs: Listening to the Prayers of Early Modern Jewish Women*, Boston: Beacon Press, 1998, pp. 9-10.

我关怀与情感投射。①

当前学界对于犹太史中男权地位的批评存在两个主要方向:一是探究犹太男性的优势地位何以形成;二是解构所谓的犹太男性优势地位。前者的研究致力于寻找犹太文献中凸显男性地位、压制女性作用的内容。有学者通过对《出埃及记》有关章节的分析指出,当以色列在西奈山接受《托拉》神启时,妇女就被排除在以色列集体之外:"到第三天要预备好了,不可亲近女人。"(19:15)由此可见,接受西奈神启的人群中并不包括女性。②还有轻视女性的其他事例,比如犹太传统的每日晨祷词,感谢上帝没有使他成为一个女人③;作为与上帝立约见证的割礼只在犹太男子中施行,也是女性免除犹太身份义务的体现。④

随着研究的不断深入,解构男性优势地位的路径逐渐占据了主流。许多女性主义学者通过研究表明,在传统犹太社会,犹太女性的地位并没有那么低下,她们由于无法接受教育和进行学习而成为被压制的失语群体,这只是体现为文本中的无权地位,并非是历史的真实情况。学者伊兰指出,古代世界的犹太女性在许多方面参与了宗教及社会活动,她们并非是完全被动的弱势群体。⑤有学者根据中世纪的大量社团档案研究了犹太女性在社团经济活动(特别是高利贷)中的重要作用⑥;还以19世纪初的犹太女性沙龙为例,强调女性意识的觉醒成为犹太社

---

① Hannah Arendt, *Rahel Varenhagen: The Life of a Jewess*, translated by Richard Winston & Clara Winston, London: East and West Library, 1957.

② Judith Plaskow, *Standing Again at Sinai: Judaism from a Female Perspective*, San Francisco: Harper & Row, 1979, p. 25.

③ *Babylonian Talmud*, Berakhot 7: 8.

④ Shaye J. D. Cohen, *Why Aren't Jewish Women Circumcised?* Los Angeles: University of California Press, 2005.

⑤ Tal Ilan, *Jewish Women in Greco-Roman Palestine: An Inquiry into Image and Status*, Tübingen: Mohr Siebeck, 1995; idem, *Mine and Yours are Hers: Retrieving Women's History from Rabbinic Literature*, Leiden: Brill, 1997; idem, *Integrating Jewish Women into Second Temple History*, Tübingen: Mohr Siebeck, 1999.

⑥ Avraham Grossman, *Pious and Rebellious: Jewish Women in Medieval Europe*, translated by Jonathan Chipman, Hanover, N. H.: Brandeis University Press, 2004.

会启蒙的标志之一,这一研究也成为犹太妇女史研究的重要亮点。①

随着女性研究的发展,一些学者开始探究犹太历史上的身体与性(包括同性恋)等问题。这方面的代表学者有桑德尔·吉尔曼与丹尼尔·波亚林等人。吉尔曼从分析犹太人的自我憎恨出发,探究了身体"畸形"对犹太人自我形象理解的影响;他还借助精神分析理论分析了犹太人的器官在现代的不同内涵及其社会意义。②托德·普赖斯纳发表《有肌肉的犹太教:犹太身体与更新的政治学》,探究犹太身体如何被犹太复国主义运用为一种民族复兴的隐喻。③大卫·拜勒的《爱神与犹太人》对犹太人的性爱观念进行了从圣经时代直到当代美国的全方位研究。④丹尼尔·波亚林也认为性的观念在传统犹太社会并非不存在,而是很早即已扎根;他先后发表《性欲的以色列:塔木德文化中对性的阅读》《并不英勇的行为:异性恋的兴起与犹太男性的发明》。⑤在此基础上,他一反之前的犹太形象研究(即认为犹太人的身体形象在前现代是十分虚弱的),强调犹太知识分子在建构现代犹太人的过程中,人为将传统犹太身体形象阴柔化,故而是一种"并不英勇的行为"(Unheroic Conduct)。

---

① Deborah Hertz, *Jewish High Society in Old Regime Berlin*, New Haven: Yale University Press, 1988.

② Sander L. Gilman, *Jewish Self-hatred: Anti-Semitism and the Hidden Language of the Jews*, Baltimore: Johns Hopkins University Press, 1986; idem, *The Jew's Body*, London: Routledge, 1991; idem, *Smart Jews: The Construction of the Image of Jewish Superior Intelligence*, Lincoln & London: University of Nebraska Press, 1996.

③ Todd S. Presner, *Muscular Judaism: The Jewish Body and the Politics of Regeneration*, New York: Routledge, 2007.

④ David Biale, *Eros and the Jews: From Biblical Israel to Contemporary America*, New York: Basic Books, 1992.

⑤ Daniel Boyarin, *Intertextuality and the Reading of Midrash Indiana Studies in Biblical Literature*, Bloomington, IN: Indiana University Press, 1990; idem, *Carnal Israel: Reading Sex in Talmudic Culture*, Berkeley: University of California Press, 1993; idem, *Unheroic Conduct: The Rise of Heterosexuality and the Invention of the Jewish Man*, Berkeley: University of California Press, 1997; Daniel Boyarin et al., eds., *Queer Theory and the Jewish Question*, New York: Columbia University Press, 2003; etc.

二、《希伯来圣经》与以色列古史重构

《希伯来圣经》所反映的以色列古史究竟包含多少真实可信的成分？学者历来对此争论不休、异见纷呈。在现代圣经评断学兴起以前，《希伯来圣经》的历史性（historicity）几乎很少遭到怀疑，许多人把《圣经》的叙述接受为真实可信的历史，这种文本至上的观点认为《圣经》叙述有着不可质疑的真实性，除少数文字传抄的错误以外，所记载的一切都是真实发生的历史。①古代晚期著名历史学家约瑟夫斯的《犹太古史》就把《希伯来圣经》的大部分内容接受为历史。随着理性思维的发展，开始有人（如斯宾诺莎）质疑《圣经》叙述的不连续和矛盾之处，例如《出埃及记》结尾有摩西记载自己去世的经过。对以色列古史真正科学地看待始于对摩西《五经》作者身份的怀疑，正是在此过程中，对以色列古史的认识成为一种寻找"历史上的以色列"（Historical Israel）而非"信仰中的以色列"（Faithful Israel）的活动。②

现代意义上对于以色列古史的学术探究始于18世纪末的德国，随着理性主义的高扬，在德国开始了一门新兴的学科——圣经历史评断学（Historical Criticism，也称来源评断学）。在"历史主义"思潮的影响下，德国学者埃希霍恩（J. G. Eichhorn）与德·威特（W. de Wette）等人首次把《五经》视为不连贯的著作，并分割为 J（Yahwist，雅卫本）、E（Elohist，埃洛希姆本）和 D（Deuteronomist，申命底本）三大底本，从而解构了《圣经》的整体性。是为"底本假说"（Documentary hypothesis）理论之始。此后经埃瓦尔德（Heinrich Ewald）、胡普

---

① 这种立场被称为"文本至上派"，持此论者大多为宗教观点保守的犹太教徒和基督教徒，认为不仅希伯来王国时代早期为真实的历史，而且《创世记》的绝大部分叙述也是无可撼动的真理。

② 参见 J. van Seters, *In Search of History: Historiography in the Ancient World and the Origins of Biblical History*, New Haven & London: Yale University Press, 1983, chapter 7.

菲尔德(Hermann Hupfeld)、格拉夫(Karl H. Graf)等人的努力,又提出第四种底本 P(Priestly,祭司底本),从而使底本理论基本成形。①著名圣经研究学者威尔豪森(Julius Wellhausen)正式将四底本说系统化、科学化,1878 年他发表《以色列史绪论》(*Prolegomena to the History of Israel*)一书,对 J、E、D、P 四底本的形成年代与具体阶段进行了充分论证,以至于威尔豪森几乎成为"底本假设"理论的代名词。该理论强调《希伯来圣经》在正典过程中由多个不同底本组成,最后经编修者(Redactor,简称 R)对不同底本进行统一的神学化整合从而形成为现在的模样,因此解构了《圣经》的完整性与神圣性,标志着科学探究以色列古史的突破。

实际上,以威尔豪森为代表的底本假设理论很大程度上仍来自对《圣经》文本的分析。随着 19 世纪中期以来圣经考古学的兴起与发展,人们开始对许多与《圣经》地名相关的场所进行发掘,有关古代以色列社会的信息不断得到丰富。②到 20 世纪上半叶,美国著名的圣经考古学家威廉·奥尔布赖特在巴勒斯坦的考古活动中推动了对于实物与文本的科学研究,将许多专业考古技术和方法引入圣经考古之中,产生了很大的影响,从而形成所谓的"奥尔布赖特学派"(Albrightians)。尽管奥尔布赖特致力于推动"客观""科学"的圣经考古,但他和他的学生约翰·布莱特(John Bright)通常不加批判地将《圣经》文本接受为一部可信的历史叙述,认为来自过去的实物通常可以也应该用来增强《圣经》的真实性。③基于这个理由,不仅约书亚征服迦南不可质疑,而且亚伯拉罕也都是真实的历史人物。奥尔布赖特的观点对美国圣经学界有着深远的影响。

---

① 参见 R. D. Miller, II, "Yahweh and His Clio: Critical Theory and the Historical Criticism of the Hebrew Bible", *Currents in Biblical Research*, Vol. 4, No. 2 (2006), pp. 149-168。

② Megan B. Moore & Brad E. Kelle, *Biblical History and Israel's Past: The Changing Study of the Bible and History*, Grand Rapids: William B. Eerdmans, 2011, chap. 1.

③ William F. Albright, *The Archaeology of Palestine*, London: Penguin Books, 1949; John Bright, *A History of Israel*, Philadelphia: Westminster Press, 1959.

几乎与奥尔布赖特同时,以阿尔特(Albrecht Alt)及其学生马丁·诺特(Martin Noth)为代表的德国学者采取了完全不同的路径,这一批学者被称为"阿尔特学派"(Altians)。与奥尔布赖特学派一样,阿尔特和诺特都对重构以色列古史有着浓厚的兴趣。然而,阿尔特学派的预设却截然不同:他们将社会学方法引入以色列古史研究中,其中最为典型的就是对早期以色列国家起源问题的分析,认为以色列在这一地区的出现并非通过征服运动,而是作为一个走向定居的游牧群体逐渐渗透进而最终成为主导性的社会群体,是为"和平渗透"理论(peaceful infiltration theory)。诺特还进一步提出,以色列十二支派之间的联合类似于近邻同盟(amphictyony,一种古代希腊人的同盟形式)。①此外,诺特重要的贡献是首次提出"申命历史"理论,认为自约西亚王开始直到巴比伦流放后,编修者以相同的标准经一至两重的编修使得《圣经》具有相对统一的语言风格、组织结构及神学思想,这尤其体现在记载前王国及王国历史的《约书亚记》《士师记》《撒母耳记》《列王记》等历史书卷,它们都受到《申命记》"赏善罚恶"观念的影响而源自同一底本。②这些文本内容有着明显的"层次性",是在相对较晚的某个时间段经多次编修而成。

　　奥尔布赖特与阿尔特重构以色列古史的路径并不相同,但后来的圣经研究都深受这两大路径的影响。这两大学派的重要共同之处在于,都认为在《圣经》中可以找到有用的历史信息。他们认为,以亚伯拉罕为代表的族长时代是古代以色列的开端,因而被视为真实可信的历史。奥尔布赖特及其追随者认为族长时代在考古上可以确定为铜器时代中期,而阿尔特将族长置于公元前2000年初期沙漠地带的闪族部落之中。从1970年代中期开始,汤普森(Thomas L. Thompson)与塞特

---

① Albrecht Alt, *Die Ursprünge des israelitischen Rechts*, Leipzig: Hirzel, 1934; Martin Noth, *Geschichte Israels*, Gottingen: Vandernhoeck & Ruprecht, 1950.

② 详见 Martin Noth, *The Deuteronomistic History*, JSOTSup, 15, Sheffield: JSOT Press, 1981 (first edition in 1943); Thomas C. Römer, *The So-called Deuteronomistic History*, London: T&T Clark, 2005。

斯(John Van Seters)对族长时代的真实性提出了质疑。①汤普森提出，没有有力的证据表明族长生活在铜器时代中期，有关族长的《圣经》文本反映的是铁器时代的状况；塞特斯则从各个方面(包括亚伯拉罕的描述、人名地名与社会组织等)考察，强调这些叙述显然是铁器时代的创造。这些观点挑战了长期被接受的《圣经》有关族长古史的可信性，从而在圣经研究中提出了一种崭新的视角。

进入1980年代，学者们质疑的以色列古史时期不断在向后推移，开始质疑大卫与所罗门时代的真实性，进而扩展至对整个《圣经》叙述真实性的怀疑。这种观点到90年代得到越来越多学者的呼应，认为《圣经》的以色列古史叙述纯属一种文学的虚构，它是《圣经》正典化过程中，特别是巴比伦之囚以后及波斯帝国时期为了避免被同化而试图创建一种民族身份的行为。激进派将《圣经》叙述的准确性确定在流放之后的正典化过程中，甚至更晚的时期(希腊化时代)，早于这一时期的《圣经》叙述由于没有可靠的实物或史料证据，被视为虚构而难以对其进行历史的解释。这种观点被称为极端抽象派(Biblical Minimalists)，也可以称为圣经研究的"疑古派"，它并非一个统一的派别，其称呼来自对立学术阵营的贬称。

疑古派的主要学者有汤普森、内尔斯·勒姆策(Niels Peter Lemche)、菲利普·戴维斯(Philip R. Davies)、基斯·怀特拉姆(Keith W. Whitelam)等。由于汤普森与勒姆策均出自哥本哈根大学，因此该派学者被冠以"哥本哈根学派"(the Copenhagen School)之称。②他们的共同特点是不再把《圣经》当作任何意义上的历史，认为《圣经》的语言根本不是历史的，而是极度文学化、故事化、布道词和诗歌体的，其根本

---

① Thomas L. Thompson, *The Historicity of the Patriarchal Narratives: The Quest for the Historical Abraham*, Berlin: De Gruyter, 1974; John Van Seters, *Abraham in History and Tradition*, New Haven: Yale University Press, 1975.

② Marc Brettler, "The Copenhagen School: The Historiographical Issues", *AJS Review*, Vol. 27, No. 1 (Apr., 2003), p. 1.

目的是用于道德训诫。该派有两大主要观点①：其一，《圣经》不能被视为有关古代以色列实际状况的可靠证据。他们不把《圣经》当作历史来源，而是主张在特定的环境（即成书于波斯或希腊化时期）中进行适当的运用："《圣经》的语言并非历史的语言。它是带有高度的文学、故事、布道词和诗歌的语言，是伦理和道德指导的工具。"②其二，"以色列"本身对于历史研究来说即是一门存在疑问的对象。《圣经》作者所记载的以色列是理想化的以色列——圣经以色列（Biblical Israel）："《圣经》作者解释的古代以色列民族很少是以历史背景的方式进行的。它是由熟悉犹太传统的古代学者以高度意识形态化进行的建构，以便为他们自己的宗教群体及其对于土地和宗教排他性的宗教与政治主张提供合法性。"③对于通常被视为以色列民族开端的出埃及事件，他们通过考古发掘得出结论：以色列人从来没有在埃及，也没有在沙漠中流浪过，更没有发起一场军事运动征服迦南。而且这种怀疑一直持续到巴比伦之囚，认为整个王国时代的历史都不可信，只有巴比伦之囚以后的历史才具有一定的可信性。④在这些怀疑的基础上，他们甚至提出以色列古史能否书写的问题。⑤

与之同时，一些学者试图调和虚无主义与文本至上两派之间的对

---

① Megan B. Moore & Brad E. Kelle, *Biblical History and Israel's Past*, p. 33.

② Thomas L. Thompson, *The Mythic Past: Biblical Archaeology and the Myth of Israel*, London: Basic Books, 1999.

③ Niels P. Lemche, *The Israelites in History and Tradition*, Sheffield: Sheffield Academic Press, 1998, pp. 165-166.

④ 菲利普·戴维斯干脆认定所谓的"以色列古史"根本就不存在，并强调应当区分以色列一词的三种不同含义：一是"历史以色列"（historical Israel），并非《圣经》声称的那个民族，而只是一个居住在铁器时代迦南高地的聚落；二是"圣经以色列"（Biblical Israel），实际上从未存在过，它是波斯时期由《圣经》作者所构建的理想化以色列，通过创造一个共同的过去以凝聚后流放的耶路撒冷社群；三是"古代以色列"（ancient Israel），近一个世纪以来现代学者所创造的以色列，在此过程中对前两者进行了综合。参见 Philip R. Davies, *In Search of 'Ancient Israel'*, Sheffield: Sheffield Academic Press, 1992, p. 119.

⑤ Daniel Block, ed., *Israel: Ancient Kingdom or Late Invention?* Nashville: B&H Academic, 2008; Lester L. Grabbe, ed., *Can a 'History of Israel' Be Written*, Sheffield: Sheffield Academic Press, 1997.

立,通过将《圣经》文本与考古发现结合起来,将出埃及以后的《圣经》叙述基本视为真实,同时注意把真相从错误中区别开来,这种观点被称为历史主义的最高纲领派(Biblical Maximalists),也称为"新奥尔布赖特主义者"(neo-Albrightians),是圣经研究的"信古派"。①主要代表为保守的福音派基督徒圣经学者埃因·普罗万(Iain Provan)和肯尼斯·基特钦(Kenneth Kitchen),他们认为《圣经》核心部分的叙述是可信的,以色列的十二支派的确存在过,摩西、大卫、耶稣等都是真实存在的历史人物。②他们的主要特点是,借助于考古发现来证实《圣经》叙述的正确性。认为《圣经》叙述既不可视作虚无缥缈的神话,也不能作为确凿无疑的历史,神话与历史在其中相当复杂地融合在一起,应该具体地看待具体的问题。③该派在考古领域的主要代表是考古学家威廉·德维尔(William Dever)与颇具影响的《圣经考古评论》(Biblical Archaeology Review)④,主张辩证地运用《圣经》文本与考古发现,目前持这种立场的学者在圣经学界占据大多数。

以尊重传统为特征的"最高纲领派",并不否认现代学者在重构古代以色列社会时面临的许多困难,在对待《希伯来圣经》作为史料的问题上采取一种实用的态度。认为其中有关以色列古史总体框架的记载基本属实,并在某种程度上能够得到经外材料及考古实物的佐证。在文献来源上,《希伯来圣经》以外的相关文献十分稀见;而且,有关古代巴勒斯坦的实物材料极其零碎且互不关联。故此,相对来说,对以色列古史的研究更多有赖于《希伯来圣经》的文本分析。

---

① 米耶斯:《〈出埃及记〉释义》,田海华译,上海:华东师范大学出版社,2008年,第4—5页。
② Iain W. Provan, V. Philips Long, and Tremper Longman III, *A Biblical History of Israel*, Louisville, Ky.: Westminster John Knox, 2003; Kenneth A. Kitchen, *On the Reliability of the Old Testament*, Grand Rapids, MI: Eerdmans, 2003.
③ 详见 Lester L. Grabbe, *Ancient Israel: What Do We Know and How Do We Know It*? London: T&T Clark, 2007。
④ William G. Dever, *What Did the Biblical Writers Know and When Did They Know It*? Grand Rapids, MI: Eerdmans, 2001; William G. Dever, *Who Were the Early Israelites and Where Did They Come From*? Grand Rapids, MI: Eerdmans, 2003.

三、希伯来早期国家形态及其政治传统

对于犹太人在西方文明史上的贡献,一些学者将其归纳为"犹太—基督教传统"(Judeo-Christian Tradition),意指犹太人在《希伯来圣经》中首次阐发后来为基督教所继承发扬并共同坚持的某些价值观念与行为准则。① 由于这两大宗教文明都是在《圣经》的文化氛围中成长起来的,《圣经》是滋养它们的共同文化基因,"犹太—基督教传统"通常也被称为"圣经传统"(Biblical Tradition)。虽然犹太人的许多精神遗产由基督教传承下来的事实早已存在,但这一专业术语的使用却是比较晚近的现象。根据《牛津英语词典》,具有思想内涵的"犹太—基督教"(Judeo-Christian)一词的使用首次出现在1899年的《文学指南》,被用来表示教会的许多仪式实践与第二圣殿时期的犹太教有不少关联。直到20世纪30年代,才有学者将之用于指称犹太人和基督徒共同持有的价值与信念。②

第二次世界大战后,许多基督徒学者在反思纳粹暴行的同时对犹太教与基督教的关系进行了重新审视,开始关注两者之间的内在联系,特别是犹太教对于基督教的积极因素。真正使该词普及开来的是1952年著名的基督教神学家保罗·蒂利希发表《是否存在一种犹太—基督教传统?》,对这种传统进行了确认并将之界定为对正义与良善的共同追求。③ 值得注意的是,犹太学者也就犹太人对于西方世界的贡

---

① Gordon Schochet, "The Judeo-Christian Tradition as Imposition: Present at the Creation?" in Gordon Schochet, Fania Oz-Salzberger, & Meirav Jones, eds., *Political Hebraism: Judaic Sources in Early Modern Political Thought*, Jerusalem: Shalem Press, 2008, pp. 259-282.

② 当时人们除使用"Judeo-Christian"以外,还使用了"Hebraic-Christian""Hebrew-Christian""Jewish-Christian""Judeo-Christianity",甚至"Judaistic-Christian"等等。参见 Mark Silk, "Notes on the Judeo-Christian Tradition in America", *American Quarterly*, Vol. 36, No. 1 (Spring, 1984), pp. 65-85。

③ Paul Tillich, "Is There a Judeo-Christian Tradition?" *Judaism*, Vol. 1 (1952), p. 107.

献进行了具体探讨,从而为"犹太—基督教传统"的命题提供了来自犹太人方面的有力支撑。具有代表性的就是约瑟夫·雅各布斯的《犹太人对文明的贡献:一项评估》、塞西尔·罗斯的《犹太人对文明的贡献》与路易斯·芬克尔斯坦主编的《犹太人及其历史、文化与宗教》等等。①

  作为西方文明的主要源头之一,希伯来传统对后世的影响不仅仅局限于以一神信仰为代表的宗教精神,它所蕴涵的独特政治理念也是重要的历史遗产。越来越多的学者注意到犹太政治传统的重要性,学术界对它的关注与研究不断升温。从某种意义上说,从政治学的角度探究犹太人的作用始于 1920 年代,是由汉斯·科恩(Hans Kohn)和利奥·施特劳斯(Leo Strauss)等学者发起的。犹太政治研究真正开始形成为专门的研究领域是在六七十年代,以丹尼尔·埃拉扎、比尔德斯坦(Gerald Blidstein)为代表的学者发表了一系列论文,开始将犹太人的话题作为政治学研究的重要对象。1970 年,这些学者组织了犹太社群研究中心(Center for Jewish Community Studies),在 1976 年又改名为耶路撒冷公共事务中心(Jerusalem Center for Public Affairs)。1975 年、1981 年,该中心相继举办了有关犹太政治传统的两次研讨会,并结集出版了相关会议论文集。②更具标志性的事件是,1989 年,以埃拉扎为首的犹太政治研究学者创办了专门的犹太政治研究刊物——《犹太政

---

① Joseph Jacobs, *Jewish Contributions to Civilization: An Estimate*, Philadelphia: Jewish Publication Society of America, 1919; Cecil Roth, *The Jewish Contribution to Civilization*, London: Macmillan & Co., 1938; Louis Finkelstein, ed., *The Jews: Their History, Culture, and Religion*, New York: Harper & Brothers Publishers, 1949; etc. 对于这种贡献的最新探讨就是:Jeremy Cohen & Richard I. Cohen, eds., *The Jewish Contribution to Civilization: Reassessing an Idea*, Oxford: The Littman Library of Jewish Civilization, 2008。

② 这两次研讨会主题出版的论文集分别为:Daniel J. Elazar, ed., *Kinship and Consent: The Jewish Political Tradition and Its Contemporary Uses*, Washington, D. C.: University Press of America, 1983; Daniel J. Elazar & Stuart A. Cohen, *The Jewish Polity: Jewish Political Organization from Biblical Times to the Present*, Bloomington: Indiana University Press, 1985。

治研究评论》(*Jewish Political Studies Review*)。①

随后,埃拉扎、斯图亚特·科恩、大卫·诺瓦克等人推出一系列犹太政治研究论著②,进一步深化了犹太政治研究的内涵。值得提及的是,自 2000 年起,以迈克尔·沃尔泽为首的众多学者陆续推出巨著——《犹太政治传统》(*The Jewish Political Tradition*);计划分为四卷,内容分别探讨权威、成员资格、社团、政治历史等四大主题,具体则进一步细分为 30 个论题。它将圣经时代、塔木德时代、近现代乃至当代以色列的全部政治状况纳入研究范畴,从而成为犹太政治思想史领域的奠基性著作。前两卷已经于 2000 年、2003 年出版,后两卷也即将推出。③这项庞大的学术工程有力地推动着犹太政治研究向纵深发展。

随着西方文明起源研究的深入开展,探究希伯来思想与现代西方政治观念之间关系的论著开始增多。以 2004 年 8 月在耶路撒冷沙勒姆中心(Shalem Center)召开的"政治希伯来主义:近代早期政治思想中的犹太经典"大型国际研讨会为标志,犹太经典与西方政治之间关系的研究在西方学术界迅速兴起并成为热点议题。④次年,与会代表创办《希伯来政治研究》(*Hebraic Political Studies*)杂志作为开展这一研究领

---

① Daniel J. Elazar, "Studying and Teaching Jewish Political Studies in the University", *Jewish Political Studies Review*, Vol. 1, No. 3-4 (Fall, 1989), pp. 4-5.

② Daniel J. Elazar, ed., *Authority, Power and Leadership in the Jewish Polity: Cases and Issues*, Lanham, MD: University Press of America, 1991; idem, *Covenant and Polity in Biblical Israel: Biblical Foundations & Jewish Expressions*, New Brunswick, N. J.: Transaction Publishers, 1995; Stuart A. Cohen, *The Three Crowns: Structures of Communal Politics in Early Rabbinic Jewry*, Cambridge: Cambridge University Press, 1990, David Novak, *The Election of Israel: The Idea of the Chosen People*, New York: Cambridge University Press, 1995; idem, *Natural Law in Judaism*, Cambridge: Cambridge University Press, 1998; idem, *Covenantal Rights: A Study in Jewish Political Theory*, Princeton: Princeton University Press, 2000; idem, *The Jewish Social Contract: An Essay in Political Theology*, Princeton: Princeton University Press, 2005; etc.

③ 该书英文版已出的两卷被翻译成中文,参见迈克尔·沃尔泽等编:《犹太政治传统(卷一、二)》,刘平等译,上海:华东师范大学出版社,2011 年。

④ 此次会议的论文随后结集出版,Gordon Schochet, Fania Oz-Salzberger, & Meirav Jones, eds., *Political Hebraism: Judaic Sources in Early Modern Political Thought*, Jerusalem & New York: Shalem Press, 2008。

域的学术阵地;以此为契机,与之相关的一系列重要论著接连产生。①
这些研究成果的相继出现表明,希伯来传统之于西方现代文明的作用
及影响开始得到学术界的关注。

　　在追溯西方民主源流时,人们往往"言必称希腊",而对其希伯来
源头关注不够。"由下制约"的希腊式民主固然是西方民主的主要源
头,但希伯来人的独特贡献同样不容忽视,他们发明了一套"由上制
约"的路径:在希伯来王国虽然也有君主及其专制,但由于存在一种
"更高级的权威"与"更高级的法律",从而使王权受到制约。与近东其
他地区神化君主的行为不同,在希伯来人那里,作为世俗权力最高代表
的君王在人类历史上第一次受到多种力量的制约,对民众没有绝对的
主宰地位;更重要的是,在宗教权威对君王权力进行限制的缝隙中,民
众意识得以萌芽并有了一定程度的伸展。希伯来王国确立的新型权力
运作模式及其所蕴涵的独特而超前的政治理念,代表着对以往统治模
式的革命性突破。②

　　由于充分了解其弊端,希伯来人很早就意识到必须对王权施加种
种限制③,从而形成古代世界中独具特色的"有限君主制"之雏形。希
伯来王国"有限君主制"的根本特征就是,作为世俗最高权力的王权受
到神权与律法的双重限制。在希伯来人那里,服从律法即是服从上帝,
上帝通过与子民以色列立约,双方进入律法的契约之中。上帝及其律
法高踞以色列之上,构成了以色列人信仰与服从的终极对象;而上帝赐
予的律法相对于人所制定的法律而言构成了一种"更高级的法律"(a
higher law),所以在逻辑上排斥了具有随意性的人之意志而成为人类

----

　　① Eric Nelson, *The Hebrew Republic: Jewish Sources and the Transformation of European Political Thought*, Cambridge, Mass.: Harvard University Press, 2010; Graham Hammill, *The Mosaic Constitution: Political Theology and Imagination from Machiavelli to Milton*, Chicago: University of Chicago Press, 2012; etc.
　　② 对希伯来"王权有限""律法至上"的详细分析,参见张倩红、艾仁贵:《神权与律法之下:希伯来王国的"有限君主制"》,《历史研究》,2013 年第 6 期。
　　③ 对君王的限制性规定,具体体现在《申命记》17:14—20 关于立王的律法(the Law of the King)。

所服从的终极对象,从而为所有人处在法律之下奠定了坚实的基础。在希伯来社会,神权的绝对至高地位由此确立起一种"更高级的权威"(a higher authority),将所有人置于神权统辖之下,普通人据此实现了与君王在上帝面前的人格平等。这就使王权不再高高在上,而是与普通人一样都要接受上帝的管辖;而上帝进行统治的主要依据就是律法,这个根本准则由是成为捍卫民权、限制王权的法宝。

对于犹太散居史而言,公元70年的第二圣殿被毁可以说是具有决定意义的标志性事件。两次反抗罗马的失败表明,武装斗争并不能使犹太人摆脱异族的统治;相反,他们应当为自己居住的国家祈求和平。到公元3世纪,拉比撒母耳正式将与外邦统治者合作的思想发展为一种政治哲学。撒母耳强调,外邦统治者是上帝的工具,因此反抗外邦统治者即是反抗上帝。与外邦统治者的合作对于犹太人在散居地的生存延续至关重要,甚至构成等待弥赛亚降临、获得最终解救的必要前提:"当前与弥赛亚时代之间的唯一区别即是遭受外邦国家的奴役"[1];而"王国之法便是法"(dina de-malkhuta dina,也作"地域之法便是法")的准则正是撒母耳现实主义政治哲学的根本体现。它代表着散居犹太人对于所在地国家权威的深刻认知,这既是对流散生活的积极回应也是对现实秩序的政治默许。[2]

这项准则使犹太人明确哪些王国法律是合法的哪些又是非法的,从而为限制国王对于犹太人的管辖权提供了法律基础。一旦国王超出其权威范畴,肆行专制、横加压迫,犹太人将有权进行反抗并拒绝遵守王国法律。但这种反抗已不再是流散前那种武装斗争的形式,而更多体现为非暴力不合作——迁徙出走,中世纪犹太社团的一次次出走即是鲜明的例证。这种反抗行为虽是非暴力的,但它意味着犹太人视自己为与国家有着契约关系的自由子民、而非专制君主的无能附庸。一

---

[1] David Biale, *Power and Powerless in Jewish History*, New York: Schocken Books, 1986, p. 40.

[2] 有关这条准则的具体内容及其分析,参见艾仁贵:《王国之法便是法:散居犹太人的国家权威观》,《河南大学学报》(社会科学版),2013年第2期。

言以蔽之,犹太政治主权意识非但没有在流散过程中消失,相反以一种更加隐蔽、更为柔韧的形式体现出来。

长期以来,研究西方近代政治思想史的学者均不同程度地强调来自希腊罗马与基督教的巨大影响,而对希伯来因素的作用重视不够。实际上,在近代早期的欧洲政治思想界,出现了一股推崇希伯来政治体制的"政治希伯来主义"(Political Hebraism)思潮①;当时的基督教学者(尤其是希伯来学家)援引《希伯来圣经》,从中寻找政治架构的典范模式,认为古代希伯来社会是上帝为以色列人设计的理想共和政体(*Respublica Hebraeorum*),十二个部落在上帝统治下的完全平等被视为一种典型的古代联邦制;希伯来理想社会的根本特点是神治下的共和政治,故而得以避免一切人治统治形式(包括君主制、贵族制、民主制)的缺失与过错。②在这股思潮的驱动下,当时的希伯来学家纷纷将自己的国家视为"新以色列"(new Israel),认为自身得到了上帝的特殊眷顾而肩负着独特的历史使命;由此,古代希伯来国家的组织模式成为他们的政治楷模与理想目标。③

事实上,共和制的整套概念以及政治安排均来自希腊罗马的政治传统,它与历史上古希伯来人之间的关联十分牵强;但出于构建反王权理论的现实需要,当时的基督教思想家们将所谓的"共和制"嫁接在对古代希伯来社会的理解之中,从而把后者附会为"共和政体"以强调近代共和政治的神圣起源,其目的是为当时的政治思想变革提供合法依

---

① 这股思潮大致活跃的年代为1546—1710年,从意大利开始,随即扩展到法国、德国,之后在荷兰与英国达到鼎盛,并同时在北美大地扎根;当时的众多主流思想家如格劳修斯、约翰·塞尔登、弥尔顿、哈林顿、阿尔杰农·西德尼、洛克等都参与到这场政治思潮之中,正是通过他们的阐释与挪用,希伯来因素得以直接介入到近代早期欧洲共和话语的构建之中。

② Jonathan Jacobs, "Return to the Sources: Political Hebraism and the Making of Modern Politics", *Hebraic Political Studies*, Vol. 1, No. 3 (Spring, 2006), pp. 328-342; Kalman Neuman, "Political Hebraism and the Early Modern 'Respublica Hebraeorum': On Defining the Field", *Hebraic Political Studies*, Vol. 1, No. 1 (Fall, 2005), pp. 57-70.

③ 张倩红、艾仁贵:《政治希伯来主义与近代早期共和话语的构建》,《世界历史》,2014年第1期。

据。政治希伯来主义作为一个高度政治化的言说,服务于近代早期的政治需要而非上古时期的历史真实;所谓的希伯来"理想典范"与"完美政体"乃是政治希伯来主义者对当下现实的投射与关怀,是为了勾勒理想的政治图景而不惜割裂历史所进行的人为加工与改造,这种"时空错置"下的政治希伯来主义,显然没有也无意反映古代希伯来社会的历史真实。就本质而言,近代共和主义的塑造有着历史与现实的多重因素,而在其中起根本作用的是近代共和思想家所构想的社会契约与天赋人权等革新性理论,希伯来的政治因素不过是充当了为他们正在形成中的共和观念增加权威性与赋予合法性的手段。在"托古改制"情景下被借鉴、被利用,甚至被歪曲的希伯来政治话语,虽然不如希腊罗马古典共和思想与欧洲近代共和思想影响深远,但至少将希伯来因素融入了近代政治文明的创建之中。

四、犹太文化与异质文化的交流碰撞

在古代世界,犹太文化与异质文化进行大规模的交往始于希腊化时代。亚历山大大帝的东征开启了一个全新的时代,后来的学者们将之称为希腊化时代(Hellenistic Age),由此希腊文化与犹太文化开始了全方位的接触。它们是两种风格迥异的文化①,19世纪英国著名批评家马修·阿诺德对希伯来精神和希腊精神进行了十分精彩的分析,他把体现了人类根本发展方向的两大动力——思考与行动归结为这两大民族的创造:"最显著最辉煌地展示了这两种力的两个民族可以用来为之命名,我们可以分别称之为希伯来精神(Hebraism)和希腊精神(Hellenism)。"②这两种文化精神代表了人类的终极目标,一个

---

① 作为犹太教称呼的"Ioudaismos"一词最早出现于反希腊化的《马卡比传》,以形容与"Hellenismos"相对立的价值观念。参见 Martha Himmelfarb, "Judaism and Hellenism in 2 Maccabees", *Poetics Today*, Vol. 19, No. 1 (Spring, 1998), pp. 19-40.
② 马修·阿诺德:《文化与无政府状态》,韩敏中译,北京:三联书店,2002年,第111页。

注重"求知",强调如实观察世界之本相;另一个提倡"遵行",对秩序之服从与遵守为其最大特点。弗里德里克·勒纳(Frederick Lehner)这样评价道:"古希腊和希伯来的遗产共同组成了西方文明的核心骨干,它们堪称精神和知识力量的'支柱'。它们以不同的方式,有时交替,有时联袂,各自通过其精神实体中的固有特质,共同架构起了西方世界。"①

犹太文化与希腊文化在古代晚期的相遇和碰撞,吸引了许多学者的持续关注,有关希腊化时期犹太人的研究涌现出丰硕的成果。② 20世纪30年代,这一研究领域出现了两位著名的学者,他们相继推出在该领域具有开拓性的著作。1937年,以利亚撒·贝克尔曼以德文发表《马卡比人的上帝》③,成为探讨希腊化犹太教的重要著作。该书对由安条克四世迫害引发的马卡比起义进行了深度解释,将这一时期的犹太史置于塞琉古的情境下,来探讨犹太希腊化者在推动这一趋势中的关键作用。随后,他又发表一系列有关论著,包括《从以斯拉到最后的马卡比人》(1962)、《犹太人与基督徒历史的研究》(1976—1986)、《希腊时代的犹太人》(1988)等。④贝克尔曼的主要贡献在于,使人们关注到犹太人在古典时期的作用。

另一开创性的工作是扫罗·利伯曼于1942年发表的《犹太巴勒斯坦的希腊人》,他首次考察了拉比们对于希腊语与希腊文化的了解程

---

① Louis Finkelstein, ed., *The Jews: Their History, Culture, and Religion*, p. 1473.

② Lee I. Levine, *Judaism and Hellenism in Antiquity: Conflict or Confluence*? Seattle: University of Washington Press, 1998, chap. 1.

③ Elias J. Bickerman, *Der Gott der Makkabäer*, Berlin: Schocken Verlag, 1937;英文版为 *The God of the Maccabees: Studies on the Meaning and Origin of the Maccabean Revolt*, translated by Horst R. Moehring, Leiden: Brill, 1979。

④ Elias J. Bickerman, *From Ezra to the Last of the Maccabees: Foundations of Post-Biblical Judaism*, New York: Schocken Books, 1962; idem, *Studies in Jewish and Christian History*, 3 vols., Leiden: Brill, 1976-1986; idem, *The Jews in the Greek Age*, Cambridge: Harvard University Press, 1988; etc.

度,八年后他又推出姊妹篇——《犹太巴勒斯坦的希腊化》。①他通过对拉比文献中使用的希腊与拉丁词汇来分析拉比对于异教习俗、政治组织与法律用语以及自然科学知识的了解。很大程度上,利伯曼借助了1930年代末加利利西南部贝特·谢里姆(Beit She'arim)墓地的发掘成果,该墓地的主人被认为是《密释纳》编撰者犹大·哈纳西及其后的族长与著名拉比们。而该墓地发掘出土的遗留物品体现出高度的希腊化特征。作为当时拉比的领导层为何具有如此多的希腊化特征？在利伯曼看来,这一切并不奇怪,实际上许多拉比非常熟悉当时的希腊罗马文化。

贝克尔曼与利伯曼的研究标志着希腊罗马世界犹太人研究的重大突破,他们的共同点是都立足于犹太视角来分析希腊罗马文化的影响。随后,一些以色列学者进一步探讨了希腊化对犹太文化的不同影响,这以切里科夫的《希腊化文明与犹太人》为代表。②切里科夫从希腊化与罗马的背景来理解公元前最后三个世纪的巴勒斯坦,认为政治与社会经济大环境影响了大部分的犹太历史,还指出流散社团在政治、社会、经济与文化上都完全附属于其周围的环境。与之类似,古特曼考察了希腊化埃及的犹太作家以及希腊文化对其作品的影响。③格肖姆·肖勒姆在其探讨早期犹太神秘主义的著作中,也强调了外部文化(尤其是希腊诺斯替主义)对公元前后犹太神秘主义的影响。④

从1950年代起,基督教学者也开始关注犹太社会的希腊化,他们的共同研究动机是理解耶稣思想的来源以及巴勒斯坦地区犹太人与早

---

① Saul Lieberman, *Greek in Jewish Palestine: Studies in the Life and Manners of Jewish Palestine in the II-IV Centuries C. E.*, New York: Jewish Theological Seminary of America, 1942; idem, *Hellenism in Jewish Palestine: Studies in the Literary Transmission, Beliefs and Manners of Palestine in the I Century B. C. E. - IV Century C. E.*, New York: Jewish Theological Seminary of America, 1950.

② Victor Tcherikover, *Hellenistic Civilization and the Jews*, translated by S. Applebaum, Philadelphia: Jewish Publication Societyof America, 1961.

③ Y. Gutman, *The Beginnings of Jewish-Hellenistic Literature* [in Hebrew], 2 vols., Jerusalem: Bialik, 1958-1963.

④ Gershom G. Scholem, *Jewish Gnosticism, Merkabah Mysticism and Talmudic Tradition*, New York: Jewish Theological Seminary of America, 1960.

期基督教的关系。埃尔文·古德诺夫陆续出版13卷《希腊罗马时期的犹太标志》①，认为犹太艺术是理解古代大众犹太教的最重要证据，也是研究有关神秘主义与终极救赎观念的主要来源，而这些观念在当时希腊罗马社会流行的宗教观念中十分常见。因此，犹太艺术形式及其所反映的宗教观念，只有放在希腊罗马的框架中才能得到理解。古德诺夫的主要目的在于，从艺术上寻找沟通希腊化犹太教与早期基督教的桥梁，为基督教的希腊起源提供依据，其观点不免遭到许多犹太学者的反对。

有关希腊化犹太人领域具有代表性的研究是马丁·亨格尔1969年出版的《犹太教与希腊化》②，他通过搜集一系列证据表明，从亚历山大大帝开始到安提柯四世统治时期，犹太教已经在很大程度上希腊化了，尽管有些文献记载了一些反对希腊化的犹太人："从大概公元前3世纪中叶起，所有犹太教（既包括巴勒斯坦的也包括流散地的）必须真实地看作是严格意义上的'希腊化犹太教'（Hellenistic Judaism）。"③他还认为甚至后来的法利赛人和艾赛尼派都必须被视为某种程度的"希腊化犹太教"。某种程度上，亨格尔的理论预设是致力于理解基督教的胜利缘于希腊化犹太教的铺垫，无怪乎他后来的著作直接命名为《基督之后公元1世纪犹地亚的"希腊化"》。④亨格尔之后，学者们开始走向更加精细的研究，推动着希腊化犹太人的问题不断迈向深入。⑤

---

① Erwin R. Goodenough, *Jewish Symbols in the Greco-Roman Period*, 13 vols., Princeton: Princeton University Press, 1953-1968.

② Martin Hengel, *Judentum und Hellenismus: Studien zu ihrer Begegnung unter besonderer Berücksichtigung Palästinas bis zur Mitte des 2. Jh. s v. Chr.*, Tübingen: Mohr Siebeck, 1969；英文版为 *Judaism and Hellenism: Studies in Their Encounter in Palestine during the Hellenistic Period*, translated by John Bowden, London: SCM Press, 1974。

③ Martin Hengel, *Judaism and Hellenism: Studies in Their Encounter in Palestine during the Hellenistic Period*, Vol. 1, p. 104.

④ Martin Hengel, *The 'Hellenization' of Judaea in the First Century after Christ*, translated by John Bowden, London: SCM Press, 1989.

⑤ 近来许多学者从不同方面分析了犹太社会的希腊化程度，有关的具体情况，参见 Lee I. Levine, *Judaism and Hellenism in Antiquity: Conflict or Confluence*? pp. 12-13。

现今学界有关这一时期的主要争议就在于当时的犹太社会多大程度上希腊化了,换言之,希腊化渗透犹太社会的程度究竟有多深?①历来的学者对此有着不同的回答。实际上,不同的阶层对于希腊化的反应是有所不同的,大体上,由于上层富有精英能够承担频繁的旅行,接触外部新鲜事物的机会较大,因此他们通常要比底层普通民众更加渴望模仿希腊罗马的生活方式,这也可以从希律时期耶路撒冷城遗址的发掘中得到印证。而且,希腊化的程度在城市与乡村之间也存在着差异。城市由于是各种不同人群与思想的汇集地,因而带来许多与外部世界接触的可能,从而要比偏僻的乡村在对待希腊化的问题上更加开放。以上两种情况只是一般性的归纳,在具体地点上仍然存在着例外,比如恺撒利亚、阿什克伦、雅法等地小村庄的希腊化程度很高,而上加利利、戈兰、加马拉等城市地区的希腊化程度却很低。此外,在流散地体现出来的希腊化程度也各有差异,并非传统上认为的巴勒斯坦地区是"犹太的""法利赛—拉比的",而流散地则是"希腊化的"这种简单的两分法。固然,亚历山大里亚的犹太社团有着很高的希腊化程度,但在流散地与巴勒斯坦的犹太人中间,对于希腊化影响的反应绝非尖锐的两极倾向,而是存在很大程度的多样性。②

在古代晚期具有深远意义的事件莫过于基督教的诞生及其从犹太教中的分离。对于犹太教、基督教两教分道扬镳(Parting of the Ways)的研究长期以来为基督教徒的学术话语所笼罩,以《新约全书》及教父文献为依据,单方面从基督教立场来理解这场变革,认定从耶稣到保罗这两大宗教即已完成了分离,忽视了同为当时历史参与者及行动者的

---

① Louis Feldman, "How Much Hellenism in the Land of Israel", in John J. Collins & Gregory E. Sterling, eds., *Hellenism in the Land of Israel*, Notre Dame: University of Notre Dame Press, 2001, pp. 290-313.

② Samuel Sandmel, "Hellenism and Judaism", in S. M. Wagner & A. D. Breck, eds., *Great Confrontations in Jewish History*, Denver: University of Denver Press, 1977, pp. 23-38; Craig C. Hill, *Hellenists and Hebrews: Reappraising Division within the Earliest Church*, Minneapolis: Fortress Press, 1992, pp. 1-2.

犹太人和罗马人。事实上,从耶稣到保罗,两教只是完成了思想上的分离①;从第二圣殿被毁到巴尔·科赫巴起义失败期间,才是两教正式分道扬镳的关键时期。公元70年第二圣殿被毁后,亚布内贤人采取了许多防御性措施,发布了针对异端的宗教禁令,制定了统一的祈祷仪式,将内部的基督徒从会堂中驱逐出去。其中颇具争议的就是作为犹太"十八祝祷词"第十二条内容的"异端绝罚令"(Birkat ha-Minim)是否针对基督徒而为的问题。②实际上,这个法令不应被狭隘地理解为专门针对基督教的排斥法令,而是一个为了确保犹太团体从基督教及其他各种异端中分离出来的法令,因而其针对对象是犹太人自己,要求犹太人自觉遵行《托拉》传统并与异端隔绝。然而,无论从哪个立场进行解释,"绝罚令"实行的客观后果就是直接加深了犹太教与基督教的对立和仇恨,从而推动两教走向最终的决裂。③

公元96年,内尔瓦(Nerva)登上罗马皇位后进行了"犹太税"(fiscus Judaicus)改革,将征税对象明确为"那些无需公开宣称犹太信仰而自觉遵行犹太生活方式的人"(improfessi Iudaicam viverent vitam),由此确定那些遵从他们父辈宗教习俗并过着犹太生活的人为征税对象,一个犹太人等同于一个自愿向罗马当局交纳犹太税的人,而那些逃避纳税者也是在逃避犹太认同。正如马丁·古德曼所说:"在公元96年之后,出于征税的需要,罗马政府对一个犹太人进行的界定是一种宗教的

---

① 詹姆斯·邓恩是研究两教分离的重要学者,参见 James D. G. Dunn, *The Partings of the Ways: Between Christianity and Judaism and Their Significance for the Character of Christianity*, London: SCM Press, 1991; idem, ed., *Jews and Christianity: The Partings of the Ways A. D. 70 to 135*, Grand Rapids, MI: Eerdmans, 1992。

② "十八祷"中的第十二条因为长期以来被指控谴责、诅咒基督徒,所以引发的争议最大,其全部内容为:"正义之主,你是应当称颂的。愿你使那些谮者没有盼望,愿你使所有恶行速速消亡,愿你使所有敌人尽快消灭。请你尽快除灭和压服那些傲慢者,并尽快在我们的时代打倒他们且降为卑微。我们的主,你是应当称颂的,你是毁灭一切敌人和挫败一切傲慢的主。"参见 *Babylonian Talmud*, Berachot 28b。

③ 最近学者们对"异端绝罚令"进行了深入研究,参见 Yaakov Y. Teppler, *Birkat haMinim: Jews and Christians in Conflict in the Ancient World*, Tübingen: Mohr Siebeck, 2007; Ruth Langer, *Cursing the Christians? A History of the Birkat HaMinim*, New York: Oxford University Press, 2012。

界定,而不是种族的界定。"①在罗马当局看来,犹太—基督徒及其他叛教犹太人由于不遵行犹太生活方式而免于交纳犹太税,故而不再被视为犹太人。而对于坚守犹太传统者来说,纳税成为取得合法地位的一种手段,这些犹太人愿意以纳税作为交换,取得合法的身份。"犹太税"的改革表明,罗马政府承认了犹太教的生活方式,同时也将基督徒从犹太人中区分开来。②

从"异端绝罚令"到"犹太税"改革,两教基本上完成了制度上的分离。③伴随两教分离而来的直接后果就是相互的攻击和谴责,宗教的偏见与隔阂由是不断加深,从而为以后犹太人的处境带来了极为深远的影响。相互的不信任导致对彼此的误解越来越深,而这种误解无疑又为日后大规模仇恨的产生、积累与爆发奠定了基础。早期教父们经常性地指责犹太人咒骂基督徒。④查士丁(Justin)认为犹太人通过祈祷仪式在会堂中诅咒基督徒,随后的奥利金、哲罗姆等人也都持有类似观点。有位教父甚至煞有其事地指出犹太人在祈祷中每日诅咒基督三次,在安息日和宗教节日则更为频繁。教父约翰·克里索斯托(John

---

① Martin Goodman, "Diaspora Reactions to the Destruction of the Temple", in J. D. G. Dunn, ed., *Jews and Christians: The Parting of the Ways A. D. 70 to 135*, Tübingen: Mohr, 1992, p. 34; 另见 Martin Goodman, "Nerva, the *Fiscus Judaicus* and Jewish Identity", *The Journal of Roman Studies*, Vol. 79 (1989), pp. 40-44。

② Marius Heemstra, *The Fiscus Judaicus and the Parting of the Ways*, Tübingen: Mohr Siebeck, 2010.

③ 学术界对于犹太教与基督教究竟何时完成分离,仍无定论。最近有学者认为所谓的分离根本就不存在,至少到公元 4 世纪两教之间还没有分离。尽管声称分道扬镳并不存在有违历史事实,但根据考古资料表明,犹太人与非犹太人(尤其是基督徒)之间在古代晚期有着频繁的交往与互动。参见 Adam H. Becker & Annette Y. Reed, eds., *The Ways that Never Parted: Jews and Christians in Late Antiquity and the Early Middle Ages*, Tübingen: Mohr Siebeck, 2003; Leonard V. Rutgers, "Archaeological Evidence for the Interaction of Jews and Non-Jews in Late Antiquity", *American Journal of Archaeology*, Vol. 96, No. 1 (Jan., 1992), pp. 101-118。

④ 有关早期教父与犹太人关系的研究,参见 David Rokéah, *Justin Martyr and the Jews*, Leiden: Brill, 2002; Nicholas De Lange, *Origen and the Jews: Studies in Jewish-Christian Relations in Third-Century Palestine*, Cambridge: Cambridge University Press, 1976; Robert Louis Wilken, *John Chrysostom and the Jews: Rhetoric and Reality in the Late Fourth Century*, Berkeley: University of California Press, 1983;等。

Chrysostom)这样诅咒道:"犹太人是所有民族中最为无用之人,他们贪财好色、巧取豪夺,他们是出卖耶稣的凶手,他们还崇拜魔鬼,他们的宗教令人作呕。犹太人是杀害耶稣的罪魁祸首。就他们杀害上帝的行为而言,是不可能找到任何赎罪方式的,也是绝不可赦免和原谅的。基督徒永远都不应该打消为耶稣复仇的念头,犹太人必须为此永远判受奴役。由于上帝一向憎恨犹太人,因此,憎恨犹太人也应当成为所有基督徒的义务。"①

著名的早期教父、希波城大主教奥古斯丁对犹太人进行了专门的定义,成为此后长期指导基督教世界对待犹太人的基本准则。他针对犹太人提出了著名的"见证神学"(*Testimonium*),他援引《诗篇》的内容:"不要杀他们,恐怕我的民忘记。主啊,你是我们的盾牌,求你用你的能力使他们四散,且降为卑"(59:11),强调必须降低犹太人的地位,但要对之给予适当的保护,因为他们是"真理的见证者"(*testes veritatis*)。"见证神学"有两大主要内容:其一,犹太人因拒绝信仰耶稣而丧失了选民地位,但必须保存下来以作为末日来临时万民获救的条件,届时他们也将皈依基督教而被准许进入天国;其二,作为对杀害基督的惩罚,犹太人被迫流散在世界各地,通过他们携带并保存的经典为基督及其真理的真实性提供见证,即"活的化石"——这是教会赋予犹太人的独特意义。客观地说,作为"见证神学"之体现,犹太人在基督教国家的存在获得了一定的保障。②

进入中世纪以后,伴随着欧洲许多地区的基督教化,犹太人逐渐沦

---

① Dagobert D. Runes, *The Jew and the Cross*, New York: Philosophical Library, 1965, pp. 61-62.

② Paula Fredriksen, "*Excaecati Occulta Justitia Dei*: Augustine on Jews and Judaism", *Journal of Early Christian Studies*, Vol. 3, No. 3 (1995), pp. 299-324; idem, *Augustine and the Jews: A Christian Defense of Jews and Judaism*, New York: Doubleday, 2009; Jeremy Cohen, "'Slay Them Not': Augustine and the Jews in Modern Scholarship", *Medieval Encounters*, Vol. 4, No. 1 (1998), pp. 78-92; 周伟驰:《作为基督见证者的犹太人:奥古斯丁的犹太观》,载傅有德主编:《犹太研究》第3辑,济南:山东大学出版社,2004年,第158—169页。

为生活在(基督教)多数社会中的(犹太)少数群体。①这种状况的发展导致犹太人在西欧基督教王国不断遭受迫害与边缘化,以血祭诽谤、井中投毒、亵渎圣饼等为代表的反犹指控几乎从未间断,以致可以用"一个持续受迫害的社会"(a persecuting society)②来形容中世纪西欧犹太人的生存状况。传统上认为,基督教世界开始对犹太人采取大规模暴力与集体迫害的政策始于10世纪末11世纪早期,激烈的反犹行为很大程度上源自外部的宗教驱动,十字军东征即是其具体体现。这种观点认为,十字军东征对基督教—犹太人关系构成致命的冲击,也是犹太人在西欧社会境况的转折点。

有学者从基督教社会内部出发,将12世纪作为犹太人生存状况的关键分水岭。指出基督教社会特别是受过教育的阶层对不正常的社会群体(诸如麻风病患者、异端与犹太人)重新进行定义,并将他们驱逐至社会的边缘。从12世纪开始,基督教社会把内部的不正常者边缘化并将之作为"外来群体"(out-groups),从而导致基督徒对待犹太人的态度发生变化:"犹太人作为《圣经》阐释者"(hermeneutic Jew,寓指犹太人是对基督教思想的证明)的地位走向终结,使之不再作为一个受保护的"他者"。而现在,犹太人被赋予了许多负面的特征,有些是真实的、有些是想象的,他们被指控与其他的外来群体(穆斯林、麻风病患者、异端)一道企图从内部摧毁基督教社会。③可以

---

① 有关中世纪欧洲犹太人的状况,参见 Robert Chazan, *Fashioning Jewish Identity in Medieval Western Christendom*, Cambridge: Cambridge University Press, 2004; idem, *The Jews of Medieval Western Christendom, 1000-1500*, Cambridge: Cambridge University Press, 2006; idem, *Reassessing Jewish Life in Medieval Europe*, Cambridge: Cambridge University Press, 2010; Jonathan Elukin, *Living Together Living Apart: Rethinking Jewish-Christian Relations in the Middle Ages*, Princeton: Princeton University Press, 2007;等。

② Robert I. Moor, *The Formation of a Persecuting Society: Power and Deviance in Western Europe, 950-1250*, Oxford & New York: Basil Blackwell, 1987.

③ 到13世纪,犹太人的形象不断被妖魔化(例如永世流浪的犹太人传奇以及将犹太人与魔鬼、山羊、猪等邪恶事物联系在一起),犹太人(与麻风病患者)还被指控向井中投毒,这种指控在1348年爆发的黑死病瘟疫中达到了顶点。参见 Jeremy Cohen, *Living Letters of the Law: Ideas of the Jew in Medieval Christianity*, Berkeley: University of California Press, 1999, pp. 156-165。

说，犹太人生存状况的恶化与基督教对犹太人的重新定义密切相关，以《塔木德》为中心的犹太人被认为不同于圣经时代以及奥古斯丁时期的犹太人，犹太教因而偏离了圣经时代的道路，已经沦为异端的犹太人要么皈依基督教，要么被驱逐出境。[1]为促使犹太人皈依，教会与世俗君主联合起来，软硬兼施，发起犹太教与基督教的几次大辩论，公开谴责与焚烧《塔木德》，并且试图提高犹太人的地位以促其皈依，在这种优待的做法没能奏效后，就转而采取暴力驱逐、强迫改宗等激烈行为。

中世纪犹太人的另一中心是伊斯兰世界。公元7世纪到8世纪初，随着伊斯兰教的快速崛起和阿拉伯帝国的急剧扩张，除意大利之外的几乎整个环地中海地区，以及阿拉伯半岛、两河流域、伊朗高原都被纳入这个新兴帝国的版图之内，生活在这些地区的犹太人由此进入伊斯兰时代。据统计数字，中世纪中前期几乎90%的犹太人口生活在伊斯兰统治下，基督教世界的犹太人口在1200年后才开始增多，直到1600年左右，伊斯兰世界的犹太人仍占世界犹太人口的一半以上。[2]只是由于近代以来犹太史书写中的阿什肯纳兹中心倾向，才导致拥有绝大多数人口的塞法尔迪犹太人处于边缘地位。

犹太人在伊斯兰世界的法律与社会地位问题，历来都是学者们争论不休的话题。从穆罕默德开始，如何对待犹太人就已成为伊斯兰教面临的问题。伊斯兰教中涉及犹太人政策的法律文献为《欧麦尔公约》(*Pact of Umar*)[3]，它实际主要是为了处理伊斯兰统治下的基督徒而制定，基督徒与犹太人由于其"有经人"(*ahl al-kitāb*)身份而被作为"迪米"(*dhimmis*，意为"被保护民"，也作"顺民")，从而获得了一定程

---

[1] R. Chazan, *Daggers of Faith: Thirteenth-Century Christian Missionizing and Jewish Response*, Berkeley: University of California Press, 1989.

[2] Sergio DellaPergola, "Demographics", in Norman A. Stillman, ed., *Encyclopaedia of Jews in the Islamic World*, Vol. 1, Leiden: Brill, 2010, p. 62.

[3] A. S. Tritton, *Caliphs and Their Non-Muslim Subjects: A Critical Study of the Covenant of Umar*, Oxford: Oxford University Press, 1930; Mark R. Cohen, "What Was the Pact of 'Umar? A Literary-Historical Study", *Jerusalem Studies in Arabic and Islam*, Vol. 23 (1999), pp. 100-157.

度的保护,他们交纳人头税即可保持宗教信仰。① 与生活在基督教世界的犹太人相比,历来的伊斯兰统治者对犹太人还是较为优容和宽厚的。穆斯林西班牙的首都科尔多瓦成为当时犹太文化和生活的中心,那里有一座耶希瓦,吸引了众多希伯来语法学家和诗人前来学习。许多犹太人在宫廷中出任要职,把持财政、行政等大权,撒母耳·纳格拉(Samuel ibn Nagrela)甚至出任格拉纳达哈布斯王国的宰相。在穆斯林统治下的西班牙,犹太人在文学、语言、天文、医学等诸多领域内取得突出的成就,其中最为瞩目的当属犹太哲学,从萨迪阿加昂开始,犹大·哈列维、迈蒙尼德,都是伊斯兰世界犹太人的杰出代表。

研究中古西班牙的学者认为,8—13世纪,在穆斯林统治下的伊比利亚半岛,穆斯林、基督徒、犹太人之间形成了宗教宽容、和睦共处的"共生"(Convivencia/Coexistence)关系。② 阿拉伯学者通常称之为"安达卢西亚乌托邦"(Andalusian Paradise)。在不少犹太学者看来,它也是中世纪犹太人的"黄金时代"(Golden Age),与同期基督教世界犹太人所遭受的"黑暗时代"形成鲜明对比。事实上,这种观念的产生很大程度上与19世纪犹太知识分子的现实遭遇密切相关:尽管在法国大革命后获得了预想的解放,但犹太人仍然遭受着根深蒂固的歧视,犹太学者无法在大学获得教职。在现实中受挫的他们转而从历史上寻找理想的先例,将中古伊斯兰世界犹太人的生存状况理想化,强调犹太人在那里可以不受限制地信仰犹太教并出任公职,故而得以创造出空前繁荣的文化与社会生活,当时的阿拉伯世界特别是穆斯林西班牙由此被誉为"不同信仰的乌托邦"(interfaith utopia)。这种观点以著

---

① 有关顺民的研究,参见 Bat Ye'or, *The Dhimmi: Jews and Christians Under Islam*, Rutherford: Fairleigh Dickinson University Press, 1985;中文的研究参见宋立宏:《释"顺民":犹太人在伊斯兰世界中的法律和社会地位》,《学海》,2010年第2期;王广大:《伊斯兰教顺民政策考》,《西亚非洲》,2010年第12期。

② "Convivencia"一词由西班牙语言学家皮达尔(Ramón M. Pidal)1926年在其《西班牙语的起源》(*Orígenes del español*)中首次使用,随后为历史学者卡斯特罗(Américo Castro)推广开来。参见 Vivan Mann et al., eds., *Convivencia: Jews, Muslims, and Christians in Medieval Spain*, New York: George Braziller, 1992。

名历史学家格雷兹为代表,他也被视为犹太"黄金时代"理论的始作俑者。在此话语下,中世纪穆斯林治下的犹太人被认为享有充分的"自由"与"宽容",不仅与同期基督教世界犹太人的"流泪史"构成天壤之别,而且也让解放后欧洲犹太人获得的有限权利相形见绌。① 这种观点一直延续至 20 世纪,随后又为纳粹对欧洲犹太人的迫害屠杀所进一步强化。

然而,随着犹太复国主义的兴起与大批犹太人返回巴勒斯坦,阿犹两大民族之间的冲突不断升级,对中古伊斯兰世界犹太人地位的评价悄悄地发生着改变。一些阿拉伯学者以过去犹太人与穆斯林的和谐来谴责当前犹太复国主义制造对阿拉伯人的仇视;他们声称要回到黄金时代阿犹之间的宽容与和平,而这首先就必须去除犹太复国主义以及犹太国家(潜台词即是犹太人重新做回阿拉伯人统治下的顺民)。作为回应,许多犹太复国主义学者以"伊斯兰迫害的反神话"(the counter-myth of Islamic persecution)和"犹太—阿拉伯历史的新流泪概念"(the neo-lachrymose conception of Jewish-Arab history)取代先前"不同信仰的乌托邦"理论。② 以巴特·约奥③、胡安·彼得斯④为代表的修正主义者声称,从先知穆罕默德时代起,伊斯兰统治下的犹太生活就伴随着

---

① Mark R. Cohen, *Under Crescent and Cross: The Jews in the Middle Ages*, Princeton: Princeton University Press, 1994, chap. 1.

② "犹太—阿拉伯历史的新流泪概念"借鉴自萨洛·巴龙,巴龙在 1928 年用"犹太历史的流泪概念"指称现代犹太学者将中世纪基督教世界的犹太人状况描述成持久悲惨与痛苦的现象。参见 Mark R. Cohen, "The Neo-Lachrymose Conception of Jewish-Arab History", *Tikkun*, Vol. 6, No. 3 (May-June, 1991), pp. 55-60。

③ 巴特·约奥(Bat Ye'or,意为"尼罗河之女")原名吉瑟勒尔·利特曼(Giselle Littman),是出生于埃及的犹太人,1956 年第二次中东战争后由于埃及形势变化而前往英国定居。1985 年,她出版的《迪米》成为颠覆此前理想化伊斯兰世界犹太人地位认识的重要著作。2005 年,她又推出《欧拉伯:欧洲—阿拉伯轴心》一书,将"欧拉伯"定义为"欧洲正在阿拉伯化、伊斯兰化",进而衍生出"欧拉伯威胁论",呼吁警惕阿拉伯人大举向欧洲移民的倾向,否则将导致穆斯林最终占领欧洲形成欧拉伯,从而引发欧美与中东学界、政界的广泛关注和争论。参见 Bat Ye'or, *Eurabia: The Euro-Arab Axis*, Madison, N.J.: Fairleigh Dickinson University Press, 2005。

④ Joan Peters, *From Time Immemorial: The Origins of the Arab-Jewish Conflict over Palestine*, New York: Harper & Row, 1984.

不间断的刁难与迫害,这与同一时期基督教王国境内的犹太人处境相差无几、甚至更为糟糕:"迪米在许多方面类似于中世纪欧洲的农奴"。①事实上,在此学术话语背后的预设是,伊斯兰世界的反犹主义并非是一个新鲜的事物,相反是一种深深植根于古代的痼疾。

五、犹太人与全球经济网络的扩张

犹太人几乎自古以来就是一个商业民族,他们在经济方面的才能不可被忽视,否则就难以理解犹太人在西方世界经济中发挥的巨大作用和经济反犹主义的历史动因。在从事商业贸易与货币借贷的过程中,不仅是犹太人推动着国际国内商贸活动的发展,而且这些活动也塑造着犹太民族。特别是资本化、城市化与国际化等这些21世纪的人们仍在努力追求的重要目标,可以说在一千余年前的犹太民族中间就已实现:其一,为适应流动性的生活,犹太人往往选择方便携带的产业,由此塑造了"资本民族"的独特性格,促进了犹太民族高度的资本化。犹太人不遗余力地追逐财富、制造财富、维持财富、管理财富,并将之世代相承、绵延不断,使这种生存之道充分发展为一门独特高超、内涵丰富的文化技艺:"对于犹太人来说,钱是一种保险,一种生存的工具。多少年来,理财、生财、发财、积财已经被发展为一种高雅艺术——这是世代相承的防御性社会行为的结果。"②其二,为便于从事商业活动,犹太人习惯性地定居在城市而成为一个"城市民族",推动了犹太民族高度的城市化。据统计,几乎在历史上各个时期,犹太人的城市化水平都在

---

① Bat Ye'or, *The Dhimmi: Jews and Christians Under Islam*, p. 28,其他参见 Saul S. Friedlander, "The Myth of Arab Toleration", *Midstream*, Vol. 16, No. 1 (Jan., 1970), pp. 56-59; Maurice M. Roumani, "The Persecution of Jews in Arab Lands", in Maurice M. Roumani et al., eds., *The Case of the Jews from Arab Countries*, Vol. 1, Jerusalem: World Organization of Jews from Arab Countries, 1975, pp. 41-57.

② 杰拉尔德·克雷夫茨:《犹太人和钱》,冯玮译,上海:上海三联书店,1991年,第37页。

90%以上。可以说,人类世界在工业革命后姗姗来迟的城市化进程在犹太民族中间早已实现。其三,长期不稳定的生活环境致使犹太人不断地流散,从而真正成为一个"国际民族",加速了犹太民族高度的国际化。保罗·约翰逊写道:"散居带给犹太人的全球化思想使他们成为这一概念的先驱者。对于一个没有国家的民族来说,世界就是他们的家园。地域越是广阔,机会也就越多。"①

随着犹太人流散范围的不断扩大,他们对国际经济的贡献也愈加显著。1492年4月17日,也即驱逐犹太人的法令颁布两周后,西班牙王室批准了哥伦布向西远航前往"印度"的大胆计划。哥伦布在航海日志中写道:"在颁布敕令驱逐全部犹太人的同月,国王和女王陛下命令我带领足够的人员启程去印度探险。"②8月3日,当除马兰诺以外的所有犹太人都已离开西班牙时,停靠在帕洛斯港的三艘舰船在哥伦布指挥下启程奔向未知的世界。应该说,这两大事件并非只是时间上的巧合,马兰诺和许多犹太人为远航提供了资金、技术及人员方面的前期准备,而且他们还有人直接参与了这次具有历史意义的远航。在近代早期全球化的发轫问题上,犹太史与世界史的同步性得到了极好的体现。

西班牙大驱逐导致许多塞法尔迪犹太人前往地中海和西北欧的港口城市,例如意大利的热那亚、法国的巴约讷与波尔多、英国的伦敦、尼德兰的阿姆斯特丹以及北海沿岸的阿尔托纳,随后又穿过大西洋,来到牙买加、累西腓、苏里南、库拉索、新阿姆斯特丹、巴巴多斯、圣多米尼克岛等港口城市,他们被称为"港口犹太人"(Port Jews)。很大程度上,

---

① Paul Johnson, *A History of the Jews*, New York: Harper & Row, 1987, p. 283.

② Cecil Roth, *A History of the Marranos*, Philadelphia: Jewish Publication Society, 1932, p. 271. 在哥伦布是否具有犹太血统的问题上,历来存在巨大的争议。尽管没有找到绝对明确的证据,但许多线索暗示了他可能是一个马兰诺。参见 Werner Keller, *Diaspora: The Post-Biblical History of the Jews*, London: Pitman Publishing, 1971, p. 309; Jane Frances Amler, *Christopher Columbus's Jewish Roots*, Northvale, N. J.: Jason Aronson, 1991; Jonathan D. Sarna, "Columbus & the Jews", *Commentary*, Vol. 94, No. 5 (Nov., 1992), pp. 38-41。

港口犹太人的概念是相对于"宫廷犹太人"(Court Jews)①而来。宫廷犹太人在德文中为"Hofjuden",而港口犹太人的德文为"Hafenjuden"。作为一个社会概念与学术用语,"港口犹太人"(Port Jew)的提法最初由路易丝·杜宾(Lois C. Dubin)与大卫·索金(David Sorkin)在1999年共同提出,前者首次使用了这一词组,而后者正式对其内涵进行了系统的阐发。②这个概念一经提出,随即引发国际学术界的巨大兴趣,2001年与2003年围绕这一主题先后举行了两次大型学术研讨会:"港口犹太人:世界性海洋贸易中心中的犹太社团,1550—1950"(Port Jews: Jewish Communities in Cosmopolitan Maritime Trading Centres 1550-1950)以及"大西洋的港口犹太人"(Port Jews of the Atlantic)。③以这两次研讨会为契机,国际学术界掀起研究港口犹太人的热潮。

　　大卫·索金在其《作为一种社会类型的港口犹太人》一文中,将港口犹太人定义为一种单数形式的社会类型——"Port Jew",特指17、18世纪参与地中海和跨大西洋经济体系的塞法尔迪犹太商人。他系统总结了港口犹太人的五大标准:(1)移民与商业:港口犹太人的主要特征是从事商业活动的移民;(2)商业价值:港口犹太人由于其经济作用而为所在地的社会接纳;(3)法律地位:港口犹太人并非生活在自治的犹太社团中,而是在自愿组成的协会或商人团体中;(4)再教育与哈斯卡拉:作为原改宗者的港口犹太人被允许公开信仰犹太教,重新学习拉比

---

①　"宫廷犹太人"是转型时代犹太人的突出案例。有关宫廷犹太人,参见 Selma Stern, *The Court Jew: A Contribution to the History of the Period of Absolutism in Central Europe*, translated by Ralph Weiman, Philadelphia: Jewish Publication Society of America, 1950;张礼刚:《论17、18世纪德意志地区的宫廷犹太人》,《世界历史》,2006年第6期。

②　Lois C. Dubin, *The Port Jews of Habsburg Trieste: Absolutist Politics and Enlightenment Culture*, Stanford, Calif.: Stanford University Press, 1999; David Sorkin, "The Port Jew: Notes Toward a Social Type", *Journal of Jewish Studies*, Vol. 50, No. 1 (Spring, 1999), pp. 87-97.

③　有关这两次学术会议的论文集,参见 David Cesarani, ed., *Port Jews: Jewish Communities in Cosmopolitan Maritime Trading Centres, 1550-1950*, London; Portland, OR: Frank Cass, 2002; David Cesarani & Gemma Romain, eds., *Jews and Port Cities 1590-1990: Commerce, Community and Cosmopolitanism*, London; Portland, OR: Vallentine Mitchell, 2006。其他有关港口犹太人的代表论著也相继出现。

犹太教以及更大范围世界的知识;(5)认同与信仰:主要通过社团来维系族群认同,而非宗教形式的严格遵守。①

归结起来,"港口犹太人"最重要的特征就是其流动性,主要在近代早期从事跨地区的商业交往活动。作为一个特定内涵的"港口犹太人",指一种存在于1492年西班牙大驱逐后到18世纪末的现象,当时生活在地中海、大西洋乃至印度洋海域众多港口(例如阿姆斯特丹、伦敦、波尔多、苏里南、库拉索、圭亚那、累西腓、巴巴多斯、牙买加、果阿、孟买等)的犹太人,从事着频繁的跨地区、跨洲际贸易②,从而在近代早期的全球贸易体系中建立起特殊的犹太经济网络。在这场跨地区的犹太迁移活动中,塞法尔迪人占据绝大多数,他们由于家族之间的经济联系而构成近代早期的全球贸易网络。罗特曼将塞法尔迪人建立的贸易形式称为"跨文化贸易"(Inter-cultural Trade)③,他们构建起一个连接加勒比、巴西、北美、西非、阿姆斯特丹、汉堡、伦敦等地的国际联系网络,"直到西欧犹太人的解放,地中海与北大西洋一直都处在塞法尔迪网络之中"。④

---

① David Sorkin, "The Port Jew: Notes Toward a Social Type", *Journal of Jewish Studies*, Vol. 50, No. 1 (Spring, 1999), pp. 89-97.

② 有学者对犹太人参与大西洋经济体系与世界性交换的过程进行了深入探讨,分别涉及种植园经济、奴隶贸易、蔗糖贸易、烟草贸易、毛皮业、珠宝业、丝绸业等方面。参见 Seymour Drescher, "The Role of Jews in the Transatlantic Slave Trade", in Maurianne Adams, ed., *Strangers & Neighbors: Relations between Blacks & Jews in the United States*, Amherst: University of Massachusetts Press, 1999, pp. 105-115; Seymour Drescher, "Jews and New Christians in the Atlantic Slave Trade", in Paolo Bernardini, ed., *The Jews and the Expansion of Europe to the West, 1400-1800*, pp. 439-484; Saul S. Friedman, *Jews and the American Slave Trade*, New Brunswick: Transaction Publishers, 1998; Mordechai Arbell, *The Jewish Nation of the Caribbean: The Spanish-Portuguese Jewish Settlements in the Caribbean and the Guianas*, Jerusalem: Gefen Publishing, 2002。

③ Jessica Vance Roitman, *The Same but Different? Inter-cultural Trade and the Sephardim, 1595-1640*, Leiden: Brill, 2011; Francesca Trivellato, *The Familiarity of Strangers: The Sephardic Diaspora, Livorno, and Cross-Cultural Trade in the Early Modern Period*, New Haven: Yale University Press, 2009.

④ Daniel Schroeter, "Orientalism and the Jews of the Mediterranean", *Journal of Mediterranean Studies*, Vol. 4, No. 2 (1994), pp. 183-196.

长期主宰现代犹太史学的"阿什肯纳兹中心"倾向,通常将哈斯卡拉(包括宫廷犹太人)视为使犹太社会走向现代化的经典范式,而港口犹太人概念的提出正是对现代犹太史的"阿什肯纳兹化"(Ashkenazification)的有力纠正。①正是通过积极参与跨洲际经济活动,港口犹太人在近代早期的历史中发挥着极其重要的作用,不仅促进了早期世界体系的初步形成;更重要的是,他们自身也逐渐走向了现代化,从而为解放提供了特殊通道。如索金强调的,港口犹太人代表着"近代早期欧洲的一种独特经历以及通向现代的一种独特道路"。②

在有关犹太人与现代世界经济发展的问题上,最令人着迷的莫过于犹太人与现代资本主义的关系。"犹太人与资本主义有一种特殊关系",最近研究这种关系的学者穆勒指出,"因为他们对此特别擅长,当然不是所有犹太人都擅长。但只要在任何时候允许他们在公平的法律环境中参与竞争,他们当中的出类拔萃者就会多得不成比例。这既是一种祝福,也是一种诅咒。"③德国著名经济史家维尔纳·桑巴特是研究这个问题的先驱,他在《犹太人与现代资本主义》一书中别具一格地强调了现代资本主义崛起过程中的犹太因素,是为"桑巴特命题"(Sombart's Thesis)。④该书自1911年问世以来,堪称犹太经济史领域的扛鼎之作,其论述并不局限于经济一隅,而几乎包罗宗教与文化、政治与社会、历史与心理等各个领域。

该书是迄今为止论述犹太人与资本主义之间关系的经典之作。与马克斯·韦伯所认为的新教伦理促成了资本主义精神不同,桑巴特通

---

① Yosef Kaplan, *An Alternative Path to Modernity: the Sephardi Diaspora in Western Europe*, Leiden: Brill, 2000, preface.

② David Sorkin, "The Port Jew: Notes Toward a Social Type", *Journal of Jewish Studies*, Vol. 50, No. 1 (Spring, 1999), p. 97.

③ Jerry Z. Muller, *Capitalism and the Jews*, Princeton: Princeton University Press, 2010, p. 1.

④ Werner Sombart, *The Jews and Modern Capitalism*, translated by M. Epstein, New York: Collier Books, 1962;中译本参见桑巴特:《犹太人与现代资本主义》,艾仁贵译、宋立宏校,上海:上海三联书店,2015年。

过本书强调了犹太宗教、犹太伦理的重要作用,指出资本主义从内到外无不充满着犹太精神,从而提出别具一格的"桑巴特命题":犹太人不仅建立了资本主义的外部结构(从事国际贸易、殖民开发、国家创建等活动以及创立信用票据、证券交易、广告手段、二手贸易等"现代"经济机制),而且塑造了资本主义的内在精神(首倡自由贸易、自由竞争、廉价出售、薄利多销等"现代"经济手段)。而以理性化为根本特征的独特"犹太特性"——智力、目的论、能量、灵活性——促使犹太人形成敏于判断、善于观察、精于计算的特点,从而特别适于推动资本主义的发展。桑巴特还将这些独特的犹太特性追溯至他们的沙漠与游牧起源,认为这种特性自犹太民族诞生之时就已出现。尽管桑巴特的材料与观点遭到不少人的质疑与否定,但其历史地位与学术价值却是毋庸置疑的。克雷夫茨对此评价道:"桑巴特以新的眼光来看待犹太人对金融和商业的贡献。这是数百年来的第一次,也是20世纪中第一次在犹太人和钱的问题上作出的总体上肯定的论述。以前,偶尔也有犹太历史学家撰写过论述独特的犹太商业活动的著作和论文,但公众对犹太人的活动的认识都是全盘否定的和极其幼稚的。"①

六、现代犹太史的开端与犹太社会转型

现代犹太史的分期问题在学术界一直都是莫衷一是的话题。自19世纪初以来,主要的历史学家们都对此问题进行了回应,其主要观点可以归纳如下:(1)约瑟夫斯之后第一位严格意义上的犹太历史学家以撒·约斯特在其名著《以色列人的历史》中以1740年作为现代犹太史的开端,因为这一年弗里德里希大帝登上普鲁士王位。约斯特的这种分期思想,与他所处的时代变迁密切相关,当时正是德国犹太人首次被赋予公民权的时代。作为对此新状况的回应,他主张犹太人与过

---

① 杰拉尔德·克雷夫茨:《犹太人和钱》,第51页。

去决裂而完全参与到欧洲的政治和文化生活中去。(2)19世纪下半叶著名的犹太历史学家海因里希·格雷兹从犹太人的内部思想变革出发,将历史变革的关键性作用归之于某些突出的个体,认为犹太人迈向现代性的根本动因在于由门德尔松发起的哈斯卡拉运动,从而将之作为现代犹太史的开端,主张门德尔松开启了文化适应的新时代。(3)在俄国著名历史学家西蒙·杜布诺夫看来,拥有平等的公民权是现代犹太社会的本质,而直到门德尔松去世犹太人也没有获得这种权利,因此在门德尔松那里并没有体现作为现代犹太人的典范特征。杜布诺夫将政治转型而非文化转型作为犹太现代性开端的根本标准,他以法国大革命作为犹太现代性的起点,因为犹太人首次被正式赋予公民身份,自此以后犹太人开始了政治解放的伟大进程。(4)美国著名犹太历史学家萨洛·巴龙强调,17世纪犹太社团内部的思想与经济变迁具有决定性意义。他将现代犹太史的开端放在17世纪的荷兰,而斯宾诺莎是其中的标志性人物,认为当时的荷兰就已开始了启蒙运动的趋向。(5)以色列建国后担任教育部长的著名历史学家、希伯来大学教授本锡安·迪努尔以犹太复国主义的思想来解读犹太历史,他将1700年作为现代犹太史的起点,因为在这一年虔诚者拉比犹大率领几千名波兰犹太人返回巴勒斯坦定居。对于迪努尔来说,这个象征性事件对后来的复国主义有着深远的影响,它代表着对流放命运进行反抗的开端,而开始致力于在民族的故土寻求以色列人的集体拯救。

  传统的犹太史学通常把从中世纪转向现代阶段描述为突然的断裂,认为这种转变过程是急剧而迅速的。以格雷兹为代表的犹太历史学家把中世纪视为文化孤立、外部迫害与宗教蒙昧的时代,而给予犹太人某种政治或文化自由的穆斯林西班牙与文艺复兴时期的意大利是这种状况仅有的例外。在这种视角下,现代性是随着门德尔松突然到来的,哈斯卡拉结束了中世纪的文化孤立,法国大革命与解放法令带来了政治权利,犹太教改革运动则开启了世俗化与现代化。实际上,传统社会的现代转型并非一蹴而就的,相反它经历了一个缓慢的演变过程,在此过程中传统与现代是一种此消彼长的复杂关系。不少学者指出,在中世纪与现代之间存在一个过渡阶段,这个被称为"近代早期"(early modern)的过渡阶段既有传统社会的因素,同时也蕴涵着新时代的某些特质,从而使现代性得以孕育成长。在此影响下,犹太学者逐渐接受了在 16 世纪与 18 世纪末之间存在一个独特历史单元的观点,认为这一时期具有既不完全属于中世纪也不完全属于现代的某些特质,这些特质超越了地理与民族的边界,而在欧洲世界具有大致类似的共性。

著名学者雅各·卡茨是研究这一转型时期的开创性学者,他在其有关近代早期犹太社团史研究的"三部曲"中对转型时代阿什肯纳兹社会(尤其以德国为中心)进行了深入的社会史分析。①卡茨的不足之处在于,过分集中于对阿什肯纳兹犹太社团的分析,而对人数更为庞大的塞法尔迪犹太社会关注不够。进入 1980 年代以后,有关近代早期犹太人的研究不断走向深入。著名学者乔纳森·以色列(Jonathan I. Israel)通过对重商主义时代的犹太人进行分析,认为在中世纪和近代早期之间存在明显的差别,大概从 1570 年左右开始,"一种更加自由、更为流动的社会与文化体制"允许犹太人进入欧洲主流的文化、社会与经济之中,在此过程中犹太人从许多传统束缚中摆脱出来,其结果是他们对西方社会(特别是 1650—1713 年间)产生了更加显著和持久的影响。不过他又指出,这个阶段没有持续多久就被中断,导致 1700 年之前的犹太社会整合与 1789 年的犹太社会整合并无延续性,18 世纪对

---

① 卡茨将犹太传统社会的范围定为从塔木德时代(公元 200 年左右)到 19 世纪初的解放时代,而这个传统社会出现危机、走向崩解经历了一个过程,其中 16 世纪到 18 世纪下半叶就是"传统的危机期",这一时期涌现出诸多此前没有过的新现象:现代中央集权国家的出现、理性主义与宗教宽容的成长、一些犹太人开始对传统权威进行质疑、宫廷犹太人的崛起(他们领导着争取犹太人权利的斗争)等等。参见 Jacob Katz, *Tradition and Crisis: Jewish Society at the End of the Middle Ages*, New York: The Free Press of Glencoe, 1961 [Hebrew in 1958]; idem, *Exclusiveness and Tolerance: Studies in Jewish-Gentile Relations in Medieval and Modern Times*, Oxford: Clarendon Press, 1961; idem, *Out of the Ghetto: The Social Background of Jewish Emancipation, 1770-1870*, Cambridge, Mass.: Harvard University Press, 1973. 有关卡茨对犹太现代性的研究,参见 David Harry Ellenson, "Jacob Katz on the Origins and Dimensions of Jewish Modernity: The Centrality of the German Experience", in idem, *After Emancipation: Jewish Religious Responses to Modernity*, Cincinnati: Hebrew Union College Press, 2004, pp. 51-79。

于犹太人来说是一个"停滞、衰退与贫困的时代,无论在经济上还是在文化上"。①迪安·贝尔从人口状况、社团生活、宗教认同与外部关系等方面对近代早期的犹太社会进行了全方位的分析。②大卫·鲁德曼在其《近代早期的犹太人:一部新文化史》中提出,近代早期的犹太人不仅是一个阿什肯纳兹现象,更是一个塞法尔迪现象。在这两大犹太群体中间,从 16 世纪开始都出现了十分频繁的社会流动与思想交换,这些活动最终为 19 世纪初的犹太社会转型奠定了坚实的基石。他还特别以文艺复兴时期的意大利犹太社团为例,探讨隔都犹太人如何参与近代早期的社会进程。③

长期以来,在有关现代西欧与中欧犹太人的问题上,学者们或者集中于解放带来的犹太社会转型,或者聚焦于犹太人对于解放以及转型的回应。随着时代的不断发展,学者们开始对解放及其带来的同化进程进行重新认识,"同化"(assimilation)逐渐被"调适"(acculturation)所取代,后一概念指称犹太人在遭遇现代欧洲文化的挑战时体现出更大的灵活性。绝大多数学者认为,欧洲式的现代性是最为典范的现代性,因而现代化通常作为一种追赶阶段,后发国家与民族致力于效法或者变成欧式的社会。在主体社会的影响下,对现代性的回应与吸收成为中西欧犹太社会压倒一切的主题,由此也给犹太身份认同带来尖锐的挑战,从而出现所谓的犹太人问题。④可以说,对现代性的挑战这个根

---

① Jonathan I. Israel, *European Jewry in the Age of Mercantilism*, *1550-1750*, Oxford: Clarendon Press, 1985.

② Dean Phillip Bell, *Jews in the Early Modern World*, Plymouth: Rowman & Littlefield, 2008.

③ David B. Ruderman, *Early Modern Jewry: A New Cultural History*, Princeton: Princeton University Press, 2010.

④ Michael A. Meyer, *The Origins of the Modern Jew: Jewish Identity and European Culture in Germany*, *1749-1824*, Detroit: Wayne State University Press, 1967; idem, *Response to Modernity: A History of the Reform Movement in Judaism*, New York: Oxford University Press, 1988; idem, *Jewish Identity in the Modern World*, Seattle: University of Washington Press, 1990; idem, *Judaism within Modernity: Essays on Jewish History and Religion*, Detroit: Wayne State University Press, 2001; etc.

本性主题的回应,在现代犹太史中形成了一个前后连贯的链条:哈斯卡拉—解放同化—犹太教改革—反犹主义—犹太复国主义。

学界一般认为,哈斯卡拉是犹太人迈向现代性的第一环。自18世纪下半叶起,马斯基尔服膺理性,对非犹太文化持开放态度,与外部社会建立起广泛的联系,对以犹太教为代表的传统权威发起挑战,并致力于对传统文献进行科学的研究,所有这些行为严重削弱了传统的力量,从而使之陷入危机之中。传统的观点认为,哈斯卡拉是犹太现代化的原动力,它不仅瓦解了传统的犹太社会结构,而且开启了犹太社会在宗教、思想、政治、文化与经济等领域迈向现代化的一系列进程。①然而,这种观点被来自英国的犹太人的情况所挑战,有学者指出,英国犹太人的现代化并没有经历哈斯卡拉的过程。②撒母耳·芬内在《犹太启蒙运动》一书中强调,哈斯卡拉并非犹太社会迈向现代化的第一步,它仅仅是始于17世纪的犹太现代化过程中的一个重要环节。③在芬内看来,哈斯卡拉的根本目标是通过创造世俗开放但又具有鲜明犹太特征的文化,以使犹太性走向现代化,进而催生出一种现代的、世俗的犹太认同。④

事实上,不仅哈斯卡拉在阿什肯纳兹社会内部存在区分,塞法尔迪犹太人通向现代的途径也与阿什肯纳兹人有所不同。自1492年西班牙驱逐犹太人起,来自伊比利亚半岛的塞法尔迪人大批散居在奥斯曼

---

① Moshe Rosman, "Haskalah: A New Paradigm", *The Jewish Quarterly Review*, Vol. 97, No. 1 (Winter, 2007), p. 132.

② Todd M. Endelman, *The Jews of Georgian England, 1714-1830*, Philadelphia: Jewish Publication Society of America, 1979; David B. Ruderman, *Jewish Enlightenment in an English Key: Anglo-Jewry's Construction of Modern Jewish Thought*, Princeton: Princeton University Press, 2000.

③ David Sorkin, *The Transformation of German Jewry, 1780-1840*, Oxford: Oxford University Press, 1987; David Sorkin, *The Berlin Haskalah and German Religious Thought: Orphans of Knowledge*, London: Vallentine Mitchell, 2000; Adam Sutcliffe, *Judaism and Enlightenment*, Cambridge: Cambridge University Press, 2003.

④ Shmuel Feiner, *The Jewish Enlightment*, translated by Chaya Naor, Philadelphia: University of Pennsylvania Press, 2002; idem, *Haskalah and History: The Emergence of a Modern Jewish Historical Consciousness*, Oxford & Portland: The Littman Library of Jewish Civilization, 2002.

土耳其以及大西洋两岸。16、17世纪,其中的阿姆斯特丹塞法尔迪犹太社团已被视为文化适应较为成功的少数群体,而阿什肯纳兹同胞只有到19世纪才达到他们的生活方式。活跃在大西洋两岸的塞法尔迪人通过海外贸易在经济与社会上取得成功,从而开创出一条不同于阿什肯纳兹人的通向现代之路。①

在有关哈斯卡拉的研究中,摩西·门德尔松的地位不可忽视②,他通常被誉为"从隔都走向现代社会的第一人"。在众多的犹太现代史著作中,几乎无不对门德尔松及其历史地位大书特书一番,这种状况甚至被大卫·索金称为"门德尔松神话"(the Mendelssohn Myth)。③门德尔松俨然已经成为犹太启蒙运动与现代化的象征符号,甚至是"现代性的贤哲"(Sage of Modernity)。④对门德尔松的强调随后又延伸至对其追随者的研究,即所谓的"门德尔松的门徒"(Mendelssohn's disciples)。⑤

就犹太人获得解放而言,传统上通常以法国大革命中颁布《人权

---

① Yosef Kaplan, *An Alternative Path to Modernity: The Sephardi Diaspora in Western Europe*, Leiden: Brill, 2000.

② 亚历山大·阿特曼的《摩西·门德尔松:一部传记研究》是有关门德尔松最为详尽的研究。参见 Alexander Altmann, *Moses Mendelsohn: A Biographical Study*, Tuscaloosa: University of Alabama Press, 1973。近年来,学者们又从门德尔松与启蒙运动的内在关系、门德尔松的神学政治思想等不同侧面对其进行了研究,参见 Allan Arkush, *Moses Mendelssohn and the Enlightenment*, Albany: State University of New York Press, 1994; David Sorkin, *Moses Mendelssohn and the Religious Enlightenment*, Berkeley: University of California Press, 1996; Micah Gottlieb, *Faith and Freedom: Moses Mendelssohn's Theological-Political Thought*, New York: Oxford University Press, 2011; Reinier Munk, *Moses Mendelssohn's Metaphysics and Aesthetics*, New York: Springer, 2011;等。国内对摩西·门德尔松与犹太启蒙运动的研究,参见张倩红:《犹太启蒙运动初探》,《世界历史》,2002年第5期;《试论摩西·门德尔松的启蒙思想》,《世界宗教研究》,2003年第3期;《"马斯基尔"与犹太社会——以启蒙视阈下的德国为个案》,《世界历史》,2012年第1期;等等。

③ David Sorkin, "The Mendelssohn Myth and Its Method", *New German Critique*, No. 77 (Spring - Summer, 1999), pp. 7-28.

④ Shmuel Feiner, *Moses Mendelssohn: Sage of Modernity*, New Haven: Yale University Press, 2010.

⑤ Shmuel Feiner, "Mendelssohn and 'Mendelssohn's Disciples': A Re-examination", *Leo Baeck Institute Year Book*, Vol. 40 (1995), pp. 133-167.

宣言》，犹太人获得公民权为标志，而后由拿破仑推向高潮①，这种法国模式被视为以法律的形式使犹太人从主体社会中获得解放的典型途径。除法国以外，欧洲犹太人的解放存在其他不同的模式，这取决于各个地区的具体情况。雅各·卡茨在其主编的《通向现代性：欧洲犹太人的模式》一书中强调了这种多样性，皮埃尔·拜恩鲍姆与卡茨内尔森合编的《解放的途径：犹太人、国家与公民》更是将这种多样性具体到各个不同的犹太社团。②在这些不同的模式中，法国与德国的情况最具有代表性③；英国犹太人解放的方式颇具特色，主要是通过议会赋予公民权的形式实现的。④

近年来经常被学者们探讨的另一个话题就是解放后的犹太教是否走向"世俗化"的问题。卡普兰在《犹太教：一种文明》开篇这样分析犹太教在现代世界面临的危机："在进入 19 世纪之前，所有的犹太人都曾把犹太教看作是一种特权；但正是从这个时候开始，大多数的犹太人便把它看成是一种负担了。"⑤海涅也曾抱怨道，犹太教并不是一种宗教，而是一次不幸。步入现代以后，许多犹太人急切抛弃宗教传统是不争的事实。在犹太世俗化的开端问题上，学界的意见并不一致。大卫·埃伦森认为，哈斯卡拉开启了犹太教走向世俗化的过程，在现代性的冲击面前犹太教被迫做出相应的变革，因而不可避免地走向世俗

---

① 拿破仑对犹太人的政策具有代表性，有关的分析参见张倩红、贾延宾：《"犹太名人会议"与犹太教公会重组——拿破仑的犹太政策》，《历史研究》，2008 年第 6 期。

② Jacob Katz, ed., *Toward Modernity: The European Jewish Model*, New Brunswick: Transaction Books, 1987; Pierre Birnbaum & Ira Katznelson, eds., *Paths of Emancipation: Jews, States and Citizenship*, Princeton: Princeton University Press, 1995. 有关国内学者对犹太解放运动的研究，参见胡浩：《关于犹太人解放的争论及其影响》，《世界历史》，2010 年第 6 期；王本立：《论英国犹太人的解放》，《世界历史》，2010 年第 6 期。

③ Michael Brenner, Vicki Caron & Uri R. Kaufmann, eds., *Jewish Emancipation Reconsidered: The French and German Models*, Tübingen: Mohr-Siebeck, 2003.

④ Abraham Gilam, *The Emancipation of the Jews in England, 1830-1860*, New York: Garland, 1982.

⑤ 卡普兰：《犹太教：一种文明》，黄福武等译，济南：山东大学出版社，2002 年，第 3 页。

化。①撒母耳·芬内将世俗化的根源追溯至更早的时期,认为早在17世纪初,一些犹太神秘主义派别即已开始了犹太教世俗化的进程。②大卫·拜勒则从作为犹太传统根基的上帝、《托拉》与以色列出发来分析世俗化思想的起源,表明世俗化是犹太教面对现代性挑战的自然调适。③与世俗化密切相关的话题就是,解放后的犹太人是否存在"公共空间"?许多犹太人在解放后不再专心研习《托拉》,他们的活动场所由学习之所(Bet Midrash)转向沙龙、咖啡馆与讲堂等现代公共场所。沙龙犹太妇女被视为体现后解放时代犹太社会公共空间与女性意识的重要案例,从而得到许多学者的青睐。④

东欧世界包括俄罗斯、波兰、乌克兰、立陶宛、拉脱维亚等地,在纳粹大屠杀以前有着最多的犹太人口。然而长期以来,对于东欧犹太人的研究远远落后于对西欧犹太人(特别是德国犹太人)的研究。造成这种现象的原因有许多,其中根本的原因是,学术界在涉及现代欧洲犹太人时,往往采取两分法:即认为西欧犹太人是进步的、现代的,而东欧犹太人是落后的、传统的。⑤大概从20世纪初开始,出现关于东欧犹太人的两种形象:一是怀旧的、虔诚的、浪漫的田园诗般的"斯特透"(Shtetl),这是一个充满喜乐、没有伤痕的精神世界;另一种是饱受压

---

① David H. Ellenson, *After Emancipation: Jewish Religious Responses to Modernity*, Cincinnati: Hebrew Union College Press, 2004.

② Shmuel Feiner, *The Origins of Jewish Secularization in Eighteenth-Century Europe*, translated by Chaya Naor, Philadelphia: University of Pennsylvania Press, 2010.

③ David Biale, *Not in the Heavens: The Tradition of Jewish Secular Thought*, Princeton: Princeton University Press, 2011.

④ Deborah Hertz, *Jewish High Society in Old Regime Berlin*, New Haven and London: Yale University Press, 1988; Emily D. Bilski et al., *Jewish Women and Their Salons: The Power of Conversation*, New Haven: Yale University Press, 2005。国内学者中张倩红最先对沙龙犹太妇女进行关注,参见张倩红:《困顿与再生:犹太文化的现代化》,第一章。最近对此问题的研究不断走向深入,参见宋立宏、王艳:《从"自我教化"到同化:近代柏林的沙龙犹太妇女》,《学海》,2012年第5期;张淑清:《近代柏林犹太妇女沙龙及其困境》,《河南大学学报》(社会科学版),2013年第2期。

⑤ David Sorkin, "Beyond the East-West Divide: Rethinking the Narrative of the Jews' Political Status in Europe, 1600-1750", *Jewish History*, Vol. 24, No. 3/4 (Dec., 2010), pp. 247-256.

迫、战乱与暴力的栅栏区,沙俄统治者的集体迫害几乎与之相伴始终。

与西欧犹太史的研究集中于哈斯卡拉不同,哈西德运动在东欧犹太人的世界中占据了主要地位,被视为东欧犹太人传统与保守的有力证明。①在东欧犹太人的生活及思想状况方面,达维多维奇编的《金色的传统:东欧犹太人的生活与思想》是一本比较全面的概览。②也有学者对哈斯卡拉在东欧的发展状况进行了研究,例如雅各·莱森的《俄国的哈斯卡拉运动》;马勒、沃多兹尼斯基等探究波兰境内哈斯卡拉与哈西德运动之间的遭遇及冲突。③还有学者从德国犹太人对东欧犹太人的认知出发,探究了这两大地区犹太人之间的相互关系。④与西欧犹太人以解放与融合为主旋律不同,东欧犹太人的社会转型通常伴随着暴力与革命,因此东欧犹太人往往与"革命""激进""左派""社会主义"等词汇联系在一起。⑤与西欧犹太人广泛参与现代经济活动而成为

---

① Glenn Dynner, *Men of Silk: The Hasidic Conquest of Polish Jewish Society*, New York: Oxford University Press, 2006.

② Lucy S. Dawidowicz, ed., *The Golden Tradition: Jewish Life and Thought in Eastern Europe*, Boston: Beacon Press, 1967.

③ Jacob S. Raisin, *The Haskalah Movement in Russia*, Philadelphia: Jewish Publication Society of America, 1913; Marcin Wodziński, *Haskalah and Hasidism in the Kingdom of Poland: A History of Conflict*, translated by Sarah Cozens & Agnieszka Mirowska, Oxford: The Littman Library of Jewish Civilization, 2005.

④ Steven E. Aschheim, *Brothers and Strangers: The East European Jew in German and German-Jewish Consciousness, 1800-1923*, Madison: University of Wisconsin Press, 1982; Jack Wertheimer, *Unwelcome Strangers: East European Jews in Imperial Germany*, Oxford: Oxford University Press, 1987.

⑤ 有关犹太人与革命、社会主义的关系,参见 Robert S. Wistrich, *Revolutionary Jews from Marx to Trotsky*, London: George G. Harrap & Co., 1976; idem, *Socialism and the Jews: The Dilemmas of Assimilation in Germany and Austria-Hungary*, Rutherford, N. J.: Fairleigh Dickinson University Press, 1982; Nora Levin, *While Messiah Tarried: Jewish Socialist Movements, 1871-1917*, New York: Schocken Books, 1977; Erich Haberer, *Jews and Revolution in Nineteenth-century Russia*, Cambridge: Cambridge University Press, 1995; Jonathan Frankel, *Prophecy and Politics: Socialism, Nationalism, and the Russian Jews, 1862-1917*, Cambridge: Cambridge University Press, 1981; idem, ed., *Dark Times, Dire Decisions: Jews and Communism*, Oxford: Oxford University Press, 2004; idem, *Crisis, Revolution, and Russian Jews*, Cambridge: Cambridge University Press, 2009;等。

资本主义的先锋不同,东欧犹太人充当了反资本主义思想与运动的先知。

七、恐犹症、反犹主义与纳粹大屠杀

反犹主义是犹太史研究中的重要课题。对于反犹主义的定义,历来有许多争议。① 中国学者徐新在总结国外学者诸多定义的基础上提出:反犹主义广义上指"一切厌恶、憎恨、排斥、仇视犹太人的思想和行为"。②反犹主义源自非犹太人对犹太人根深蒂固的误解与偏见,并导致敌视行为的产生,进而造成无法估量的破坏性后果。几乎凡是存在犹太人的地方,都曾出现过反对犹太人的现象,它甚至出现在没有犹太人存在的地方;而且,反犹的现象几乎与犹太人的历史相伴相随,从最早的时代起它就已经出现,正如著名的反犹主义专家罗伯特·威斯屈奇指出的,反犹主义是人类历史上"最长久的憎恨"(the Longest Hatred)。③

历史上敌视犹太人的思想及行为,基本可以分为古代、中世纪、近现代三个时期。④ 在基督教诞生之前的古代世界(主要集中在希腊罗马世界),反犹思想及行为可以归之为"恐犹症"(*Judeophobia*)。⑤在古

---

① Gavin I. Langmuir, *Toward a Definition of Antisemitism*, Berkeley: University of California Press, 1996.
② 徐新:《反犹主义解析》,上海:上海三联书店,1996 年,第 2 页。
③ Robert S. Wistrich, *Antisemitism: The Longest Hatred*, New York: Pantheon Books, 1991.
④ 有关反犹主义历史的集大成之作是莱昂·波利亚科夫的四卷本《反犹主义史》,参见 Leon Poliakov, *The History of Anti-Semitism*, Vol. 1: *From the Time of Christ to the Court Jews*, New York: Vanguard Press, 1972; idem, *The History of Anti-Semitism*, Vol. 2: *From Mohammed to the Marranos*, New York: Vanguard Press, 1974; idem, *The History of Anti-Semitism*, Vol. 3: *From Voltaire to Wagner*, New York: Vanguard Press, 1976; idem, *The History of Anti-Semitism*, Vol. 4: *Suicidal Europe 1870-1933*, New York: Vanguard Press, 1976。
⑤ Peter Schäfer, *Judeophobia: Attitudes toward the Jews in the Ancient World*, Cambridge: Harvard University Press, 1997.

代世界只有犹太人是一神论者,他们认为其上帝是主宰一切的普世之神,据此将外邦人的一切神明斥为虚妄;而且犹太人通过遵守饮食法、安息日等使自身与非犹太人区别开来,这使其他民族对犹太人产生了反感情绪,这一时期的反犹实质是反对犹太人的上帝(God)。① 古希腊罗马人对犹太人的各种习俗感到不可理解,著名历史学家塔西佗的观点可以代表当时许多人的看法:"我们认为是神圣的一切,在犹太人看来都是亵神的;另一方面,我们憎恶的一切,在他们又都是允许的。……犹太人的其他风俗习惯是卑劣的、可憎的,而且正是由于它们的邪恶,它们才得以保存下来。"②

自基督教诞生直到现代启蒙以前整个中世纪的反犹特征可以称为"反犹太教"(anti-Judaism)。基督教兴起后接受了犹太人的上帝并将之扩展为"普世之神",以对耶稣的信靠替代了对律法的遵行,这一时期的反犹思想及行动主要是针对犹太教而来,其本质是反对犹太人的《托拉》。③自基督教诞生以来,形成了诸多长期流传且根深蒂固的反犹形象,它们共同筑就了反犹行为潜在滋生而又不时喷发的温床。在大众流行观念的推动下,这些反犹形象的影响实际上比那些教义条文更为直接,也更加恶劣。反犹者指控犹太人的罪名有:与魔鬼撒旦为伍④、杀基

---

① 有关希腊罗马世界的反犹行为,参见 Jerry L. Daniel, "Anti-Semitism in the Hellenistic-Roman Period", *Journal of Biblical Literature*, Vol. 98, No. 1 (Mar., 1979), pp. 45-65; Jan Nicolaas Sevenster, *The Roots of Pagan Anti-Semitism in the Ancient World*, Leiden: Brill, 1975; John G. Gager, *The Origins of Christian Anti-Semitism: Attitudes Toward Judaism in Pagan and Christian Antiquity*, Oxford: Oxford University Press, 1983;等。

② 塔西佗:《历史》,王以铸等译,北京:商务印书馆,1981年,第334—335页。

③ 有关基督教的反犹行为,参见 Malcolm Hay, *The Roots of Christian Anti-Semitism*, New York: Anti-Defamation League, 1984; C. A. Evans & D. A. Hagner, eds., *Anti-Semitism and Early Christianity*, Minneapolis: Fortress Press, 1993; William Nicholls, *Christian Antisemitism: A History of Hate*, Northvale, N. J.: Jason Aronson, 1995; David Kertzer, *The Popes against the Jews: The Vatican's Role in Modern Anti-Semitism*, New York: Knopf, 2001;等。

④ Joshua Trachtenberg, *The Devil and the Jews: The Medieval Conception of the Jew and Its Relation to Modern Anti-Semitism*, New Haven: Yale University Press, 1943; Joel Carmichael, *The Satanizing of the Jews: Origin and Development of Mystical Anti-Semitism*, New York: Fromm, 1993.

督者①、血祭诽谤、井中投毒②等等;为此,犹太人被强制要求佩戴象征耻辱的犹太标志。③这些中世纪的反犹文化符号都是反犹主义研究的重要对象。此外,人格化的反犹形象也值得给予充分的关注,例如叛徒犹大④、"永世流浪的犹太人"⑤、犹太放债人夏洛克⑥,等等。将犹太民族"人格化"是反犹者妖魔化犹太人的重要内容,在反犹动员的不断塑造与宣传下,犹太人丧失了一般意义上的人格,从而完成了大卫·史密斯所谓的"恶"之社会建构。⑦

步入近代以来,随着世俗化的发展,反犹也逐渐突破了宗教范畴,特别是在民族主义与资本主义的双重推动下,进入一个全新的时期——现代反犹主义,到这一阶段,系统的"反犹主义"(anti-Semitism)才真正形成,其本质是反对犹太人的民族性(Israel,以色列)。这一时期在欧洲勃兴的民族主义强调民族与其土地的历史联系,要求民族成员对国家的绝对忠诚。激进的民族主义者认为,犹太人是不忠于任何所在地的无根民族,并以其普遍的外来者身份冲击着本地民族的认同建构,正是这种无根性导致了犹太人精神的堕落与身体的退化,而且从

---

① Jeremy Cohen, *Christ Killers: The Jews and the Passion from the Bible to the Big Screen*, Oxford: Oxford University Press, 2007.

② Alan Dundes, ed., *The Blood Libel Legend: A Casebook in Anti-Semitic Folklore*, Madison: University of Wisconsin Press, 1991.

③ Mitchell B. Merback, ed., *Beyond the Yellow Badge: Anti-Judaism and Antisemitism in Medieval and Early Modern Visual Culture*, Leiden: Brill, 2008; Dik van Arkel, *The Drawing of the Mark of Cain: A Socio-Historical Analysis of the Growth of Anti-Jewish Stereotypes*, Amsterdam: Amsterdam University Press, 2009.

④ Hyam Maccoby, *Judas Iscariot and the Myth of Jewish Evil*, New York: Free Press, 1992.

⑤ "永世流浪的犹太人"传奇的基本内容为:在耶稣背负十字架前往骷髅地殉道的途中,路过一个犹太人的家门口准备歇息再走时,这个犹太人敲打耶稣后背并吆喝他快走。耶稣随即回答道:"我走,不过你必须等到我再次回来。"以此传奇为基础,"永世流浪的犹太人"形象广为流布开来。它包括两大根本性主题:基督将在未来某个时候复临、犹太人对基督充满了不敬,而这些正是该传奇赖以存在的社会基础。有关这一形象的研究,参见艾仁贵:《永世流浪的犹太人形象之起源及流布》,《世界民族》,2013年第3期。

⑥ Martin D. Yaffe, *Shylock and the Jewish Question*, Baltimore: Johns Hopkins University Press, 1997.

⑦ David N. Smith, "The Social Construction of Enemies: Jews and the Representation of Evil", *Sociological Theory*, Vol. 14, No. 3 (Nov., 1996), pp. 203-240.

长远看势必瓦解主体民族的同一性。①在精神层面上,由于犹太人多数从事投机性的、不劳而获的活动(例如放贷、典当、股票等),"寄生虫""吸血鬼"便成为激进民族主义者对犹太人的一种极其自然的表达。②现代反犹主义以种族主义理论作为"科学"基础,在种族卫生话语的影响下,"犹太寄生虫"的意象与主体民族肌体上的癌细胞联系起来,认为要想实现民族的健康发展就必须割除寄生在主体民族身上的"犹太毒瘤"。

正是在历史上诸多反犹观念与行动的积累、实践下,人类有史以来最大规模的恶毒仇恨终于在 20 世纪得到全面的喷发与发泄。这场由纳粹种族政权制造的空前灾难,学术界通常冠以"大屠杀"(Holocaust)之名,而在希伯来语中也有专门的术语——"浩劫"(Shoah)来指代。③它具体指 1933—1945 年间由希特勒领导的德国纳粹政权以国家机器对全体犹太民族实施的有组织、分阶段的种族灭绝行为,其结果导致 600 万欧洲犹太人(其中包括 150 万儿童)丧生,几乎占全体犹太民族的 1/3 左右。20 世纪 60 年代中后期,国际上对于大屠杀的沉默被打破④,七八十年代形成研究高潮,从而形成一门以纳粹德国对犹太人实

---

① 现代反犹主义是学者们集中探讨的重点时期,参见 Jacob Katz, *From Prejudice to Destruction: Anti-Semitism, 1700-1933*, Cambridge: Harvard University Press, 1980; Moshe Zimmermann, *Wilhelm Marr: The Patriarch of Anti-Semitism*, Oxford: Oxford University Press, 1986; Anders Gerdmar, *Roots of Theological Anti-Semitism: German Biblical Interpretation and the Jews, from Herder and Semler to Kittel and Bultmann*, Leiden: Brill, 2009;等。

② 这个观念在欧洲尤其是德国由来已久,早在 1784 年文化民族主义的旗手赫尔德就将犹太人斥为附着在主体民族身上的"寄生植物"(parasitic plant),此后又为许多欧洲知识分子所认可。有关"犹太寄生虫"的论述,参见 Alex Bein, "The Jewish Parasite", *Leo Baeck Institute Year Book*, Vol. 9 (1964), pp. 3-40。

③ "Holocaust"一词源自希腊语,原意为"献祭所用的全部祭品",美国犹太历史学家鲁弗斯·利尔斯在 1949 年首次将之与纳粹大屠杀联系起来,之后逐步流行开来,成为指代这场灭绝行为的专有名词。有关大屠杀的概念区分,参见艾仁贵:《"Shoah"的词源、内涵及其普及化》,《社会科学》,2013 年第 3 期。

④ 著名历史学家劳尔·希尔伯格 1961 年出版的《欧洲犹太人的毁灭》被认为是揭开战后纳粹大屠杀研究序幕的经典之作。参见 Raul Hilberg, *The Destruction of the European Jews*, London: W. H. Allen, 1961。

施种族灭绝政策为对象的学科——大屠杀研究(Holocaust Studies)。① 截止到 2000 年,已经出版的大屠杀研究著作达 600 多种(不包括回忆录)。② 有关大屠杀的研究根据对象的不同大致分为三种主要视角:加害者(pepetrators)、旁观者(bystanders)、受害者(victims)。③

在有关大屠杀的研究中,最受人们关注也是最早被学界所探究的是它为何得以发生,学者们最初在此问题上形成了"蓄谋派"(Intentionalist)与"功能派"(Functionalist)两大解释模式。④ 战后初期的不少学者认为,灭绝犹太人的图谋早就扎根于希特勒极端反犹的世界观之中,而纳粹党的上台执政使这个灭绝企图由观念转化为现实,犹太人也因此注定在劫难逃。可以说,希特勒的意志决定了大屠杀的政策和时间表,他从一开始就蓄谋歼灭所有犹太人,而臭名昭著的纳粹党卫军及其国家机器忠实地贯彻了这一愿望。这种观点通常被称作"蓄谋派"。主要代表有:耶胡达·鲍尔、杰拉尔德·弗莱明、达维多维奇、埃伯哈德·杰克勒等人。⑤

---

① 大屠杀研究已经发展为犹太研究的一个重要分支,参见 Michael Berenbaum & Abraham J. Peck, eds., *The Holocaust and History: The Known, the Unknown, the Disputed, and the Reexamined*, Bloomington: Indiana University Press, 1998; Dan Stone, ed., *The Historiography of the Holocaust*, New York: Palgrave Macmillan, 2004; Dan Mikhman & David Bankier, eds., *Holocaust Historiography in Context: Emergence, Challenges, Polemics and Achievements*, Jerusalem: Yad Vashem; New York: Berghahn Books, 2009; Peter Hayes & John K. Roth, eds., *The Oxford Handbook of Holocaust Studies*, Oxford: Oxford University Press, 2010; Boaz Cohen, *Israeli Holocaust Research: Birth and Evolution*, London: Routledge, 2013;等。

② 详见 Donald Niewyk & Francis Nicosia, *The Columbia Guide to the Holocaust*, New York: Columbia University Press, 2000, pp. 273-373。

③ 纳粹大屠杀关涉到"现代性与大规模暴力""民众参与和集体无意识""领袖意志与大屠杀"等诸多理论命题,这些层面为深入探究现代文明的两面性(进步与倒退、理性与疯狂)提供了有力的分析对象;而且,有关"平庸的恶"的议题,更是使之成为各种争议的焦点。

④ 这两个术语最初由提姆·马森提出,参见 Tim Mason, "Intention and Explanation: A Current Controversy about the Interpretation of National Socialism", in Gerhard Hirschfeld & Lothar Kettenacker, eds., *Der Führerstaat: Mythos und Realität*, Stuttgart, 1981, pp. 21-40。

⑤ Yehuda Bauer, *A History of the Holocaust*, New York: F. Watts, 1982; Gerald Fleming, *Hitler and the Final Solution*, Berkeley: University of California Press, 1984; Lucy S. Dawidowicz, *The War Against the Jews, 1933-1945*, New York: Seth Press, 1986; Eberhard Jäckel & Jürgen Rohwer, eds., *Der Mord an den Juden im Zweiten Weltkrieg. Entschlußbildung und Verwirklichung*, Stuttgart: Deutsche Verlags-Anstalt, 1985; etc.

随着研究资料的丰富以及分析视角的转换,这种看法开始遭到挑战。从 1960 年代开始,一些持不同观点的学者提出,纳粹国家机器并非完全按照元首(Führer)的意图运转,大屠杀是德国官僚机构几乎自主运转而产生的合乎逻辑的结果。这些被称为"功能派"的学者认为,对犹太人的歼灭决策形成比较晚,尤其"最后解决"是在种种外部因素所迫下决定的。主要代表有:马丁·布罗斯扎特、汉斯·蒙森与乌尔·亚当等人。①

在"功能派"和"蓄谋派"之间展开了激烈的争辩,但争论中任何一方都难以压倒另一方,到 70 年代末开始出现调和这两派的观点,吸取两派之长的尝试,"温和的功能派"(Moderate Functionalism)即是其中一种。②克里斯托弗·布罗宁与扫罗·弗里德兰德尔是该派的主要代表。布罗宁最先使用了"温和的功能派"一词,他认为希特勒并未像制订长期计划一样预先决定最后灭绝政策,但他在 1941 年做出的一系列决定导致了欧洲犹太人的大规模屠杀。大屠杀是为了应对战争形势的结果,尽管缺乏来自希特勒的书面命令,但有证据表明他在决策过程中是一个积极而持久的参与者。1939—1941 年犹太政策的急剧转变与希特勒军队所取得的一系列军事胜利有关。在布罗宁看来,希特勒正是在这种歇斯底里的状态下转变了他的政策而做出严厉的决定,

---

① Martin Broszat, "Hitler and the Genesis of the 'Final Solution': An Assessment of David Irving's Theses", in H. W. Koch, ed., *Aspects of the Third Reich*, London: Macmillan, 1985, pp. 390-429; Hans Mommsen, "The Realization of the Unthinkable: The 'Final Solution of the Jewish Question' in the Third Reich", in Gerhard Hirschfeld, ed., *The Policies of Genocide: Jews and Soviet Prisoners of War in Nazi Germany*, London: Allen and Unwin, 1986, pp. 93-144; idem, "Anti-Jewish Politics and the Implementation of the Holocaust", in Hedley Bull, ed., *The Challenge of the Third Reich*, Oxford: Clarendon Press, 1986, pp. 117-140; Hans Mommsen, "Hitler's Position in the Nazi System", in idem, *From Weimar to Auschwitz: Essays on German History*, Princeton, New Jersey: Polity Press, 1991, p. 181; etc.

② Steven R. Welch, "A Survey of Interpretive Paradigms in Holocaust Studies and a Comment on the Dimensions of the Holocaust", Yale Center for International and Area Studies Working Paper, No. GS17, New Haven, CT, 2001, pp. 1-12.

从而导致了针对犹太人的灭绝行动。①该派立场得到许多德国青年学者的青睐。

进入80年代以后,一些学者开始从现代性的角度来解释纳粹大屠杀的空前恐怖,认为它是病态的现代性走向极端的一个典型事例,这种解释路径被称作"现代性的病理"(Pathology of Modernity)。代表人物为齐格蒙特·鲍曼,他在其极具影响的《现代性与大屠杀》中,将针对欧洲犹太人的屠杀视为现代社会的产物而非其失败。他强调,由冷漠的官僚机制指挥的工业屠杀手段致力于以毁灭性的方式来解决社会问题,因此大屠杀不是"现代性的例外",相反是"现代官僚理性"的产物。②泽特拉曼也认为,大屠杀不是德国独特性与根深蒂固的反犹主义所导致的,而是现代化过程中极权主义潜能爆发的恶果。③1993年,佩克尔特对大屠杀进行了技术层面的分析,强调它是一种用来抹除那些被认为毫无价值者的高科技工序(high-tech procedure),犹太人是最大的受害者但绝非唯一的受害者。④这些研究的共性都是在现代性的范畴中思考大屠杀何以可能,强调将大屠杀作为现代性危机四伏进程中的病理学结果,不再突出大屠杀的独特性以及反犹主义的核心地位,因而也就把大屠杀从德国历史的独特

---

① Christopher R. Browning, "The Decision Concerning the Final Solution", in François Furet, ed., *Unanswered Questions: Nazi Germany and the Genocide of the Jews*, New York: Schocken Books, 1989, pp. 96-118; idem, "Beyond 'Intentionalism' and 'Functionalism': The Decision for the Final Solution Reconsidered", in Christopher R. Browning, ed., *The Path to Genocide: Essays on Launching the Final Solution*, Cambridge: Cambridge University Press, 1992, pp. 86-124; idem, "A Product of Euphoria in Victory", in D. L. Niewyk, ed., *The Holocaust: Problems and Perspectives of Interpretation*, Lexington: D. C. Heath & Company, 1992, p. 267.

② 鲍曼:《现代性与大屠杀》,杨渝东、史建华译,南京:译林出版社,2002年。

③ Michael Prinz and Rainer Zitelmann, eds., *Nationalsozialismus und Modernisierung*, Darmstadt: Wissenschaftliche Buchgesellschaft, 1991; Uwe Backes, Eckhard Jesse, and Rainer Zitelmann, eds., *Die Schatten der Vergangenheit: Impulse zur Historisierung des Nationalsozialismus*, Berlin: Propylaen, 1990.

④ Detlef Peukert, "The Genesis of the 'Final Solution' from the Spirit of Science", in Thomas Childers & Jane Caplan, eds., *Reevaluating the Third Reich*, New York: Holmes & Meier, 1993, pp. 234-252.

背景中剥离开来。

"现代性的病理"强调了大屠杀的普遍伦理层面,但这种解释无疑冲淡了德国的罪责。对此,一些学者从德国的特殊性出发来思考大屠杀发生的德国背景,这种研究路径被称为"德意志特殊道路"(Sonderweg)。所谓的德意志道路,包括地缘环境、军国主义、民族性格、政治制度,而民族主义是其最大的催化剂。这一派的主要学者有,于尔根·科卡、保罗·罗斯、马修·费特茨帕里克等人。[①]这些学者认为,自1815年以来的近代德国从一开始就沿着一条完全不同于其他欧洲国家的独特道路发展,这条道路处处以追求军事强权与生存空间为目标,在此情况下德国一步步滑向军国主义与武力扩张的深渊。正是这条不健康的、畸形的德意志特殊道路,铸就了最终通向奥斯威辛的死亡机器,因而所谓的德意志特殊道路即是"大屠杀的前史"(the Pre-History of the Holocaust)。

在文化史和社会史的影响下,近年来的大屠杀研究超越了早期的问题意识与单一化思考路径。其突出的特点是"记忆史学"的转向与"民众视角"的引入。大屠杀作为发生在现代世界的大惨剧,给人们造成的心灵创伤是难以抚平的。随着对大屠杀研究的深入开展,势必触及有关这场创伤的记忆问题。可以说,大屠杀作为一种典型的"记忆创伤性遗产",已不是发生在特定时间、特定人群中的"特殊事件",而是需要由全人类共同担负的罪恶,是世界各国不得不共同面对的历史。受到社会史研究的影响,越来越多的大屠杀学者将研究视角由单一的政治精英转向更为多元的普通民众。以往的大屠杀研究主要聚焦于第

---

① Jürgen Kocka, "German History before Hitler: The Debate about the German Sonderweg", *Journal of Contemporary History*, Vol. 23, No. 1 (Jan., 1988), pp. 3-16; Paul L. Rose, *Revolutionary Antisemitism in Germany from Kant to Wagner*, Princeton: Princeton University Press, 1990; Karl Menges, "Another Concept in the 'Sonderweg'-Debate? P. L. Rose's 'Revolutionary Antisemitism' and the Prehistory of the Holocaust", *German Studies Review*, Vol. 18, No. 2 (May, 1995), pp. 291-314; Matthew P. Fitzpatrick, "The Pre-History of the Holocaust? The *Sonderweg* and *Historikerstreit* Debates and the Abject Colonial Past", *Central European History*, Vol. 41 (2008), pp. 477-503; etc.

三帝国的国家战略、希特勒的种族优越论、生存空间论以及纳粹帝国的战争机器、德国历史上根深蒂固的反犹传统等等。就整体而言,以往的研究忽略了一个十分重要的方面:大屠杀发生及进行的民众视角。随着大屠杀研究的不断深入,许多原来被视为消极的群体转而成为迫害与灭绝进程的积极参与者。与此有关的重要问题就是,"普通民众"(ordinary men)作为谋杀者的认定,即他们究竟在多大程度上卷入纳粹及其仆从对犹太人开展的灭绝行动。①基于此,大屠杀研究经历了深刻的范式转换,学者们由探讨大屠杀的起因转向分析德国普通民众在屠杀中的作用。②

八、美国犹太人的崛起及其社会影响

当代犹太史的三大主要事件,除了纳粹大屠杀与以色列建国以外,即是美国犹太人的崛起。美国犹太人是有史以来最为成功的流散地犹太社团,美国已经成为犹太人的希望之乡与黄金之邦。虽然美国也不时出现反犹太的言论与行为,但相对于欧洲大陆而言,这里是自由的殿堂与机会的福地,犹太人在此已经成功站稳脚跟并具有广阔的社会影响。特别是在 20 世纪,美国犹太人走过了一条非同寻常的道路,从一

---

① 探究普通民众作用的研究是由布罗宁率先开始的,1992 年,他发表《普通民众:后备警察 101 营与波兰的"最后解决"》。1996 年,美国政治学和社会学教授丹尼尔·乔纳·戈德哈根发表《希特勒的志愿行刑者:普通德国民众和大屠杀》,从而将争论推向高潮,许多学者围绕这一命题进行了辩论,形成著名的"戈德哈根争论"(Goldhagen Controversy)。参见 Christopher R. Browning, *Ordinary Men: Reserve Police Battalion 101 and the Final Solution in Poland*, New York: Harper Collins Publishers, 1992;丹尼尔·乔纳·戈德哈根:《希特勒的志愿行刑者》,贾宗谊译,北京:新华出版社,1998 年。更多关于"戈德哈根争论"的情况,详见 Robert R. Shandley, ed., *Unwilling Germans? The Goldhagen Debate*, Minneapolis: University of Minnesota Press, 1998; Geoff Eley, ed., *The Goldhagen Effect: History, Memory, Nazism-Facing the German Past*, Ann Arbor: University of Michigan Press, 2000。

② 有关的分析,参见张倩红:《国际学术界关于大屠杀研究的新趋向》,《世界历史》,2013 年第 4 期。

个只有不到 25 万人的微小社团发展成为有史以来规模最大、实力最强、影响最巨的犹太流散社团。如今,"美国犹太人在人数、财富及影响方面已经获得了在长达两千年的流散过程中任何散居地都无法比拟的地位。……美国成为散居犹太人的中心,甚至连以色列也在很大程度上依赖于美国"。①

美国犹太人同时结合了两大历史传统:一是犹太传统,可以追溯至几千年前圣经时代的族长们、希伯来先知们和塔木德时期的拉比贤哲们;另一是美国传统,可以上溯至印第安土著、哥伦布以及美国革命时期的建国先辈。承载着这种双重传统的美国犹太人,既与世界犹太同胞联系密切,同时又与其他美国同胞命运相连;这两种身份有时是矛盾的,有时又是兼容的。美国犹太历史学家萨纳通过对三个半世纪以来发展历程的梳理,总结出美国犹太人的几大核心主题:首先是相信美国生活有保证;其次是美国社会的多元主义;再次是美国犹太人的追求成功;最后是致力于犹太民族的生存和延续。可以说,这几点是支撑美国犹太人走向成功的关键,"通过富有创造力的男男女女世代相传,这些人努力在美国犹太生活所固有的种种紧张和矛盾中探索,从中塑造出我们所了解的美国犹太历史——一个由万花筒般的社会、宗教、文化、经济和政治因素组成的丰富多彩、活力四射的美国犹太人的世界"。②在他们不断取得成功的背后,同时也面临着五大挑战:同化 vs. 认同;传统 vs. 变化;统一性 vs. 多样性;多数决定原则 vs. 少数派权利;犹太历史经验 vs. 美国例外论。萨纳对这些活力和张力有一番恰当的论述:

> 350 年来,人们一次又一次发现,美国犹太人奋起迎接来自内部和外部的威胁犹太延续性的挑战——有时,又看似悖论地通过推动激进的中断延续性的方式来迎接这样的挑战。他们废弃了古

---

① Oscar I. Janowsky, ed., *The American Jew: A Reappraisal*, Philadelphia: Jewish Publication Society of America, 1964, p. 394.
② 乔纳森·萨纳:《美国犹太历史:回顾与展望》,王艳、宋立宏译,载潘光等主编:《犹太人在美国:一个成功族群的发展和影响》,北京:时事出版社,2010 年,第 3—14 页。

老的犹太教形式,改造了他们的信仰,重新发明了美国的犹太教,试图使它更具吸引力、更有意义、更具有敏锐的时代关怀。……(美国犹太人的历史是)动态的发展过程,是他们努力成为美国人和犹太人的故事,是他们丧失信仰又重新找回信仰的故事,是他们被同化也是他们重又复兴的故事。①

犹太人在美国的发展史,很大程度上是一部移民史。在有关美国犹太人的开端问题上,多数学者以 1654 年从巴西避难而来的葡萄牙犹太人进入新阿姆斯特丹作为美国犹太史的开端。1654 年,23 名葡萄牙犹太人为躲避宗教裁判所的迫害来到了荷属新阿姆斯特丹,当时的总督彼得·斯图文森不想接纳他们,但阿姆斯特丹的犹太股东通过荷兰西印度公司进行交涉,为他们获得定居的许可。这批犹太人成为向美国移民的先驱,也被视为神话般的开端。②犹太人虽然在美国长期处于少数族裔地位,但几乎参与了美国历次重大事件,并发挥了不可低估的重要作用。在北美独立战争中就遍布犹太人的身影,以乔治·华盛顿为代表的美国开国元勋们对犹太人极为尊重。但犹太人在美国独立与建国中的作用长期为人们所忽视,以致他们被称为"未被承认的爱国者"。③犹太人也参与了 19 世纪的西进运动与美国内战,为西部开发与南北统一起到了有力的推动作用。④进入 20 世纪以后,犹太人在美国

---

① 乔纳森·萨纳:《美国犹太教史》,第 xiii 页。

② Arthur Kiron, "Mythologizing 1654", *The Jewish Quarterly Review*, New Series, Vol. 94, No. 4 (Autumn, 2004), pp. 583-594.

③ 有关犹太人与美国革命之间的关系,参见 Samuel Rezneck, *Unrecognized Patriots: The Jews in the American Revolution*, Westport, Conn.: Greenwood Press, 1975; Jonathan D. Sarna, *Jews and the Founding of the Republic*, New York: Markus Weiner for Hebrew Union College-Jewish Institute of Religion, 1985; Fritz Hirschfeld, *George Washington and the Jews*, Newark, DE: University of Delaware Press, 2005; Jonathan D. Sarna, "The Impact of the American Revolution on American Jews", *Modern Judaism*, Vol. 1, No. 2 (Sep., 1981), pp. 149-160;等。

④ Moses Rischin & John Livingston, eds., *Jews of the American West*, Detroit: Wayne State University Press, 1991; Harry Simonhoff, *Jewish Participants in the Civil War*, New York: Arco Publishing Co., 1963; Jonathan D. Sarna & Adam Mendelsohn, eds., *Jews and the Civil War: A Reader*, New York: New York University Press, 2010; etc.

政治生活中的作用更加显著,特别是在60年代的民权运动与新左派运动中处处可见犹太人的身影,犹太人参加这些运动的比例相当高,他们与黑人和白人激进分子为争取平等的公民权一起战斗。①通过参加这些运动,犹太人不仅提高了自身的政治地位,而且成为一股有力推动美国社会发展的正能量。

由于犹太人在美国社会中的巨大影响力,许多学者将焦点转向犹太人如何塑造美国精神与政治特征之上。就塑造美国精神而言,20世纪50年代以来,越来越多的美国人开始承认,自17世纪中期起犹太人一直是美国社会的一个重要组成部分;犹太人的存在,促进了美国社会的多元主义。②对于许多美国人来说,犹太教和新教、天主教一样是美国社会的主要宗教,三者具有较为相似的历史渊源和文化内涵,特别是将美国精神定位为"新教—天主教—犹太人"。③在此基础上,学者们从美国文化本身寻找美国社会接纳犹太人并对其亲善的因素,基督教犹

---

① 有关犹太人与民权运动的研究,参见 Mordecai S. Chertoff, ed., *The New Left and the Jews*, New York: Pitman Publishing, 1971; Norman H. Finkelstein, *Heeding the Call: Jewish Voices in America's Civil Rights Struggle*, Philadelphia: Jewish Publication Society of America, 1997; Clive Webb, *Fight Against Fear: Southern Jews and Black Civil Rights*, Athens, GA: University of Georgia Press, 2001; Debra L Schultz, *Going South: Jewish Women in the Civil Rights Movement*, New York: New York University Press, 2001; Michael E. Staub, ed., *The Jewish 1960s: An American Sourcebook*, Waltham, MA: Brandeis University Press, 2004; Kenneth L. Marcus, *Jewish Identity and Civil Rights in America*, New York: Cambridge University Press, 2010;等。

② Seymour M. Lipset, ed., *American Pluralism and the Jewish Community*, New Brunswick, N.J.: Transaction Publishers, 1990; David Biale, Michael Galchinsky, and Susannah Heschel, eds., *Insider/Outsider: American Jews and Multiculturalism*, Berkeley: University of California Press, 1998; Daniel Greene, *The Jewish Origins of Cultural Pluralism: The Menorah Association and American Diversity*, Bloomington: Indiana University Press, 2011; etc.

③ Will Herberg, *Protestant-Catholic-Jew: An Essay in American Religious Sociology*, Garden City, N.Y.: Doubleday, 1955; Kevin M. Schultz, *Tri-Faith America: How Catholics and Jews Held Postwar America to Its Protestant Promise*, Oxford: Oxford University Press, 2011.

太复国主义(Christian Zionism)被视为重要的依据。①此外,纳粹大屠杀的空前悲剧促使美国增强了对世界犹太人命运的道义责任,进而上升为对以色列国的支持与援助。

除宗教根源以外,许多学者还从政治因素上分析以色列与美国的特殊关系。其中美国以色列游说集团(Israel Lobby,也称"以色列院外集团")受到学者们的格外关注。②以"美国以色列公共事务委员会"(American Israel Public Affairs Committee,简称 AIPAC,成立于 1951 年)为代表的犹太人组织时刻关注美国对中东的外交决策并设法影响重要的人事安排。以色列游说集团在美国进行游说或参政的主要目的是对美国政府施加压力,促使美国与以色列保持特殊关系,千方百计保护以色列在中东的政治与安全利益。2006 年 3 月,芝加哥大学政治学教授约翰·米尔斯海默和哈佛大学教授斯蒂芬·沃尔特在《伦敦书评》杂志发表《以色列游说集团》一文,随后又将其扩展为《以色列游说集团与美国对外政策》一书,从而引发广泛的讨论以及来自犹太人方面的

---

① 它的主要提倡者是基督教原教旨福音派,其主要神学依据是"千禧年论":世界末日来临前,基督将亲自为王治理世界一千年,在耶稣复临管辖世界前,十四万四千以色列人将受印回归圣地,成为神的第一批子民,以作为万邦中的楷模和典范。以此来看,基督教犹太复国主义属于神拯救世人计划的重要部分,不仅合法而且神圣。为了实现千禧年的预言,就必须以犹太人复国、耶路撒冷重建为前提。有关的研究,参见 Clifford A. Kiracofe, *Dark Crusade: Christian Zionism and US Foreign Policy*, London: I. B. Tauris, 2009; Stephen Spector, *Evangelicals and Israel: The Story of American Christian Zionism*, Oxford: Oxford University Press, 2009; Paul C. Merkley, *The Politics of Christian Zionism 1891-1948*, London: Routledge, 2012;等。

② 有关犹太院外集团的研究十分众多,参见 Edward Tivnan, *The Lobby: Jewish Political Power and American Foreign Policy*, New York: Simon & Schuster, 1987; David H. Goldberg, *Foreign Policy and Ethnic Interest Groups: American and Canadian Jews Lobby for Israel*, New York: Greenwood Press, 1990; Stephen Schwartz, *Is It Good for the Jews? The Crisis of America's Israel Lobby*, New York: Doubleday, 2006; Abraham H. Foxman, *The Deadliest Lies: The Israel Lobby and the Myth of Jewish Control*, New York: Palgrave Macmillan, 2007; Dan Fleshler, *Transforming America's Israel Lobby: The Limits of Its Power and the Potential for Change*, Washington, D. C.: Potomac Books, 2009;等。

批评。①两位作者指出,以色列院外集团对美国外交政策有着非同寻常的巨大影响力,他们想要得到的,总是能够得到。美国每年给予以色列的援助大大超过其他国家,此种慷慨援助不能从战略或道义层面找到令人信服的充分解释。由于以色列院外集团势力强大,美国政客不敢提出公开批评,否则就会受到院外集团的围攻,进而在选举中失去选票。此外,还有学者认为,犹太知识分子塑造了美国的新保守主义政治,为其提供了政策依据与舆论支持。②

当前学界有关美国犹太人颇受关注的另一问题就是美国化与犹太性是否冲突。③在 19 世纪,"所有的犹太领袖,无论来自德国还是俄国,都鼓励移民们采取新大陆的生活方式",用雅各·H. 希夫(Jacob H. Schiff)的话来说就是"做一个美国人——无论在会堂里还是在大街上"。④犹太人在现代美国这一广阔舞台上经历了"转型"与"过渡"的苦涩之后,到 20 世纪中叶,已逐渐形成一种获得广泛社会认同的双重人格——即"犹太性"与"美国化"的有机结合,他们在选择趋向、价值标准、社会关系、行为动机及角色评价方面被毫无疑问地赋予了美国人的所有特点,同时,民族传统文化所打上的深刻烙印及潜移默化之下的影响力,又在他们许多人中留下了一种"犹太性",使他们成为一个既包容于主流文化之中又游离于其外的一个独特的亚文化群落。当然,这种"犹太性"不等同于"传统性",更不能笼统地归结于"保守性",它是古老的历史传统在新时代的重塑与复兴。从这个意义上说,美国犹

---

① John Mearsheimer & Stephen Walt, "The Israel Lobby", *London Review of Books*, Vol. 28, No. 6 (March 23, 2006), pp. 3-12; John Mearsheimer & Stephen Walt, *The Israel Lobby and U. S. Foreign Policy*, New York: Farrar, Straus & Giroux, 2007. 该书已被译成中文出版,米尔斯海默、沃尔特:《以色列游说集团与美国对外政策》,王传兴译,上海:上海人民出版社,2009 年。

② Murray Friedman, *The Neoconservative Revolution: Jewish Intellectuals and the Shaping of Public Policy*, Cambridge: Cambridge University Press, 2005.

③ Robert M. Seltzer & Norman J. Cohen, eds., *The Americanization of the Jews*, New York: New York University Press, 1995.

④ Jacob R. Marcus, *United States Jewry, 1776-1989*, Vol. 4, Detroit: Wayne State Univeisity, 1993, p. 507.

太人的"犹太性"是传统与现代之间撞击、兼容的产物。

如果说在20世纪以前的美国,对星条旗的忠诚与对锡安山的热爱往往是不可兼得、互相冲突的话,那么近一个世纪犹太史上的特殊经历——纳粹大屠杀和以色列建国——已把美国犹太人同所有其他地区的犹太人联系起来了,正如古老的犹太教诲所说:所有的以色列人都互相负有责任。出于共同的信仰和历史,不同地区的犹太人之间不仅是信仰共同体,更重要的是命运共同体。一方面,美国犹太人和大多数美国人一道拥有并分享美国主流文化,遵行许多共同的社会习俗,共同怀有对这个国家的至高忠诚;同时,美国犹太人又具有自身独特的宗教习俗和与之相关的民族特征,从而得以在美国多元、现代的环境中继续保持自己的犹太性。如果他们与美国主流文化格格不入,就无法真正成为美国的组成部分;但若只有共同的大众文化而没有或丧失了独特的犹太文化,那么他们也就失去了存在的意义。实际上,对于一个美国犹太人来说,做一名好的犹太人和好的美国人之间不存在根本的冲突:因为做美国人做得越好,那么做犹太人也就做得越好;同样,如果做犹太人做得越好,那么做美国人也就做得越好。

美国犹太人的繁荣发展对传统的"流散—回归模式"产生了巨大的冲击和挑战,在过去,犹太人把在各民族中间的散居看作是一种对其罪恶的惩罚,一旦时机成熟,上帝就会派遣弥赛亚把他们从流放中解救出来并最终聚集在耶路撒冷。但现在,美国犹太人把自己的散居状态看成是永久性的,尽管美国不时也会有反犹主义,但他们决定在此开创一种犹太民族生存发展的新模式。美国犹太人反对以色列在犹太世界的独占主导地位,他们自信地宣称:"律法并不出自锡安,上帝之道并不出自耶路撒冷。"①他们还从犹太人的历次灾难特别是大屠杀中得到启示:犹太人的散居出自上帝的意愿,他们越是分散,越是不可能消失。因为根据《塔木德》的传统教诲,上帝把他们遣散到各民族中间是出于对以色列的善意和仁慈,因为散居使得犹太人免遭灭绝的厄运,当一个

---

① 马库斯:《美国犹太人,1585—1990年》,第311页。

犹太中心被摧毁时，另一个可能已经繁荣起来了。千百年来的流散经历告诉人们，正是由于犹太人的分散特征才使之不至于全部覆没。因此，从这个意义上说，流散并不是上帝对犹太人罪孽的惩罚，而同样是神圣计划的一部分，目的是为了让犹太人向全世界传播上帝的道义、改善人类的道德状况，成为以真理、正义、道德及和平照亮各民族的灯塔。

九、犹太复国主义与以色列国家建构

当代犹太史的核心主题之一即是犹太民族主义的复兴，19世纪与20世纪之交，犹太世界所发生的一个根本性变革就是，许多欧洲犹太人响应犹太复国主义的号召，开始集体移居本民族的精神故土——巴勒斯坦。返回故土的新型犹太人，亟需建立一个西方式的现代民族国家，因而要求具有完备的政治、经济、社会组织机构。在此情况下，以追求"正常化"为目标的犹太认同之焦点从"宗教性"转向"民族性"，正如亚柯·塔尔蒙所说："上帝在18世纪的死亡导致了许多人寻求宗教之外的集体认同焦点。一个重要的替代物就是对于民族的想象。"[1]对此剧变的调整与适应成为转型时期犹太社会的根本性问题。

犹太复国主义运动兴起后不久，对这一运动的研究即已开始，从20世纪初期到80年代，大体上经历了三代学者[2]，由于犹太复国主义是以色列建国前后的主流意识形态，对其的书写不免具有高度政治化的特点。第一代犹太复国主义史家大多数为业余学者，他们本身即是犹太复国主义运动的活跃分子。1920年前后，纳胡姆·索科洛夫（Nahum Sokolow）、阿道夫·伯姆（Adolf Böhm）、伊扎克·格伦鲍姆（Yizhak Gruenbaum）等人分别写出有关犹太复国主义的通史。其中索科洛夫

---

[1] Yehuda Lukacs & Abdullah M. Battah, eds., *The Arab-Israeli Conflict: Two Decades of Change*, Boulder & London: Westview Press, 1988, p. 42.

[2] Yoav Gelber, "The History of Zionist Historiography: From Apologetics to Denial", in Benny Morris, ed., *Making Israel*, Ann Arbor: University of Michigan Press, 2007, p. 47.

1919 年出版的两卷本《犹太复国主义史》最具影响力,该书有着独特的政治背景,诞生于 1917 年《贝尔福宣言》发表后不久,其序言即由贝尔福勋爵撰写,因而带有明确的亲英倾向。在索科洛夫看来,犹太复国主义运动的历史始于 17 世纪中叶犹太人重返英国,正是英国揭开了犹太人返回故土的序幕;他把运动的下限定在当前《贝尔福宣言》的发表,认为它标志着犹太复国主义运动取得阶段性的胜利。由于过分强调英国在此运动中的作用,他的观点被批评者称作"犹太复国主义—英国纽带"(the Zionist-British bond)。[1]稍后,来自德国的伯姆与格伦鲍姆采取不同于索科洛夫的路径,将焦点集中于 19 世纪,认为现代反犹主义才是促使复国主义运动发展的直接动因,并强调德国在此过程中的作用。[2] 1934 年,索科洛夫又发表《希巴特锡安》,对作为犹太复国主义运动前身的热爱圣山运动进行研究[3];随后,格尔贝对《贝尔福宣言》本身进行了研究。[4]总体上看,这一时期的研究采取辩护的论调,其目的是为了获取犹太人内部与国际社会对这一运动的认可和支持。

以色列建国吸引了大批犹太人支持犹太复国主义,特别是独立战争的胜利极大鼓舞了人们对这一运动的信心。在此情况下,第二代犹太复国主义研究改变原来的辩护论调,转而作为胜利者来书写历史。[5]以色列的建国使得犹太复国主义的历史成为以色列建国的前史,这种状况促使研究方向从原来书写犹太复国主义的通史转向关注这一运动的某个侧面及其在某个国家的发展情况。在以色列建国的头十年里,有不少著作涉及中东欧的犹太复国主义史(包括德国、加利西亚、俄

---

[1] Nahum Sokolow, *History of Zionism*, *1600-1918*, 2 vols., London: Longmans, Green & Co., 1919.

[2] Adolf Böhm, *Die Zionistische Bewegung*, 2 Bde., Berlin: Welt-Verlag, 1920-1921; Yitzhak Gruenbaum, *The Development of the Zionist Movement* [in Hebrew], 4 vols., Jerusalem, 1942-1950.

[3] Nahum Sokolow, *Hibbat Tzion* [in Hebrew], Jerusalem: Ludwig Mayer, 1934.

[4] N. M. Gelber, *The History of the Balfour Declaration* [in Hebrew], Jerusalem, 1939.

[5] Derek J. Penslar, "Narratives of National Building: Major Themes in Zionist Historiography", in David N. Myers & David B. Ruderman, eds., *The Jewish Past Revisited*, pp. 104-127.

国、匈牙利等地)①,但研究的主流是有关奥斯曼统治末期以及英国委任统治时期伊休夫的研究,内容涵盖这一时期的政治形态、政党运动与经济状况等等。②这是因为,伊休夫是以色列国的前身,对它的研究意在强调以色列国家的延续性。

值得注意的是,前两代的犹太复国主义研究都是由学院以外的学者完成的。起初,希伯来大学将这一研究视为政治宣传而拒绝引入,直到1960年代初,犹太复国主义运动研究才开始进入希伯来大学以及其他新成立的大学。大量文献档案的开放使得新一代的研究者可以对其加以充分利用,这为新观点的产生提供了必要前提。③ 1967年的六日战争标志着犹太复国主义史学的转折点。有关伊休夫时期的思想、外交与政治史不断增多,原来的许多禁忌也逐渐被冲破,学者们开始关注犹太复国主义对待整个纳粹大屠杀时期(包括之前、期间以及之后)欧洲犹太人的态度,以及犹太人与阿拉伯世界(特别是对待巴勒斯坦难民)的关系问题。这两大议题的提出,严重挑战了主流的史学思考范式,触及了犹太复国主义运动的道德良心。这些质疑之声为后犹太复国主义的产生做了铺垫。1980年代中期以来,新一代的学者们开始摆脱政治和意识形态等因素的束缚,以批评和解构犹太复国主义主流叙述为特征的"新历史学"出现,这种后犹太复国主义路径在第四代犹太复国主义研究中的影响越来越大,其主要代表有西姆哈·弗拉潘、本

---

① Richard Lichtheim, *History of Zionism in Germany* [in Hebrew], Jerusalem, 1950; N. M. Gelber, *History of Zionist Movement in Galicia* [in Hebrew], 2 vols., Jerusalem, 1958; Itzhak Maor, *The Zionist Movement in Russia from Its Beginning to Our Day* [in Hebrew], Jerusalem, 1973; etc.

② Moshe Braslavsky, *The Eretz-Israel Workers Movement* [in Hebrew], 4 vols., Tel Aviv, 1955-1963; Zerubavel Gilead, ed., *The Palmah Book* [in Hebrew], 2 vols., Tel Aviv, 1953; Benzion Dinur, ed., *History of the Haganah* [in Hebrew], 8 vols., Tel Aviv, 1959-1973; etc.

③ 这一时期的重要研究有:Arthur Hertzberg, ed., *The Zionist Idea: A Historical Analysis and Reader*, New York: Doubleday, 1959; Ben Halpern, *The Idea of the Jewish State*, Cambridge, Mass.: Harvard University Press, 1961; Walter Laqueur, *A History of Zionism*, New York: Holt, Rinehart & Winston, 1972; Noah Lucas, *The Modern History of Israel*, New York: Praeger Publishers, 1975; Howard Sachar, *A History of Israel: From the Rise of Zionism to Our Time*, New York: Alfred A. Knopf, 1976;等。

尼·莫里斯、阿维·夏拉姆、艾兰·佩普等人。①

受西方民族主义研究思潮的影响,当前学术界有关犹太复国主义运动的研究,主要集中从国家建构的角度来分析这一运动及其与以色列国的关系。这种研究路径强调,作为现代民族主义运动一部分的犹太复国主义兴起后,为将流散中形成的各种不同肤色、不同语言、不同文字的犹太人凝聚成一个新的国族,历史之根被当作建构认同的重要资源,通过对"过去"进行选择、重组、诠释,乃至虚构和误读,从而为当前群体创造共同身份与认同的努力提供一种悠久的传统。据此界定这一新兴群体的本质,确立群体认同的边界,并维系群体内部的凝聚。②由于以色列民族国家的建构伴随着与阿拉伯人的冲突和战争,这个过程就显得尤为迫切:通过重新发现英雄般的过去,激励当前重建民族国家的努力,并使之转化为一种实实在在的政治资源与精神动力。正如罗伯特·阿尔特所说:"以色列孕育于民族神话之中,如果说赫茨尔与他的早期继承人通过他们的组织与外交活动创造了民族运动的机器,那么锡安的古老神话则为其提供了必要的动力……犹太复国主义者能够创造一种英雄的现在,是因为他们从一开始就发现了一个英雄的过

---

① 后犹太复国主义对犹太复国主义叙述采取了批判的态度,参见 Simha Flapan, *The Birth of Israel: Myths and Realities*, New York: Pantheon Books, 1987; Benny Morris, *The Birth of the Palestinian Refugee Problem, 1947-1949*, Cambridge: Cambridge University Press, 1987; idem, *1948 and After: Israel and the Palestinians*, Oxford: Clarendon Press, 1990; Avi Shlaim, *Collusion Across the Jordon*, New York: Columbia University Press, 1988; Ilan Pappé, *Britain and the Arab-Israeli Conflict, 1948-1951*, New York: St. Martin's Press, 1988; idem, *The Making of the Arab-Israeli Conflict, 1947-1951*, London: I. B. Tauris, 1992;等。

② 有关犹太复国主义建构现代民族国家的努力,参见 Mitchell Cohen, *Zion and State: Nation, Class and the Shaping of Modern Israel*, Oxford: Basil Blackwell, 1987; Zeev Sternhell, *The Founding Myths of Israel: Nationalism, Socialism and the Making of the Jewish State*, translated by David Maisel, Princeton: Princeton University Press, 1998; Ben Halpern & Jehuda Reinharz, *Zionism and the Creation of a New Society*, Hannover, N. H.: Brandeis University Press, 2000; Michael Stanislawski, *Zionism and the Fin de Siècle: Cosmopolitanism and Nationalism from Nordau to Jabotinsky*, Berkeley: University of California Press, 2001; Alain Dieckhoff, *The Invention of a Nation: Zionist Thought and the Making of Modern Israel*, translated by Jonathan Derrick, London: Hurst & Co. , 2003;等。

去,从而为犹太人存在的新模式提供了心理平台。"①

　　犹太复国主义在创建现代民族国家的过程中充分借助了《希伯来圣经》,可以说,《希伯来圣经》在当代以色列认同构建过程中发挥了不可估量的作用。在犹太复国主义领袖中,本·古里安高度推崇《约书亚记》;因为它提供了对民族故土进行军事征服以及消灭迦南当地民族、使以色列人得以定居应许之地的历史范例。②圣经时代被犹太复国主义者视为理想的民族辉煌时代,因而《希伯来圣经》经常被用来进行世俗的民族教育以创造新一代的希伯来人(new Hebrew)。古代希伯来人通常被描绘成身体强健、热爱劳动、扎根故土的形象,而流散犹太人(galut Jew)则是完全相反的模样。③新希伯来人的典范就应该是像古代希伯来人那样充满自信的自身命运的主宰,扎根于故土的土壤之中,使犹太人由一个只与书本相连的"圣书之民"(People of the Book)转向扎根故土的"圣地之民"(People of the Land)。

　　除对《圣经》传统的运用以外,犹太复国主义运动还致力于更新犹太形象,提倡塑造一代"新型犹太人"(New Jew)。"新型犹太人"的观念成为当前犹太复国主义研究中的前沿性问题。④犹太复国主义将自身定义为对流散时代的耻辱与消极存在的否定,由此形成一种特定的意识形态——"否定流散地"(Shlilat HaGalut/Negation of the Diaspora),认为流散生活使犹太人成为屈服、脆弱与胆怯的民族,养成了对外力强加的迫害与杀戮不加反抗的性格,并强调这种不正常的状态是其遭受一切反犹主义迫害的内在根源。因此,犹太复国主义者主张犹太

---

① Robert Alter, "The Masada Complex", *Commentary*, Vol. 56, No. 1 (July, 1973), p. 20.

② Anita Shapira, "Ben-Gurion and the Bible: The Forging of an Historical Narrative?" *Middle Eastern Studies*, Vol. 33, No. 4 (Oct., 1997), p. 658.

③ Uri Ram, "Zionist Historiography and the Invention of Modern Jewish Nationhood: The Case of Ben Zion Dinur", *History & Memory*, Vol. 7, No. 1 (Summer, 1995), pp. 109-113.

④ 有关新型犹太人的研究,参见 Anita Shapira, *New Jews, Old Jews* [in Hebrew], Tel Aviv: Am Oved, 1997; Oz Almog, *The Sabra: The Creation of the New Jew*, translated by Haim Watzman, Berkeley, Los Angeles & London: University of California Press, 2000; Yitzhak Conforti, "'The New Jew' in the Zionist Movement: Ideology and Historigraphy", *Australian Journal for Jewish Studies*, Vol. 25 (2011), pp. 87-118;等。

人的"正常化"(normalization),以去除犹太人的无根状态(rootless)。他们重新发现流散前的犹太历史,特别是从第二圣殿时代末期反抗异族的斗争中汲取力量,那一时期的英雄典范如马卡比人、马萨达人、巴尔·科赫巴都成为他们称颂的代表。在此意识形态主导下,回归故土的犹太复国主义者塑造出一种理想国民的典范——"萨布拉"(Sabra),即土生土长的犹太人,他们以其奉献、勇敢、勤劳、强壮、战斗的精神特征区别于流散犹太人的逃避、胆怯、懒惰、虚弱、反战的特点。这个理想典范集中了许多优良品质,以致被有学者称为"神话般的萨布拉"。[①]

以色列建国初期,大约70万新移民涌入,这相当于当时现有的犹太总人口。新移民人数众多且来自不同的文化背景,使得以色列作为一个再造的国家,其内部面临文化、种族、肤色、语言等方方面面的多样性,用诺亚·卢卡斯的话来说,以色列是"用欧洲的手术在亚洲腹地用剖腹的方法诞生"的新国家。[②] 为将新移民整合进新兴国家认同之中,以色列政府采取"熔炉政策",以实现移民的"再社会化"(Resocialization)[③],正如本·古里安强调的:"我们必须打破把不同部分分隔开来的地理和文化障碍、社会和语言障碍,而赋予他们(移民)一种单一的语言、单一的文化、单一的公民身份,以及专一的忠诚,赋予他们新的立法程序和新的法律,我们必须给他们一种新的精神、文化和文学、科学和艺术。"[④]

在此过程中,以色列政府借助于犹太传统来达到这一目的,因为漫长的流散导致了犹太人在语言、习俗、文化等方面的巨大差异,而流散前的犹太人则被认为是相对同质的。对传统文化的强调得以超越流散时代形成的多元文化,在现代的民族复兴与古代的历史辉煌之间架起一座桥梁。为此,以色列政府在公共节日、国家建筑等方面大量采用犹

[①] Yael Zerubavel, "The 'Mythological Sabra' and Jewish Past: Trauma, Memory, and Contested Identities", *Israel Studies*, Vol. 7, No. 2 (Summer, 2002), pp. 115-144.

[②] 诺亚·卢卡斯:《以色列现代史》,第402页。

[③] Rivka W. Bar-Yosef, "Desocialization and Resocialization: The Adjustment Process of Immigrants", *International Migration Review*, Vol. 2, No. 3 (Summer, 1968), pp. 27-45.

[④] 劳伦斯·迈耶:《今日以色列》,第168页。

太传统的象征符号,以此唤起来自不同地区的流散犹太人对于新国家的政治认同。犹太传统节日被宣布为以色列的国家法定节日,以色列议会议席采用120席位制,以色列国家最高元首称为"纳西"(Nasi),使用流散前的犹太历法、货币谢克尔,传统希伯来语的复活①等等,都是犹太传统再造的重要体现;以色列的国旗、国徽、国歌也充分体现出传统犹太象征与现代国家认同的结合。此外,纳粹大屠杀的创伤记忆也被用来服务于国家建构的目的,以色列建国后对其创伤记忆进行了控制、管理与运用。②

十、古代开封犹太社团及其相关问题③

外界对于开封犹太人身份的确认来自利玛窦与开封犹太人艾田的一段奇遇:1605年6月24日,一个来到北京参加科举考试的开封府举人,慕名拜会了耶稣会传教士利玛窦,由此揭开了一段传奇般的历史。消息传至欧洲后,引发了欧洲社会的极大关注,被称为"耶稣会士的一大发现"。开封犹太人作为古代中国境内最具影响的犹太散居群体,曾经拥有一定规模的社团成员,并修建起气势宏大的清真寺④,宗教文化活动也异常活跃。古代开封犹太社团的形成和发展与丝绸之路密不

---

① 钟志清:《希伯来语复兴与犹太民族国家建立》,《历史研究》,2010年第2期。
② James E. Young, *The Texture of Memory: Holocaust Memorials and Meaning*, New Haven: Yale University Press, 1993; Orna Kenan, *Between Memory and History: The Evolution of Israeli Historiography of the Holocaust, 1945-1961*, New York: Peter Lang, 2003; Roni Stauber, *The Holocaust in Israeli Public Debate in the 1950s: Ideology and Memory*, translated by Elizabeth Yuval, London: Vallentine Mitchell, 2007; Boaz Cohen, *Israeli Holocaust Research: Birth and Evolution*, translated by Agnes Vazsonyi, London: Routledge, 2013; etc. 国内的研究,参见艾仁贵:《纳粹大屠杀纪念日的确立及其英雄主义内涵》,《学海》,2014年第3期;《亚德·瓦谢姆纪念馆与以色列国家记忆场所的形成》,《史林》,2014年第3期。
③ 本节大部分内容引用了李景文的文章:《20世纪90年代关于历史上开封犹太人研究的回顾与存在问题的探讨》,《河南大学学报》(社会科学版),2002年第6期,并征得了作者本人的同意。
④ 开封的犹太会堂叫"清真寺",明朝中期曾一度改称"尊崇道经寺",俗称"礼拜寺"。

可分,活跃于丝绸之路上的犹太商人充当着中西友好交往的重要使者。但由于开封当地自然环境的不断恶化,中原大地频繁的兵燹战祸,社团精英到外地经商出仕等原因,社团人口大量外流,规模日渐缩小。加上与其他社团联系网络的断绝,开封犹太人最终在19世纪中叶丧失了社团的地位而被同化进中华民族大家庭中。现将学界有关开封犹太人的主要关注点归纳如下:①

(一) 犹太人进入开封的路线及时间

犹太人离开故土来到遥远的东方,很大程度上是为追逐商机而来,而当时沟通中西的丝绸之路就是主要的线路。关于开封犹太人的来历,学术界有两家之说:其一认为来自天竺(今印度);其二认为来自波斯(今伊朗一带)。20世纪80年代,我国学者多主张"印度说",因为开封犹太人的弘治二年(1489)碑称该教"出自天竺,奉命而来",康熙二年(1663)碑说"教起于天竺",康熙十八年(1679)碑也说:"奉命自天竺来"。潘光旦还进一步推断,开封犹太人来自印度孟买地区。② 90年代以来,一些学者利用考古资料对"印度说"提出质疑,而主张"波斯说"。林梅村认为,潘光旦的"印度说"不足为信,犹太古碑中的"天竺"不应仅从字面上理解为印度,因为正德七年(1512)碑中有这样的记载:"至于一赐乐业教,始祖阿耽(亚当),本出天竺西域。"这说明"天竺"实际上与"西域"同义,指的是中亚地区。林梅村还分析了敦煌文书中有关犹太人的资料,并得出如下结论:"开封犹太人的来源不是单

---

① 有关开封犹太人史料以及重要参考文献的介绍,参见李景文等编校:《古代开封犹太人:中文文献辑要与研究》,北京:人民出版社,2011年。从来华传教士的调查开始,历代学者对开封犹太人进行了系统而丰富的研究,其中具有代表性的重要论著有:William Charles White, *Chinese Jews: A Compilation of Matters Relating to the Jews of K'aifeng Fu*, 3 vols., Toronto: University of Toronto Press, 1942; Donald Daniel Leslie, *The Survival of the Chinese Jews: The Jewish Community of Kaifeng*, Leiden: Brill, 1972; Michael Pollak, *Mandarins, Jews, and Missionaries: The Jewish Experience in the Chinese Empire*, Philadelphia: Jewish Publication Society of America, 1980;等。

② 潘光旦:《中国境内犹太人的若干历史问题——开封的中国犹太人》,第70—71页。

一的,不能排除部分犹太人经海上丝绸之路来华的可能性,但其主源应是中亚。除阿富汗加兹尼外,另一个来源可能是《隋书》和《北史》所说的里海沿岸得萨忽地区。"①

龚方震也指出,正德碑上说的"本出天竺西域","可能当时对天竺的范围理解较广,概指西域而言。印度的犹太人中可能有人来开封,但犹太教应该说主要是从波斯传入。"②我国学者所列举的"波斯说"的主要证据有:第一,西方学者斯坦因等人在丝绸之路上发现的犹太波斯语信件,证明很早就有犹太人经波斯来到中国;第二,希伯来文《正经》(即摩西《五经》)一般分为 54 卷,只有波斯的犹太经卷分为 53 卷,即把最后两卷并为一卷,而弘治碑与康熙碑都提到"正经五十三卷",可见,开封犹太人沿用的是波斯的分法;第三,希伯来字母为 22 个,但波斯犹太人所用的希伯来字母是 27 个,而开封犹太人经卷中也出现了 27 个字母;第四,开封犹太人古碑中提到的"五思达""俺都喇"都是波斯语的译音,前者意为"师傅",后者意为"建筑师";第五,开封的犹太清真寺从建筑风格上来看,不同于西方式的犹太会堂,而是具有波斯遗风的坛庙式建筑;第六,17 至 18 世纪访问过开封的耶稣会士如何大化(A. de Gouvea)、龙华民(N. Longobardi)、孟正气(P. Jean Domenge)、宋君荣(Antoine Gaubil)等人留下来的资料也都反映出当时的开封犹太人会讲波斯语。

关于犹太人何时定居开封,一直有"周代说""汉代说""唐代说"和"北宋说"之争。近年来,学术界已基本上就"北宋说"达成共识,直接的证据是弘治二年(1489)碑上的一段记载:

> 噫! 教道相传,授受有自来矣。出自天竺,奉命而来。有李、俺、艾、高、穆、赵、金、周、张、石、黄、李、聂、金、张、左、白七十姓等,进贡西洋布于宋。帝曰:"归我中夏,遵守祖风,留遗汴梁。"宋孝宗隆

---

① 林梅村:《犹太入华考》,《文物》,1991 年第 1 期。
② 龚方震:《关于中国古代犹太人研究的述评》,载朱威烈、金应忠编:《'90 中国犹太学研究总汇》,上海:上海三联书店,1992 年,第 294 页。

兴元年(1163)癸未,列微五思达领掌其教,俺都喇始建寺焉。

开封犹太人留下的这段文字资料,充分说明他们是北宋时期定居开封的。但歧义在于这里的"帝"到底指的是哪一位皇帝?王一沙认为:"居住在河南开封的中国犹太人定居的时间是在宋真宗—宋徽宗年间(998—1125)。对犹太人友好相待并提出宽厚的'约法三章'的皇帝也就是真宗—徽宗之间的某个皇帝——按照古代中国犹太人或其后裔的看法,这位皇帝是宋真宗或宋徽宗。"① 而据陈长琦、魏千志考证,这位皇帝应该是宋真宗。

据《宋史·真宗纪》记载:"咸平元年(998)春正月……辛巳,僧你尾尼等自西天来朝,称七年始达。"② 陈长琦对《宋史》中有关外国僧人来访的史料进行了认真的研究与推敲后,最早提出这批无国籍的来访者不是一般意义上的僧人(即佛教徒),而是犹太人。由此他得出结论:犹太人定居开封的时间当在998年。③ 魏千志对这一结论给予了充分的论证。他从出发的地点相同、行动的目的相同、朝贡者的身份地位相同及首领的姓氏相同四个方面进一步考证道:"《宋史·真宗纪》中记载的以'僧你尾尼'为首的朝贡团,与弘治碑上所说的以'李'姓为首的进贡团,本是一个犹太人朝贡团体……《真宗纪》中称'你尾尼'为'僧',并不意味着他是一个佛教徒,而仅是说明他是一个有着宗教信仰之人的意思。因为'你尾尼'信奉犹太教,而宋朝人尚不知犹太教的底蕴,故笼统称之为'僧',这在当时是合乎情理的。"④ 魏千志还从西方传教士的记载中为上述结论找到了有力的佐证。耶稣会士宋君荣在1723年8月18日致杜赫德(J. B. du Halde)神父的信中说,利玛窦神父看到了开封犹太人的《五经》,开封"犹太教寺的掌教声称这部《圣

---

① 王一沙:《中国犹太春秋》,北京:海洋出版社,1992年,第6页。
② 《宋史》卷六《真宗纪》,上海:上海古籍出版社,1976年,第106页。
③ Chen Changqi, "Buddhist Monk or Jewish Rabbi?" in Sidney Shapiro, ed., *Jews in Old China: Studies by Chinese Scholars*, New York: Hippocrene Books, 1984, p. 142.
④ 魏千志:《中国犹太人定居开封时间考》,《史学月刊》,1993年第5期。

经》收藏在开封府已有六百年的历史了"。①而利玛窦看到的《五经》是他于 1608 年派人到开封抄录的,从 1608 年上推 600 年为 1008 年,恰好是北宋真宗时期(真宗大中祥符元年),正好与"你尾尼"等进贡来开封的时间相吻合。魏千志还强调说,犹太人在开封的定居时间与建造会堂的时间是两个概念,不可混淆。从前来进贡到居留再从居留到决定定居,经历了一个较长的发展过程,加之经济、社会等因素的影响,开封犹太人在定居了 160 余年之后才建立会堂是完全可以理解的。

(二)开封犹太人的宗教习俗与经书碑文

在开封犹太社团存在的早期,犹太人尚能维持严格的宗教信仰。他们一日三次礼拜,一月四次守斋(安息日),一年七次举戒(过宗教节日),并施行割礼,忌食猪肉,严守犹太教的风俗习惯。在 17 世纪以前,不断有其他国家的师傅(即信仰犹太教、精通希伯来语的人)来到开封,从而为开封犹太社团增添了新鲜的活力。18 世纪以后,开封犹太社团与外界的联系日渐中断,成为孤悬于海外的群体,宗教信仰也日趋淡漠。1850 年,当邱天生、蒋荣基代表"伦敦犹太人布道会"(London Society for Promoting Christianity among the Jews)来开封访问时,发现开封犹太人已 50 多年没有掌教(开封犹太人对拉比的称呼),没有希伯来名字,不能认读希伯来文,宗教礼仪已经停止。刘五书认为,教规与礼仪的失守、清真寺的废弃及经书的流失正是开封犹太人宗教信仰淡漠的标志,也正是这一团体与汉族同化的具体表现。②张倩红在《历史上的开封一赐乐业教清真寺》一文中,梳理了清真寺从建寺、修葺到衰败的历史,指出,从 1163 年建寺至 1688 年,开封犹太人曾 12 次修葺或重建清真寺,而每修一次,汉化的色彩就浓厚了几分。随着汉化程度的加深、宗教热情的减弱,清真寺在族人心目中的地位明显下降,因而自康熙年间以后,开封犹太人再也没有修葺过清真寺。由此看来,清真寺

---

① 荣振华、莱斯利:《中国的犹太人》,耿昇译,郑州:中州古籍出版社,1992 年,第 167 页。
② 刘五书:《开封犹太人生活习俗考》,《河南大学学报》(社会科学版),1994 年第 1 期。

"不仅仅是中国古代犹太人历史足迹的缩影,而且亦成为古老的希伯来文化与博大精深的儒家文化相互接触、相互影响,最终走向自然融合的历史见证"。①

李景文从经卷存失的角度,勾勒了这一民族团体兴衰沉浮的历史轨迹。他指出,从犹太古碑中可以看出,开封犹太人的经书最多时有《正经》13 部,另有《方经》《散经》各数十册。明末清初,当耶稣会士们频繁来访时,开封犹太人对自己的经书还极为珍惜,"出卖《正经》就是出卖神"的观念在他们心中还根深蒂固。然而,好景不长,当 19 世纪新教传教士们大批进入中国之时,信仰淡漠而又贫困不堪的犹太人便把经书卖给外国人,在短短的几十年间(大约 1851—1908),珍贵的经书全部流失。李景文还强调,珍贵经卷的流失是开封犹太人的不同心态所导致的。他们有的确实是为了贪取钱财、牟取私利而出卖经卷,但更多的则是寄希望于依靠洋人的力量恢复信仰,重建清真寺。这是因为直到 19 世纪中后期,开封犹太人仍不明白基督教与犹太人的区别,因此被一些传教士的花言巧语所蒙蔽。所以,作为民族文化遗产的经卷自然也就成了无知和轻信的牺牲品。②刘百陆等对开封犹太人的经书、碑文以及清真寺规模进行了研究,认为这些开封犹太人实物的变迁反映着开封犹太社团不断走向衰亡的历史轨迹。③

(三) 西方传教士与开封犹太人

开封犹太社团作为一个独特的群体,在中国史籍中缺乏直接的系

---

① 张倩红:《历史上的开封一赐乐业教清真寺》,《二十一世纪》(香港),1998 年第 10 期。
② 李景文:《古代开封犹太族裔经书存失之考察》,《周口师专学报》,1999 年第 1 期。有关开封犹太人经书的研究,参见 Michael Pollak, *The Torah Scrolls of the Chinese Jews: The History, Significance and Present*, Dallas: Bridwell Library, Southern Methodist University, 1975; Fook-Kong Wong & Dalia Yasharpour, *The Haggadah of the Kaifeng Jews of China*, Leiden: Brill, 2011.
③ 张倩红、刘百陆:《从遗存碑文看开封犹太社团的社会生活》,《河南大学学报》(社会科学版),2006 年第 6 期;刘百陆:《从碑文看开封犹太人"道经"》,《学海》,2011 年 6 期;刘百陆:《开封犹太人清真寺规模与格局变迁》,《河南大学学报》(社会科学版),2013 年第 3 期; Tiberiu Weisz, *The Kaifeng Stone Inscriptions: The Legacy of the Jewish Community in Ancient China*, New York: iUniverse, Inc., 2006。

统记载,后人只能根据以下两方面的资料进行研究:一是开封犹太清真寺内的汉文碑铭(多数是被传教士抄录下来的),流散于世界各地的希伯来文经卷以及开封犹太后裔收藏的残缺不全的手稿与族谱等;二是西方传教士通过书简、访问录、札记等方式记述的资料。在1605年利玛窦"发现"开封犹太人后的三百年间,隶属于不同教派的外国传教士出于不同目的纷纷来到开封进行调查、访问及文化掠夺活动,各类有关开封犹太人问题的书简、调查报告及访问记录被寄往国外。西方传教士通过抄写碑文、记载牌匾内容、转录家谱等活动,留下了许多独一无二的珍贵资料,如对犹太会堂的描述、经书的分类与研究、社团人口变迁及民族历史记忆等方面的记载,都具有很高的史学价值。

谈到现今有关开封犹太人的历史文献,绕不开一个西方传教士的努力。他就是加拿大圣公会传教士威廉·查尔斯·怀特(William Charles White),汉名怀履光,又名白威廉,于1897年来到中国,1909年作为河南教区第一任主教进入开封。他在开封居住了25年之久,掌握了关于开封犹太人的丰富资料。1942年,他在加拿大出版了一部有关开封犹太人的扛鼎之作——《中国犹太人:开封犹太人事迹汇编》。该书共三大卷(历史、碑文与族谱),还有不少珍贵的照片和插图。除保留了大量一手的珍贵史料以外,还摘录了耶稣会士、詹姆斯·芬恩、邱天生和蒋荣基、丁韪良、施约瑟、大卫·布朗等人的作品以及1489年、1512年、1663年、1679年四块碑文与开封犹太族谱等,并进行了详尽探究。[①]由于作者的身份所限,书中存在着一些谬误与推测之处,但仍不失为一部资料丰富且颇有见地的权威著作,为后人研究开封犹太人问题提供了重要资料。著名犹太学者塞西尔·罗斯对该书给予了很高的评价,甚至将之与300年前利玛窦的首次"发现"开封犹太人相提并论,强调怀履光因其独特经历与学术贡献"再度发现"了开封犹太人。

---

① William Charles White, *Chinese Jews: A Compilation of Matters Relating to the Jews of K'aifeng Fu*, Part I: *Historical*; Part II: *Inscriptional*; Part III: *Genealogical*, Toronto: University of Toronto Press, 1942.

近年来,中国学者关注了历史上开封犹太人与西方传教士的关系。17 世纪初至 20 世纪初的 300 年间,西方传教士与开封犹太社团曾有过多次接触。虽然这一问题在西方学术界论述颇多,但因资料所限中国学者很少论及。1992 年,中州古籍出版社出版由法国学者荣振华和澳大利亚学者莱斯利(也作李渡南)合编的《中国犹太人》一书的中译本,第一次向中国学术界展示了西方传教士在开封实地调查后留下的许多第一手资料,为学术研究提供了极大的方便。张倩红《西方传教士与中国开封犹太人》①一文对西方传教士来访的动机及其所起的作用进行了初步的分析,并把西方传教士与开封犹太人的接触大体上划分为两个时期:前期,主要是耶稣会士的频繁来访;后期,即鸦片战争之后,隶属于不同教会的基督教新教的传教士们纷纷来中国进行调查、访问及文化掠夺活动。耿昇就西方传教士对开封犹太人 300 多年的调查进行了全面的介绍,认为这些活动具有双重性:西方的入华传教士、商人、旅行家、外交官和西方犹太人代表所搜集到的资料,是现有的研究开封犹太人的第一手文献,但西方人根本不关心拯救濒危的开封犹太人社团,而只注意掠夺那里古老的希伯来文经卷:"他们的调查与研究历史的行动,和开封犹太人社团一步步走向灭绝,是在同一时期发生与进行的。"②

(四) 开封犹太社团的同化问题

17 世纪中叶以后,在开封犹太社团繁荣昌盛的背后,出现了种种由盛转衰的明显迹象,例如,自康熙二十七年(1688)以后,开封犹太人已很少郑重地修葺清真寺;嘉、道年间,清真寺已墙垣剥蚀,破旧不堪,最后一位掌教去世后,无人继位,在外国传教士的重金收买下,某些族人试图出卖希伯来文经卷;1850 年,"伦敦犹太人布道会"派出的两位中国信徒邱天生和蒋荣基在开封考察时发现,这里的犹太人都不识希

---

① 张倩红:《西方传教士与中国开封犹太人》,《思与言》(台湾),1995 年第 3 期。
② 耿昇:《西方人对中国开封犹太人的调查始末》,《河南大学学报》(社会科学版),2007 年第 2 期。

伯来文,已 50 多年没有掌教,完全丧失了对救世主弥赛亚的期盼;1866
年,美国传教士丁韪良访问开封,见清真寺已彻底毁坏,犹太遗民仅余
三四百人。他呼吁重建清真寺,否则就"无法挽回他们免遭消亡之
灾";1867 年,一位英国国教的主教访问开封后写道:"他们完全失去了
他们的宗教,与中国人几乎没有什么区别。……从相貌、衣着、习惯和
宗教方面来看,他们是地地道道的中国人。"怀履光也指出,在 19 世纪
中叶,"无论从宗教意义或作为一个社团来说,(开封)犹太人已不复存
在"。① 1912 年,怀履光利用犹太族人赵允中等人,企图将弘治碑和正
德碑及其他一些珍贵的开封犹太遗物运往国外;随后,怀履光又以中华
圣公会的名义,把一赐乐业教清真寺的旧址买去,至此,开封犹太社团
走向瓦解,通常也被学界视为开封犹太人完全同化的标志。

开封犹太人的同化问题历来是学术界争论不休的焦点,法国、英
国、加拿大、澳大利亚等国学者陆续发表了许多论著来研究这一问题。
20 世纪 80 年代以来,不少中国学者也在前人研究的基础上潜心探索,
各抒己见。到目前为止,中外学者关于历史上开封犹太人被同化原因
的论点主要有"通婚说""隔离说""科举制度说""宽容说""中犹文化
相似说"等。

20 世纪 90 年代中期以来,学者们对这一问题的探讨趋于深化。陈
贻绎认为,犹太民族特有的心理感受和防御同化机制有一个历史形成过
程,当其定居开封之时,其防御机制尚未达到固不可化的程度,而中国古
代帝王对异族宗教一向兼容并蓄、一视同仁,使其防御机制和排外心理
失去意义;中国高度发达的文明使犹太人失去了生活质量的相对优越
感,从而无必要恪守犹太教律法。中国的抑商政策限制了犹太教的发
展,而中国传统文化的魅力和科举制度又诱使一些犹太人步入仕途;此
外,与中华民族的融合及本身的封闭性都是其被同化的重要原因。②

徐亦亭认为,在人类历史上,犹太民族文化与中国古代民族文化是

---

① 参见张倩红:《历史上开封犹太人被同化的原因新探》,《民族研究》,1995 年第 3 期。
② 陈贻绎:《中国古代开封犹太人被同化现象初探》,《世界宗教研究》,1994 年第 1 期。

两支既能始终维持文化主体精神,又能一脉相承地随着民族的艰辛发展、沿延至今的悠久古老文化。然而,当这两种文化碰撞、接触之后,犹太文化却出人意料地悄然融汇于中国古代民族文化之中。在探讨这一历史现象发生的内在因素时,有三点不可忽视:第一,华夏"固土重迁"的农耕生产,是开封犹太人历史文化被融汇于中国古代民族文化的经济基础;第二,华夏的封建礼仪文化,是开封犹太人历史文化被融合的思想根源;第三,内涵丰富、风格迥异的中国伊斯兰文化,是开封犹太人历史文化融汇于中国古代民族文化的催化力量。①

张倩红则认为,"通婚说""隔离说""宽容说""科举说"等等,主要强调的是开封犹太人被同化的客观因素,缺乏从犹太人自身的角度去探讨他们被同化的主观因素。其实,一种文化现象的消失,一个民族的融合是极为复杂的发展过程,这不仅仅是客观因素所能主宰的。开封犹太人被同化的根本原因在于:"开封犹太人定居中国之后,他们从务实的立场出发,在犹太知识分子的带动下,自愿模仿当地居民的生活习惯,吸取中国古代民族文化的伦理准则,以求适应新的环境。然而,这种心理给他们带来了始料不及的严重后果,即希伯来文化的消失。"开封犹太人对儒家文化的主动仿效主要表现在以下几点:第一,犹太知识分子用儒家观念来阐释一赐乐业教的宗旨、教义;第二,从 14 世纪开始,一些知识分子热衷于科举制度,醉心于金榜题名;第三,开封犹太人尊孔祭祖,行汉人礼仪;第四,开封犹太人改用汉文姓名。当然,主体民族的宽容态度、通婚的巨大溶解力、犹太社团孤立无援的处境、贫富分化及开封水灾等都是促成希伯来文化消失的客观因素。开封犹太人同化的最根本动力来自犹太社团内部思想观念上的转变,即开封犹太人对犹太教信仰的逐步淡化和对儒教的深层次认同,犹太教的儒化过程正是开封犹太人的同化过程。②

---

① 徐亦亭:《开封犹太人和中国古代民族文化》,《中央民族大学学报》,1994 年第 3 期。
② 张倩红:《历史上开封犹太人被同化的原因新探》,《民族研究》,1995 年第 3 期;《从犹太教到儒教:开封犹太人同化的内在因素之研究》,《世界宗教研究》,2007 年第 1 期。

附录一 学术资源

一、工具书

由美国学者埃斯多尔·辛格(Isidore Singer)与阿德勒(Cyrus Adler)等人在1901—1906年间主编完成的12卷《犹太百科全书》(*Jewish Encyclopedia*)是第一部系统完整的犹太研究工具书。随着时代的变迁,许多知识迫切需要更新。20世纪60年代,在塞西尔·罗斯等人组织下,经过以色列和美国学者的全力合作,重新编撰了一部《犹太百科全书》(*Encyclopaedia Judaica*),1971—1972年间全部出版,共16卷。2007年,弗里德·斯科勒尼克(Fred Skolnik)主持出版了该书的修订版,新版共计22卷,几乎涵盖了犹太研究的方方面面,成为了解犹太学基本知识的必备参考。

雅各·纽斯纳等人主编的《犹太教百科全书》(Jacob Neusner, Alan J. Avery-Peck, & William Scott Green, eds., *The Encyclopedia of Judaism*, 5 vols., Leiden: Brill, 1999-2004)是了解犹太教的重要参考。爱里克主编的《犹太大流散百科全书》(M. Avrum Ehrlich, ed., *Encyclopedia of the Jewish Diaspora: Origins, Experiences, and Culture*, Santa Barbara, CA: ABC-CLIO, 2009)按不同地区对大流散进行了系统的介绍。诺曼·斯提尔曼对伊斯兰世界的犹太人情况进行了整理,编成《伊斯兰世界的犹太人百科全书》(Norman A. Stillman, ed., *Encyclopedia of Jews in the Islamic World*, 5 vols., Leiden: Brill, 2010)。以色列·古特曼编撰了《大屠杀百科全书》(Israel Gutman, ed., *The Ency-*

clopedia of the Holocaust, 4 vols., New York: Macmillan, 1990），就大屠杀有关内容进行了全方位的搜集。

《希伯来圣经》研究方面，也出现了一批重要的词典。伯特维克与林格伦编辑的 15 卷《旧约神学词典》（G. J. Botterweck & Helmer Ringgren, eds., Theological Dictionary of the Old Testament, translated by J. T. Willis et al., 15 vols., Grand Rapids, MI: Eerdmans, 1974-2006）对《希伯来圣经》涉及的许多重要概念进行了系统整理，具有重要的参考价值。大卫·弗里德曼主编的《安克圣经词典》（David N. Freedman, ed., The Anchor Bible Dictionary, 6 vols., New York: Doubleday, 1992-1997）也被圣经研究学者视为必备的工具书。

就第二圣殿时期到塔木德时代而言，由戴维斯与芬克尔斯坦联合主编的《剑桥犹太教史》（W. D. Davies & L. Finkelstein, eds., The Cambridge History of Judaism, 4 vols., Cambridge: Cambridge University Press, 1984-2006）是第二圣殿时期最为详尽的犹太教历史。该书共分为四卷，分别讨论波斯时期、希腊化时期、早期罗马时期、晚期罗马—拉比时期的犹太教；各章内容分别由相关领域的权威学者撰写，篇幅较大，要点全面，值得参考借鉴。

近年来，牛津大学出版社推出了一系列研究手册，而成为某个领域的重要工具书。其中有关犹太史的重要手册有：马丁·古德曼主编的《牛津犹太研究手册》（Martin Goodman, ed., The Oxford Handbook of Jewish Studies, Oxford: Oxford University Press, 2002）、罗杰森与利耶主编的《牛津圣经研究手册》（J. W. Rogerson & Judith M. Lieu, eds., The Oxford Handbook of Biblical Studies, Oxford: Oxford University Press, 2006）、赫泽尔主编的《牛津罗马巴勒斯坦的犹太日常生活手册》（Catherine Hezser, ed., The Oxford Handbook of Jewish Daily Life in Roman Palestine, Oxford: Oxford University Press, 2010）、林与柯林斯主编的《牛津死海古卷手册》（Timothy H. Lim & John J. Collins, eds., The Oxford Handbook of the Dead Sea Scrolls, Oxford: Oxford University Press, 2010）、哈维与亨特主编的《牛津早期基督教研究手册》（Susan A. Harvey & David G. Hunter, eds., *The Oxford Handbook of Early Christian Studies*, Oxford: Oxford University Press, 2008)、海耶斯与罗斯主编的《牛津大屠杀研究手册》(Peter Hayes & John K. Roth, eds., *The Oxford Handbook of Holocaust Studies*, Oxford: Oxford University Press, 2010)、等等。

剑桥大学与布莱克威尔出版社相继推出的指南系列也是重要的入门参考。约翰·巴顿编的《剑桥圣经解释指南》(John Barton, ed., *The Cambridge Companion to Biblical Interpretation*, Cambridge: Cambridge University Press, 1998)和弗洛伯特与贾菲主编的《剑桥塔木德与拉比文献指南》(Charlotte Fonrobert & Martin Jaffee, eds., *The Cambridge Companion to the Talmud and Rabbinic Literature*, Cambridge: Cambridge University Press, 2007)分别对《圣经》与《塔木德》文献进行了很好的介绍。而雅各·纽斯纳与佩克合编的《布莱克威尔犹太教指南》(Jacob Neusner & Alan J. Avery-Peck, eds., *The Blackwell Companion to Judaism*, Oxford: Blackwell Publishers, 2000)、培杜主编的《布莱克威尔希伯来圣经指南》(Leo G. Perdue, ed., *The Blackwell Companion to the Hebrew Bible*, Oxford: Blackwell Publishers, 2001)对犹太教与《希伯来圣经》进行了较好的梳理。

需要提及的是,在中文领域也有一些比较重要的工具书。例如,徐新、凌继尧主编的中文版《犹太百科全书》(上海人民出版社,1993)、周燮藩主编的《犹太教小辞典》(上海辞书出版社,2004 年)、潘光主编的《犹太研究在中国,三十年回顾:1978—2008》(上海社会科学院出版社,2008 年)等等。

二、原始资料

有关古代以色列历史的原始资料,很大程度上来自石碑、铭文和非犹太人的各种文献。哈罗与小拉夫森合作编辑的《圣经的处境》(W.

W. Hallo & K. Lawson Younger, eds., *The Context of Scripture*, 3 vols., Leiden: Brill, 2003)对有关圣经时代的重要文献进行了系统整理,该书分为三卷,标题依次为:《圣经世界的正典构成》(*Canonical Compositions from the Biblical World*)、《圣经世界的石碑铭文》(*Monumental Inscriptions from the Biblical World*)、《圣经世界的档案文献》(*Archival Documents from the Biblical World*)。它按埃及、赫梯、西北闪族、阿卡德、苏美尔地区分类,将同一时期近东地区与《圣经》有关的几乎所有史料(包括宗教典籍、石碑铭文、王室档案)进行了整理,是从经外史料研究以色列古史的重要资料汇编。该书收录了与希伯来人相关的但城石碑、摩押王碑、米沙石碑、亚述碑铭等等,对于研究早期以色列人的状况有着极大的帮助。另外,普里查德编的《与旧约有关的古代近东文献》(J. B. Pritchard, ed., *Ancient Near Eastern Texts Relating to the Old Testament*, Princeton: Princeton University Press, 1st ed. 1950, 2nd ed. 1955, 3rd ed. 1969)也是该领域的重要原始文献汇编。

到了希腊化时代,受希腊史学的影响,出现以约瑟夫斯为代表的犹太历史学家。著名的"洛布古典丛书"(Loeb Classical Library)收录了约瑟夫斯的主要著作,其中包括《犹太战记》《犹太古史》《自传》《驳阿庇安》,有希腊文与英文互相对照,是众多约瑟夫斯作品中最为通用的版本。同时,通过与犹太人的交往,在希腊罗马人那里也保留了一些有关犹太人的重要原始信息。梅纳赫姆·斯特恩对古希腊罗马文献中与犹太人有关的史料进行了系统的整理辑录,名为《希腊和拉丁作家论犹太人与犹太教》(Menahem Stern, ed., *Greek and Latin Authors on Jews and Judaism*, 3 vols., Jerusalem: The Israel Academy of Sciences and Humanities, 1974-1981)。此外,第二圣殿后期的众多文献也是重要的原始资料。迈克尔·斯通根据《次经》《伪经》《死海古卷》、斐洛与约瑟夫斯的作品,编成《第二圣殿时期的犹太文献》(Michael E. Stone, ed., *Jewish Writings of the Second Temple Period: Apocrypha, Pseudepigrapha, Qumran Sectarian Writings, Philo, Josephus*, Philadelphia: Fortress Press, 1984)。

犹太铭文是有关古代晚期犹太史的重要文献,历来的学者对其进行了系统的整理。大卫·罗伊是这个领域不可绕过的重要人物,1992年,他与威廉·霍布里出版了《希腊罗马时期埃及的犹太铭文》(William Horbury & David Noy, *Jewish Inscriptions of Graeco-Roman Egypt, with an index of the Jewish Inscriptions of Egypt and Cyrenaica*, Cambridge: Cambridge University Press, 1992),随后又单独整理出两卷本《西欧的犹太铭文》(David Noy, *Jewish Inscriptions of Western Europe*, 2 vols., Cambridge: Cambridge University Press, 1993-1995),分别对意大利、西班牙和高卢以及罗马城的犹太铭文进行了系统归类。在完成对西方世界犹太铭文的整理后,他又转向东方世界的犹太铭文。2004年,他与其他人合编了三卷本《东部的犹太铭文》(David Noy et al., *Inscriptiones Judaicae Orientis*, 3 vols., Tübingen: Mohr Siebeck, 2004),对东欧、小亚细亚、叙利亚及塞浦路斯的犹太铭文进行了搜集整理。

对于犹太人在中世纪的状况,希伯来联合学院的雅各·马库斯进行了系统的整理汇编,以《中古世界的犹太人:原始资料集》(Jacob R. Marcus, ed., *The Jew in the Medieval World: A Source Book, 315-1791*, Cincinnati: The Union of American Hebrew Congregations, 1938)为名出版。需要指出,该书以西欧基督教世界的阿什肯纳兹犹太人为中心,而对生活在伊斯兰教统治下的塞法尔迪犹太人关注甚少。实际上,中世纪犹太人的绝大多数都生活在阿拉伯世界,在很长时间里几乎占90%以上。诺曼·斯提尔曼先后编撰了《阿拉伯土地上的犹太人》(Norman A. Stillman, *The Jews of Arab Lands: A History and Source Book*, Philadelphia: Jewish Publication Society of America, 1979)与《现代时期阿拉伯土地上的犹太人》(Norman A. Stillman, *The Jews of Arab Lands in Modern Times*, Philadelphia: Jewish Publication Society of America, 1991),从而使忽视阿拉伯世界犹太人的趋势得到一定程度的扭转。

进入现代时期以后,有关犹太人的原始文献以成百上千倍的数量增长,研究的方向也不断走向深入和细化。其中必须一提的是,保罗·

门德斯-弗洛尔与耶胡达·雷恩哈茨合作编撰的史料集——《现代世界的犹太人：一部文献史》(Paul R. Mendes-Flohr & Jehuda Reinharz, eds., *The Jew in the Modern World: A Documentary History*, New York: Oxford University Press, 1980) 影响最大。该书出版后好评如潮，随即被欧美许多大学采用作为教材。1995 年、2011 年该书又先后出版了第二版、第三版，每一次修订都增加了不少新的内容。

美国犹太人是当代最为成功的犹太社团,对于它的研究历来汗牛充栋,有关的原始文献也保存得相对完好。其中雅各·马库斯编撰的《美国世界的犹太人:原始资料集》(Jacob R. Marcus, ed., *The Jew in the American World: A Source Book*, Detroit: Wayne State University Press, 1996) 时间跨度大、内容涵盖广,从而成为研究美国犹太人的必备参考。另外,斯奇哈佩斯、萨洛·巴龙、马库斯、拉斐尔等人从不同侧面和时段对美国犹太文献进行了整理(Morris U. Schappes, ed., *A Documentary History of the Jews of the United States, 1654-1875*, New York: Citadel Press, 1950; Joseph L. Blau & Salo W. Baron, eds., *The Jews of the United States, 1700-1840: A Documentary History*, New York: Columbia University Press, 1963; Jacob R. Marcus, ed., *The American Jewish Woman: A Documentary History*, New York: Ktav Pub. House, 1981; Marc Lee Raphael, ed., *Jews and Judaism in the United States: A Documentary History*, New York: Behrman House, 1983),这些都是研究美国犹太人的重要文献资料。此外,由雅各·马库斯在 1947 年创立的美国犹太档案馆(The American Jewish Archives,简称 AJA),保存有最为丰富的有关美国犹太人的档案文献,1995 年马库斯去世后,为纪念其巨大贡献而更名为雅各·马库斯中心美国犹太档案馆(The Jacob Rader Marcus Center of the American Jewish Archives)。

犹太复国主义的研究一直是当代犹太史的核心问题,对此有着大量的档案文献和原始资料。霍华德·沙卡等编撰的 39 卷本《以色列的兴起:从 19 世纪至 1948 年的文献档案》(Howard M. Sachar et al., eds., *The Rise of Israel: A Documentary Record from the Nineteenth Century to 1948*, 39 vols., New York: Garland Publishing, 1987)收录了犹太复国主义从 19 世纪末兴起到 1948 年以色列建国期间的主要文件。此外,德斯塔尼编纂的 10 卷本《犹太复国主义运动与以色列的奠基,1839—1972》(B. Destani, ed., *The Zionist Movement and the Foundation of Israel, 1839-1972*, 10 vols., Cambridge: Cambridge University Press, 2004)包含有大量珍贵的手稿、日记、会议记录等。而埃兰·卡普兰与潘斯拉最新合编的《以色列的起源,1882—1948:一部文献史》(Eran Kaplan & Derek J. Penslar, eds., *The Origins of Israel, 1882-1948: A Documentary History*, Madison: University of Wisconsin Press, 2011)篇幅较小,择主要文献编撰而成。阿瑟·赫茨伯格编纂的《犹太复国主义思想:历史分析与读本》(Arthur Hertzberg, ed., *The Zionist Idea: A Historical Analysis and Reader*, New York: Atheneum, 1959)对各个主要的犹太复国主义流派代表人物的文献进行了汇编,成为了解这一思想的主要参考文献。

此外,成立于 1919 年的犹太复国主义中央档案馆(The Central Zionist Archives,简称 CZA)有着最为丰富的档案储藏。它是主要的犹太复国主义机构(世界犹太复国主义组织、犹太代办处、犹太民族基金会、驻以色列联合分配委员会与世界犹太人大会等)以及重要的犹太复国主义领袖的官方档案馆。此外,成立于 1939 年的犹太民族历史中央档案馆(The Central Archives for the History of the Jewish People,简称 CAHJP)收藏了大量的历史文献与档案资料,也被称作"犹太民族档案馆"(Jewish National Archives)。

在幸存者和许多研究者的努力下,对纳粹大屠杀原始档案与文献的系统搜集和整理于战争结束后开始,目前已经出版的相关原始文献浩如烟海,难以一一列举。其中重要的文献有,劳尔·希尔伯格编纂的《毁灭的档案:德国与犹太人》(Raul Hilberg, ed., *Documents of Destruction: Germany and Jewry, 1933-1945*, Chicago: Quadrangle Books, 1971)、约翰·门德尔松编纂的 18 卷《大屠杀文献选编》(John Mendelsohn, ed., *The Holocaust: Selected Documents in Eighteen Volumes*, New

York: Garland Publishing，1982）、弗里德兰德尔与米尔顿合作编辑的22卷《大屠杀原始档案》（Henry Friedlander & Sybil Milton, eds., *Archives of the Holocaust: An International Collection of Selected Documents*, 22 vols., New York: Garland Publishing, 1989-1995）、欧根·科根等编纂的《纳粹集体屠杀：毒气使用的文献史》（Eugen Kogen et al., eds., *Nazi Mass Murder: A Documentary History of the Use of Poison Gas*, New Haven: Yale University Press, 1993）、伊扎克·阿拉德等编纂的《大屠杀档案：德国、奥地利、波兰与苏联犹太人毁灭的文献选编》（Yitzhak Arad et al., eds., *Documents on the Holocaust: Selected Sources on the Destruction of the Jews of Germany and Austria, Poland, and the Soviet Union*, translated by Lea Ben Dor, Lincoln: University of Nebraska Press; Jerusalem: Yad Vashem, 1999）等，这些史料集都不同程度地收录了有关大屠杀的许多重要文献档案。

必须一提的是，以色列亚德·瓦谢姆纪念馆汇集了有关纳粹施害方、犹太死难者和幸存者的众多未出版档案，拥有全球最为庞大的大屠杀原始档案。它自1953年成立以来，全力搜集有关大屠杀的图片、文件与史料，迄今已有1.38亿页文件及40万幅图片；搜集到的大屠杀死难者证词（Pages of Testimony）已达220万页；记录幸存者的各类证词10.2万份；而且这些数据还在不断增长。该馆还将绝大部分原始档案电子化，以方便人们获取与使用。此外，美国的大屠杀纪念馆（Holocaust Memorial Museum）、西蒙·维森塔尔中心（The Simon Wiesenthal Center），欧盟的大屠杀教育、纪念与研究国际合作行动委员会（Task Force）等机构也都从事大屠杀档案文献的搜集工作。

在对当代以色列社会的主要问题之一巴以冲突的研究方面，纳比诺维奇与雷恩哈茨主编的《中东地区的以色列：从1948年以前至今的社会、政治与外交关系文献》（Itamar Rabinovich & Jehuda Reinharz, eds., *Israel in the Middle East: Documents and Readings on Society, Politics, and Foreign Relations, Pre-1948 to the Present*, Waltham: Brandeis University Press, 2008）具有代表性，该书对1882年以来的有关政治、

社会与外交文献进行了系统整理。沃尔特·拉克与巴里·鲁宾主编的《以色列—阿拉伯读本：一部中东冲突的文献史》(Walter Laqueur & Barry Rubin, eds., *The Israel-Arab Reader: A Documentary History of the Middle East Conflict*, London: Weidenfeld & Nicolson, 1969) 搜集了有关巴以冲突早期的全方位资料。耶胡达·卢卡斯则对1967年六日战争后巴以冲突的资料进行了整理，题为《巴以冲突：一部文献档案，1967—1990》(Yehuda Lukacs, ed., *The Israeli-Palestinian Conflict: A Documentary Record 1967-1990*, New York: Cambridge University Press, 1992)。冷战结束后，巴以双方展开和谈，有学者对和谈的相关文献进行了整理编撰，如伯纳德·里奇编有《巴以冲突与和谈：一部文献史》(Bernard Reich, ed., *Arab-Israeli Conflict and Conciliation: A Documentary History*, Westport, Conn.: Greenwood Press, 1995)。此类文献多数由以色列学者编撰，而巴勒斯坦学者瓦利德·哈利迪编撰的《从乌托邦到征服：1948年以前的犹太复国主义与巴勒斯坦问题文献》(Walid Khalidi, ed., *From Haven to Conquest: Readings in Zionism and the Palestine Problem until 1948*, Beirut: Institute for Palestine Studies, 1971) 则突出了巴勒斯坦视角。

三、主要期刊

AJAJ	*American Jewish Archives Journal*, Cincinnati, 半年刊, 1948年创刊。
AJH	*American Jewish History*, Baltimore, 季刊, 1892年创刊。
AJHQ	*American Jewish Historical Quarterly*, New York, 季刊, 1893年创刊。
AJSR	*AJS Review*, New York, 半年刊, 1976年创刊。
ALEPH	*Aleph: Historical Studies in Science and Judaism*, Bloomington, 半年刊（2009年前为年刊），2001年

	创刊。
BAR	*Biblical Archaeology Review*,Jerusalem,双月刊,1975 年创刊。
BRIDGES	*Bridges: A Jewish Feminist Journal*,Ann Arbor,半年刊,1996 年创刊。
BTB	*Biblical Theology Bulletin*,Rome,季刊,1973 年创刊。
CBQ	*The Catholic Biblical Quarterly*,New York,季刊,1939 年创刊。
CJ	*Conservative Judaism*,New York,季刊,1947 年创刊。
HGS	*Holocaust and Genocide Studies*,Washington,季刊,1986 年创刊。
HLS	*Holy Land Studies: A Multidisciplinary Journal*,Edinburgh,半年刊,2002 年创刊。
HPS	*Hebraic Political Studies*,Jerusalem,季刊,2005 年创刊。
HS	*Hebrew Studies*,Madison,年刊,1960 年创刊。
HUCA	*Hebrew Union College Annual*,Cincinnati,年刊,1924 年创刊。
IA	*Israel Affairs*,Jerusalem,季刊,1994 年创刊。
IEJ	*Israel Exploration Journal*,Jerusalem,季刊,1950 年创刊。
IS	*Israel Studies*,Bloomington,季刊,1996 年创刊。
ISR	*Israel Studies Review: An Interdisciplinary Journal*,New Milford,半年刊,其前身为 *Israel Studies Forum*(简称 ISF),1986 年创刊,2011 年起改用现名。
JBL	*Journal of Biblical Literature*,Notre Dame,季刊,1881 年创刊。
JBQ	*Jewish Bible Quarterly*,Jerusalem,季刊,1972 年创刊。
JH	*Jewish History*,Leiden,季刊,1986 年创刊。

JHS	*Jewish Historical Studies*, London, 年刊, 1968 年创刊。
JHSc	*Journal of Hebrew Scriptures*, Jerusalem, 不定期刊, 1996 年创刊。
JIH	*Journal of Israeli History: Politics, Society, Culture*, Tel Aviv, 半年刊, 前身为 *Studies in Zionism*（简称 SZ）, 1980 年创刊, 1994 年起改用现名。
JJS	*Journal of Jewish Studies*, Oxford, 季刊, 1948 年创刊。
JJSc	*Jewish Journal of Sociology*, London, 年刊, 1959 年创刊。
JNES	*Journal of Near Eastern Studies*, Chicago, 半年刊, 1884 年创刊。
JoJI	*Journal of Jewish Identities*, Youngstown, 半年刊, 2008 年创刊。
JPSR	*Jewish Political Studies Review*, Jerusalem, 季刊, 1989 年创刊。
JQ	*Jerusalem Quarterly*, Jerusalem, 季刊, 1998 年创刊。
JQR	*Jewish Quarterly Review*, Philadelphia, 季刊, 1889 年创刊。
JSOT	*Journal for the Study of the Old Testament*, Oxford, 每年五期, 1976 年创刊。
JSQ	*Jewish Studies Quarterly*, Tübingen, 季刊, 1993 年创刊。
JSS	*Jewish Social Studies*, Stanford, 季刊, 1939 年创刊。
LBIYB	*Leo Baeck Institute Year Book*, London, 年刊, 1956 年创刊。
MEJ	*The Middle East Journal*, Washington, D. C., 季刊, 1947 年创刊。
MES	*Middle Eastern Studies*, London, 双月刊, 1964 年创刊。
MGWJ	*Monatsschrift für Geschichte und Wissenschaft des Judentums*, Tübingen, 双月刊, 1851 年创刊、1939 年停刊。

MJ	*Menorah Journal*, Harvard, 双月刊, 1915 年创刊、1962 年停刊。
MJu	*Modern Judaism*, New York, 季刊, 1981 年创刊。
NASHIM	*Nashim: A Journal of Jewish Women's Studies & Gender Issues*, Jerusalem, 半年刊, 1998 年创刊。
NEA	*Near Eastern Archaeology*, Boston, 季刊, 前身为 *Biblical Archaeologist*(简称 BA), 1938 年创刊, 1998 年起改用现名。
PAAJR	*Proceedings of the American Academy of Jewish Research*, Philadelphia, 年刊, 1928 年创刊。
PT	*Prooftexts*, New York, 季刊, 1981 年创刊。
REJ	*Revue des Études Juives*, Paris, 季刊, 1880 年创刊。
SHOFAR	*Shofar: An Interdisciplinary Journal of Jewish Studies*, West Lafayette, 季刊, 1981 年创刊。
TJHSE	*Transactions of the Jewish Historical Society of England*, London, 年刊, 1893 年创刊。
TRADITION	*Tradition: A Journal of Orthodox Jewish Thought*, New York, 季刊, 1958 年创刊。
VT	*Vetus Testamentum*, Leiden, 季刊, 1951 年创刊。
WZJT	*Wissenschaftliche Zeitschrift für jüdische Theologie*, Frankfurt am Main, 年刊, 1835 年创刊、1839 年停刊。
YVS	*Yad Vashem Studies*, Jerusalem, 季刊, 1957 年创刊。
ZAW	*Zeitschrift für die alttestamentliche Wissenschaft*, Berlin, 半年刊, 1881 年创刊。

《犹太研究》,山东大学犹太教与跨宗教研究中心,年刊,2002 年创刊。

《犹太·以色列论丛》,上海犹太研究中心,不定期年刊,2007 年创刊。

四、网络资源

与犹太研究有关的网络资源十分丰富,大部分的原始文献与研究论著可以通过相关数据库获取,这极大地便利了学术研究的开展。其中,一般性人文社科数据库包括西文过刊数据库(JSTOR)、EBSCO 数据库、缪斯工程数据库(Project MUSE)、泰勒与弗朗西斯在线数据库(Taylor & Francis Online)、博睿学术出版社数据库(BRILL)、西文回溯期刊数据库(SAGE)、国外博硕士学位论文数据库(PQDD)、中国知识资源数据库(CNKI)等。专属犹太研究的数据资源有:

犹太研究文献总目数据库
(RAMBI-The Index of Articles on Jewish Studies)

犹太研究文献总目数据库(http://jnul.huji.ac.il/rambi/)是涵盖犹太研究与以色列研究几乎所有重要领域的文献总目,该数据库从主要存于犹太国家与大学图书馆(Jewish National and University Library)的数千种希伯来语、意第绪语以及欧洲语言的文献中汇集而成。这项工程启动于 1966 年,1985 年又开始将其汇集的文献电子化,纳入到以色列全国图书馆网络系统 ALEPH 数据库之下,2000 年该数据库可以通过互联网进行共享。

希伯来及犹太原始文献集
(The Hebraica and Judaica of the Tychsen Collection)

源自罗斯托克大学图书馆特藏的希伯来及犹太原始文献集数据库(http://databases.library.jhu.edu/databases/proxy/JHU06175)项目始于 1995 年,并由德国研究基金会支持。目前数据库共收录 48000 页原始资料,内容涵盖古意第绪语文学、意第绪语文献学、手稿文献、日记、平面印刷品等。

伯尔曼犹太数据库(Berman Jewish DataBank)

伯尔曼犹太数据库(http://www.jewishdatabank.org)由成立于1986年的北美犹太数据库发展而来,2013年改为现名,是主要致力于北美犹太人以及世界犹太与社团问题的在线数据库。该数据库提供了大量的犹太人口统计与数量分析(尤其是北美地区犹太人),包括400份北美犹太人的研究报告,其中绝大部分是基于对当地犹太社团的调查。该数据库对于研究北美犹太人形势以及世界犹太人口状况有着重要的参考价值。

虚拟犹太图书馆(Jewish Virtual Library)

虚拟犹太图书馆(http://www.jewishvirtuallibrary.org)是世界上最为全面的在线犹太百科全书,1993年由美国—以色列合作委员会创建。包括16 000篇论文和7000幅图片,其内容十分广泛,涵盖了历史、妇女、纳粹大屠杀、以色列国、政治、宗教、教育、犹太遗产、统计数据等13个方面。

希伯来大学犹太研究数据库
(Jewish Studies Databases in Hebrew University)

希伯来大学犹太研究数据库(http://jewishhistory.huji.ac.il/Internetresources/databases_for_jewish_studies.htm)是设在希伯来大学的大型犹太研究数据库(Databases for Jewish Studies),由迪努尔犹太历史研究中心以及犹太历史资源中心创立,具体包括古代希伯来数据库、反犹主义传记工程、基布兹在线数据库、以色列地区数据库、中东非洲研究数据库等等。遗憾的是,该数据库在国内无法获取,只能在以色列各大学查阅使用。

亚德·瓦谢姆在线档案中心(Yad Vashem Resources Online)

亚德·瓦谢姆在线档案中心(http://www.yadvashem.org/yv/en/

resources/index.asp）是世界上收集纳粹大屠杀历史文献最为全面的机构，为了方便世界各地的研究者了解纳粹大屠杀的历史真相并加以使用，亚德·瓦谢姆纪念馆将许多搜集到的珍贵资料做成电子化的影像文件。该在线档案中心包括：纳粹大屠杀受害者名录中央数据库、在线图片档案、义人数据库、电影数据库、纳粹大屠杀有关的名单数据库等等。值得一提的是，这些资料中的绝大部分向公众免费开放。

附录二 关键词

以色列(Israel) 根据《圣经》的叙述,以色列一词来源于第三位族长雅各。他在雅博渡口夜遇天使,与之摔跤并得胜,从而被赐名"以色列",意为与神摔跤并获胜的人。"以色列"一词包括双重的意义,首先它是一个民族概念,以色列人是因为接受了神启《托拉》的缘故而成为神圣的民族;同时,它又是一个地理名词,上帝将原来的迦南地赐给以色列人作为"应许之地"(the Promised Land),而称为以色列地(*Eretz Yisrael*)。

《托拉》(Torah) 意为"指导""道路",希腊文作"nomos",转译成英文为"law",中文译为"律法"。狭义上专指《希伯来圣经》前五卷《创世记》《出埃及记》《利未记》《民数记》《申命记》,广义上泛指上帝启示给以色列人的所有典籍法规及精神启迪。《托拉》的精神实质在于它是一种神圣的法度,规定并指引着以色列人以实现生活各个方面的圣化:"雅卫的律法完备,能苏醒人心"(《诗篇》19:7)。

特选子民(the Chosen People) 《圣经》中对以色列人的称谓。《圣经》多次强调上帝将以色列人选定为其子民,他们是"独居的民,不列在万民中",被要求成为一个"祭司的国度、圣洁的国民"。后来《塔木德》还专门对以色列的这一神选地位做了解释:认为《托拉》曾被赐给所有的民族,然而只有以色列人愿意接受。拣选与责任如同一块硬币的两面,以色列人的神圣性一方面来自神的眷顾,而同时又被要求承担许多义务,遵行《托拉》的许多诫命以圣化自身。

以色列一体观(Klal Yisrael) 也称"全体以色列人",来自《塔木德》中的古老教诲,强调所有的以色列人都互相负有责任,他们不仅是信仰共同体,而且更是命运共同体。在日常生活中体现为,对社团内部的贫穷者提供帮助、进行接济,与其他社团的犹太人相互支援、共度难关。一旦哪个地方的犹太人遇到了困难,其他地区的犹太社团有义务提供帮助与救援。这个观念对于维持犹太认同起到不可低估的重要作用。

锡安(Zion) 耶路撒冷城中的一座山名。相传为大卫建王宫和所罗门建圣殿的坐落处。其具体位置说法不一,大多数学者认为位于城西南。犹太传统通常以此名来指代耶路撒冷城。据众先知预言,世界末日来临时万民都将来到此山朝拜上帝。公元70年耶路撒冷以及第二圣殿被毁后,犹太人常视之为民族以及圣城、圣殿之总象征。犹太复国主义者自称为锡安主义者,也是源自于此。

巴比伦之囚(Babylonian Captivity) 公元前586年,新巴比伦王尼布甲尼撒二世攻占耶路撒冷,焚毁第一圣殿,将许多犹大王国居民掳往巴比伦,是为"巴比伦之囚",从而致使希伯来王国时代告一段落。在经历了囚居巴比伦的苦难考验后,犹太文化的重要内核——犹太教得以制度化,成为一种真正意义上的成熟宗教。公元前538年波斯的居鲁士大帝灭亡新巴比伦王国,允许犹太人返回故土,从而结束了"巴比伦之囚"。

弥赛亚(Messiah) 原意为"受膏者",指上帝所选中以解救其子民的特殊权能者。犹太教相信弥赛亚及其拯救的观念,认为来自大卫家系的拯救者,将召聚所有犹太流亡者回归故土重建主权,恢复曾经的辉煌盛世。犹太人相信并期盼弥赛亚及其时代的到来,因为届时全体犹太人都将获得救赎。对弥赛亚及其时代的期盼在凝聚散居犹太人的集体意识方面起到重要作用。但犹太历史上,也出现多次伪弥赛亚运动,巴尔·科赫巴与萨巴泰·泽维就被其支持者尊奉为"弥赛亚"。

正典(Canon) "正典"一词最初来自希腊文(Kanon),原指一种芦苇杆,引申为标准、准则,《希伯来圣经》正典的概念由此而来。宗教意义上的"正典"是指某种经文有着至高无上、不可动摇的神圣性,它被认为是神之启示,因此不可增添,也不可删减,必须严格遵守。正典后的《希伯来圣经》包括《托拉》《先知书》和《圣文集》三大部分。它的正典化过程也据此分为三个阶段,从公元前5世纪到公元2世纪,这三部分依次形成并获得了神圣性,然而它们在神圣程度上却是不断递减的。

罗马—犹太战争(Jewish-Roman War/The Great Revolt) 又称"第一次犹太战争",公元1世纪犹太人反抗罗马统治的起义。公元66年,在奋锐党人的领导下爆发,随即蔓延到整个巴勒斯坦地区,罗马派遣大将韦斯巴芗前来镇压,将起义者重重包围、各个击破,后来由于罗马政争而一度撤军。政争平息后,罗马军队在提图斯率领下重新发起攻击,公元70年攻占耶路撒冷并焚毁第二圣殿,致使"第二圣殿时期"告一段落。公元73年,罗马军队攻陷仅存的马萨达要塞,标志着这次战争的彻底结束。

巴尔·科赫巴起义(Bar Kochba Revolt) 公元132—135年爆发的犹太反抗罗马大起义,也称"第二次犹太战争"。因其起义领袖巴尔·科赫巴而得名。罗马皇帝哈德良决意在巴勒斯坦推行罗马化政策,禁止犹太人行割礼,并计划在圣殿废墟上建丘比特神庙,从而激发犹太人的大起义。起义军迅速占领耶路撒冷,建立政权、发行货币。哈德良派遣大批罗马军团前往镇压,大约在公元135年夏天攻陷起义军最后的要塞贝塔尔,起义惨遭失败。罗马当局为了报复起义者,禁止犹太人进入耶路撒冷,大批犹太人被杀或被卖为奴隶。从此,犹太史进入大流散时代。

《塔木德》(Talmud) 它是流散犹太人行为与思想的最高准则和根本指南。大约在公元200年前后,犹太教公会首领犹大·哈纳西(Judah ha-Nasi)在许多拉比学者的协助下着手将此前许多拉比贤人的言论汇编成书,名为《密释纳》(Mishnah,意为"诵读""复述")。通过对《密释纳》的讨论和解释,又形成一部更为庞大的著作——《革马拉》(Gemara,意为"研究""学习")。它与《密释纳》合在一起称为《塔木德》,狭义上的《塔木德》专指《革马拉》。以阿拉米文写成的《塔木德》有两部:《耶路撒冷塔木德》与《巴比伦塔木德》。

迪米（Dhimmis） 原意为"保护"，也称"顺民"，伊斯兰教法对犹太人、基督徒等一神教信仰者所采取的政策。公元7世纪，随着伊斯兰教的快速崛起和阿拉伯帝国的急剧扩张，许多犹太人与基督徒被纳入伊斯兰统治之下。伊斯兰教对犹太人政策的法律文献为《欧麦尔公约》（Pact of Umar），犹太人与基督徒被作为"有经人"得到了一定程度的保护，他们交纳人头税即可保持宗教信仰。与基督教世界相比，历来的伊斯兰统治者对犹太人大体还是较为优容和宽厚的。

加路特（Galut） 犹太神学对流放的称谓，这一观念在犹太文化中根深蒂固，它是上帝用来惩罚背弃他的顽逆子民的最为痛苦的方式。犹太人因其罪孽而被迫从以色列地驱逐出去，根据上帝的旨意过着四处流浪的生活，直到他们进行真诚的悔罪为止。而所有的放逐行动都在上帝神圣的计划之中，与放逐相对的就是救赎，它也有一个神学概念——"苟拉"（Geollah），届时上帝将派遣弥赛亚拯救犹太人，召聚所有被赶散的余民重返以色列地，上帝、世界、人类将重归和谐之中。

犹太标志（Jewish Badge） 犹太人被迫佩戴的区别性符号。自公元7世纪起，少数穆斯林统治者做出犹太人必须佩戴特殊布制标志的规定。这个做法在13世纪时为基督教社会所沿用。这些标志有时是圆形的，有时是象征法版的图案，有时是写有犹太字样的标志，或J形状的浅蓝色标志。有时还要求穿特殊服装，戴特殊帽子。到20世纪，纳粹德国要求犹太人必须佩戴黄色大卫盾图案的标志，这成为迫害、屠杀、灭绝犹太人的有效手段。

马兰诺（Marranos） 原意为"猪猡"，指中世纪后期西班牙和葡萄牙境内被迫改变宗教信仰的犹太人。他们为了逃避宗教迫害而改宗基督教，但私下仍坚持犹太教的信仰。其人数自1391年因强迫改宗而大大增加，为了遏制这种现象，西班牙统治者建立宗教裁判所对其进行审判。随着1492年西班牙驱逐犹太人，马兰诺流散到欧洲其他地区、奥斯曼帝国，乃至美洲等地，并重新建立起社团，有的公开宣布返回犹太教。马兰诺的出现，是基督教社会对犹太人进行大肆迫害的体现。

隔都（Ghetto） 也称"犹太人隔离区"。基督教会为禁止犹太人与基督徒交往，常限制犹太人的居住范围，以实施孤立或迫害。而犹太人出于宗教生活的需要也自愿集中居住，以保持传统习俗和信仰。作为一种强制性文化现象，隔都出现于1516的年威尼斯。当时的威尼斯参议院提议将犹太人集中隔离到城市东北角的新铸炮厂（Geto Nuovo/New Foundry），因为它像一座堡垒而容易看守。随后天主教会发起反宗教改革而将之推广开来，整个西欧开始了快速的"隔都化"进程，"隔都"进而成为欧洲犹太社会从传统走向现代这一转型期的组织结构。作为一种新的反犹形式，"隔都"的设立有着限制和利用犹太人的双重目的。

宫廷犹太人（Court Jews） 广义上泛指历史上为各国君主效力的犹太人，狭义上专指16—18世纪绝对主义时期作为欧洲各国君主代理人的犹太人。他们作为个体享有一些特权，并通常能为当地犹太社团争取部分法律权利。他们的国际联系和经商才能为专制统治者所倚重。其中有些人在当时的国际政治中具有广泛的影响，并形成一些著名的犹太商业家族。宫廷犹太人在重商主义时代的欧洲发挥了十分重要的作用。

港口犹太人（Port Jews） 近代早期大西洋两岸的独特社会现象，最初由路易丝·杜宾与大卫·索金在1999年共同提出。在近代早期的地中海、大西洋乃至印度洋海域众多港口（例如阿姆斯特丹、伦敦、波尔多、苏里南、库拉索、圭亚那、累西腓、巴巴多斯、牙买加、果阿、孟买等），活跃着一批具有特定身份的群体——港口犹太人，他们在大洋两岸开展着积极而频繁的跨地区远程流动，其影响在17世纪中叶左右达到顶点，他们充当着早期全球化的拓殖先锋与资本先驱。

哈斯卡拉（Haskalah） 哈斯卡拉即犹太启蒙运动，是指18世纪中后期至19世纪在中欧及东欧犹太人中兴起的一场社会文化运动。当时有许多知识分子服膺哈斯卡拉，把启蒙同宗者、传播新思想作为自己的职责，这些人被称作马斯基尔。哈斯卡拉的奠基人是摩西·门德尔松。18世纪六七十年代，在门德尔松及其弟子们的倡导下，柏林首先形成了哈斯卡拉中心。19世纪20年代，哈斯卡拉在维也纳、奥德萨形成了新的中心。19世纪40年代之后,哈斯卡拉在俄国找到了主要归宿,尤其是在具有自由主义倾向的沙皇亚历山大二世统治时期达到了高潮。哈斯卡拉在犹太民族的发展史上占有极其重要的地位,它是犹太人摆脱蒙昧、保守的中世纪状态而步入文明、开化的现代社会的第一页。

犹太人的解放(Jewish Emancipation) 该词来源于拉丁语的"Emancipatio",原意指古罗马时代儿子摆脱父权而获得独立,后来被引申为个人或团体从法律、政治、经济、社会等限制中获得自主,尤其指解放奴隶和天主教解放运动。在犹太史上,对"解放"一词的解释不尽相同。从狭义上讲,是指18世纪以来犹太人作为个体从居住国获得公民权的历史过程;从广义上讲,它意味着犹太人不仅作为个体、而且作为一个独立的社会群体(如种族、民族)而获取生存权、发展权及认可权的过程。

犹太教科学运动(Wissenschaft des Judentums) 指对犹太历史、文献和宗教的科学研究。19世纪20年代,一批受启蒙思想影响的柏林犹太知识分子发起犹太教科学运动,提倡用科学、实证的精神审视犹太教及其历史遗产,其标志为1819年在柏林成立的犹太文化与科学协会。在科学精神的推动下,以伊曼纽尔·沃尔夫、利奥波德·聪茨、亚伯拉罕·盖革等为代表的犹太教科学学者对传统犹太文献开展批判性研究。作为犹太学术专业化的体现,先后出现一批犹太历史学者、研究协会以及专门从事犹太研究与教学的现代学院。犹太教科学运动促进了改革运动的发展,成为后解放时代犹太人自我形塑的重要手段;从长远看,它揭开了对犹太教进行科学研究的序幕,被视为犹太学这门现代新兴学科创立的标志。

栅栏区(Pale) 俄国政府限制犹太人并将其集中居住的区域。1772—1795年,俄国三次参与瓜分波兰,致使大约120万波兰犹太人成为俄国臣民。为防止犹太人向俄国腹地移居,沙皇多次颁布法令,限制犹太人只能在黑海沿岸地区生活、做工和经商。随着俄国疆域的扩大,犹太人生活区也扩展至波罗的海沿岸,生活在该区的人数达400万左右。1881年,沙俄政府推行集体迫害政策,迫使犹太人大批外迁,至1900年大约有200多万犹太人迁出。1917年后该区被废除。

反犹主义(Anti-Semitism)　指代一切厌恶、憎恨、排斥、仇视犹太人的思想和行为。作为一个政治术语,该词于1879年由德国反犹记者威廉·马尔首创。但反对犹太人的活动可以追溯至古代,早在希腊罗马时代就有各种反对犹太人的行为,基督教诞生后更是在其神学教义中充斥着反犹说教。进入19世纪以后,在种族主义的影响下,对犹太人的宗教迫害让位于种族迫害。现代反犹主义发展的顶峰就是1933—1945年纳粹德国对犹太人采取"最后解决"的种族灭绝政策,直接导致600万欧洲犹太人的死亡。反犹主义在许多地区仍然阴魂不散,需要与之开展持久的斗争。

德雷福斯事件(Dreyfus Affair)　现代法国史上著名的反犹事件。1894年,法军上尉、犹太人德雷福斯被诬告叛国而判处终身监禁。著名作家左拉发表《我控诉》对此表示不满。尽管证据破绽百出,但德雷福斯直到1906年才被宣判无罪。德雷福斯虽已被完全同化,但仍然逃脱不掉反犹主义的迫害。这个事件的深远影响在于,它唤起以赫茨尔等人为代表的犹太人改变主张同化的原有观点,开始投身于犹太复国主义运动。这一事件是推动犹太复国主义在19世纪末兴起的直接动因之一。

《锡安长老议事录》(Protocols of the Elders of Zion)　也称"犹太贤士议定书"。是由沙皇秘密警察在巴黎伪造的反犹主义文件,最早刊载于1903年的俄国《旗帜》月刊,它声称犹太人和共济会于1897年在瑞士巴塞尔召开会议,制订了瓦解基督教文明、建立由他们联合统治的世界性国家的计划。其实现手段为自由主义和社会主义。1921年后被证明系伪造,但仍被反犹主义视为犹太人阴谋颠覆与统治世界的具体证据,从而产生了巨大的危害。

纳粹大屠杀(Holocaust/Shoah)　指第二次世界大战期间纳粹德国从事的灭绝欧洲犹太人的行动。美国大屠杀纪念馆对其有一番详细的定义:大屠杀(Holocaust)特指20世纪历史上的一场种族灭绝事件。这一事件是1933—1945年间由纳粹德国及其合作者操纵的、由国家主持的、有计划地迫害与消灭欧洲犹太人的行动。犹太人是主要的牺牲品——600万犹太人被杀害,吉普赛人、有生理缺陷者和波兰人也因种族或民族的原因而被列为毁灭与致死的目标。另有数百万人,包括同性恋、耶和华见证会信徒、苏联战俘和持不同政见者等,也在纳粹暴政之下遭受了严酷的迫害并被致死。犹太世界则以"Shoah"(意为"浩劫")来专门指称这场大灾难。

"水晶之夜"(Kristallnacht) 1938年11月9—10日纳粹德国抢劫犹太人财产和迫害犹太人的事件。因暴行后到处都是砸碎的玻璃,故有此讽刺性名称。11月7日,德国驻法大使馆三秘冯·拉特被波兰犹太大学生格伦斯潘枪杀。希特勒和戈培尔以此为借口,发动党徒在整个德国和奥地利对犹太人采取报复行动。9日当晚,有91名犹太人被杀,数百人受重伤,约有7500家犹太商店被洗劫一空,约177座犹太会堂被焚毁或拆毁。这个事件成为纳粹统治下的犹太人生存状况恶化的转折点。

最后解决(Final Solution) 它是一个纳粹术语,与之对应的德语词汇为"*Endlösung*"(含"斩尽杀绝"之意);该词最初来自纳粹的称呼,全称为"对犹太人问题的最后解决"。第二次世界大战期间纳粹德国制订从肉体上消灭欧洲所有犹太人的计划,通过实施这个灭绝性方案,旨在一劳永逸地解决所谓的"犹太人问题"。根据一些学者的研究,这一想法由希特勒在1941年12月12日的演讲中首次公开提出;随后德国军官及高层在1942年1月20日于柏林召开的万湖会议上对该计划的实施进行了系统讨论,海因里希·希姆莱被指定为该计划的总负责人。该词体现出纳粹反犹的空前残酷性,试图通过对犹太人发动种族战争的形式,使困扰已久的犹太人问题永远不复存在。

犹太复国主义(Zionism) 又称"锡安主义",犹太民族复兴运动,其目标是在巴勒斯坦故土重建一个犹太民族国家。源自犹太教关于弥赛亚降临在锡安复国的宗教传统,同时也是为了解决流散犹太人重建家园的现实需要。它由西奥多·赫茨尔所构想,1897年第一届世界犹太复国主义代表大会的召开以及通过的《巴塞尔纲领》标志着这一运动的兴起。第一次世界大战爆发后,在犹太复国主义者的努力下,英国政府发表《贝尔福宣言》声明赞成在巴勒斯坦建立一个犹太民族之家,但为阿拉伯人所反对。第二次世界大战期间,纳粹德国对犹太人的灭绝政策不仅促使许多犹太人转变立场,也使越来越多的国家接受犹太复国主义。但在巴勒斯坦,犹太复国主义者与阿拉伯人的关系日趋紧张。1947年11月29日,联合国出台巴勒斯坦分治决议,将巴勒斯坦地区分为独立的阿拉伯国和犹太国,耶路撒冷则由国际托管。1948年5月14日,以色列国建立,标志着犹太复国主义目标的实现。

《贝尔福宣言》(Balfour Declaration) 第一次世界大战期间英国战时内阁通过外交大臣贝尔福致函罗斯柴尔德勋爵的形式,于1917年11月2日发表的同情犹太复国主义的宣言。宣布"英王陛下政府赞成在巴勒斯坦建立犹太人的民族家园,并尽最大的努力促使这一目标的实现。应该明确理解的是,绝对不能使巴勒斯坦现有非犹太社团的公民权利和宗教权利受到损害"。该宣言使犹太民族家园由幻想开始转变为政治现实,鼓舞了犹太复国主义运动的发展,但同时极大地损害了阿拉伯人的利益而遭到他们的激烈反对,由此引发一系列旷日持久的冲突与对抗。

萨布拉(Sabra) 即土生土长的犹太人,以色列建国前后塑造出的一种理想国民的典范。他们以其奉献、勇敢、勤劳、强壮、战斗的精神特征区别于流散犹太人的逃避、胆怯、懒惰、虚弱、反战的特点。为显示与流散地的决裂,他们为自己及亲人取希伯来名字,同时将许多地名改为大流散前的名字,以象征与流散前独立时期的历史联系。"萨布拉"最重要的特征是他们扎根土地,乐意为故土奉献汗水和鲜血,以劳动和战斗来保卫家园。"我们来改造这块土地,同时也要被它所改造"成为当时人们的经典口号。

联合国巴勒斯坦分治决议(UN Palestine Partition Plan of 1947) 也称"联合国第181号决议"。1947年2月,英国把巴勒斯坦问题提交联合国处理,同年9月,第二届联合国大会决定设立专门委员会进行研究。11月29日,大会对专门委员会提出的方案进行表决,结果以美苏等国33票赞成,以阿拉伯国家为主13票反对,英国等10票弃权通过《关于巴勒斯坦将来治理(分治计划)问题的〈第181(二)号决议〉》。规定英国委任统治应于1948年8月前结束,并撤出军队;阿拉伯国面积为1.12万平方公里,包括西加利利、约旦河西岸大部分地区、雅法市的阿拉伯区;犹太国面积为1.49万平方公里,包括上加利利、胡拉盆地、太巴列湖、贝桑地区以及从黎巴嫩边界到雅法南部的沿海地区;耶路撒冷及其周围158平方公里的土地作为"在特殊国际政权下的独立主体,并由联合国管理"。这一决议偏袒犹太复国主义,遭到阿拉伯国家和人民的反对和抵制。1948年5月14日,以色列国根据该分治决议成立,引起阿拉伯国家的强烈不满,从而爆发了第一次中东战争。

开封犹太石碑(Kaifeng Jewish Stone Inscriptions) 明清两代开封犹太人所立的古碑。主要有四块:弘治碑,立于明弘治二年(1489),题为《重建清真寺记》,由开封府生员金钟撰,内载犹太教源流、教义、教规,以及开封犹太教寺沿革;正德碑,立于明正德七年(1512),题为《尊崇道经寺记》,由四川布政司右参议左唐撰,碑文阐释其经义一如儒家之说;康熙二年碑,立于清康熙二年(1663),题为《重建清真寺记》,由光禄大夫工部尚书刘昌撰,内记该教渊源、历史、教义以及该寺之沿革和规模,并有碑阴题名,记各姓分置寺业情况;康熙十八年碑,立于清康熙十八年(1679),题为《祠堂述古碑记》,由开封犹太赵氏家族所立,主要记述赵氏在社团发展过程中的功德。

上海犹太难民(Shanghai Jewish Refugees) 第二次世界大战期间避难上海的欧洲犹太难民。1933年希特勒在德国上台之后,许多德国和奥地利犹太人被迫逃离,上海是当时国际上唯一一个无须签证就可进入的城市,因此有不少欧洲犹太人经海路来到上海避难,到1938年年末已有1.5万犹太人涌入上海。1938年"水晶之夜"事件爆发后,欧洲犹太人的处境更加恶化,大批犹太难民涌进上海,以至于到1941年年底上海犹太人的人数达到最高峰,人数最多时一度达到4万人左右。不少犹太人只是将上海作为他们的中转站,很快又离开此地前往别处避难,但上海犹太难民人数一直稳定在 2 万左右。来到上海的犹太难民几乎涵盖了当时犹太人中间的各个派别,他们在战时艰苦条件下仍然各自开展了颇具特色的宗教和文化活动。第二次世界大战结束后,许多犹太难民陆续离开上海,前往以色列、美国、加拿大、澳大利亚等地。

虹口犹太隔都(Hongkew Ghetto) 日本侵略军在上海为限制犹太难民行动自由而建立的隔离区。1943 年 2 月 18 日,日本驻沪占领当局颁布《关于限制无国籍难民居住、营业的公告》,正式建立虹口犹太隔都,并设立上海无国籍避难民处理事务所加以管理,要求犹太难民三个月内迁入"指定区域":东至杨树浦河,南至东熙华德路、汇山路,西至兆丰路、茂海路,北至公共租界边界。所有出口均有武装把守,未经许可不得外出。约有 1.5 万名犹太人生活在此隔离区内。1945 年 8 月日本战败后,这个隔离措施被废除。

推荐阅读文献

一、通史、概论及史学观念

Agus, Jacob. *The Evolution of Jewish Thought*, New York: Abdlard Schuman, 1959.

Baron, Salo W. *A Social and Religious History of the Jews*, 18 vols., New York: Columbia University Press, 1952-1983.

Baron, Salo W. *History and Jewish Historians*, Philadelphia: Jewish Publication Society of America, 1964.

Baron, Salo W. *The Jewish Community: Its History and Structure to the American Revolution*, 3 vols., Philadelphia: Jewish Publication Society of America, 1942-1948.

Baskin, Judith R. ed. *Jewish Women in Historical Perspective*, Detroit: Wayne State University Press, 1991.

Ben-Sasson, H. H. ed. *A History of the Jewish People*, Cambridge: Harvard University Press, 1976.

Biale, David. *Power and Powerless in Jewish History*, New York: Schocken Books, 1986.

Biale, David. ed. *Cultures of the Jews: A New History*, New York: Schocken Books, 2002.

Brenner, Michael. *Prophets of the Past: Interpreters of Jewish History*,

Translated by Steven Rendall, Princeton: Princeton University Press, 2010.

Davidman, Lynn, and Shelly Tanenbaum eds. *Feminist Perspectives on Jewish Studies*, New Haven: Yale University Press, 1994.

Finkelstein, Louis. ed. *The Jews: Their History, Culture, and Religion*, New York: Harper & Brothers Publishers, 1949.

Funkenstein, Amos. *Perceptions of Jewish History*, Berkeley: University of California Press, 1993.

Gordis, Robert. *Love & Sex: A Modern Jewish Perspective*, New York: Farrar, Straus & Giroux, 1978.

Gotzmann, Andreas, and Christian Wiese, eds. *Modern Judaism and Historical Consciousness: Identities, Encounters, Perspectives*, Leiden: Brill, 2007.

Grayzel, Solomon. *A History of the Jews*, New York: New American Library, 1968.

Johnson, Paul. *A History of the Jews*, New York: Harper & Row, 1987.

Koltun, Elizabeth. ed. *The Jewish Woman: New Perspectives*, New York: Schocken Books, 1976.

Meyer, Michael A. ed. *The Ideas of Jewish History*, Detroit: Wayne State University Press, 1987.

Myers, David N. *Re-Inventing the Jewish Past: European Jewish Intellectuals and the Zionist Return to History*, Oxford: Oxford University Press, 1995.

Myers, David N. *Resisting History: Historicism and Its Discontents in German-Jewish Thought*, Princeton: Princeton University Press, 2003.

Myers, David N., and David B. Ruderman, eds. *The Jewish Past Revisited: Reflections on Modern Jewish Historians*, New Haven: Yale University Press, 1998.

Myers, David N., and Alexander Kaye, eds. *The Faith of Fallen Jews: Yosef Hayim Yerushalmi and the Writing of Jewish History*, Waltham,

Mass.: Brandeis University Press, 2014.

Neusner, Jacob. *The Idea of History in Rabbinic Judaism*, Leiden: Brill, 2004.

Sachar, Abram L. *A History of the Jews*, New York: Knopf, 1964.

Sachar, Howard M. *The Course of Modern Jewish History*, Cleveland, Ohio: World Publishing Co., 1958.

Scheindlin, Raymond. *A Short History of the Jewish People*, Oxford: Oxford University Press, 2000.

Vidal-Naquet, Pierre. *The Jews: History, Memory, and the Present*, translated by David A. Curtis, New York: Columbia University Press, 1996.

Yerushalmi, Yosef Hayim. *Zakhor: Jewish History and Jewish Memory*, Seattle: University of Washington Press, 1982.

埃班,阿巴:《犹太史》,阎瑞松译,北京:中国社会科学出版社,1986年。

巴尔纳维,埃利主编:《世界犹太人历史:从〈创世记〉到二十一世纪》,刘精忠等译,北京:中国人民大学出版社,2007年。

傅有德等:《犹太哲学史》,北京:中国人民大学出版社,2008年。

吉尔伯特,马丁:《犹太史图录》,徐新、孔德芳译,上海:上海人民出版社,2000年。

潘光主编:《犹太研究在中国——三十年回顾:1978—2008》,上海:上海社会科学院出版社,2008年。

塞尔茨,罗伯特:《犹太的思想》,赵立行、冯玮译,上海:上海三联书店,1994年。

沃尔泽,迈克尔等编:《犹太政治传统》(卷一、二),刘平等译,上海:华东师范大学出版社,2011年。

徐新:《犹太文化史》,北京:北京大学出版社,2006年。

张倩红、艾仁贵:《犹太文化》,北京:人民出版社,2013年。

二、圣经时代与以色列古史

Ackroyd, P. R. *Exile and Restoration: A Study of Hebrew Thought of the Sixth Century B. C.*, Philadelphia: Westminster Press, 1972.

Ahlstrom, G. W. *Royal Administration and National Religion in Ancient Palestine*, Leiden: Brill, 1982.

Albright, William F. *Yahweh and the Gods of Canaan*, Garden City, N. Y.: Doubleday, 1969.

Assmann, Jan. *Moses the Egyptian: The Memory of Egypt in Western Monotheism*, Cambridge: Harvard University Press, 1997.

Barr, James. *History and Ideology in the Old Testament*, Oxford: Oxford University Press, 2000.

Birch, B. C. *The Rise of the Israelite Monarchy*, Missoula: Scholars Press, 1976.

Bright, John. *A History of Israel*, Phildelphia: Westminster Press, 1959.

Cassuto, U. *The Documentary Hypothesis and the Compositon of the Pentateuch*, translated by I. Abragams, Jerusalem: Magnes Press, 1972.

Cogan, M. *Imperialism and Religion: Assyria, Judah, and Israel in the Eighth and Seventh Centuries B. C. E.*, Missoula: Scholars Press, 1974.

Cross, Frank M. *Canaanite Myth and Hebrew Epic*, Cambridge: Harvard University Press, 1973.

Davies, W. D., and L. Finkelstein, eds. *The Cambridge History of Judaism*, 4 vols., Cambridge: Cambridge University Press, 1984-2006.

Davies, P. R. *In Search of "Ancient Israel"*, Sheffield: Sheffield Academic Press, 1992.

Day, John. ed. *In Search of Pre-Exilic Israel*, London: T&T Clark, 2004.

Dozeman, T. B. *God at War: A Study of Power in the Exodus Tradition*,

Oxford: Oxford University Press, 1996.

Gottwald, N. K. *The Tribes of Yahweh: A Sociology of the Religion of Liberated Israel, 1250-1050 B. C. E.*, Maryknoll, N. Y.: Orbis Books, 1979.

Halpern, Baruch. *The First Historians: The Hebrew Bible and History*, San Francisco: Harper & Row, 1988.

Harrison, R. K. *An Introduction to the Old Testament*, Grand Rapids: W. B. Eerdmans, 1969.

Hayes, J. H., and J. Maxwell Miller, eds. *Israelite and Judaean History*, Philadelphia: Westminster Press, 1977.

Hoffmeier, James K. *Israel in Egypt: The Evidence for the Authenticity of the Exodus Tradition*, Oxford: Oxford University Press, 1997.

Ishida, Tomoo. *The Royal Dynasties in Ancient Israel*, Berlin: Walter de Gruyter, 1977.

Kitchen, Kenneth A. *On the Reliability of the Old Testament*, Grand Rapids: W. B. Eerdmans, 2003.

Lindblom, J. *Prophecy in Ancient Israel*, Philadelphia: Fortress Press, 1973.

Mazar, Benjamin. *Biblical Israel: State and People*, Jerusalem: Magnes Press, 1992.

Miller, J. M. *The Old Testament and the Historian*, Philadephia: Fortress Press, 1976.

Miller, J., and John Hayes. *A History of Ancient Israel and Judah*, Louisville: Westminster John Knox Press, 1986.

Noth, Martin. *The History of Israel*, New York: Harper & Brothers, 1958.

Noth, Martin. *The Deuteronomistic History*, Sheffield: Sheffield Academic Press, 1981.

Rendtorff, R. *The Old Testament: An Introduction*, Philadelphia: Fortress Press, 1985.

Rooke, Deborah W. *Zadok's Heirs: The Role and Developent of the*

High Priesthood in Ancient Israel, Oxford: Oxford University Press, 2000.

Van Seters, J. *Abraham in History and Tradition*, New Haven: Yale University Press, 1975.

Van Seters, J. *In Search of History: Historiography in the Ancient World and the Origins of Biblical History*, New Haven: Yale University Press, 1983.

Sandmel, S. *The Hebrew Scriptures: An Introduction to Their Literature and Religious Ideas*, New York: Oxford University Press, 1978.

Soggins, J. A. *Introduction to the Old Testament*, Philadelphia: Westminster Press, 1976.

Stern, E. *The Material Culture of the Land of the Bible in the Perian Period*, Warminister: Aris & Phillips, 1982.

Vaux, Roland de. *The Early History of Israel*, Philadelphia: Westminster Press, 1978.

Thompson, Thomas L. *The Historicity of the Patriarchal Narratives: The Quest for the Historical Abraham*, Berlin: Walter de Gruyter, 1974.

Weinfeld, M. *Deuteronomy and the Deuteronomic School*, Oxford: Clarendon Press, 1972.

Whitelam, Keith. *The Invention of Ancient Israel: The Silencing of Palestinian History*, London: Routledge, 1996.

Williamson, H. G. M. *Israel in the Book of Chronicles*, Cambridge: Cambridge University Press, 1977.

Wright, G. E. *Biblical Archaelolgy*, Philadelphia: Westminster Press, 1962.

陈贻绎:《希伯来语圣经——来自考古和文本资料的信息(至公元前586年)》,北京:昆仑出版社,2006年。

陈贻绎:《希伯来语〈圣经〉导论》,北京:北京大学出版社,2011年。

德雷恩:《旧约概论》,许一新译,北京:北京大学出版社,2004年。

米拉德,阿兰:《〈圣经〉考古大发现》,朱玉华译,南昌:江西人民出版社,2009 年。

王立新:《古代以色列历史文献、历史框架、历史观念研究》,北京:北京大学出版社,2004 年。

游斌:《希伯来圣经的文本、历史与思想世界》,北京:宗教文化出版社,2007 年。

游斌:《圣书与圣民:古代以色列的历史记忆与族群构建》,北京:宗教文化出版社,2011 年。

三、希腊、罗马与早期基督教时期

Avi-Yonah, Michael. *The Jews under Roman and Byzantine Rule: A Political History of Palestine from the Bar Kokhba War to the Arab Conquest*, New York: Schocken Books, 1984.

Barclay, John M. G. *Jews in the Mediterranean Diaspora*, Edinburgh: T&T Clark, 1996.

Berlin, Andrea M., and J. Andrew Overman, eds. *The First Jewish Revolt: Archaeology, History, and Ideology*, London: Routledge, 2002.

Bickerman, Elias. *Studies in Jewish and Christian History*, 3 vols., Leiden: Brill, 1976-1986.

Bickerman, Elias J. *The God of the Maccabees: Studies on the Meaning and Origin of the Maccabean Revolt*, Leiden: Brill, 1979.

Bickerman, Elias J. *The Jews in the Greek Age*, Cambridge: Harvard University Press, 1988.

Cohen, Shaye J. D. *The Beginnings of Jewishness: Boundaries, Varieties, Uncertainties*, Berkeley: University of California Press, 1999.

Collins, John J. *Between Athens and Jerusalem: Jewish Identity in the Hellenistic Diaspora*, New York: Crossroad Publishing Co., 1983.

Collins, John J., and Gregory Sterling, eds. *Hellenism in the Land of*

Israel, Notre Dame, IN: University of Notre Dame, 2001.

Feldman, Louis H. *Jews and Gentiles in the Ancient World*, Princeton: Princeton University Press, 1993.

Finkelstein, Louis. *The Pharisees: The Sociological Background of Their Faith*, Philadelphia: Jewish Publication Society of America, 1946.

Goodenough, Erwin R. *Jewish Symbols in the Greco-Roman Period*, 13 vols., Princeton: Princeton University Press, 1953-1968.

Goodman, Martin. *The Ruling Class of Judaea: The Origins of the Jewish Revolt against Rome, A. D. 66-70*, Cambridge: Cambridge University Press, 1987.

Goodman, Martin, ed. *Jews in a Graeco-Roman World*, Oxford: Clarendon Press, 1998.

Goodman, Martin. *Judaism in the Roman World: Collected Essays*, Leiden: Brill, 2007.

Gruen, Erich. *Heritage and Hellenism: The Reinvention of Jewish Tradition*, Berkeley: University of California Press, 1998.

Gruen, Erich S. *Diaspora: Jews amongst Greeks and Romans*, Cambridge: Harvard University Press, 2002.

Gutmann, J., ed. *The Synagogue: Studies in Origins, Archaeology and Architecture*, New York: Ktav Publishing House, 1975.

Hengel, Martin. *Judaism and Hellenism: Studies in Their Encounter in Palestine during the Hellenistic Period*, 2 vols., translated by John Bowden, London: SCM Press, 1974.

Hengel, Martin. *Jews, Greeks, and Barbarians*, Philadelphia: Fortress Press, 1980.

Hengel, Martin. *The 'Hellenization' of Judaea in the First Century after Christ*, Philadelphia: Trinity Press International, 1990.

Hoenig, S. B. *The Great Sanhedrin*, New York: Bloch Publishing Co., 1953.

Levine, Lee I. *Judaism and Hellenism in Antiquity: Conflict or Confluence? Seattle: University of Washington Press*, 1998.

Lieberman, Saul. *Greek in Jewish Palestine*, New York: Jewish Theological Seminary of America, 1942.

Lieberman, Saul. *Hellenism in Jewish Palestine*, New York: Jewish Theological Seminary of America, 1950.

Modrzejewski, Joseph Meleze. *The Jews of Egypt from Ramses II to the Emperor Hadrian*, Philadelphia: Jewish Publication Society of America, 1995.

Oesterley, W. O. E. *The Jews and Judaism during the Greek Period: The Background of Christianity*, New York: Macmillan, 1941.

Rajak, Tessa. *The Jewish Dialogue with Greece and Rome*, Leiden: Brill, 2001.

Safrai, S., and M. Stern, eds. *The Jewish People in the First Century*, Philadelphia: Jewish Publication Society of America, 1974.

Schäfer, Peter, ed. *The Bar Kokhba War Reconsidered: New Perspectives on the Second Jewish Revolt against Rome*, Tubingen: Mohr Siebeck, 2003.

Schürer, Emil. *The History of the Jewish People in the Age of Jesus Christ (175 B. C. —A. D. 135)*, 3 vols., Edinburgh: T&T Clark, 1973-1987.

Sevenster, J. N. *The Roots of Pagan Anti-Semitism in the Ancient World*, Leiden: Brill, 1975.

Simon, Marcel. *Verus Israel: A Study of the Relations between Christians and Jews in the Roman Empire (A. D. 135-425)*, translated by H. McKeating, London: The Littman Library of Jewish Civilization, 1996.

Smallwood, E. Mary. *The Jews under Roman Rule*, Leiden: Brill, 1976.

黄天海:《希腊化时代的犹太思想》,上海:上海人民出版社,1999年。

科亨,沙亚:《古典时代犹太教导论》(*From the Maccabees to the Mishnah*),郑阳译,北京:中国社会科学出版社,2012年。

梅尔,保罗编译:《约瑟夫著作精选》,王志勇译,北京:北京大学出版社,2004 年。

切里科夫,维克多:《希腊化文明与犹太人》,石敏敏译,上海:上海三联书店,2012 年。

威廉逊,罗纳尔德:《希腊化世界中的犹太人:斐洛思想引论》,徐开来、林庆华译,北京:华夏出版社,2003 年。

周平:《〈犹太古史〉所罗门传》:希伯来传统与希腊化双重视野》,北京:社会科学文献出版社,2011 年。

四、塔木德时代与中世纪

Abrams, Israel. *Jewish Life in the Middle Ages*, Philadelphia: Jewish Publication Society of America, 1993.

Ahmad, Barakat. *Muhammad and the Jews*, New Delhi: Vikas Publishing House, 1979.

Alon, Gedaliah. *The Jews in Their Land in the Talmudic Age*, Cambridge: Harvard University Press, 1989.

Brayer, Menachem M. *The Jewish Woman in Rabbinic Literature*, Hoboken, N.J.: Ktav Publishing House, 1986.

Cohen, Mark R. *Under Crescent and Cross: The Jews in the Middle Ages*, Princeton: Princeton University Press, 1994.

Danby, Herbert. *The Mishnah*, Oxford: Oxford University Press, 1933.

Finkelstein, Louis. *Jewish Self-Government in the Middle Ages*, New York: Jewish Theological Seminary of America, 1924.

Lewis, Bernard. *The Jews of Islam*, Princeton: Princeton University Press, 1984.

Newby, G. D. *A History of the Jews of Arabia from Ancient Times to Their Eclipse under Islam*, Columbia: University of South Carolina Press,

1988.

Neusner, Jacob. *The Mishnah: A New Translation*, New Haven: Yale University Press, 1991.

Novak, David. *The Image of the Non-Jew in Judaism*, Lewiston, N. Y.: Edwin Mellen Press, 1983.

Roth, Cecil. *A History of the Marranos*, New York: Meridian Books, 1959.

Roth, Cecil. *The History of the Jews of Italy*, Philadelphia: Jewish Publication Society of America, 1946.

Roth, Cecil. *The Jews in the Renaissance*, Philadelphia: Jewish Publication Society of America, 1959.

Setton, Kenneth M., ed. *A History of the Crusades*, 6 vols., Madison: University of Wisconsin Press, 1969-1989.

Stillman, Norman. *The Jews of Arab Lands: A History and Source Book*, Philadelphia: Jewish Publication Society of America, 1979.

Stow, Kenneth. *Catholic Thought and Papal Jewry Policy, 1555-1593*, New York: Jewish Theological Seminary of America, 1977.

Stow, Kenneth. *Alienated Minority: The Jews of Medieval Latin Europe*, Cambridge: Harvard University Press, 1992.

《阿伯特:犹太智慧书》,阿丁·施坦泽兹诠释、张平译,北京:中国社会科学出版社,1996年。

《密释纳·第一部:种子》,张平译注,济南:山东大学出版社,2011年。

《天下通道精义篇:犹太处世书》,张平译注,北京:北京大学出版社,2003年。

张淑清:《中世纪西欧的犹太妇女》,北京:人民出版社,2009年。

五、哈斯卡拉与解放时代

Altmann, Alexander. *Moses Mendelssohn: A Biographical Study*, London: Alabama University Press, 1973.

Aschheim, Steven. *Brothers and Strangers: The East European Jew in German and German Jewish Consciousness, 1800-1923*, Madison: University of Wisconsin Press, 1982.

Bartal, Israel. *The Jews of Eastern Europe 1772-1881*, Philadelphia: University of Pennsylvania Press, 2005.

Bell, Dean Phillip. *Jews in the Early Modern World*, Lanham, MD: Rowman & Littlefield, 2008.

Bell, Dean Phillip, and Stephen Burnett, eds. *Jews, Judaism, and the Reformation in Sixteenth-Century Germany*, Leiden: Brill, 2006.

Berkovitz, Jay. *The Shaping of Jewish Identity in Nineteenth-Century France*, Detroit: Wayne State University Press, 1979.

Birnbaum, Pierre, and Ira Katznelson, eds. *Paths of Emancipation: Jews, States, and Citizenship*, Princeton: Princeton University Press, 1995.

Bodian, Miriam. *Hebrews of the Portuguese Nation: Conversos and Community in Early Modern Amsterdam*, Bloomington: Indiana University Press, 1997.

Bonfil, Robert. *Jewish Life in Renaissance Italy*, Berkeley: University of California Press, 1994.

Carlebach, Elisheva. *Divided Souls: Converts from Judaism in Germany 1500-1750*, New Haven: Yale University Press, 2001.

David Cesarani, ed. *The Making of Modern Anglo-Jewry*, London: Blackwell, 1990.

Davis, Moshe. *The Emergence of Conservative Judaism: The Historical*

School in 19th Century America, Philadelphia: Jewish Publication Society of America, 1965.

Dawidowicz, Lucy S. *The Golden Tradition: Jewish Life and Thought in Eastern Europe*, New York: Holt, Rinehart & Winston, 1967.

Dubnov, Simon. *History of the Jews in Russia and Poland*, 3 vols., Translated by Israel Friedlander, Philadelphia: Jewish Publication Society of America, 1916-1920.

Eisenbach, Artur. *The Emancipation of the Jews in Poland, 1780-1870*, Oxford: Blackwell, 1991.

Endelman, Todd. *The Jews of Georgian England, 1714-1830: Tradition and Change in a Liberal Society*, Ann Arbor, MI: University of Michigan Press, 1999.

Feiner, Shmuel. *The Jewish Enlightenment*, translated by Chaya Naor, Philadelphia: University of Pennsylvania Press, 2004.

Feiner, Shmuel. *Haskalah and History: The Emergence of a Modern Jewish Historical Consciousness*, London: The Littman Library of Jewish Civilization, 2001.

Frankel, Jonathan. *Prophecy and Politics: Socialism, Nationalism, and the Russian Jews, 1862-1917*, Cambridge: Cambridge University Press, 1981.

Geiger, Abraham. *Judaism and Its History*, translated by Charles Newburgh, Lanham, MD: University Press of America, 1985.

Gilman, Sander L. *Jewish Self-Hatred: Anti-Semitism and the Hidden Language of the Jews*, Baltimore: Johns Hopkins University Press, 1986.

Glatzer, Nahum Norbert. *Modern Jewish Thought: A Source Reader*, New York: Schocken Books, 1977.

Goldscheider, Calvin, and Alan Zuckerman. *The Transformation of the Jews*, Chicago: University of Chicago Press, 1986.

Hertz, Deborah. *Jewish High Society in Old Regime Berlin*, Syracuse: Syracuse University Press, 2005.

Hertz, Deborah. *How Jews Became Germans: The History of Conversion and Assimilation in Berlin*, New Haven: Yale University Press, 2007.

Hertzberg, Arthur. *The French Enlightenment and the Jews*, Philadelphia: Jewish Publication Society of America, 1968.

Hyman, Paula. *From Dreyfus to Vichy: The Remaking of French Jewry*, New York: Columbia University Press, 1979.

Israel, Jonathan. *Diasporas within a Diaspora: Jews, Crypto-Jews and the World Maritime Empires (1540-1740)*, Leiden: Brill, 2002.

Israel, Jonathan. *European Jewry in the Age of Mercantilism 1550-1750*, London: The Littman Library of Jewish Civilization, 1998.

Karp, Jonathan. *The Politics of Jewish Commerce: Economic Thought and Emancipation in Europe, 1638-1848*, Cambridge: Cambridge University Press, 2008.

Katz, Jacob. *Out of the Ghetto: The Social Background of Jewish Emancipation*, Cambridge: Harvard University Press, 1973.

Katz, Jacob. *Tradition and Crisis: Jewish Society at the End of the Middle Ages*, New York: The Free Press of Glencoe, 1961.

Katz, Jacob. ed. *Toward Modernity: The European Jewish Model*, New Brunswick: Transaction, 1987.

Koltun-Fromm, Ken. *Moses Hess and Modern Jewish Identity*, Bloomington: Indiana University Press, 2001.

Lederhendler, Eli. *The Road to Modern Jewish Politics: Political Tradition and Political Reconstruction in the Jewish Community of Tsarist Russia*, New York: Oxford University Press, 1989.

Leff, Lisa Moses. *The Rise of Jewish Internationalism in Nineteenth-Century France*, Stanford: Stanford University Press, 2006.

Levin, Nora. *While Messiah Tarried: Jewish Socialist Movement, 1871-1917*, New York: Schocken Books, 1977.

Mahler, Raphael. *A History of Modern Jewry: 1780-1815*, New York:

Schocken Books, 1971.

Menache, Sophia. *Communication in the Jewish Diaspora: The Pre-Modern World*, Leiden: Brill, 1996.

Mendelsohn, Ezra. *On Modern Jewish Politics*, New York: Oxford University Press, 1993.

Mendes-Flohr, Paul. *German Jews: A Dual Identity*, New Haven: Yale University Press, 1999.

Meyer, Michael A. *Response to Modernity: A History of the Reform Movement*, Detroit: Wayne State University Press, 1995.

Meyer, Michael A. *The Origins of the Modern Jew: Jewish Identity and European Culture in Germany, 1749-1824*, Detroit: Wayne State University Press, 1967.

Nathans, Benjamin. *Beyond the Pale: The Jewish Encounter with Late Imperial Russia*, Berkeley: University of California Press, 2002.

Raisin, Jacob S. *The Haskalah Movement in Russia*, Philadelphia: Jewish Publication Society of America, 1913.

Roemer, Nils H. *Jewish Scholarship and Culture in Nineteenth-Century Germany: Between History and Faith*, Madison: University of Wisconsin Press, 2005.

Ruderman, David B. *Early Modern Jewry: A New Cultural History*, Princeton: Princeton University Press, 2010.

Ruderman, David B., ed. *Essential Papers on Jewish Culture in Renaissance and Baroque Italy*, New York: New York University Press, 1992.

Schwarzfuchs, Simon. *Napoleon, the Jews and the Sanhedrin*, London: Routledge & Kegan Paul, 1979.

Sombart, Werner. *The Jews and Modern Capitalism*, translated by M. Epstein, New York: Collier Books, 1962.

Sorkin, David. *The Transformation of German Jewry 1780-1840*, Oxford: Oxford University Press, 1987.

Sorkin, David. *The Berlin Haskalah and German Religious Thought*, London: Valentine Mitchell, 2000.

Sutcliffe, Adam. *Judaism and Enlightenment*, Cambridge: Cambridge University Press, 2003.

Vital, David. *A People Apart: The Jews in Europe, 1789-1939*, Oxford: Oxford University Press, 1999.

Volkov, Shulamit. *Germans, Jews and Antisemites: Trials in Emancipation*, Cambridge: Cambridge University Press, 2006.

Weinberg, David. *Between Tradition and Modernity: Haim Zhitlowski, Simon Dubnow, Ahad Ha-am, and the Shaping of Modern Jewish Identity*, New York: Holmes & Meier, 1996.

鲁达夫斯基,大卫:《近现代犹太宗教运动:解放与调整的历史》,傅有德等译,济南:山东大学出版社,1996年。

门德尔松,摩西:《耶路撒冷》,刘新利译,济南:山东大学出版社,2007年。

张倩红:《困顿与再生:犹太文化的现代化》,南京:江苏人民出版社,2003年。

六、反犹主义与纳粹大屠杀

Almog, Shmuel. ed. *Nationalism & Antisemitism in Modern Europe, 1815-1945*, Oxford: Pergamon, 1990.

Anderson, George K. *The Legend of the Wandering Jew*, Providence: Brown University Press, 1965.

Bauer, Yehuda. *A History of the Holocaust*, New York: Franklin Watts, 1982.

Bauer, Yehuda. *Rethinking the Holocaust*, New Haven: Yale University Press, 2000.

Bauer, Yehuda. *The Holocaust in Historical Perspective*, Seattle: University of Washington Press, 1978.

Bein, Alex. *The Jewish Question: Biography of a World Problem*, Translated by Harry Zohn, Cranbury, N. J.: Associated University Press, 1990.

Berenbaum, Michael, and Abraham J. Peck, eds. *The Holocaust and History: The Known, the Unknown, the Disputed, and the Reexamined*, Bloomington: Indiana University Press, 1998.

Berger, David. ed. *History and Hate: The Dimensions of Anti-Semitism*, Philadelphia: Jewish Publication Society of America, 1997.

Bernstein, Peretz F. *Jew-Hate as a Sociological Problem*, New York: Philosophical Library, 1951.

Carmichael, Joel. *The Satanizing of the Jews: Origin and Development of Mystical Anti-Semitism*, New York: Fromm International, 1993.

Cohen, Boaz. *Israeli Holocaust Research: Birth and Evolution*, translated by Agnes Vazsonyi, London: Routledge, 2013.

Cohen, Jeremy. ed. *Essential Papers on Judaism and Christianity in Conflict: From Late Antiquity to the Reformation*, New York: New York University Press, 1991.

Cohen, Jeremy. *The Friars and the Jews: The Evolution of Anti-Judaism*, Ithaca: Cornell University Press, 1982.

Cohn, Norman. *Warrant for Genocide: The Myth of the Jewish World Conspiracy and the Protocols of the Elders of Zion*, New York: Harper & Row, 1967.

Crowe, David M. *The Holocaust: Roots, History, and Post-History*, Boulder, CO: Westview Press, 1998.

Diner, Dan. *Beyond the Conceivable: Studies on Germany, Nazism, and the Holocaust*, Berkeley: University of California Press, 2000.

Ehrenreich, Eric. *The Nazi Ancestral Proof: Genealogy, Racial Science *and the Final Solution*, Bloomington: Indiana University Press, 2007.

Evans, Richard. *In Hitler's Shadow: West German Historians and the Attempt to Escape from the Nazi Past*, New York: Pantheon Books, 1989.

Fein, Helen. *Accounting for Genocide: National Responses and Jewish Victimization during the Holocaust*, Chicago: University of Chicago Press, 1984.

Finkelstein, Norman G. *The Holocaust Industry: Reflections on the Exploitation of Jewish Suffering*, New York: Verso, 2000.

Flannery, Edward. *The Anguish of the Jews: Jews: Twenty-Three Centuries of Antisemitism*, Mahwah, N.J.: Paulist Press, 1985.

Frankel, Jonathan. *The Damascus Affair: 'Ritual Murder,' Politics, and the Jews in 1840*, Cambridge: Cambridge University Press, 1997.

Friedlander, Henry. *The Origins of Nazi Genocide: From Euthanasia to the Final Solution*, Chapel Hill: University of North Carolina Press, 1995.

Hilberg, Raul. *The Destruction of the European Jews*, London: W. H. Allen, 1961.

Hilberg, Raul. *Perpetrators, Victims, Bystanders: The Jewish Catastrophe, 1933-1945*, New York: Harper Collins, 1992.

Katz, Jacob. *From Prejudice to Destruction: Anti-Semitism, 1700-1933*, Cambridge: Harvard University Press, 1982.

Katz, Jacob. *The Darker Side of Genius: Richard Wagner's Anti-Semitism*, Hanover: University Press of New England, 1986.

Katz, Steven T. *The Holocaust in Historical Context: The Holocaust and Mass Death before the Modern Age*, Oxford: Oxford University Press, 1994.

Katz, Steven T., Shlomo Biderman, and Gershon Greenberg, eds. *Wrestling with God: Jewish Theological Responses during and after the Holocaust*, Oxford: Oxford University Press, 2007.

Kertzer, David. *The Popes against the Jews: The Vatican's Role in Modern Anti-Semitism*, New York: Alfred A. Knopf, 2001.

Landau, Ronnie S. *The Nazi Holocaust*, London: I. B. Tauris, 1992.

Landau, Ronnie S. *Studying the Holocaust: Issues, Readings, and Documents*, London: Routledge, 1998.

Langmuir, Gavin I. *Toward a Definition of Antisemitism*, Berkeley: University of California Press, 1996.

Laqueur, Walter, and Judith Tydor Baume, eds. *The Holocaust Encyclopedia*, New Haven: Yale University Press, 2001.

Levin, Nora. *The Holocaust: The Nazi Destruction of European Jewry, 1933-1945*, Melbourne, Fla.: Krieger Publishing Co., 1990.

Lipstadt, Deborah. *Denying the Holocaust: The Growing Assault on Truth and Memory*, New York: The Free Press, 1993.

Michman, Dan. *Holocaust Historiography: A Jewish Perspective; Conceptualizations, Terminology, Approaches and Fundamental Issues*, London: Vallentine Mitchell, 2003.

Michman, Dan. and David Bankier, eds. *Holocaust Historiography in Context: Emergence, Challenges, Polemics and Achievements*, Jerusalem: Yad Vashem; New York: Berghahn Books, 2009.

Nicholls, William. *Christian Antisemitism: A History of Hate*, Northvale, N. J.: Jason Aronson, 1995.

Noakes, J., and G. Pridham, eds. *Nazism: A History in Documents and Eyewitness Accounts, 1919-1945*, 2 vols., New York: Schocken Books, 1990.

Poliakov, Leon. *History of Anti-Semitism*, 4 vols., New York: Vanguard Press, 1965-1985.

Prager, Dennis, and Joseph Telushkin. *Why the Jews? The Reason for Antisemitism*, New York: Simon & Schuster, 1983.

Redles, David. *Hitler's Millennial Reich: Apocalyptic Belief and the Search for Salvation*, New York: New York University Press, 2005.

Roth, John K., and Michael Berenbaum, eds. *The Holocaust: Religious and Philosophical Implications*, New York: Paragon House, 1989.

Sartre, Jean-Paul. *Antisemite and Jew*, New York: Schocken Books, 1995.

Schreckenberg, Heinz. *The Jews in Christian Art: An Illustrated History*, London: SCM Press, 1996.

Simonsohn, Shlomo. *The Apostolic See and the Jews*, Toronto: Pontifical Institute of Mediaeval Studies, 1991.

Stone, Dan. ed. *The Historigraphy of the Holocaust*, New York: Palgrave Macmillan, 2004.

Trachtenberg, Joshua. *The Devil and the Jews: The Medieval Conception of the Jew and Its Relation to Modern Antisemitism*, New Haven: Yale University Press, 1943.

Wistrich, Robert S. *Antisemitism: The Longest Hatred*, New York: New York University Press, 1990.

Wistrich, Robert S., ed. *Demonizing the Other: Antisemitism, Racism and Xenophobia*, Amsterdam: Harwood Academic Publishers, 1999.

Wyman, David S. *The Abandonment of the Jews: America and the Holocaust, 1941-1945*, New York: Pantheon Books, 1986.

Yahil, Leni. *The Holocaust: The Fate of European Jewry, 1932-1945*, New York: Oxford University Press, 1991.

Zimmerman, Moshe. *Wilhelm Marr: The Patriarch of Anti-Semitism*, Oxford: Oxford University Press, 1986.

鲍曼,齐格蒙:《现代性与大屠杀》,杨渝东、史建华译,南京:译林出版社,2002年。

陈恒、耿相新主编:《新史学(第八辑):纳粹屠犹——历史与记忆》,郑州:大象出版社,2007年。

费舍尔,克劳斯:《德国反犹史》,钱坤译,南京:江苏人民出版社,2007年。

弗里德兰德尔,索尔:《灭绝的年代:纳粹德国与犹太人,1939—1945》,卢彦名等译,北京:中国青年出版社,2011年。

戈德哈根,丹尼尔:《希特勒的志愿行刑者》,贾宗谊译,北京:新华出版社,1998年。

罗衡林:《通向死亡之路:纳粹统治时期德意志犹太人的生存状况》,北京:人民出版社,2006年。

潘光、汪舒明、盛文沁主编:《纳粹大屠杀的政治和文化影响》,北京:时事出版社,2009年。

徐新:《反犹主义解析》,上海:上海三联书店,1996年。

七、美国犹太史

Blau, Joseph L., and Salo W. Baron, eds. *The Jews of the United States, 1790-1840: A Documentary History*, New York: Columbia University Press, 1964.

Diner, Hasia. *The Jews of the United States, 1654-2000*, Berkeley: University of California Press, 2004.

Feingold, Henry, ed. *The Jewish People in America*, 5 vols., Baltimore: Johns Hopkins University Press, 1992.

Feldberg, Michael, ed. *Blessings of Freedom: Chapters in American Jewish History*, Hoboken, N.J.: Ktav Publishing House, 2002.

Feingold, Henry. *Zion in America: The Jewish Experience from Colonial Times to the Present*, New York: Hippocrene, 1981.

Feingold, Henry, ed. *The Jewish People in America*, 5 vols., Baltimore: Johns Hopkins University Press, 1992.

Glazer, Nathan. *American Judaism*, Chicago: University of Chicago Press, 1988.

Glenn, Susan A. *Daughters of the Shtetl: Life and Labor in the Immigrant Generation*, Ithaca: Cornell University Press, 1990.

Grinstein, Hyman B. *The Rise of the Jewish Community of New York*,

1654-1860, Philadelphia: Jewish Publication Society of America, 1945.

Grundberger, Michael W. , ed. *From Haven to Home: 350 Years of Jewish Life in America*, Washington, D. C.: Library of Congress, 2004.

Hyman, Paula E. , and Deborah Dash Moore, eds. *Jewish Women in America: An Historical Encyclopedia*, 2 vols. , New York: Routledge, 1997.

Karp, Abraham J. *Haven and Home: A History of the Jews in America*, New York: Schocken Books, 1985.

Karp, Abraham J. , ed. *The Jewish Experience in America*, Waltham: American Jewish Historical Society, 1969.

Korn, Bertram W. *American Jewry and the Civil War*, New York: Atheneum, 1970.

Leberson, Anita Libman. *Pilgrim People: A History of the Jews in America from 1492-1974*, New York: Minerva Press, 1975.

Levitan, Tina. *First Facts in American Jewish History: From 1492 to the Present*, Northvale, N. J.: Jason Aronson, 1996.

Marcus, Jacob Rader. *The American Jewish Woman: A Documentary History*, New York: Ktav Publishing House, 1981.

Marcus, Jacob Rader. *The Colonial American Jew, 1492-1776*, 3 vols. , Detroit: Wayne State University Press, 1970.

Marcus, Jacob Rader, ed. *Memoirs of American Jews, 1775-1977*, 3 vols. , Philadelphia: Jewish Publication Society of America, 1955.

Marcus, Jacob Rader. *United States Jewry, 1776-1985*, Detroit: Wayne State University Press, 1989.

Marcus, Jacob Rader. ed. *American Jewry: Documents, Eighteenth Century*, Cincinnati: Hebrew Union College Press, 1959.

Plesur, Milton. *Jewish Life in Twentieth-Century America: Challenge and Accommodation*, Chicago, IL: Nelson-Hall, 1982.

Raphael, Marc Lee. *Judaism in America*, New York: Columbia University Press, 2003.

Rausch, David A. *Friends, Colleagues and Neighbors: Jewish Contributions to American History*, Grand Rapids, MI: Baker Books, 1996.

Rezneck, Samuel. *Unrecognized Patriots: The Jews in the American Revolution*, Westport, CT: Greenwood Press, 1975.

Sachar, Howard. *A History of the Jews in America*, New York: Alfred A. Knopf, 1992.

Sarna, Jonathan D. ed. *The American Jewish Experience*, New York: Holmes & Meier, 1986.

Sarna, Jonathan D. *American Judaism: A History*, New Haven: Yale University Press, 2004.

Sarna, Jonathan D. *Jews and the Founding of the Republic*, New York: M. Wiener Pub., 1985.

Schappes, Morris U. ed. *A Documentary History of the Jews of the United States, 1654-1875*, New York: Citadel Press, 1950.

Telushkin, Rabbi Joseph. *The Golden Land: The Story of Jewish Immigration to America*, New York: Harmony Books, 2002.

刘军:《美国犹太人:从边缘到主流的少数族群》,昆明:云南大学出版社,2009年。

马库斯,雅各:《美国犹太人:一部历史,1585—1990》,杨波等译,上海:上海人民出版社,2004年。

潘光、汪舒明、罗爱玲主编:《犹太人在美国:一个成功族群的发展和影响》,北京:时事出版社,2010年。

萨纳,乔纳森:《美国犹太教史》,胡浩译,郑州:大象出版社,2009年。

八、犹太复国主义与以色列国家构建

Almog, Oz. *The Sabra: The Creation of the New Jew*, translated by

Haim Watzman, Berkeley: University of California Press, 2000.

Almog, Shmuel. *Zionism and History: The Rise of a New Jewish Consciousness*, New York: St. Martin's Press, 1987.

Avineri, Shlomo. *The Making of Modern Zionism: The Intellectual Origins of the Jewish State*, New York: Basic Books, 1981.

Ben-Gurion, David. *Rebirth and Destiny of Israel*, New York: Philosophical Library, 1954.

Ben-Rafael, Eliezer, and Stephen Sharot. *Ethnicity, Religion and Class in Israeli Society*, Cambridge: Cambridge University Press, 1991.

Cohen, Mitchell. *Zion & State: Nation, Class and the Shaping of Modern Israel*, New York: Columbia University Press, 1992.

Dieckhoff, Alain. *The Invention of a Nation: Zionist Thought and the Making of Modern Israel*, London: Hurst & Co. , 2003.

Dowty, Alan. *The Jewish State: A Century Later*, Berkeley: University of California Press, 1998.

Drory, Ze'ev. *The Israel Defence Force and the Foundation of Israel: Utopia in Uniform*, London: RoutledgeCurzon, 2005.

Eisenstadt, Shmuel Noah. *The Transformation of Israeli Society*, London: Weidenfeld & Nicolson, 1985.

Gelber, Yoav. *Nation and History: Israeli Historiography and Identity between Zionism and Post-Zionism*, London: Vallentine Mitchell, 2011.

Gitelman, Zvi. *Religion or Ethnicity? Jewish Identities in Evolution*, New Brunswick: Rutgers University Press, 2009.

Halpern, Ben. *The Idea of a Jewish State*, Cambridge: Harvard University Press, 1976.

Halpern, Ben, and Jehuda Reinharz. *Zionism and the Creation of a New Society*, New York: Oxford University Press, 1998.

Hattis, Susan Lee. *The Bi-National Idea in Palestine during Mandatory Times*, Haifa: Shikmona, 1970.

Hazony, Yoram. *The Jewish State: The Struggle for Israel's Soul*, New York: Basic Books, 2000.

Heller, Joseph. *The Birth of Israel, 1945-1949: Ben-Gurion and His Critics*, Gainesville: University Press of Florida, 2000.

Kenan, Orna. *Between Memory and History: The Evolution of Israeli Historiography of the Holocaust, 1945-1961*, New York: Peter Lang, 2003.

Kimmerling, Baruch. *Zionism and Economy*, Cambridge: Schenkman Publishing Co., 1983.

Kimmerling, Baruch. *Zionism and Territory: The Socioterritorial Dimensions of Zionist Politics*, Berkeley: University of California Press, 1983.

Kimmerling, Baruch. *The Invention and Decline of Israeliness: State, Society, and the Military*, Berkeley: University of California Press, 2001.

Medding, Peter Y. *The Founding of Israeli Democracy, 1948-1967*, New York: Oxford University Press, 1990.

Reinharz, Jehuda, and Anita Shapira, eds. *Essential Papers on Zionism*, New York: New York University Press, 1996.

Sachar, Howard M. *A History of Israel from the Rise of Zionism to Our Time*, New York: Alfred A. Knopf, 1998.

Segev, Tom. *The Seventh Million: The Israelis and the Holocaust*, New York: Hill & Wang, 1993.

Shapira, Anita. *Land and Power: The Zionist Resort to Force, 1881-1948*, translated by William Templer, Stanford: Stanford University Press, 1992.

Shapira, Anita. *Israel: A History*, translated by Anthony Berris, Waltham: Brandeis University Press, 2012.

Shapira, Anita, ed. *Israeli Identity in Transition*, London: Praeger Publishers, 2004.

Shimoni, Gideon. *The Zionist Ideology*, Hanover, N.H.: Brandeis University Press, 1997.

Silberstein, Laurence J. *The Postzionism Debates: Knowledge and Power in Israeli Culture*, London: Routledge, 1999.

Silberstein, Laurence J., ed. *New Perspectives on Israeli History: The Early Years of the State*, New York: New York University Press, 1991.

Stanislawski, Michael. *Zionism and the Fin de Siècle: Cosmopolitanism and Nationalism from Nordau to Jabotinsky*, Berkeley: University of California Press, 2001.

Sternhell, Zeev. *The Founding Myths of Israel: Nationalism, Socialism, and the Making of the Jewish State*, Princeton: Princeton University Press, 1998.

Troen, S. Ilan, and Noah Lucas, eds. *Israel: The First Decade of Independence*, Albany: State University of New York Press, 1995.

Vital, David. *The Origins of Zionism*, Oxford: Claredon Press, 1975.

Vital, David. *Zionism: The Formative Years*, Oxford: Claredon Press, 1982.

Vital, David. *Zionism: The Crucial Years*, Oxford: Claredon Press, 1987.

Weissbrod, Lilly. *Israeli Identity: In Search of a Successor to the Pioneer, Tsabar and Settler*, London: Frank Cass, 2002.

Wistrich, Robert, and David Ohana, eds. *The Shaping of Israeli Identity: Myth, Memory and Trauma*, London: Frank Cass, 1995.

Young, James E. *The Texture of Memory: Holocaust Memorials and Meaning*, New Haven: Yale University Press, 1993.

Zertal, Idith. *Israel's Holocaust and the Politics of Nationhood*, translated by Chaya Galai, Cambridge: Cambridge University Press, 2005.

Zerubavel, Yael. *Recovered Roots: Collective Memory and the Making of Israel National Tradition*, Chicago: University of Chicago Press, 1995.

赫茨尔,西奥多:《犹太国》,肖宪译,北京:商务印书馆,1993年。

拉克,沃尔特:《犹太复国主义史》,徐方、阎瑞松译,上海:上海三联书店,1992 年。

卢卡斯,诺亚:《以色列现代史》,杜先菊、彭艳译,北京:商务印书馆,1997 年。

迈耶,劳伦斯:《今日以色列》,钱乃复等译,北京:新华出版社,1987 年。

殷罡主编:《阿以冲突——问题与出路》,北京:国际文化出版公司,2002 年。

张倩红:《以色列史》,北京:人民出版社,2008 年;《以色列史》(修订本),北京:人民出版社,2014 年。

九、中国境内的犹太人

Eber, Irene. *Chinese and Jews: Encounters between Cultures*, London: Valentine Mitchell, 2008.

Ehrlich, M. Avrum. *Jews and Judaism in Modern China*, London: Routledge, 2009.

Ehrlich, M. Avrum. ed. *The Jewish-Chinese Nexus: A Meeting of Civilizations*, London: Routledge, 2008.

Finn, James. *The Jews in China: Their Synagogue, Their Scriptures, Their History*, 1843; rpt. Taipei: Ch'eng Wen Publishing Co., 1971.

Goldstein, Jonathan. ed. *The Jews of China*, 2 vols., Armonk: M. E. Sharpe, 1999-2000.

Kublin, Hyman. ed. *Studies of the Chinese Jews: Selections from Journals East and West*, New York: Paragon Book Reprint Corp., 1971.

Kupfer, Peter. ed. *Youtai – Presence and Perception of Jews and Judaism in China*, Frankfurt am Main & New York: Peter Lang, 2008.

Leslie, Donald Daniel. *The Survival of the Chinese Jews: The Jewish Community of Kaifeng*, Leiden: Brill, 1972.

Leslie, Donald Daniel. *The Chinese-Hebrew Memorial Book of the Jewish Community of K'aifeng*, Belconnen: Canberra College of Advance Education, 1984.

Leslie, Donald Daniel. *Jews and Judaism in Traditional China: A Comprehensive Bibliography*, Sankt Augustin: Monumenta Serica Institute, 1998.

Leventhal, Dennis A. *Sino-Judaic Studies: Whence and Whither: An Essay and Bibliography*, Hong Kong: Jewish Historical Society of Hong Kong, 1985.

Malek, Roman. ed. *From Kaifeng ··· to Shanghai: Jews in China*, Sankt Augustin: Monumenta Serica Institute, 2000.

Oppenheimer, Aharon. ed. *Sino-Judaica: Jews and Chinese in Historical Dialogue*, Tel Aviv: Tel Aviv University, 1999.

Paper, Jordan. *The Theology of the Chinese Jews, 1000-1850*, Waterloo, ON: Wilfrid Laurier University Press, 2012.

Pollak, Michael. *Mandarins, Jews, and Missionaries: The Jewish Experience in the Chinese Empire*, Philadelphia: Jewish Publication Society of America, 1980.

Pollak, Michael. *The Jews of Dynastic China: A Critical Bibliography*, Cincinnati: Hebrew Union College Press, 1993.

Pollak, Michael. *The Torah Scrolls of the Chinese Jews: The History, Significance and Present*, Dallas: Bridwell Library, Southern Methodist University, 1975.

Ross, James R. *Escape to Shanghai: A Jewish Community in China*, New York: Free Press, 1994.

Roth, Cecil. ed. *The Haggadah of the Chinese Jews*, New York: The Orphan Hospital Ward of Israel, 1967.

Shapiro, Sidney. ed. *Jews in Old China: Studies by Chinese Scholars*, New York: Hippocrene Books, 1984.

Sui-Jeung, Chan. *Jews in Kaifeng: Reflections on Sino-Judaic History*, Hong Kong: Hong Kong Jewish Chronicle, 1986.

Weisz, Tiberiu. *The Kaifeng Stone Inscriptions: The Legacy of the Jewish Community in Ancient China*, New York: iUniverse, Inc., 2006.

White, William Charles. *Chinese Jews: A Compilation of Matters Relating to the Jews of K'aifeng Fu*, 3 vols., Toronto: University of Toronto Press, 1942.

Xin, Xu. *The Jews of Kaifeng, China: History, Culture, and Religion*, New York: Ktav Publishing House, 2003.

Xun, Zhou. *Chinese Perceptions of the 'Jews' and Judaism: A History of the Youtai*, Richmond, Surrey: Curzon Press, 2001.

高斯坦主编:《中国与犹太——以色列关系100年》,肖宪等译,北京:中国社会科学出版社,2006年。

江文汉:《中国古代基督教及开封犹太人》,北京:知识出版社,1982年。

克兰茨勒,戴维:《上海犹太难民社区》,许步曾译,上海:上海三联书店,1991年。

李景文等编校:《古代开封犹太人:中文文献辑要与研究》,北京:人民出版社,2011年。

潘光旦:《中国境内犹太人的若干历史问题》,北京:北京大学出版社,1983年。

潘光、王健:《犹太人与中国:近代以来两个古老文明的交往和友谊》,北京:时事出版社,2010年。

荣振华、李渡南等编:《中国的犹太人》,耿昇译,郑州:大象出版社,2005年。

王健:《上海犹太人社会生活史》,上海:上海辞书出版社,2008年。